印尼的崛起：
权力、领导力和地区秩序

［澳］克里斯托弗·B. 罗伯茨
［印尼］艾哈迈德·D. 哈比尔　主编
［新加坡］莱昂纳德·C. 塞巴斯蒂安

何雪林　陈晗霖　苏毅琳　译
狄安略　校

世界知识出版社

First published in English under the title
Indonesia's Ascent: Power, Leadership, and the Regional Order
Edited by Christopher B. Roberts, Ahmad D. Habir and Leonard C. Sebastian

This edition has been translated and published under licence from Palgrave Macmillan, a division of Springer Nature Limited.

图书在版编目（CIP）数据

印尼的崛起：权力、领导力和地区秩序 /（澳）克里斯托弗·B. 罗伯茨,（印尼）艾哈迈德·D. 哈比尔,（新加坡）莱昂纳德·C. 塞巴斯蒂安主编；何雪林，陈晗霖，苏毅琳译. —北京：世界知识出版社，2023.7

ISBN 978-7-5012-6604-3

Ⅰ. ①印… Ⅱ. ①克… ②艾… ③莱… ④何… ⑤陈… ⑥苏… Ⅲ. ①印度尼西亚–历史 Ⅳ. ①K342

中国版本图书馆CIP数据核字（2022）第254964号

图字：01–2022–3632号

书　　名	印尼的崛起：权力、领导力和地区秩序 Yinni De Jueqi: Quanli, Lingdaoli He Diqu Zhixu
主　　编	［澳］克里斯托弗·B. 罗伯茨 ［印尼］艾哈迈德·D. 哈比尔 ［新加坡］莱昂纳德·C. 塞巴斯蒂安
责任编辑	狄安略
责任出版	赵　玥
责任校对	陈可望
出版发行	世界知识出版社
地址邮编	北京市东城区干面胡同51号（100010）
网　　址	www.ishizhi.cn
电　　话	010–65233645（市场部）
经　　销	新华书店
印　　刷	北京虎彩文化传播有限公司
开本印张	710毫米×1000毫米　1/16　22⅞印张
字　　数	326千字
版次印次	2023年7月第一版　2024年6月第二次印刷
标准书号	ISBN 978-7-5012-6604-3
定　　价	80.00元

本书献给为造就今日印尼而辛勤工作的人们，也献给致力于继续开创更加美好的未来的人们。

序 言

许多人为此书付出心力，我们恐怕难以一一列举。话虽如此，我们还是希望尽可能地提及这些名字——如有遗漏，深感抱歉。首先，我们要感谢澳大利亚国立大学国家安全学院（克里斯托弗·B. 罗伯茨曾在那里担任高级讲师）提供的研究经费，包括资助了两次前往雅加达和新加坡的实地考察，以及依托学院的一系列其他活动。这包含几次圆桌会议、一次公开研讨会，以及在堪培拉和雅加达举行的会议。许多人为后面两次会议及其后的作者研讨会提供了支持，几位主编对此深表感谢。我们尤其要感谢参与这两次会议的各位“评论者”，他们不仅对每一位作者的陈述作了宝贵的反馈，也是每一篇文章的早期审稿人。参与两次会议的评论者分别是澳大利亚国立大学国家安全学院的迈克尔·韦斯利（Michael Wesley）教授、印尼“战略亚洲”咨询公司的普拉博沃（Prabowo）、印尼科学研究院的佐尔内利乌斯·P.F. 卢胡利马（Cornelius P.F. Luhulima）博士、堪培拉大学的马克·特纳（Mark Turner）教授、南洋理工大学拉惹勒南国际研究院的莱昂纳德·塞巴斯蒂安（Leonard Sebastian）副教授和印尼总统国际关系特别助理亚扬·G.H. 穆利亚纳（Yayan G.H. Mulyana）博士。项目按这种方式开展，从而为每位作者提供早期阶段的反馈与指导，并且我们认为这种方式对本书的最终内容大有裨益。

主编们对“战略亚洲”公司（雅加达）的总经理萨蒂希·米希拉（Satish Mishra）博士也深表感谢，这不仅是出于他本人对上述两次会议和此书的贡献，还因为他热心促成了在雅加达举行的会议。他提供的场地及其工作人员的热情好客都是一流的。主编们也非常感谢那些在雅加达、新加坡和堪培拉举行的会议和采访期间提供了时间和建议的人们，他们来自印尼外交部、贸易部、国防部和总统办公室，以及澳大利亚国防部、外交和贸易部及国家评估办公室。我们尤其感谢苏马迪·D.M. 布罗托迪宁格拉特（Soemadi D.M. Brotodiningrat）大使、马卡里姆·维比索诺（Makarim Wibisono）博士、里厄夫基·穆纳（Riefqi Muna）博士、哈桑·维拉朱达（Hassan Wirajuda）博士、瓦扬·米迪奥（Wayan Midhio）少将、德维·福尔图娜·安瓦尔（Dewi Fortuna Anwar）教授、库苏马·哈比尔（Kusuma Habir）女士、已退休的M. 苏普里亚特诺（M. Supriyatno）准将、哈斯吉姆·查拉尔（Hasjim Djalal）教授、加里·霍根（Gary Hogan）准将、格雷格·莫里亚蒂（Greg Moriarty）大使，以及更多的人。感谢他们付出时间，提出建议，并在项目会谈中提供了宝贵的观点。我们也非常感谢罗伯特（鲍勃）· 洛瑞［Robert（Bob）Lowry］对本书的四个章节所作的审阅。同样，我们要感谢文字编辑安德鲁·瓦茨（Andrew Watts）博士的耐心、辛劳和不竭的专业精神，感谢他在编辑和格式方面的帮助。最后，我们还要感谢新南威尔士大学（澳大利亚国防学院校区）人文社会科学学院院长大卫·洛弗尔（David Lovell）教授，他为本书最后阶段的工作付出了心血并提供了额外的资助。

作者简介

梅德·安迪·阿尔萨纳（Made Andi Arsana），印尼加查马达大学国际合作处处长、大地测量与地质工程系讲师。他在澳大利亚伍伦贡大学海洋资源与安全中心（ANCORS）获得了博士学位。

马克·比森（Mark Beeson），西澳大利亚大学国际政治系教授。在加入西澳大学之前，他曾经任教于澳大利亚的默多克大学、格里菲斯大学和昆士兰大学，以及英国的约克大学和伯明翰大学，也担任过系主任。他是《当代政治学》（*Contemporary Politics*）的联合主编，也是《亚太批评性研究》（*Critical Studies of the Asia Pacific*）的创始主编。

伊斯·金达尔萨（Iis Gindarsah），雅加达战略与国际研究中心（CSIS）政治和国际关系系研究员。他的研究兴趣包括军事转型、军民关系和东亚的地区安全复合体。

艾哈迈德·D. 哈比尔（Ahmad D. Habir），印尼“战略亚洲”公司巴厘岛研究所高级研究员，新南威尔士大学澳大利亚国防学院分校副教授。

尤利乌斯·普尔瓦迪·赫尔马万（Yulius Purwadi Hermawan），现任万隆天主教大学社会与政治科学学院学术副院长。

威尔·李（Will Lee），西澳大利亚大学博士研究生，澳大利亚国立大学政治与国际关系学院助教。他的博士论文题目是《后苏哈托时代的民主化与澳大利亚和印尼之间建立安全共同体的障碍》。

鲍勃·洛瑞（Bob Lowry），新南威尔士大学澳大利亚国防学院分校助教。他是《印尼空军》（*The Armed Forces of Indonesia*, 1996）一书的作者。他曾担任武官并在印尼陆军指挥和参谋学院工作过三年，后于2001年返回雅加达，为"国际危机组织"进行过军队和警察改革方面的研究。

萨蒂希·米希拉（Satish Mishra），现任"战略亚洲"公司（一家政策研究和咨询机构）总经理。他在世界银行、经济合作与发展组织、联合国开发计划署以及美国国际开发署都担任过高级职位。

艾弗里·普尔（Avery Poole），墨尔本大学社会与政治科学学院国际关系讲师。她的研究涉及规范演变和制度变迁，尤其针对东南亚。她专注于东盟和其他区域性组织，比如东亚峰会、东盟地区论坛，也关注东南亚人权机构，以及印尼变化中的地区和全球作用。

阿迪·普里阿马里兹基（Adhi Priamarizki），新加坡南洋理工大学拉惹勒南国际研究院印尼项目副研究员。他的研究兴趣是印尼政治、印尼军事史以及东南亚军民关系。

克里斯托弗·B. 罗伯茨（Christopher B. Roberts），新南威尔士大学澳大利亚国防学院分校人文学院行政教育项目主管和副教授。他出版有《东盟的区域主义》(*ASEAN Regionalism*)和《东盟的缅甸危机》(*ASEAN's Myanmar Crisis*)两本专著，并撰写了40多篇论文、报告，内容涵盖政治、安全以及东亚的区域主义。

柳庸煜(Yongwook Ryu)，澳大利亚国立大学国际、政治和战略研究学院国际关系系研究员。他的主要研究专长涉及东亚的国际关系，中国、日本、韩国、东盟的外交政策，以及认同政治。他在《太平洋评论》(*The Pacific Review*)和《亚洲调查》(*Asian Survey*)等刊物上发表过多篇文章。他目前在写一本考察20世纪80年代以来东北亚和东南亚国家间关系的不同模式的专著。

莱昂纳德·C. 塞巴斯蒂安(Leonard C. Sebastian)，新加坡南洋理工大学拉惹勒南国际研究院印尼项目协调员和副教授。他著有《现实政治的意识形态：印尼对军力的使用》(*Realpolitik Ideology: Indonesia's Use of Military Force*, 2006)。他的研究聚焦于与印尼相关的各个领域，包括政治、政治经济与权力下放、国防与安全、军民关系、外交政策和伊斯兰问题。

斯蒂芬·夏洛克(Stephen Sherlock)，新南威尔士大学澳大利亚国防学院分校副教授。他也是政治分析专家和政治发展顾问，专长是印尼和东南亚的治理与政治变革。他的研究兴趣包括政治制度、政党、选举制度、公共部门改革、立法强化和反腐。他发表了多篇关于印尼政治和治理的作品。2010—2013年，他担任澳大利亚国立大学民主制度中心主任。他还在澳大利亚议会担任过11年的分析专家，研究印尼、东帝汶和南太平洋地区问题。

里斯蒂安·阿特里安迪·苏布里扬托(Ristian Atriandi Supriyanto)，新加坡南洋理工大学拉惹勒南国际研究院海洋安全项目副研究员。

陈思诚（See Seng Tan），新加坡南洋理工大学国防与战略研究所副主任、副教授，拉惹勒南国际研究院多边主义研究中心创始人和现任主任。他研究亚洲安全问题，是9本书的作者或编者，并发表了40多篇（本）学术论文和书籍。他的最新著作是《亚太的形成：知识掮客和表征政治》（*The Making of the Asia Pacific: Knowledge Brokers and the Politics of Representation*, 2013）。

苏·汤普森（Sue Thompson），澳大利亚国立大学国家安全学院、克劳福德公共政策学院研究生会议召集人。在取得伦敦大学东方与非洲研究学院的博士学位之前，苏曾经是美联社的国际新闻记者，也在澳大利亚议会担任过部长顾问。她也拥有学术职位，比如在堪培拉大学国际研究学院做过讲师，以及担任过亚太军民卓越中心的研究协调员。

厄尔莉娜·韦德亚宁西（Erlina Widyaningsih），2013年在澳大利亚国立大学亚太外交学院取得博士学位。她的博士论文研究了东盟的危机管理方法对东南亚地区安全的启示。她曾经在印尼外交部东盟合作总局工作，并在取得博士学位之后又回到该部门工作。

马克·S. 威廉姆斯（Mark S. Williams），加拿大温哥华岛大学政治研究系教授。他的研究考察了印尼共和国的伊斯兰政治文化，以及亚太地区的国际政治经济。

目 录

图表索引

第一章　崛起中的印尼：意义和理据

［澳］克里斯托弗·B. 罗伯茨　［新加坡］莱昂纳德·C. 塞巴斯蒂安

随着经济的增长，印尼越发被视为一个正在崛起的中等强国，越来越多的人推测印尼最终可能会跻身亚洲大国的行列。不论最终结果如何，印尼的影响力已经体现在区域领导力、价值观和行为规范上。预示印尼崛起的那些内在的机遇和制约因素是什么？影响其对外政策和价值观的国内环境又是什么？同时，印尼作为一个日益稳定和民主的国家的形象，有助于其深化同澳大利亚和美国等其他国家的安全关系。但是，东亚地区如何看待这些关系？东亚诸国的看法又会如何影响印尼与这些国家的关系？在东南亚，一个更加独立且可能更加自信的印尼的崛起，对东盟的未来意味着什么？随着印尼加强其在东盟内部的"天然领导地位"，这将有助于加强这一组织吗？还是随着更加自信和独立的印尼越来越多地选择独立于其他地区国家，开辟其全球道路，它会威胁到东盟的可持续发展及其战略中心地位？印尼的崛起对亚洲的均势意味着什么？例如，拥有重要海上航道的印尼群岛，会成为大国角力的舞台吗？崛起的印尼是否会通过与美国或中国结盟而对亚洲的均势产生重大影响？或者，雅加达可能继续与美、中保持等距关系，从而充当东南亚的"摇摆州"（swing state）吗？这些问题都有待来自印尼及其周边国家的各行专家们探讨。

为什么要编辑一本关于这个主题的书？除了解答上述形势、议题和问题，就人口而言，印尼是世界第四人口大国。此外，它是世界上最大的穆斯林国家①和“第三大民主国家”②。这种多重身份本身在证明伊斯兰教和民主制度可以共存方面很重要，而印尼的经济发展也令人瞩目：2010—2014年，该国的实际国内生产总值（Real GDP）保持了平均6%的经济增长率。[1]就在十几年之前，在东亚金融危机对印尼国内造成破坏之后，一些地区分析专家认为印尼在经济和政治上都“一蹶不振”，随时可能崩溃。[2]尽管有如此悲观的预测，印尼的经济按照购买力平价（PPP）计算，目前占东盟十国GDP总和的33.67%。印尼的GDP早已超过澳大利亚等传统中等强国，并可能在未来几年内超过韩国。[3]此外，印尼人口（2.48亿）占东盟人口的37.6%，其年龄中位数仅为29.2岁。该国还拥有丰富的自然资源，包括碳氢化合物、锡、镍、木材、铝土矿、铜、肥沃的土壤、煤、金和银。[4]就其领土面积而言，印尼群岛的陆地面积约占东盟陆地总面积的一半（42.5%），在更广泛的东亚范围内，印尼的领土面积仅次于中国。

尽管上述趋势和统计数据说明印尼前景光明，但其中一些方面也凸显出如果该国未来发生动荡，可能将给“印太”地区造成巨大的灾难。正如后面的章节将要分析的那样，印尼依然面临着民主制度、经济结构、基础设施质量等方面的重大问题，以及腐败、宗教压制、有组织犯罪、恐怖主义、分离主义运动等持续性问题。印尼在陆上与马来西亚、东帝汶、巴布亚新几内亚接壤，在海上与新加坡仅有10千米的距离；它距离菲律宾（从加里曼丹岛起）110千米，距离澳大利亚（至约克角）240千米。[5]鉴于印尼有17508座岛屿（其中6000座岛屿有人居住），[6]且它们之间的边界关系复杂，难以严防，如果国家处于严重脆弱的状态——甚至国家崩溃——就可能会对维持法律与秩序，应对重大暴力事件、大量的潜在难民、海盗活动加剧以及其他有组织的跨国犯罪（如毒品贩运、人口走私、武器走私）带来灾难性的后果。尽管国家脆弱性的风险有望永远不会出现，但必须承

---

① 印尼不将自己称为“伊斯兰国家”。在本书中，在印尼视角下时，将其称呼译为“穆斯林国家”，除此以外，其他相关表述译为“伊斯兰国家”或“伊斯兰世界”。——译者注

② 印尼自称“第三大民主国家”，前两位是印度、美国。——译者注

认并分析印尼持续面临的这些挑战。因为对它们的分析至少有助于更好地应对关于这类问题的重要讨论，并且这样的分析是本书评估印尼未来崛起之路的关键。

尽管印尼在地区和全球的地位不断提升，并且其民主模式失败的潜在风险和后果值得关注，但仅有两部实质性的著作涉及印尼的崛起问题。[7]虽然这些著作在很多领域提供了真知灼见，但自它们出版以来，印尼国内和该地区发生了许多事情。此外，本书近半数的作者来自印尼，再加上其框架设计，本书旨在对印尼崛起相关的国内和国际问题及其影响进行更具代表性的分析。其中，包括对双边关系的分析，如印尼与澳大利亚和东盟重要伙伴的双边关系，以及印尼在东盟中的领导力。在国内因素层面，也有更深入和更全面的分析，这些因素涉及印尼崛起的本质和可能受到的制约。印尼是一个幅员辽阔的岛国，因此本书也探讨了一些关键问题，比如该国的海洋利益，以及雅加达对邻国、东盟和大国的潜在影响。本书还通过应用基本的概念性和理论性见解来加强分析，这些见解涉及认同和规范对印尼在宗教宽容和人权等问题上的领导力的影响。此外，本书有别于其他关于这一主题的著作的地方在于，它研究了一个正在崛起的大国意味着什么，以及应该如何分析和衡量这一现象背后的理据。

理念基础：国际关系中权力和影响力的本质

在国际关系著作中，一个正在崛起的国家通常被认为它的权力正在上升。马克斯·韦伯（Max Weber）将权力定义为“处于社会关系中的行动者具有排除阻力行使自己意愿的可能性，而不论这种可能性的基础是什么”。[8]然而，正如罗伯特·吉尔平（Robert Gilpin）所说，关于权力概念的定义是“国际关系领域中最棘手的事”。[9]一种常见的现实主义方法是计算一个国家的有形和无形能力的总和，也就是“资源（或能力）即权力”的方法，根据该方法，资源被视作国家的“财产”或“资产”。[10]一个国家的GDP规模是最常见的权力单一指标，其他有形指标还包括人口、领土、资源禀赋和军事力量。[11]不太有形的指标包括“政治文化、爱国主义、人口素质和科技基础实力”。[12]大多数对国家权力进行排名的指数都依赖于对这些资源或能力的综合考量。这类指数包括战争相关性数据库（Correlates of War）的“国家能力综合指数”（CINC）、谷歌公共数据库的“权力指数”，以及中国的“综合国力指数”。[13]

华尔兹（Waltz）认为，国家行为体寻求权力增长其实是将安全最大化。[14]他的意思是强大的经济能够带来强大的军事，从而化解安全难题。然而，一个国家安全感（即物质权力）的提升会给其他国家带来安全困境。这一困境可能导致周期性的“行动—反应”过程，各国将通过军事采购和（或）军事投资加强其军事实力。[15]最糟糕的情况就是升级成军备竞赛，双方很难达到均势，其他部门的资源会被用于应对不断变化的安全困境。在此现实背景下，物质权力是国际关系的核心，安全感等同于国家生存。[16]因此，讨论安全感实则就是评估军事和经济能力。[17]瓦伊吕宁（Vayrynen）更是指出一个国家及其人民感到安全的条件是：

> 过去、现在以及未来，在国家之间或者国内动用强大压制力量的可能性都极低。压制既可以是军事性质的，也可以是经济性质的，两者都会对目标人群造成重大伤害和痛苦。如果人们遭受了身体毁灭和痛苦，和平也就中止。换句话说，和平与安全最终意味着免于受到压制及其威胁。[18]

在一个特定国家的领土内维护“安全”，是超级大国和大国通常都能做到的。除了对国际秩序的根本性破坏——如两次世界大战——大国通常都能与其他大国或者新兴大国（有时是中等强国）变换结盟关系来保持“均势”，以平衡可感知的来自某个大国或者超级大国的威胁。就后者而言，美国是目前唯一被定性为超级大国的国家。虽然超级大国通常因其在大多数领域拥有全球影响力而与大国区别开来，[19]但实际上，在没有足够国际支持的情况下，特别是在安全领域，美国一直在努力执行自己的意志。因此，不那么有形的因素也会限制超级大国的行动，美国在越南、阿富汗和伊拉克的经历恰如其分地证明了这一点。[20]最后，在物质层面上，超级大国也会被相互竞争的联盟所制约，在这方面，当前国际秩序中出现了一种新的平衡，即对美国霸权（即统治地位）的抵制促使俄罗斯和中国的利益趋于一致。[21]

其中，就本书而言，重要的是衡量大国和中等强国的核心物质特征。大国和超级大国共同决定了国际秩序的结构；它们是少数拥有“能有效执行其外交政策的军事能力”的国家。[22]和超级大国不一样，大国在施展物质权力的时候有地域限制。[23]依据上述的均势和重新结盟的策略，大国拥有足够的权力，因此它们只可能被另一个大国在军事上击败。[24]按照“资源即权力”来排序，亚太地区的大国是中国、俄罗斯、印度和日本，超级大国是美国。[25]中等强国是指“比大国势弱，但比小国明显强大的国家”。[26]然而，休·怀特（Hugh White）提供的定义更有指导意义。以澳大利亚为例，怀特认为，“要成为中等强国，我们需要能够在没有一个大国支持的情况下抵抗来自另一个大国的压力。从军事角度来看，这意味着我们的方法能够迫使大国在部署兵力时会承担足够的成本和风险，从而超过其试图获得的任何利益”。[27]根据吉莱（Gilley）和奥尼尔（O’Neil）的说法，亚太地区的四个中等强国是印度尼西亚、韩国、泰国和澳大利亚。[28]

如果本书中的分析仅限于“资源即权力”或“能力即权力”的方法，那么对印尼的权力及其未来走向的评估最多只是中规中矩。然而，通过参考国际关系著作中的两种其他方法——即结构性权力理论和关系性权力理论，可以获得更为细致和全面的评估。就前者而言，学者们将结构性权力描述为在国际体系内建立和（或）控制政治、安全和经济结构的能力。这意味着能够“改变他国做选择的范围，而不会明显地直接向它们施加压力，迫使其接受某一个决定，或做出某一个选择，而不是其他选择”。[29]一个关键的例子是美国在塑造全球经济秩序方面的霸权影响力，包括其最初在建立和维持管制汇率和资本流动的布雷顿森林体系方面所发挥的作用。一些学者认为，当美国后来认为布雷顿森林体系制约了它的政策选择和利益时，它就利用其霸权影响力破坏了这个它一直在维持的体系。[30]相比之下，关系性权力试图确定一种因果关系，即A国可以影响B国去做B国本来不会做的事。[31]

根据关系性权力理论，权力来源于国家之间潜在或者实际的社会交往。因此，权力不是等同于一个国家的资源，而是基于一个国家在特定情况下同时有效利用有形（物质）和无形（理念或软实力）属性的能力，在这种情况下，国家会影响另一个国家的行动。[32]恩里克·菲尔斯（Enrico Fels）认为，“这种转变有助于理解权力的复杂性”，并且“一些作者也意识到，关系性权力理论是国力分析的一场革命”。[33]这种方法分别从范围、领域、权重、成本和方式五个维度来分析权力。范围是指一个国家对另一个或多个国家具有影响力的问题领域（issue areas）。[34]领域与地缘政治有关，也与权力和其周边区域的纽带有关；[35]它考虑的是某个特定国家可以影响的国家数量和（或）疆域面积。一个国家的权重等同于这种权力和影响力的可靠性。与之相关的是成本维度：为了影响B，A需要花费哪些经济资源、物质资源或其他资源？最后一个维度涉及一个国家可以用来影响其他国家的方式或工具。能发挥影响的方式包括军事、外交、经济和象征性方式，例如，诉诸规范性的符号或者提供某种信息。[36]

象征性的“影响”或“权力”的概念源自建构主义著作。其中，温特把国际关系理论分成两大类：一类强调“野蛮的物质力量”是权力的基础，另一类认为权力“主要是由理念和文化背景组成”。[37]然而，在实践中，这两种范式并不相互排斥，权力既包含物质层面，也包含理念层面。这种权力的理念性组成部分［包括“施动”（agency）这个建构主义概念］，与约瑟夫·奈（Joseph Nye）提出的软实力概念是兼容的。软实力涉及通过拉拢（co-optation）而非压制来产生改变的能力；它与“让别人想要你想要的结果”有关。[38]软实力的三大来源通常被认为涉及一个国家的“文化（有吸引其他国家的地方）、政治观（在国内外都践行它们的时候）和外交政策（被视为合法而且有道德权威的时候）”。[39]文化将如何影响一个国家对另一个国家的影响，这种吸引力和影响力进一步受到社会认同理论（social identity theory）的限制，根据该理论，无论是基于文化、规范和（或）价值观，相互认同的国家都将在绝对收益而不是相对收益的基础上进行互动。[40]由于政治观和认同感相互联系密切，需要说明的是，民主价值观并不等同于影响力，因为它们的传播可能会被精英阶层视为对威权政府生存的威胁。[41]然而，如果某个国家的政治制度特别成功，如实现了显著的社会稳定和经济发展，就可能会产生一种“时代精神效应”（zeitgeist effect），使该国的政治观有机地传播到其他邻国。[42]这种结果也是一种拉拢或软实力的形式。

考虑到这些因素，关系性权力理论也提供了对不同层次的权力（无论是超级大国、大国、地区或中等强国）所期望的方式和行为的见解。[43]如前所述，不论一个国家在权力方面的排名如何，其权力和能力都取决于像宗教、意识形态和民族主义这样的无形资源。[44]不过，这些能力会招来强制力量，比如越南战争期间越南人的民族意志，或者像拉拢、呼吁这样施展软实力的手段。对于中等强国来说，某些物质上的限制使它们在历史上更加依赖软实力。例如，历史上中等强国一般都被视作“势力均衡的捍卫者以及和平与秩序的提供者”。[45]在最近一篇研究中等强国的文章中，吉莱和奥尼尔几乎汇总了所有相关文献，并发现中等强国的行为受到三个维度的影响：和平与冲突管理，多极化，以及规则构建（rules-building）。[46]因此，正如库珀（Cooper）、希格特（Higgott）和诺萨尔（Nossal）所写的那样：“中等强国对于国际问题倾向于采用多边解决方案……在国际纠纷中持妥协立场……并且它们的外交指导原则是当‘国际社会的好公民’。”[47]

了解中等强国及其潜在的上升趋势，即像本书这样考察印度尼西亚，有助于理解权力的关系。怀特强调，大国在施展地区影响力的时候，常常需要中等强国的支持。[48]然而，或许正因为如此，“对于这些第二梯队（中等）强国提供足够的国际领导力的能力，人们仍持严重的保留意见”。[49]这关系到前文提到的“与周边区域相关的权力”以及“地区强国”的概念。可以被称为地区强国的国家有中国、印度、巴西、南非、墨西哥、尼日利亚、埃及、伊朗、以色列和印度尼西亚。[50]值得商榷的是，这其中有些国家实际上是“大国”。各种研究资料也着力区分中等强国和地区强国。不过，这种争论并不影响理解印尼的崛起及其今后的发展路线背后的各种驱动力。相反，这样的研究将地区强国确定为不仅本身能够实行强有力的领导，而且也肩负着“维持地区安全和秩序的特殊责任”。[51]如前所述，中等强国在支持多边制度方面具有特殊利益。同样地，地区强国通过构建地区制度来管控与其他大国之间持续的权力失衡，从而获得自己的利益。这种行为倾向被称作合作性霸权（cooperative hegemony），即“在长期战略的基础上，通过合作协议实现软统治（soft rule）”。[52]德特勒夫·诺尔特（Detlef Nolte）将这种战略的动机和意义描述为：

> 站在地区强国的立场上，合作性霸权（对比单边霸权）有如下优势：地区的制度化和一体化充当了权力扩张的工具。这一点对想在全球政治中发挥影响的地区强国尤其重要。合作性霸权带来的绝对优势更加稳定、更加合法，因为它通过正当的激励措施拉拢其他国家，它保证了该区域的稳定，而且它使该区域在内部或与域外国家很难结成对立的联盟。该战略包容性强，因为它既有助于又限制地区强国获取该地区的战略资源（原材料）。它有助于传播符合地区强国利益的政治理念和模式。[53]

研究权力的特征与形式，还要考虑一个国家出现权力转型的迹象和环境，比如从地区强国变成了大国。就迹象而言，“最明显的共同点是日益增长的经济影响力”。[54]安德鲁·赫雷尔（Andrew Hurrell）对此进行了详细的讨论，他强调出现这种转型的几个趋势分别是：军事和政治权力资源增加；实施有效国家行为的能力；“为国际秩序的建立作出贡献”的能力不断增强；以及相关的“相信自己在国际事务中应该扮演更具影响力的角色”。[55]至于转型背后的潜在环境，一种可能就是科穆里（Commuri）所说的“历史关头”（historical juncture）。历史关头由一系列事件构成，这些事件触发了国家发展过程中的转型。[56]如后几章所述，这种历史关头的一个关键例子发生在东亚金融危机期间和之后，当时的一系列事件最终导致苏哈托总统辞职，以及他的“新秩序”（New Order）政权垮台。幸运的是，权力真空被具有改革思想的领导人填补，推动了很长一段时间的政治和经济变革（reformasi），其成果就是留存至今的民主体制。

不论一个国家的政治和经济发展轨迹是突然转变还是逐渐转变，增强内部凝聚力对民族主义和国家意志这样的无形权力资源都至关重要。调动国内资源的前提是没有国家弱点（state weakness）。国家弱点或脆弱性涉及以下任何一个方面：（1）安全漏洞，即国家不愿意或者不能维持基本的秩序，例如保护其国境内的公民；（2）能力缺陷，即国家不愿意或者不能“提供诸如福利、自由和法治等基本社会价值”；（3）合法性漏洞，即“国家不能或者几乎不能提供其合法性，并且得不到任何支持作为回报”。[57] 以印尼为例，在苏哈托倒台之后，国家弱点的后果非常明显，当时印尼放弃了在东盟内惯常的领导角色，直到2003年10月才通过《第二巴厘宣言》提出建立地区安全共同体的倡议。

总之，权力问题和权力转型分析涉及对有形和无形物质资源（能力）及其相关影响（软实力）的评估。不过，对“有形”权力资源的分析确实有一个好的切入点。例如，正如休·怀特所说：“历史上没有哪个国家在没有巨大财富的情况下行使过巨大的权力。”[58] 如前所述，这种财富和权力通常等同于不断增强的军事力量。虽然这一结果可能导致其他国家产生平衡、对冲或者跟随等反应，[59] 但权力上升的国家不一定是一股颠覆性的力量，因为世界秩序也由价值观、规范和理念塑造。因此，正如吉莱所说：“坚持现存规范和原则的权力上升的国家，即使改变了均势，其结构性影响也只会加强国际秩序，而不会成为颠覆性力量。”[60] 吉莱的观点对关系性权力理论作了补充，反过来，关系性权力理论使人们能够更为细致地理解印尼的权力和影响力及其今后的发展轨迹。由此，安德鲁·赫雷尔认为接下来的问题是：一个国家在什么时间、什么事情上，能影响什么样的行为体？[61] 无论如何，答案就在权力的五个维度中：范围、领域、权重、成本、方式。

全书架构

依照以上框架，18位作者在14个篇章中讨论了有关印尼的内部凝聚力和国力的方方面面。本书的作者们也梳理了雅加达的外交政策所体现的价值观和规范在印尼国内的发展和影响。书的后半部分考察了印尼的关系性权力，包括双边关系、在东盟中的角色和影响力、与强国的关系以及对海洋权益的追求。不过，本书的编者们根据“路径依赖”理论，将关于印尼在该区域地位的历史基础的讨论编为第二章。在第二章中，苏·汤普森（Sue Thompson）指出，印尼战后历史的主要特征是其地区领导地位和对强国的依赖。自1945年8月印尼宣布独立以来，尽管雅加达一方面需要财政支持，另一方面又想避免外部势力的干涉，但各强国都认为这个新兴的国家在世界上占据着重要的地位。尽管如此，印尼领导人还是利用了自身的优势地位，并为他们的一些外交政策倡议赢得了支持。印尼的国家规模和权力意味着，如果没有印尼的参与，其他国家发起的区域合作倡议不可能成功。但是，印尼一直受到内部不稳定因素的威胁。最后，汤普森评估了印尼的重要性的历史基础，以及它在东南亚和其他地区行使领导力时对外国势力的依赖。

萨蒂希·米希拉（Satish Mishra）在第三章中分析了1997—1998年亚洲金融危机以来印尼在民主转型过程中的经济情况。他不赞成这样的观点，即认为好的经济政策需要把政府在经济中所发挥的作用限制到最小。他认为自由市场和民主政府与社会和经济管理机制相互交织，而政府是一个积极的参与者。该章节聚焦在印尼发生结构性和政治变化的背景下，其发展政策的宏观经济层面，尤其是财政政策。国家如何满足对公共服务、基础设施发展、公共教育的日益增长和竞争性的需求，以及围绕着预算分配效率和防止经济漏损的其他需求，这些是发展中国家应该关注的核心问题。印尼面临着两项相互关联的挑战：一是巩固民主政权，二是加强其提供基本公共产品（如卫生、教育、食品和人身安全）的能力。

在第四章中，马克·威廉姆斯（Mark Williams）研究了印尼的伊斯兰政治文化及其与国家稳定和经济发展的关系。他认为，印尼的伊斯兰政治文化在历史上有助于国家稳定，并且被用来证明国际合作的合理性。例如，亚洲金融危机改变了印尼的伊斯兰政治文化，因为各组织挑战政治权威，组建政党参加竞选。尽管“民主和改革”[①]的时代动荡不安，但主要的伊斯兰组织都抵制了激进主义势力。因此，苏西洛·班邦·尤多约诺（Susilo Bambang Yudhoyono）总统在一定程度上是通过呼吁伊斯兰伦理，来说明印尼必须继续参与经济全球化，并且将伊斯兰教看作印尼未来民主的力量来源。

相比之下，鲍勃·洛瑞（Bob Lowry）在第五章中分析了各种阻碍印尼崛起的政治和社会运动。他预测伊斯兰恐怖主义和巴布亚省问题将是持续性的挑战，但分离主义并不会成为印尼的心腹大患。他认为，印尼崛起的最大威胁将是政府未能建立多元、开放、包容的政治和经济制度，让民众摆脱贫困。这种失败将迫使人民寻找其他的政治解决方案，其中可能包括大规模动员和在边远地区使用暴力。如果印尼的警力不能控制局面，印尼国民军（TNI）将会介入政治纠纷，那么后果就难以预计了。

在第六章中，斯蒂芬·夏洛克（Stephen Sherlock）也对印尼政治制度的质量提出了一些警示。虽然这一章探讨了“1998年以来印尼在构建民主制度方面的巨大进步”，但夏洛克认为，现在的印尼已经失去了民主化的动力，因为确保经济持续增长的政治基础被忽视了。结果就是，亟须改革的政策积压如山，但苏西洛政府出现了政策瘫痪。尽管在硬件方面，改革后的宪法和民主选举制度已经牢固地建立起来，但在软件方面，民主政治还存在许多缺陷。尤其是印尼政党被普遍视为薄弱环节，因为它们未能履行在有效民主政治中政党传统上应该起到的作用。在制定备选政策和招募高素质公职候选人方面尤其如此，2014年总统选举中向选民提供的选择就是例证。

---

① 1998年苏哈托政权瓦解后，印尼进入了民主改革时期。——译者注

在第七章中，伊斯·金达尔萨（Iis Gindarsah）和阿迪·普里阿马里兹基（Adhi Priamarizki）研究了印尼安全前景的当代性及其在战略决策中的影响。通过聚焦该国的地缘战略位置、战略脆弱性、地缘政治抱负和宪法授权，这一章关注印尼政府的核心利益，即在对外关系中保持“战略自主”。此外，作者们在考量了最近的战略态势之后，探讨了后威权时代的印尼政府如何维护国际安全和在国防上实现自力更生。本章的结论是，只有有效地结合合作性的安全方针和国防现代化战略，印尼才能为不太可能发生的重大国际冲突作好充分准备。

第八章的作者是艾弗里·普尔（Avery Poole），她展示了近年来印尼的外交政策如何成为优先级更高的事项，以及政府如何努力改善印尼的国际和地区形象。普尔认为，雅加达现在的外交政策目标是强调和平、繁荣和稳定，并且雅加达精英阶层越来越认识到印尼在追求这些目标的过程中发挥着关键作用。她还认为，印尼外交政策议程的重要方面是由反映了一整套民主价值观的“民主认同”的演变来解释的，而这种认同大大影响了印尼在世界中不断变化的角色。根据普尔的观点，外交决策的民主化本身也塑造了印尼的角色，因为国内更广泛的行为者可以表达其观点，并寻求影响政策的决定。然而，国内的挑战可能会限制印尼外交政策的雄心，正如第十六章所述，2014年7月佐科·维多多（Joko Widodo）当选总统之后，印尼外交政策的优先事项不可避免地发生了变化。

由尤利乌斯·赫尔马万（Yulius Hermawan）和艾哈迈德·哈比尔（Ahmad Habir）撰写的第九章，标志着本书转向更加专注于印尼的外交和国际关系。本章的重点是印尼作为一个新兴强国在参与各种国际机构时所面临的挑战。该章主要关注雅加达参与的三个重要但截然不同的国际机构：联合国、不结盟运动和二十国集团。引言部分介绍了印尼外交政策“自由和积极”取向的诞生，以及奠定印尼外交政策基础的1955年亚非会议。赫尔马万和哈比尔认为，苏西洛政府保留了印尼外交政策传统叙事的精髓，并且在印尼经济和政治崛起的过程中对其进行了重塑。在此过程中，印尼影响了全球议程，也加强了其代表发展中国家利益的地位。然而，正如第十三章的作者所指出的那样，印尼也有必要在这些国际机构，尤其是在二十国集团中，凸显出其代表的是东盟的利益。

鉴于印尼的外交政策可能因其政治体制的重大结构性变化以及与此类改革相关的政治价值观的演变而发生重大变化，因此，有必要研究这些发展对印尼与邻国关系的影响。接下来的四章更广泛地讨论了印尼与澳大利亚、马来西亚、新加坡、越南以及东盟关系的各个方面。由此，克里斯托弗·罗伯茨（Christopher Roberts）和艾哈迈德·哈比尔在第十章里讨论了印尼与澳大利亚关系中当前取得进展的领域以及影响双边关系的长期和持续性问题。从澳大利亚这一方来看，脆弱的社会联系和不发达的贸易关系相伴而生，已经严重破坏了双边关系的基础。随之而来的社会亲和力和相互理解的缺乏，使得澳大利亚的政治精英——在某种程度上，还包括雅加达的某些阶层——未能充分认识到两国关系的重要性，从而忽视了彼此的利益，有时甚至为了国内的政治利益而迎合民粹主义言论，从而破坏了两国关系。尽管如此，两国政府近年来在某些领域（如情报、警务和军事）的合作与协作水平一直令人瞩目，并且有人认为，印尼的民主转型加强了这一趋势。

马克·比森（Mark Beeson）和威尔·李（Will Lee）在第十一章中详细分析了澳大利亚和印尼这两个中等强国的合作前景。他们提出的分析框架主张：定义中等强国不仅取决于其物质属性，还取决于其合作意愿，以便在国际政治中实行基于规则的行为。然而，比森和李认为，尽管澳大利亚和印尼都怀有“中等强国外交”的雄心，但它们各自的国家利益限制了它们可以合作的领域。对于澳大利亚来说，它和美国纯粹的盟友关系阻碍了它发挥中等强国作用的能动性；而对于印尼而言，“东盟模式”（ASEAN Way）里的威斯特伐利亚参数[①]限制了其在国际政治中寻求弱化国家主权的举措。

在第十二章中，作者柳庸煜（Yongwook Ryu）回顾了印尼与主要邻国，

① 即主权国家是国际关系的主体。——译者注

即与马来西亚、新加坡和越南的双边关系，并指出这三对双边关系在东盟体制内都得到了有意义的发展。其中，安全合作尤其令人鼓舞，各方解决了部分领土和边界争端，并开始进行海上联合巡逻。尽管如此，各方在海洋和非传统安全领域仍可以有更多的合作，而且它们都应该在常规体制下努力发展和巩固彼此互动的质量和数量。这一点越来越必要和重要，因为过去那种依靠个别领导人（前东盟“强人”）之间的密切关系来维持稳定双边关系的日子已经一去不返。有一些问题——包括边界争端和激发反感情绪的事件——可能会对双边关系产生不利影响，但预计未来这些双边关系将取得积极进展，即使进展缓慢。

克里斯托弗·罗伯茨和厄尔莉娜·韦德亚宁西（Erlina Widyaningsih）在第十三章里分析了支撑和促进印尼在东盟中的领导力的因素，以及它们对东盟的影响。该章节从以下几个方面考察印尼在东盟中的领导力：它在管理危机与协调冲突和争端方面的作用；印尼在东盟内的领导力和规范制定能力；最后，印尼的国际形象日益提升，这与其在东盟中的领导力相辅相成。印尼在这三个方面所体现的领导力对印尼和东盟都会产生各种正面和负面的影响。尽管印尼的体量、经济和实力意味着东盟不能缺少印尼的领导，但这一章表明，印尼继续面临一些东盟国家的阻力。因此，印尼在东盟内将民主价值观、人权和更有效的决策程序制度化的努力尤其难以实现。

第十四章的作者是陈思诚（See Seng Tan），他研究了印尼与大国的关系，以及东盟在未来对印尼是否仍然重要。陈思诚强调，随着印尼在国际事务中发挥的作用越来越大，且东盟内部出现明显的不团结，虽然东盟长久以来一直是印尼外交政策的基石，但印尼战略界已经在讨论“后东盟时代”的外交政策。不过，作者认为东盟对印尼仍然重要，原因有三。第一，东盟可以继续帮助印尼抵御大国的影响。第二，尽管印尼加入了二十国集团，但印尼与东盟之外的国家和全球行为体来往时，仍然离不开东盟及其对话伙伴所建立的不断演变的区域架构。第三，尽管东盟的区域主义在印尼的外交政策中位置显赫，但它在历史上从来都不是印尼的唯一选择，不过，它可能仍然是印尼“政策工具箱”中的一种选择。

第十五章的作者是塞巴斯蒂安（Sebastian）、苏布里扬托（Supriyanto）和阿尔萨纳（Arsana）。他们研究的是印尼的海洋权益，并认为印尼的海洋安全观始终强调安全要依靠自己，这是因为印尼的“群岛观”（Archipelago Outlook/Wawasan Nusantara）主要强调国家统一和领土完整的至高无上。在印尼独立之后的大部分时间，特别是在冷战期间，印尼群岛水域及其周边的安全局势一直平稳和良好。该区域地缘政治环境目前的特点是亚洲海洋强国的崛起，这将要求印尼的战略规划者采取更加主动的安全战略，特别是在群岛海道（ASLs）和相关的海上要冲（马六甲海峡、巽他海峡、龙目海峡和望加锡海峡）方面。本章最后分析了崛起中的印尼如何重新定义其领海安全，以适应大国在东亚和东南亚海上航线上日益强势的存在。

本书结语章节（第十六章）的作者是莱昂纳德·塞巴斯蒂安（Leonard Sebastian）和克里斯托弗·罗伯茨。他们推测了新一届佐科政府外交政策的优先事项，指出印尼作为新兴强国的国际形象日益提升，这将是全球政治权力转移的又一迹象。印尼的体量、战略位置、经济发展潜力以及在东盟中关键的区域性作用都是评估印尼潜力的重要指标。和印度、中国、巴西、俄罗斯一样，印尼仍然容易受到内部不稳定的影响，这种不稳定不时会威胁到国家安全，削弱其充分发挥潜能的能力。此外，印尼的经济和社会仍然属于发展中国家。尽管如此，印尼从未因自身物质能力的缺乏而阻碍自己的地区和全球抱负。然而，印尼独立之后的历史清楚地表明，印尼愿意挑战现状，并试图修改冷战时期盛行的规范，以体现印尼宪法所承载的价值和促进其当时的国家利益。从那时起，国内团结和国家发展的需要大大抑制了印尼的雄心。相反，通过推动一种新型的多边主义，印尼试图借助一套体现“特定价值观”的战略，以及展现其“能获得域外国家积极支持”的区域地位的能力，在东南亚建立赫雷尔所说的“共识化的主导权”（consensual hegemony）。

注 释

1.“经济简报”，澳大利亚外交和贸易部，2014，www.dfat.gov.au（2014年7月25日访问）。

2.“加拿大武装力量高级官员的演讲”（南昆士兰大学，图文巴），2001年10月。也可参考杰米·A.C. 麦基（Jamie A.C. Makie）:《澳大利亚与印度尼西亚：当前问题和未来前景》（Australia and Indonesia: Current Problems, Future Prospects），《洛伊研究所论文》，悉尼：洛伊研究所，2007，第59页。

3.“经济简报”，澳大利亚外交和贸易部，2014。

4.“印度尼西亚”，中情局世界各国概况，2014，https://www.cia.gov/library/publications/the-world-factbook/（2014年7月24日访问）。

5. 根据谷歌地图标尺工具所做的测量。

6.“印度尼西亚”，中情局世界各国概况，2014。

7. 安东尼·雷德（Anthony Reid）主编《印尼崛起：亚洲第三巨人的重新定位》（*Indonesia Rising: The Repositioning of Asia's Third Giant*），新加坡：东南亚研究所，2012；塔马拉·纳西尔（Tamara Nasir）:《印尼崛起：伊斯兰教、民主和作为重要力量兴起的印尼》（*Indonesia Rising: Islam, Democracy and the Rise of Indonesia as a Major Power*），新加坡：精选书店，2009。

8. 马克斯·韦伯（Max Weber）:《社会与经济组织理论》（*The Theory of Social and Economic Organization*），A.M. 亨德森（A.M. Henderson）和塔尔科特·帕森斯（Talcott Parsons）译，纽约：自由出版社，1947，第152页。

9. 罗伯特·吉尔平（Robert Gilpin）:《世界政治中的战争与变迁》（*War and Change in World Politics*），剑桥：剑桥大学出版社，1981，第13页。

10. 张锋:《重新思考均势：综述》（Reconceiving the Balance of Power: A Review Essay），《国际研究评论》2011年第37卷第2期，第643页。

11. 肯尼思·华尔兹（Kenneth Waltz）:《国际政治理论》（*Theory of International Politics*），波士顿：爱迪森-卫斯理出版社，1979，第131页。

12. 约书亚·S. 戈德斯坦（Joshua S. Goldstein）和琼·C. 皮弗豪斯（Jon C. Pevehouse）:《国际关系》（*International Relations*）第9版，纽约：皮尔逊出版社，2010，第47页。

13.“权力指数（全球总量占比）——基本情况”[Power Index（Percent of Global Total）–Base Case]，谷歌公共数据，2013，http://www.google.com/publicdata/explore?ds=n4ff2muj8bh2a_&ctype=l&strail=false&nselm=h&met_y=POWER&hl=en&dl=en#ctype=l&strail=false&nselm=h&met_y=POWER&fdim_y=scenario:1&scale_y=lin&ind_y=false&rdim=world&idim=ungroup:219&idim=country:CN:US:IN&hl=en&dl=en（2013年3月18日访问）；“国家物

质能力”（National Material Capabilities），战争相关性数据库，2013，http://correlatesofwar.org/（2013年3月9日访问）；大卫·J. 辛格（David J. Singer）：《重新建构战争相关性数据库中1816—1985年的国家物质能力》（Reconstructing the Correlates of War Dataset on Material Capabilities of States, 1816-1985），《国际互动》1987年第14卷第2期，第115—132页。

14. 引自拉尔夫·埃默斯（Ralf Emmers）：《东盟和东盟地区论坛中的安全合作与均势》（*Cooperative Security and the Balance of Power in ASEAN and the ARF*），伦敦和纽约：劳特利奇柯曾出版社，2003，第42页。

15. 马丁·格里菲斯（Martin Griffiths）、特瑞·奥卡拉汉（Terry O'Callaghan）和史蒂文·C. 罗奇（Steven C. Roach）：《国际关系：核心概念》（*International Relations: The Key Concepts*）第2版，纽约：劳特利奇出版社，2008，第291页。

16. 根据盖尔布（Gelb）的说法：“权力是国际领域的铂金币，没有它，几乎什么也做不成。”转引自恩里克·菲尔斯（Enrico Fels）：《权力转移？国际关系中的权力和中等强国的忠诚》（Power Shift? Power in International Relations and the Allegiance of Middle Powers），载恩里克·菲尔斯、让-弗雷德里克·克雷默（Jan-Frederik Kremer）和凯瑟琳娜·克罗嫩伯格（Katharina Kronenburg）主编《21世纪的权力：变化世界中的国际安全与国际政治经济》（*Power in the 21st Century: International Security and International Political Economy in a Changing World*），多德雷赫特：斯普林格出版社，2012，第5页。不过，该小节其他论点说明，有关权力的行为主义概念更为广泛，是建构主义这些其他理论的主要要素。可以参考亚历山大·温特（Alexander Wendt）：《国际政治的社会学理论》（*Social Theory of International Politics*），剑桥：剑桥大学出版社，1999，第94页。

17. 对吉尔平而言，构成一国权力的相关资源只能是军事、经济和技术手段。吉尔平：《世界政治中的战争与变迁》。

18. 拉伊莫·瓦伊吕宁（Raimo Vayrynen）：《安全共同体达成的稳定和平》（Stable Peace through Security Communities），载阿里·卡科维奇（Arie Kacowicz）等主编《国家间的稳定和平》（*Stable Peace among Nations*），牛津：罗曼和利特菲尔德出版社，2000。

19. 菲尔斯：《权力转移？国际关系中的权力和中等强国的忠诚》，第11页。

20. 凸显无形实力的一个例子是越南战争。美国在军事有形实力上具有绝对优势，“动用了除核武器以外的所有军事手段迫使北越撤退”。然而，越南人却能够利用强大的无形实力，让实力天平整体向他们倾斜。越南人的无形实力有直接和间接之分。直接的无形实力就是他们能够抓住并利用国民意志或民族主义。间接的无形实力来自“美国内部及其华盛顿盟友对战争的支持力度下降”，这样越南人在军事上得不到的成果却可以在政治上获得：政府自决权和驱逐美国军队。沃尔特·S. 琼斯（Walter S. Jones）：《国际关系的逻辑》（*The Logic of International Relations*），波士顿：小布朗出版集团，1985，第246页。

21. 2014年5月，中俄领导人签署了世界上金额最高的商业协议之一，根据协议，俄罗斯向中国提供价值4000亿美元的天然气。两国加强了“战略伙伴关系”，外界广泛报道这一举动是为了抗衡“美国的影响并为追求中俄各自的经济、战略利益创造更大空间”，比如莫斯科关注的克里米亚和东乌克兰问题，北京关注的东海和南海问题。布莱恩·斯皮格勒（Brian Spegele）和韦恩·马（Wayne Ma）：《分析：普京访问显示中国实力》（Analysis: Putin Visit Shows China's Strength），《华尔街日报》2014年5月16日；安德鲁·布朗尼（Andrew Browne）：《沥青的世界：北京青睐俄罗斯，中美纠纷加剧》（Chian's World: Sino-U.S. Discord Grows as Beijing Courts Russia），《华尔街日报欧洲版》2014年5月28日。普京总统在一次访谈中说，中俄关系已经发展到全新高度。他又补充说，中俄关系“会显著影响现代国际关系的格局”。《普京赞扬俄罗斯与中国的关系》（Putin Hails Russia's Relationship with China），路透社，2014年4月17日。

22. 大卫·A. 鲍德温（David A. Baldwin）：《权力与国际关系》（Power and International Relations），载沃尔特·卡尔斯内斯（Walter Carlsnaes）、托马斯·里斯（Thomas Risse）和贝思·西蒙斯（Beth Simmons）主编《国际关系手册》（*Handbook of International Relations*），伦敦：世哲出版社，2005，第177页。

23. 菲尔斯：《权力转移？国际关系中的权力和中等强国的忠诚》，第11页。

24. 戈德斯坦和皮弗豪斯：《国际关系》第9版，第54页。

25. 在全球范围内，布鲁斯·吉莱（Bruce Gilley）和安德鲁·奥尼尔（Andrew O'Neil）将下列国家列为大国：美国、中国、日本、印度、德国、俄罗斯、巴西、英国和法国。参见布鲁斯·吉莱和安德鲁·奥尼尔：《中等强国视角下的中国崛起》（China's Rise through the Prism of Middle Powers），载布鲁斯·吉莱和安德鲁·奥尼尔主编《中等强国与中国崛起》（*Middle Powers and the Rise of China*），华盛顿特区：乔治城大学出版社，2014，第5页。

26. 卡斯腾·霍尔布拉特（Carsten Holbraad）：《国际政治中的中等强国》（*Middle Powers in International Politics*），伦敦：麦克米伦出版社，1984，第4页。也见汉斯·摩根索（Hans Morgenthau）：《国家间的政治：权力斗争与和平》（*Politics among Nations: The Struggle for Power and Peace*），纽约：阿尔弗雷德·A. 克诺夫出版社，1961，第441页。

27. 休·怀特（Hugh White）：《权力转移：重新思考澳大利亚在亚洲世纪中的位置》（Power Shift: Rethinking Australia's Place in the Asian Century），《澳大利亚国际事务杂志》2011年第65卷第1期，第92页。

28. 吉莱和奥尼尔：《中等强国视角下的中国崛起》，第5页。

29. 苏珊·斯特兰奇（Susan Strange），《国家与市场》（*States and Markets*）第二版，伦敦：连续体出版社，1988，第31页。

30. 恩盖尔·伍兹（Ngaire Woods）：《全球化时代的国际政治经济》（International Political Economy in an Age of Globalisation），载约翰·贝利斯（John Baylis）、史蒂夫·史密斯（Steve Smith）和帕特莉西亚·欧文斯（Patricia Owens）主编《世界政治的全球化：国际关系简介》（*The Globalisation of World Politics: An Introduction to International Relations*），牛津：牛津大学出版社，2014，第244—249页。

31. 罗伯特 · A. 达尔（Robert. A. Dahl）:《权力的概念》（The Concept of Power）,《行为科学》1957年第2卷第3期。

32. 菲尔斯:《权力转移？国际关系中的权力与中等强国联盟》，第6页。

33. 同上。

34. 鲍德温:《权力与国际关系》，第178页。

35. 换言之，权力和权力投射与邻近程度有关。因此，"有些国家在'自己的地理区域内很强大'，但无法在全球范围内展示类似的权力"。见安德鲁 · 卡尔（Andrew Carr）:《澳大利亚是中等强国吗？一种系统化的影响分析方法》（Is Australia a Middle Power? A Systemic Impact Approach）,《澳大利亚国际事务杂志》2014年第68卷第1期，第73页。该观点是在本章中"地区强国"和"新兴强国"的语境下提出的。

36. 鲍德温:《权力与国际关系》，第178—179页。

37. 温特:《国际政治的社会理论》，第97页。

38. 约瑟夫 · S. 奈（Joseph S. Nye）:《软实力：世界政治的成功方法》（*Soft Power: The Means to Success in World Politics*），纽约：公共事务出版社，2004，第5页。

39. 吉蒂卡 · 科穆里（Gitika Commuri）:《"君思即我思?"：理解国家获得以及失去软实力的条件》（"Are You Pondering What I Am Pondering?" Understanding the Conditions under Which States Gain and Lose Soft Power），载恩里克 · 菲尔斯、让–弗雷德里克 · 克雷默和凯瑟琳娜 · 克罗嫩伯格主编《21世纪的权力：变化世界中的国际安全和国际政治经济》，第44页。

40. 根据克里斯托弗 · 海默（ChrisTopHer Hemmer）和彼得 · J. 卡赞斯坦（Peter J. Katzenstein）的文章，这些"发现在各种研究中保持一致，甚至在最不足信、任意划定的群体中也适用"。参阅克里斯托弗 · 海默和彼得 · J. 卡赞斯坦:《亚洲为什么没有北约？集体身份、区域主义和多边主义的源头》（Why is There No NATO in Asia? Collective Identity, Regionalism, and the Origins of Multilateralism），载马修 · 伊万杰利斯塔（Matthew Evangelista）主编《政治科学中的关键概念》（*Critical Concepts in Political Science*），米尔顿公园：劳特利奇出版社，2005，第114页。身份是一种相对现象。特里恩 · 弗洛克哈特（Trine Flockhart）用以下方式解释了群体之间的相对差异：

实际发生的情况是：在"自我"与"我们"组成的社会群体体系之中，身份是通过"我们–群体"的复杂组合建构出来的，是介于"他们"和我称之为"别有含义的我们"（Significant We）之间的等级。"'他们'定义了'自我'与'我们'之外的阈值，以及其刻意保持距离的特征，而'别有含义的我们'和'他们'一样，也许对身份的建构更加重要。"特里恩 · 弗洛克哈特:《"复杂的社会化"：研究国家社会化的框架》（"Complex Socialisation": A Framework for the Study of State Socialization）,《欧洲国际关系杂志》2006年第12卷第1期，第94页。

41. 克里斯托弗 · B. 罗伯茨（Christopher B. Roberts）:《东盟的区域主义：合作、价值观和制度化》（*ASEAN Regionalism: Cooperation, Values and Institutionalisation*），米尔顿公园：劳特利奇出版社，2012，第119—124页。

42. 迪塞姆伯·格林（December Green）和劳拉·吕赫尔曼（Laura Luehrmann）:《第三世界的比较政治学：概念与案例相结合》（*Comparative Politics in the Third World: Linking Concepts and Cases*），博尔德：林恩·里纳出版社，2007，第187—224页。

43. 这里特意排除了“小国”（small power）这个词汇，因为尽管小国会采取策略——比如从众策略——来增加国家生存的可能性，但它们没有足够的力量，也无法充分影响其他国家的行为，所以本章以及本书都不会针对它们进行单独的分析。

44. 戈德斯坦和皮弗豪斯:《国际关系》第9版，第46页。

45. 卡斯腾·霍尔布拉特，引自菲尔斯:《权力转移？国际关系中的权力和中等强国联盟》，第14页。

46. 有关多极化问题，一些学者认为中等强国也是对抗霸权的力量。这种观点将澳大利亚和加拿大这样的中等强国视作例外个案。吉莱和奥尼尔:《中等强国视角下的中国崛起》，第12—13页。

47. 安德鲁·芬顿·库珀（Andrew Fenton Cooper）、理查德·A. 希格特（Richard A. Higgott）和金·理查德·诺萨尔（Kim Richard Nossal）:《重新定位中等强国：变化世界秩序中的澳大利亚和加拿大》（*Relocating Middle Powers: Australia and Canada in a Changing World Order*），温哥华：不列颠哥伦比亚大学出版社，1993，第19页。

48. 引自菲尔斯:《权力转移？国际关系中的权力和中等强国联盟》，第14页。

49. 安德鲁·芬顿·库珀:《利基外交：观念概述》（Niche Diplomacy: A Conceptual Overview），载安德鲁·芬顿·库珀主编《利基外交：冷战之后的中等强国》（*Niche Diplomacy: Middle Powers after the Cold War*），纽约：圣马丁出版社，1997，第13页。

50. 在对中等强国的分析中，该分类有不少争论。参阅德特勒夫·诺尔特（Detlef Nolte）:《如何比较区域强国：分析概念和研究课题》（How to Compare Regional Powers: Analytical Concepts and Research Topics），《国际研究评论》2010年第36卷第4期，第883页。

51. 同上，第890页。区域强国的支配地位并不像人们最初预期的那样明显，因为小国可以通过与域外大国结盟来轻易地摆脱区域强国的影响。东南亚的菲律宾就是这样一个例子，它与美国订有条约，被视为本地区的“局外人”。持有该观点的学者有阿米塔夫·阿查亚（Amitav Acharya）等。唐纳德·E. 韦瑟比（Donald E. Weatherbee）:《东南亚的国际关系：争取地区自治的斗争》（*International Relations in Southeast Asia: The Struggle for Regional Autonomy*）第二版，普利茅斯：罗曼和利特菲尔德出版社，2010，第13页。

52. 托马斯·彼德森（Thomas Pederson）使用“策略”一词并非偶然。他认为合作霸权理论的基础是概念化-制度化的现实主义，而不是结构现实主义理论。托马斯·彼德森:《合作霸权：区域整合中的权力、理念和制度》（Cooperation Hegemony: Power, Ideas and Institutions in Regional Integration），《国际研究评论》2002年第28卷第4期，第683页。

53. 诺尔特:《如何比较区域强国：分析概念和研究课题》，第895页。

54. 安德鲁·F. 哈特（Andrew F. Hart）和布鲁斯·D. 琼斯（Bruce D. Jones）:《新兴国家是如何兴起的?》（How do Rising Powers Rise?），《生存：全球政治与策略》2010年第52卷第6期，第65页。

55. 安德鲁·赫雷尔（Andrew Hurrell）:《霸权、自由主义和全球秩序：未来的大国有何空间?》（Hegemony, Liberalism and Global Order: What Space for Would-be Great Powers?），《国际事务》2006年第82卷第1期，第1—2页。

56. 科穆里:《"君思即我思?"：理解国家获得以及失去软实力的条件》，第55页。

57. 乔治·索伦森（Georg Sorensen）:《安全困境之后：脆弱国家的不安全挑战和自由价值观的困境》（After the Security Dilemma: The Challenges of Insecurity in Weak States and the Dilemma of Liberal Values），《安全对话》2007年第38卷第3期，第365—366页。

58. 引自卡莱尔·A. 塞耶（Carlyle A. Thayer）:《中国崛起与美国首要地位的终结：澳大利亚对自己前途的争论》（China's Rise and the Passing of U.S. Primacy: Australia Debates its Future），《亚洲政策》2011年第17卷第12期，第19页。

59. 罗伯特·S. 罗斯（Robert S. Ross）:《均势政治和中国的崛起：东亚的顺应与平衡》（Balance of Power Politics and the Rise of China: Accommodation and Balancing in East Asia），《安全研究》2010年第15卷第3期，第366—369页。

60. 布鲁斯·吉莱:《大国变迁中的中等强国：中国崛起和加拿大–美国关系的未来》（Middle Powers during Great Power Transitions: China's Rise and the Future of Canada-US Relations），《国际杂志》2011年春季版，第247—248页。

61. 安德鲁·赫雷尔:《崛起中的强国与新兴的全球秩序》（Rising Powers and the Emerging Global Order），载约翰·贝利斯、史蒂夫·史密斯和帕特莉西亚·欧文斯主编《世界政治的全球化：国际关系简介》，第87页。

第二章　领导与依赖：印尼的地区与全球作用（1945—1975）[1]

［澳］苏·汤普森

虽然经历了动荡，但自独立以来，印尼一直是亚洲范围内崛起的大国，在世界舞台上的地位日益凸显。许多学者指出，印尼人口众多，战略资源丰富（这得到政府、企业和军方的关注），这是其在地区和全球事务中占据重要地位的原因。[2]一些学者还强调，印尼强烈的民族主义意识是其反对荷兰殖民主义、争取独立的长期斗争的遗产，[3]而另一些学者则强调冷战期间国际关系的重要性。[4]从这三个角度出发，可以考虑以下问题：印尼领导人在多大程度上影响了本国的未来，以及外部势力在多大程度上影响了这个东南亚人口最多的国家的发展？事实上，原始资料表明，印尼的区域地位是各种因素相互作用的结果。从国际和历史上看，印尼在战略和经济上都具有重要地位：苏哈托政府和连续几届美国政府之间的密切关系表明，尽管雅加达依赖外国支持，但它仍有能力在全球发挥越来越大的影响力。

民族主义、革命和独立

在独立之前，印尼一直是东南亚的一个主要殖民地；它由荷兰人统治，被称为荷属东印度群岛，由生产橡胶、糖、香料、茶和其他作物的富裕庄园构成。在荷兰统治下，殖民政府镇压了激进的印尼民族主义组织，流放了一些民族主义领导人。到1942年，许多印尼人都对荷兰的统治充满敌意。

第二次世界大战为变革奠定了基础。1942年，日本占领了荷属东印度群岛，训练并武装了一支印尼军队，鼓励流亡的民族主义领导人回国，并承诺使印尼独立。1945年，日本的投降造成了权力真空，这为印尼民族主义者提供了机会。8月17日，苏加诺在雅加达宣布独立，成为印尼共和国的第一任总统。尽管印尼发表了独立宣言，但荷兰仍旧试图重新确立其在东南亚的地位。这是因为，印尼对荷兰始终具有巨大的经济价值，尤其有助于荷兰战后的经济复苏。同时，荷兰对印尼的统治也象征着其在世界范围内拥有更广泛的影响力与更重要的地位。

然而，荷兰人缺乏恢复殖民统治的军事力量，因此他们向英国和澳大利亚寻求援助。英国有责任解除印度支那南部和印尼西部（包括该地区人口最多的爪哇岛）的日本武装。澳大利亚则对印尼东部实行军事控制。澳大利亚军队允许荷兰军队在印尼东部的岛屿重新部署军力，那里印尼共和国军队的力量较弱。然而，由于事先得到警告，称这将是一次推翻印尼共和国的重大军事行动，英国最初不愿意让荷兰军队从爪哇岛和苏门答腊岛的据点登陆印尼，而是迫使荷兰人进行谈判。伦敦方面担心，印尼问题牵一发而动全身，可能会影响东南亚其他地区的稳定，从而在政治和经济上造成不良影响。因此，英国在远东领土的利益取决于该地区其他区域的稳定。[5]荷属东印度群岛的贸易和资产的恢复取决于爪哇问题的解决。英国把自己看作是“我们的盟友法国和荷兰的受托人，我们有强烈的道德义务恢复他们在各自殖民地上的主权”，因此希望帮助调解民族主义运动和英国盟友之间的争端。[6]

美国和冷战都是印尼独立的关键因素。第二次世界大战后，美国一直在监督日本经济的重建，这是其遏制共产主义在该地区蔓延的战略中的一个关键因素。日本的经济发展在很大程度上依靠扩大工业品出口和区域资源进口。华盛顿方面已经开始把东南亚，尤其是资源丰富的印尼，视为一个地理位置优越、富裕的供日本贸易的市场。1947年，美国向荷属东印度群岛提供援助，以加快经济重建和恢复区域贸易。提供这种援助的前提是，荷兰人要重新获得整个前殖民地的主权。华盛顿方面指出，尽管印尼民族主义者公开表示欢迎外国私人资本，但他们的目标似乎是“建立一个遵循社会主义路线的国家”。印尼共和国领导人似乎试图在他们“基本的社会主义愿望”和为经济发展而吸引外资的需求之间取得平衡。[7]

然而，荷兰人正在失去控制。殖民地国家与西方国家认为，东南亚的持续不稳定可能会对共产主义有利。华盛顿方面支持由联合国发起的印尼–荷兰谈判，由此促成了1948年1月的停火协议。同年晚些时候，印尼军队在爪哇岛茉莉芬（Madiun）镇压了一场由印尼共产党（PKI）发动的起义，当时印尼共产党与苏联共产党交好。对美国人来说，这一行动使苏加诺成了一个更能被他们接受的独立领袖。荷兰人为取得军事上的胜利作了最后的努力，但华盛顿作出回应，劝告海牙于1949年11月同意将除西新几内亚（又称西伊里安、伊里安查亚、西巴布亚）外的荷属东印度群岛的所有岛屿移交给印尼共和国。

由于荷兰人坚持保留西新几内亚，这片领土的归属问题仍留待商榷。印尼对这一让步感到担心，因为这个地区是前荷兰殖民地的一部分，如果它获准独立，有可能会为其他领土的独立开创先例。然而，在谈判期间，由于迫切需要实现独立，印尼领导人放弃了西新几内亚，以免延误独立：这就意味着，对该领土的收复将不得不暂时搁置。实际上，苏加诺在1950年8月的一次重要讲话中宣布：“伊里安也是印尼的领土……不是在明天，也不是在后天，而是在此时此刻。”[8]

美国对印尼的支持与华盛顿日益渴望遏制共产主义在东南亚的扩张有关。这背后的原因是，国际社会对这一地区重要的自然资源越发感兴趣，以及1950年马来亚和印尼生产了世界一半以上的天然橡胶和锡，并且1949年印尼的出口额达到5亿美元。[9]这就意味着，如果该地区被共产党接管，日本的政治和经济重建可能会受到极大的威胁。[10]此外，华盛顿方面鼓励东南亚国家恢复和建设本国经济，扩大与邻国的贸易和原材料流动，而印尼在实现这些目标方面发挥着尤为关键的作用。因此，华盛顿将设法加强雅加达政府内的非共产主义力量，推动印尼经济的发展，从而促进东南亚的区域安全。[11]

有领导的民主

到20世纪50年代中期，印尼国内对共产主义的支持不断增多。在1955年的第一次全国大选中，获准参与公开选举的印尼共产党获得了近16%的选票，这是1948年“茉莉芬事件”后的一次重大转折。在这些选举之后，共产党成为议会中的第四大党，而当时议会中没有任何政党拥有多数席位。[12]1957年，苏加诺宣布中止议会制政府，主张实行“有领导的民主”下的总统统治。在这一新制度下，印尼共产党和军方开始巩固他们的地位。

从20世纪50年代中期起，雅加达开始摆脱对西方国家支持的依赖。这不仅反映出印尼共产党在苏加诺政府中的影响力日益增长，也反映出印尼领导人对独立外交政策的追求。苏加诺强调，印尼人民应当把自己视为全球反帝国主义势力斗争的一分子。在这种背景下，他谋求成为一个由不结盟国家组成的集团的领导人，并于1955年在爪哇岛万隆主办了一次非洲和亚洲国家会议。然而，尽管苏加诺试图最大限度地实现印尼的独立，但许多人将印尼国内的颠覆势力视为国家安全的主要威胁。[13]

在20世纪50年代，外岛对雅加达政府的不满与日俱增，在马鲁古群岛、苏拉威西岛北部和苏门答腊岛北部也发生了一些叛乱。虽然印尼的大部分人口居住在爪哇岛上，但该国的大部分自然资源都位于这些外围的岛屿上。1957年3月，印尼东部地区的军事指挥官苏穆尔上校（Colonel Sumual）宣布对其辖区实行戒严令，并宣布了一项名为“珀梅斯塔”（Permesta）的“全民斗争宪章”。这项宪章得到了其他军官和文官的支持，它要求恢复印尼的地方权利，包括财政自治和让更多的地方人士进入政府为官。该宪章并非呼吁分离，而是要求印尼进行根本性的改革。[14]

1958年2月，苏门答腊岛北部发生了另一次暴动，叛乱分子得到了国外的武器和装备支持。澳大利亚、英国和美国都暗中介入，这既是因为反叛分子表达了反共的观点，也是因为这些国家对苏加诺政府的发展感到担忧。印尼军方迅速镇压了该地区的暴动，也让印尼人民自此对西方心怀敌意。此后，苏加诺转而向东欧和苏联寻求军事支持和经济援助。苏联领导人尼基塔·赫鲁晓夫（Nikita Krushchev）于1960年访问印尼，促成了两国间的武器援助协议。[15]印尼因此拥有了来自苏联的新武器，便再次将目光投向西新几内亚地区问题。

这时，华盛顿方面十分担心雅加达政府会向共产主义阵营靠拢。为了遏制共产主义势力在印尼的发展，华盛顿希望海牙与雅加达进行和平谈判。1961年1月，约翰·F. 肯尼迪（John F. Kennedy）总统的新政府寻求以有利于印尼的方式和平解决争端。英国也不再支持荷兰。最终，印尼与荷兰在1962年8月达成协议，印尼得以于1963年5月1日收复了西新几内亚。但是，为了安抚荷兰人的情绪，协议中仍包含一项保全荷兰面子的条款。1969年，当地原住民在联合国的监督下就该领土的未来进行投票。最终，印尼摆脱荷兰，获得了独立。然而，1963年的国际环境与1945年大不相同。印尼的民族主义和独立运动已从战后非殖民化进程的一部分转变为东南亚冷战战略的一个重要因素。

肯尼迪政府还希望加大对雅加达的经济和军事援助力度，从而制造印尼共产党与印尼军方（华盛顿希望印尼军方能够消灭共产党）之间的冲突。[16]然而，尽管有美国的援助，苏加诺政府的政策却恰逢经济衰退。第二次世界大战和独立战争严重破坏了国内的经济基础设施，但政府却忽视了对其的恢复。印尼无法充分利用其丰富的自然资源；大量的国家债务和不断加剧的通货膨胀也出现了。在这一时期，印尼领导人之间产生了分歧，一部分人希望争取经济稳定，另一部分人却想要继续革命。[17]在这种情况下，苏加诺发动了另一次区域军事行动，这次他针对的是新成立的马来西亚联邦。

印马对抗

1963年9月16日马来西亚联邦① 成立，这解决了英国剩余的东南亚属地（新加坡、文莱、沙捞越和英属北婆罗洲）的非殖民化问题。马来亚在1957年实现独立，但拥有一个重要的英国海军基地的新加坡最初并没有被纳入独立的马来亚，而是仍由英国单独管理。然而，持续不断的要求新加坡并入马来亚的压力引起了马来政治领导人的反对，因为新加坡的大多数人口是华人，若新加坡加入，将使华人明显成为马来亚的多数人口。为了防止这种情况发生，1961年5月，马来亚总理东古·阿卜杜勒·拉赫曼（Tunku Abdul Rahman）主张将英国在婆罗洲（加里曼丹岛）的领土纳入新马联邦。这一提议将使马来人在这个新国家占多数人口。[18]

英国同意了将其婆罗洲领土并入马来西亚的提议，因为如果不这样做，这些领土在经济上将难以作为独立国家（甚至作为一个独立的联邦）生存下去。此外，马来西亚和印尼在该地区相互竞争，这可能最终会导致婆罗洲领土要求结束殖民统治，给英国方面带来压力。[19]再者，这项协议将确保英国在新加坡的军事设施的安全，因为协议中有两个主要条件，一是英国和马来亚之间的防御协议将扩大到新联邦的所有领土，二是英国在使用新加坡基地时将不受限制。[20]

1961年，印尼外交部长苏班德里约（Subandrio）博士最初表示赞成建立马来西亚联邦。然而，随着苏加诺镇压苏门答腊和苏拉威西的起义，以及西新几内亚并入印尼，这一态度很快就发生了变化。这些事件加强了苏加诺在雅加达的地位，而对成立马来西亚联邦的反对，则有效地分散了人们对经济问题和印尼政府内部共产党与军方之间派系冲突的关注。[21]印尼共产党将马来西亚描绘成一个殖民前哨，担心新的联邦会影响印尼的社会主义议程。军方反对这个新的国家，则是因为新加坡的加入可能导致忠于

① 由马来亚联合邦与沙巴、沙捞越、新加坡组成，1965年8月9日新加坡退出。——译者注

中国的华人统治这个地区。[22]

苏加诺还把马来西亚联邦称为“英国新帝国主义”。他声称，马来西亚的建立将必然使英国继续在东南亚保有势力，因为英国在新加坡拥有军事力量，又在经济上拥有资源产业。在前一年，苏加诺一直在逐步使印尼向中国的反帝国主义理想靠拢。1962年10月，苏加诺的第二任妻子作为贵宾出席了在北京举行的国庆活动。1963年4月，苏班德里约与中国总理周恩来举行了会谈。印尼共产党领导人D.N. 艾地（D.N. Aidit）对这些交流活动表示支持。[23]

为了反对马来西亚联邦的建立，苏加诺发起了一场名为“对抗”（Konfrontasi）的运动。在英国的婆罗洲领土内，反对联邦的主要力量来自文莱苏丹，而文莱一直不属于这个新的联邦。对于其他婆罗洲的领导人来说，加入马来西亚联邦是从英国独立的唯一途径。然而，这些地区内也存在着反马势力，苏加诺正是试图对此加以利用。到1963年底，印尼开始资助和支持反对马来西亚联邦的沙捞越游击队。[24]

印尼在发动对抗时面临重大的军事问题。其中之一是军队的性质问题。印尼军队本质上是一支游击队，这反映在其准则中。20世纪60年代，军方领导人在对荷兰的游击战争中第一次获得了重要的军事经验。因此，印尼军方形成了一种防御性的领土准则：保卫印尼及其核心原则，包括维护国内安全和防止叛乱威胁，而后者已成为新独立的政府主要关注的问题。军方的另一个目标，则是对抗印尼共产党的影响。[25]

虽然冲突并未演变成全面战争，但敌对行动仍在继续，而马来西亚从英国、澳大利亚和新西兰那里获得了增援。起初，美国将这种“印马对抗”的局面留给英国处理，肯尼迪明确表示，美国军队不会承诺支持马来西亚。尽管如此，他还是同意恢复对印尼的多边援助，以换取苏加诺对进行谈判的承诺，以及印尼军队撤出加里曼丹岛。这一举措反映出肯尼迪对这个资源丰富的国家在战略和经济上的重视。但随着1963年11月肯尼迪遇刺，约翰逊新政府转变了美国对印尼的政策。[26]

约翰逊不喜欢苏加诺在其政府中接纳共产党人；美国国会起草了一项

决议：除非出于国家利益，否则美国将停止对印尼的援助。1964年3月底，约翰逊决定大幅削减美国对印尼的援助。[27]然而，早在1963年9月，美国对雅加达方面的援助就一直在不断减少。美国的援助集中在培训印尼境内的平民和在美的印尼军事人员。由于担心印尼的反马运动可能会影响激进的民族主义者或印尼共产党，华盛顿方面谨慎地不提供有助于苏加诺对抗马来西亚的援助。尽管如此，华盛顿仍试图延续一项军事训练计划，以保持美国与印尼军队之间的特殊关系。华盛顿认为，这种关系“强化了印尼军方的反共立场，并为我们进入印尼最强大的政治军事力量的领导层提供了独特的机会”。[28]此类举措表明，华盛顿在20世纪60年代初对印尼军政和经济发展的支持，促使雅加达在60年代中期出现了一个军事政权。[29]

印马对抗给苏加诺带来了外部压力，与此同时，印尼国内的局势也仍然紧张。1965年初，由苏加诺领导的最高作战司令部（KOTI）召开会议，向政府提出建议：夺取西方在印尼的所有商业利益；将任何从事颠覆活动的美国官员列为不受欢迎的人；调查被认为导致伊斯兰激进分子与印尼共产党产生冲突的秘密无线电广播。让华盛顿感到恐慌的是，印尼共产党在雅加达的影响力似乎越来越大，而苏加诺要么不想遏制共产党日益增长的势力，要么就是无力遏制。[30]

1965年9月30日晚到10月1日清晨，雅加达发生了一场未遂的政变，6名陆军将领被杀，印马对抗由此终结。英国驻雅加达大使馆告知伦敦方面，“印尼军方成员”发动的政变已被镇压。[31]次日，大使馆报告称，这场未遂政变似乎是由印尼军方内部的分裂引起的，而苏哈托将军已经负责处理这一事件。还有谣言称，印尼共产党是这次行动的幕后黑手。[32]

从1965年10月初到1966年3月中旬，印尼共产党作为一支政治力量遭到摧毁，许多成员和伙伴被杀害。政治权力逐渐从苏加诺转移到苏哈托手中，1966年3月底新政府成立，实行了经济改革和新的外交政策。虽然苏加诺在名义上仍然是总统，但苏哈托实际上已经掌权。[33]新的苏哈托政府于1966年8月结束了这场印马对抗。

“新秩序”时期

在坚决反共的苏哈托领导下，印尼的外交和国内政策都发生了变化。雅加达切断了与北京、河内和平壤方面的联系，取缔了印尼共产党，并重新加入联合国和其他国际组织。新政权还努力争取西方的援助。华盛顿方面尤其希望帮助印尼建立新的领导层，除提供紧急援助外，还私下向雅加达表示，美国将与多方共同努力，重新规划印尼政府偿还债务的时间，这表明印尼对美国来说是多么重要。然而，华盛顿意识到，尽管雅加达改变了方向，但新政府在外交政策上仍将保持民族主义和不结盟立场。[34]

在新政府中，苏哈托担任内阁主席团主席，该主席团由五位“首席部长”组成，各负责几方面的事务。这位新总统主要负责国防、国内安全和军队事务。虽然苏哈托政府中有一些知名的文官，但他的“核心圈”主要由陆军将领和上校组成，因为他将管理和行政职位慷慨地分配给了军方。在苏加诺政府中，军方领导层参与政治事务长达20年，从中攫取利益。在印尼共产党被取缔之后，军方在印尼的国家事务中发挥着主导作用。[35]

苏哈托掌管政府的首要任务之一是集中精力进行经济重建。20世纪50年代中期以来，除石油外，国内农业和矿物生产出现停滞，制造业也有所下滑。1966年6月底，印尼的外债为23亿美元。从1964年12月至1966年6月，雅加达的生活成本指数增长了25倍以上。为此，苏哈托在国际货币基金组织的协助下制定了一项稳定计划，内容包括削减政府开支、增加税收、改革银行体系、严格控制信贷以及促进国内外私人投资。[36]

苏哈托的另一个重点任务是改变印尼的外交政策。他在寻求西方经济援助和实施向西方倾斜的政策的同时，也奉行不结盟的外交政策。然而，与苏加诺的不结盟立场不同，苏哈托对拉丁美洲、非洲和中东不感兴趣；印尼一走上重建经济的道路，苏哈托就坚定地将关注点放在了东南亚区域问题上。[37]

印尼对邻国的兴趣体现在雅加达决定加入一个由泰国、马来西亚、新加坡、印尼和菲律宾组成的新区域组织——东南亚国家联盟（简称“东盟”）。成立东盟的倡议最早在曼谷谈判中提出，意在结束印马对抗。各成员国政府都是反共的，并且这个新组织也得到了美国和英国的支持。对西方大国来说，东盟的建立预示着东南亚地区进入了一个稳定的新时代。伦敦和华盛顿方面认为，该地区所面临的最大威胁将来自内部叛乱，而非外部入侵；因此，经济发展至关重要。另外，由于印尼结束了与马来西亚的对抗活动，并与中国断绝了外交关系，因此不再那么需要保持外部军事力量的介入。这一新的外交战略得到了华盛顿的支持，表明为了实现“稳定的政治安全局势”，华盛顿希望看到用合作组织来代替双边关系。要实现这一目标，美国的支持和领导至关重要。[38]

英国也热切希望印尼在这个新组织中发挥领导作用，并负责遏制共产主义在该地区的发展：

> 美国想要的——也是我们想要的——是一个强大的印度尼西亚，它能够并且愿意一直独立于共产主义阵营，并与马来西亚和菲律宾展开密切合作。如果这最终使印尼在很大程度上超过了马来西亚，我认为美国将准备为此付出代价，并且我认为我们可能也会如此。[39]

1967年8月8日东盟成立，发布了各成员国将共同承担确保东南亚经济和社会稳定的责任的宣言。虽然东盟不直接涉及防务，但它也要求该地区内所有的外国军事基地都应当是临时性的，并且各个国家应当共同承担起保卫东南亚的主要责任。在五个创始成员国中，只有印尼没有在其领土内保留西方军队，并且雅加达坚持认为，宣言应当强调地区内的西方基地只是临时存在的。起初，菲律宾反对这一规定，但在成立大会开始后，菲律宾作出了让步。尽管如此，最后的声明仍然是一个折中方案。印尼最初不想提及外国基地，但接受了基地仍是“临时”的概念；马来西亚接受了这一点，作为印尼加入东盟的一个条件。[40]这一结果符合印尼的需求。据报道，苏哈托在1966年2月早些时候表示，保卫东南亚是该地区各国的事情，英国在新加坡的基地会成为中国扩张的目标，但马来西亚和新加坡政府更希望将基地留在该地区。[41]

最初，东盟的架构给了成员国相当大的自由度，它们在经济上并未进行整合，只有新加坡从东盟内部的贸易中获得了巨大利益。在东盟内部，紧张的局势也依然存在。1968年，马尼拉对沙巴（婆罗洲北部地区）持续的主权主张导致了菲律宾和马来西亚外交关系的破裂。然而，东盟基本上希望通过将争端排除在其框架之外来解决这个危机，这反过来又鼓励马来西亚和菲律宾通过双边接触来解决它们间的紧张关系。[42]

促进东盟团结的另一个因素是东南亚战略环境的变化。标志性的事件是，英国在1968年宣布取消对马来西亚和新加坡的防卫承诺，并于1971年关闭了其在新加坡的军事基地。1969年，美国总统理查德·尼克松（Richard Nixon）在后来被称为“关岛主义”（Guam Doctrine）或“尼克松主义”（Nixon Doctrine）的声明中表示，尽管美国将继续履行其条约义务，但美国希望亚洲国家未来能够在防务上自力更生。

印尼人表面上接受了关岛主义的大部分内容，因为它符合印尼提出的东南亚国家要对自己的安全和防务负责的基本政策。它还为雅加达方面提供了一个平台，让印尼表达自己的想法，强调自己需要广泛的外国援助来弥补该地区各国的军事弱点。雅加达的态度是，印尼缺乏为联合防御和军事安全作出贡献的能力；相反，该国的首要任务是发展经济——只有在印尼的经济实力增长之后，它才能承担与其体量和重要性相称的区域责任。[43]

1970年3月，华盛顿批准了每年约1500万美元的预算——比最初的预算增加了1000万美元——印尼因此成为美国加大军事援助计划的受益者。[44]但是，印尼政府希望得到更多的资助。它试图通过谈判让美国人至少在1973年之前继续留在该地区，再逐步撤军，以避免权力真空。1970年7月，苏哈托派遣苏米特罗（Sumitro）将军前往华盛顿，请求进一步的军事援助。在与尼克松的国家安全顾问亨利·基辛格（Henry Kissinger）讨论时，苏米特罗强调，印尼还不是一个“真正的”大国，目前无法承担东南亚安全的全部责任。此外，印尼政府最初并不打算在1973年以前建立其武装部队，而是决定集中精力发展经济，为国家重建而牺牲安全。现在既然华盛顿方面宣布美国将撤离该地区，雅加达担心其邻国——泰国、新加坡、菲律宾和马来西亚缺乏足够的军事力量来抵御潜在的内部不稳定，或对抗苏联频繁的外交攻势中所隐含的军事威胁。因此，印尼认识到必须加强自身的武装力量。雅加达希望能够从西欧和美国那里获得军事援助；如果美国削减其军事力量，印尼就可以利用多出来的物资。作为回报，印尼将向柬埔寨提供AK–47等轻武器，用于打击共产党的武装力量。[45]

华盛顿的观点是，印尼的要求符合尼克松主义。因此，当雅加达要求额外的军事援助时，尼克松赞同印尼应当在地区防务中发挥更大的作用，并需要使其军队现代化。基辛格对苏米特罗的要求作出了非常积极的回应，称自己与苏哈托的关系是“他所拥有的最温暖的关系之一”，而美国“认同印尼的作用，其正符合尼克松主义的要求”。[46]

美国人并不认为印尼要求更多的武器是出于地区利他主义。雅加达十分渴望获得资金或是6架C–130运输机和一座M–16步枪制造厂，华盛顿观察到，印尼人可能会表示支持区域合作，以换取这些援助。美国国家安全委员会成员约翰·H. 霍尔德里奇（John H. Holdridge）向基辛格指明了这一点，他指出，虽然东南亚地区仍然没有朝着达成区域安全协议的方向发展，但“印尼人或许能够起到推动的作用”。[47]尼克松既不想显得没帮什么忙，又不想让印尼发号施令，于是他批准在1971财年把对印尼的军事援助增加到1800万美元。[48]

在建立东盟的谈判中，让西方从东南亚撤军一直是雅加达的目标，而印尼的战略观也符合尼克松主义的意图。自独立以来，雅加达的政策是在不让外国势力作出任何军事承诺的情况下增强印尼的国力。随着美国作用的减弱，雅加达渴望在华盛顿的帮助下发展亚洲地区的军事合作，而华盛顿反过来也愿意继续为印尼的发展计划和改善东南亚区域合作的努力提供帮助。对美国来说，印尼是“尼克松主义的典范之一”。它利用美国的经济和军事援助以及私人投资增强了自己的实力，而无须让美国作出任何军事承诺。雅加达认为，美国的财政援助对国家经济发展至关重要，进而能够促进地区稳定。这也有助于印尼在政治上抵抗中国影响力的扩大，在经济上避免受到日本的控制。澳大利亚政府对这一局势的评估结论是：

> 印度尼西亚奉行独立和积极（即不结盟）的外交政策，而美国在雅加达恪守“低姿态”，隐藏了两国之间的密切关系，这种关系基于两国的政策和表现必须符合国家利益的共同信念。[49]

对美国而言，它之所以一直努力遏制共产主义在东南亚的影响，是因为该地区作为石油等原料的来源地，有着至关重要的价值。[50]华盛顿方面感谢印尼没有参与1973年由石油输出国组织（OPEC）领导的石油禁运行动。尽管印尼的石油收入有所增加，华盛顿仍继续向雅加达提供军事援助。[51]然而，按人均计算，印尼当时仍然是世界上最贫穷的国家之一。虽然1973年有迹象表明印尼经济正在改善，但“由于存在利用政治权力使个人富裕起来的情况，经济扭曲的风险仍在增加”。[52]因此，1973年底，强烈反对苏哈托政府的第一波声音开始出现，学生们对官员腐败、外国投资和政府的经济治理政策的抗议日益增多。[53]

虽然印尼在区域稳定方面发挥了主导作用，并致力于经济发展，但由于其想要将西新几内亚和葡属帝汶纳入版图，这可能会给区域稳定带来风险。而美国选择不插手阻拦雅加达实现这些目标；对美国人来说，印尼是“东南亚最大、最重要的非共产主义国家，也是重要的第三世界国家”。[54]

当印尼接管西新几内亚时，它就开始为1969年联合国监督下的自决公投作准备，这是由七年前与荷兰达成的协议所规定的。在联合国代表和外国外交官面前，代表约80万人口的1000多名巴布亚人参加了这场“自由选择”活动。华盛顿方面选择不直接介入其中。基辛格认为，所谓的自由选择是“一系列的协商活动而非直接选举，在新几内亚这个石器时代文化的国家，直接选举几乎毫无意义”。[55]

六年后，由于担心葡属帝汶会被左翼势力接管，雅加达试图强行通过武力将该领土并入印尼版图。华盛顿意识到，游击战将是印尼行动的必然结果。1975年12月6日，也就是印尼入侵帝汶岛的前一天，美国总统杰拉尔德·福特（Gerald Ford）和基辛格在访问雅加达期间与苏哈托讨论了这些问题。当时，苏哈托表示“如果我们认为有必要采取迅速或激烈的行动”，希望能寻求福特的“谅解”。福特的回应是，美国会“理解你们，不会在这个问题上向你们施压。我们理解你们存在的问题，也明白你们的意图”。[56]

作为印尼的邻国，澳大利亚的态度是矛盾的。1974年，澳大利亚总理高夫·惠特兰（Gough Whitlam）曾私下告诉苏哈托，东帝汶和印尼的合并是唯一可能的结果。[57]堪培拉不想破坏自印马对抗结束以来，澳大利亚与这个北方邻国间稍有改善的关系。澳大利亚给予东帝汶的唯一支持是，让东帝汶投票反对联合国承认印尼兼并东帝汶的各项决议。到20世纪70年代末，堪培拉已将其在联合国大会关于东帝汶问题的决议中所投的票改为弃权票。除新加坡外，所有东盟国家都支持印尼，这反映出成员国之间的合作日益密切。

结　语

对地区的领导和对大国的依赖是印尼战后历史的主要特征。在印尼脱离荷兰独立后，外部势力认为新的印尼在世界上的地位至关重要。然而，雅加达努力在避免外部势力干涉其事务的愿望与获得外部财政支持的需要之间求取平衡。尽管如此，印尼领导人仍利用其拥有国内和国际支持的有利地位，为自己提出的一些外交政策争取支持。该国人口众多、资源丰富，这虽然是印尼在地区内和国际上地位上升的主要决定因素，但国家内部的动荡仍然是破坏国家稳定的一大威胁。国家的领导力不仅仅源自国家体量与财富：它还需要远见卓识，同时，印尼领导人在国家的成功和挫折中都发挥了作用。一方面，印尼的民族主义和独立意识是与荷兰人长期斗争的产物，这有助于建立印尼的外交关系。另一方面，印尼领导人未能充分发挥其经济潜力，加剧了本已不稳定的地区性问题，增加了外来势力的影响。

这反映了印尼自相矛盾的愿望：在东帝汶和西新几内亚问题上采取了不结盟与扩张的立场；这与依赖外国财政援助的政策和加强区域安全的愿望背道而驰。区域合作的开始为印尼提供了发挥领导作用的机会，因为若没有这个面积最大的国家的支持，东南亚就不可能实现稳定。然而，尽管印尼在东盟中的地位很高，但它仍然依赖外部力量，这种依赖满足了一些领导人的愿望，但也暴露了国家内部的脆弱性。

注　释

1. 查德·米查姆（Chad Mitcham）和艾莉森·米查姆（Allison Mitcham）博士审阅了本章的多份草稿并提供了建议，作者对此表示感谢。

2. 埃文·A. 拉克斯马纳（Evan A. Laksmana）:《印尼提升中的地区和全球形象：规模是否真的重要?》(Indonesia's Rising Regional and Global Profile: Does Size Really Matter?),《当代东南亚：国际和战略事务杂志》第33卷第2期，2011年8月，第157页。

3. 德维·福尔图娜·安瓦尔（Dewi Fortuna Anwar）:《东盟中的印尼：外交政策和区域主义》(*Indonesia in ASEAN: Foreign Policy and Regionalism*)，新加坡：东南亚研究所，1994，第17页。

4. 理查德·梅森（Richard Mason）:《民族主义、共产主义和冷战：杜鲁门和艾森豪威尔政府时期的美国和印尼》(Nationalism, Communism and the Cold War: The United States and Indonesia during the Truman and Eisenhower Administrations)，载理查德·梅森和阿布·塔利布·艾哈迈德（Abu Talib Ahmad）主编《对1945年以来东南亚历史的反思》(*Reflections on South East Asia History since 1945*)，马来西亚理科大学出版社，2006。

5.《关于英国在远东主要利益的文件》(Paper on Principal British Interests in the Far East)，1946年1月，CO 537/4718,(英国）国家档案馆。

6.《远东民事规划组的文件草稿》(Draft Paper by Far East Civil Planning Unit)，内阁办公室发布，1946年1月14日，CO 537/1478,(英国）国家档案馆。

7.《远东国家的背景资料：政治状况和经济复苏问题》(Background Information on Far Eastern Countries: Political Conditions and Economic Recovery Problems)，准备供军事委员会与国务院协商使用，第80届国会第一次会议，参议院委员会印刷，1947年9月9日，约翰·D. 萨姆纳（John D. Sumner）的文件，ECA档案（C-I），6号箱（Box 6），哈里·S. 杜鲁门总统图书馆。

8. 引自阿伦·利普哈特（Arend Lijphart）:《去殖民化的创伤：荷兰和西新几内亚》（*The Trauma of Decolonization: The Dutch and West New Guinea*），纽黑文：耶鲁大学出版社，1966，第27页。

9. 加利福尼亚州蒙特雷市《蒙特雷半岛先驱报》的出版商艾伦·格里芬（Allen Griffin）先生在旧金山州立大学东南亚研究所发表的讲话，旧金山，1950年7月21日，学生研究文件（B文件）,《环太平洋地区：印度支那、泰国、缅甸、马来亚、印尼和菲律宾》（Pacific Rim: Indochina, Thailand, Burma, Malaya, Indonesia and the Philippines），#31A，1号箱（共2箱），杜鲁门总统图书馆。

10. 执行秘书向国家安全委员会（NSC）提交的《关于国外具有重要战略意义的工业企业的安全》（Security of Strategically Important Industrial Operations in Foreign Countries）报告，1948年8月26日，白宫办公室，国家安全委员会员工文件，1948—1961，灾难档案，33号箱，德怀特·D. 艾森豪威尔总统图书馆。

11. 执行秘书向国家安全委员会提交的报告，1952年6月25日，白宫办公室,《国家安全事务特别助理办公室记录》（Records of the Office of the Special Assistant for National Security Affairs），国家安全委员会系列（NSC Series），政策文件，3号箱，艾森豪威尔总统图书馆。

12. 尚苏丁·哈里斯（Syamsuddin Haris）:《"新秩序"下的大选》（General Elections under the New Order），载汉斯·安特洛夫（Hans Antlov）和斯文·塞德罗思（Sven Cederroth）主编《印尼选举:"新秩序"时代及其后》（*Elections in Indonesia: The New Order and Beyond*），伦敦：劳特利奇柯曾出版社，2004，第18—19页。

13. 德维·福尔图娜·安瓦尔:《东盟中的印尼：外交政策和区域主义》，第18—19页。

14. R. 克里布（R. Cribb）、C. 布朗（C. Brown）:《现代印尼：1945年以来的历史》（*Modern Indonesia: A History since 1945*），哈洛：朗文出版社，1995，第5章。

15. 奥德丽·R. 卡欣（Audrey R. Kahin）和G. 麦克特南·卡欣（G. McT. Kahin）,《以颠覆为外交政策：不为人知的艾森豪威尔和杜勒斯在印尼的惨败》（*Subversion as Foreign Policy: The Secret Eisenhower and Dulles Debacle in Indonesia*），西雅图：华盛顿大学出版社，1995。

16. 布拉德利·辛普森（Bradley Simpson）:《持枪的经济学家：威权发展与美国–印尼关系（1960—1968）》（*Economists with Guns: Authoritarian Development and U.S.-Indonesian Relations, 1960-1968*），斯坦福：斯坦福大学出版社，2008，第38、83页。

17. 德维·福尔图娜·安瓦尔,《东盟中的印尼：外交政策和区域主义》，第22页。

18. 外交部长加菲尔德·巴维克（Garfield Barwick）提交的内阁文件，1963年2月25日，A5619，C470第1部分，澳大利亚国家档案馆。

19. 同上。

20. A.J. 斯托克韦尔（A.J. Stockwell）主编《关于帝国终结的英国文献：马来西亚》（*British Documents on the End of Empire: Malaysia*），B系列，第8卷，伦敦：联邦研究所，

2004，第49页。

21. 皮埃尔·范德恩（Pierre Van der Eng）:《20世纪60年代的印马对抗和澳大利亚对印尼的援助》（Konfrontasi and Australia's Aid to Indonesia during the 1960s），《澳大利亚政治与历史杂志》2009年第55卷第1期，第52页。

22. 德维·福尔图娜·安瓦尔:《东盟中的印尼：外交政策和区域主义》，第25—26页。

23. R.B. 史密斯（R.B. Smith）:《变化中的东亚愿景（1943—1993）》（*Changing Visions of East Asia, 1943-93*），阿宾顿：劳特利奇出版社，2007，第76、80—81页。

24. 中央情报局每周评论:《马来西亚婆罗洲各邦的政治趋势》（*Political Trends in Malaysia's Borneo States*），1967年6月2日，276号箱，美国国家科学基金会，国家档案，马来西亚，林登·贝恩斯·约翰逊（LBJ）；R.B. 史密斯:《变化中的东亚愿景（1943—1993年）》，第75页。

25. 彼得·丹尼斯（Peter Dennis）和杰弗里·格雷（Jeffrey Grey）:《紧急情况与对抗：1950—1966年澳大利亚在马来亚和婆罗洲的军事行动》（*Emergency and Confrontation: Australian Military Operations in Malaya and Borneo 1950-1966*），悉尼：艾伦与昂温出版社，1996。

26. 布拉德利·辛普森:《持枪的经济学家：威权发展与美国-印尼关系（1960—1968）》，第126—128页。

27. H.W. 布兰兹（H.W. Brands）:《全球主义的报酬：林登·约翰逊和美国权力的极限》（*The Wages of Globalism: Lyndon Johnson and the Limits of American Power*），牛津：牛津大学出版社，1995，第156—164页。

28. 备忘录，1964年9月15日，美国国家科学基金会，国家档案，亚洲和太平洋，印度尼西亚，246号箱，林登·贝恩斯·约翰逊总统图书馆。

29. 布拉德利·辛普森:《持枪的经济学家：威权发展与美国-印尼关系（1960—1968）》，第3页。

30. 中情局电报，1965年3月2日和1965年5月，美国国家科学基金会，国家档案，亚洲和太平洋，印度尼西亚，247号箱，约翰逊总统图书馆。

31. 英国驻雅加达大使馆致伦敦电报，1965年10月1日，FO 371/180316，（英国）国家档案馆。

32. 英国驻雅加达大使馆致伦敦电报，1965年10月2日，FO 371/180317，（英国）国家档案馆。

33.《印度尼西亚报告》（Report on Indonesia），美国国家科学基金会，国家档案，亚洲和太平洋，印度尼西亚，248号箱，约翰逊总统图书馆。

34. 同上。

35. 中情局国家情报评估（CIA National Intelligence Estimate）第55—67号，《印尼前景》（*Prospects for Indonesia*），1967年2月15日，美国国家科学基金会，国家情报评估（NIEs），

7号箱，约翰逊总统图书馆。

36. 同上。

37. 同上。

38. 航邮代电，曼谷至华盛顿，1967年9月6日，1850号箱，中央政策文件（CPF），1967—1969年，政治事务和关系，RG 59，（美国）国家档案和记录管理局（NARA）。

39. J.E. 卡布尔（J.E. Cable）的外交部会议纪要，1966年1月4日，FO 371/190783，（英国）国家档案馆。

40. 外交部给所有岗位的外发信函（Outward Savingram to All Posts from Department of External Affairs），1967年9月5日，A1838，3004/13/21第3部分，澳大利亚国家档案馆（NAA）。

41. 加拿大吉隆坡高级专员公署给渥太华的电报，1966年2月22日，FCO 15/18，（英国）国家档案馆。

42. 井原伸浩（音译，Nobuhiro Ihara）：《东南亚国家联盟（东盟）的形成和发展（1966—1969）：一种历史制度的方法》[The Formation and Development of the Association of Southeast Asian Nations（ASEAN），1966-1969: An Historical Institutional Approach]，博士学位论文，墨尔本大学，2010，第201—206页。

43. 发自雅加达、吉隆坡和新加坡的电报，1970年1月2日，A5882，CO 818，澳大利亚国家档案馆。

44.《基辛格国务卿和国防部长备忘录》（Kissinger Memorandum for the Secretary of State and Secretary of Defense），1970年3月11日，基辛格–斯考克罗夫特西翼办公室档案，1969—1977，一般主题档案：印度尼西亚，14号箱，杰拉尔德·鲁道夫·福特总统图书馆。

45. 苏米特罗将军和基辛格之间的谈话备忘录（MEMCON），1970年7月1日，基辛格–斯考克罗夫特西翼办公室档案，1969—1977，一般主题档案：印度尼西亚，14号箱，福特总统图书馆。

46. 苏米特罗将军和基辛格之间的谈话备忘录，1970年7月8日，基辛格–斯考克罗夫特西翼办公室档案，1969—1977，一般主题档案：印度尼西亚，14号箱，福特总统图书馆。

47. 备忘录，约翰·H. 霍尔德里奇（John H. Holdridge）致基辛格，1970年10月13日，基辛格–斯考克罗夫特西翼办公室档案，1969—1977，一般主题档案：印度尼西亚，14号箱，福特总统图书馆。

48. 备忘录，约翰·H. 霍尔德里奇致基辛格，1970年11月18日，基辛格–斯考克罗夫特西翼办公室档案，1969—1977，一般主题档案：印度尼西亚，14号箱，福特总统图书馆。

49.《1973年中期印尼局势概要》（Summary of the Situation in Indonesia in Mid-1973），外交部，堪培拉，1973年7月，A1838638/72/57，澳大利亚国家档案馆。

50. 备忘录，G.C. 刘易斯（G.C. Lewis），情报评估科，致皮奇（Peachy），1973年9月4日，A1838638/72/57，澳大利亚国家档案馆。

51. 备忘录，罗伯特·S. 英格索尔（Robert S. Ingersoll），总统代理秘书，1975年7月1日，总统国家安全事务助理办公室，亨利·基辛格和布伦特·斯考克罗夫特档案，（1972）1974—1977，临时平行档案，A箱，杰拉尔德·R. 福特总统图书馆。

52. 备忘录，外交部，1973年7月，A1838683/72/57，澳大利亚国家档案馆。

53. 备忘录，W.R. 斯迈泽（W.R. Smyser）致基辛格，1974年1月15日，《美国对外关系文件集》（1969—1976），E–12卷，东亚和东南亚有关文件，1973—1976。

54. 备忘录，基辛格致总统，1975年11月21日，（美国）国家安全档案馆（NSA）。

55. 备忘录，基辛格就出访雅加达致总统："您与苏哈托总统的会晤"，1969年7月18日，（美国）国家安全档案馆。

56. 雅加达致国务卿的电报，1975年12月6日，（美国）国家安全档案馆。

57. 备忘录，W.R. 斯迈泽致基辛格，1975年3月4日，国家安全顾问，总统国家档案，国家档案（东亚和太平洋）：印度尼西亚，6号箱，福特总统图书馆。

第三章　全面了解印尼崛起中的经济

［印尼］萨蒂希·米希拉

政体搭台

2014年的总统选举是印尼十五年来实行民主制度的成果。[1]其间，印尼经历了1997—1998年的亚洲金融危机，[2]数次自然灾害，分离主义运动以及间或发生的恐怖袭击，但它都从中恢复了过来。

作为新进的二十国集团成员和2015年成立的东盟共同市场中最大的国家，印尼已然登上了世界的政治和经济舞台。预计到2030年，它将成为世界第六大经济体，其加入经合组织（OECD）的步伐也正在加快。像印度和中国这样的亚洲大国，也愿意把印尼作为投资市场。在未来二十年内，印尼的青年劳动人口有望提高生产力，并带来人口红利。印尼高度重视教育和人力资本发展，以及推进工业多样化，向制造业与信息技术、设计和旅游等高附加值的服务行业转型，这使印尼的政策制定者有信心摆脱“中等收入陷阱”。

印尼的政策制定者避免了今天埃及所面临的毁灭性的政治极化，也避免了1945年柏林战役之后在苏联和东欧常出现的分裂和不和谐。寻求建立政治联盟的倾向，政党纲领的缺乏，以及对“交易政治”的青睐，或许可以使印尼的民主免于分裂成可能破坏民主的高度极化的不同派别。

印尼民主制度的经济基础也有不少运气成分。第一，它得益于21世纪中期的国际大宗商品价格暴涨，这推动了其基于消费的经济复苏。第二，印尼基本上没有遭受2008—2009年的全球金融危机的冲击，并可能从中受益，因为印尼成了吸引外资的新投资目的地。第三，政治稳定和经济复苏的结果是出现了大量中产阶级，并且其城市化的速度是发展中国家中最快的。年轻的“非穷人”[3]阶层的显著崛起也为民主治理创造了选民群体，并对可能更能代表民意和公众偏好的新领导人产生了日益增长的需求。数字媒体和社交媒体的发展也为印尼政坛注入了新的动力，年轻人成为有吸引力的选民和投票群体。

但是，在确立印尼政坛特色的新民主制度实施的第一年，最重要的措施是权力下放。不论是出于政治需要还是集团自身利益，印尼传统上相当保守的领导阶层设法为“大爆炸”式的权力下放奠定了基础，从根本上改变了印尼的政治动态。权力下放的发展还在继续。2000年印尼有298个行政区，现在已经发展到500个以上。[4]出于实际需要，印尼地方政府行使的公共支出权力几乎和美国各州或印度的任何一个省一样大。印尼已经成为一个实际上实行联邦制的单一制国家。此外，权力下放虽然造成了各种管理和经济难题以及监管混乱，但也消除了困扰印尼多年的对政治分裂和领土分离的恐惧。

当印尼从1998年的严重经济危机中复苏的时候，世界和亚洲既没有无动于衷，也没有冷眼旁观。中国和印度先后为印尼的制造业、技术和教育注入了新动力。它们不仅互为主要贸易伙伴，也是印尼乃至东盟的主要贸易伙伴。[5]以中国和印度作为互联引擎的“其他国家”的崛起，继续塑造着印尼的周边和贸易环境。在中国和印度经历了深刻的结构性改革以及柬埔寨和缅甸发生了系统性转变的亚洲，当初为了应对共产主义在东南亚的发展而成立的印尼“新秩序”政府，最终被多党制民主所取代。印尼是一片群岛，处于一块其周边地区正在发生结构性转型的马赛克之中。

印尼与新兴的国际发展政策观

就在不久之前，所谓有效的经济政策，特别是国际金融机构和援助国所倡导的经济政策，包括了一项核心建议：减少国家对经济的干预。在1997—1998年的亚洲金融危机之后，这种想法大部分都消失了，而2007—2008年美国抵押和金融市场的崩溃及其引发的“大衰退”，则消除了最后一丝疑虑。

随着美国的大公司要求政府救助，以及一直繁荣和技术领先的欧洲各国在财政紧缩计划的阵痛中陷入政治混乱，自由市场与民主政府的完美分离不再被视作理所当然。事实上，它们是相互交织的社会和经济管理制度，强行拆散它们，只会破坏自由市场和多党制民主。结果是不可避免的。政策制定者和学术理论家，还有社会活动家和政党智库，都聚在一起商讨对策。这项工作仍在进行中，但一些重要的结论已经开始得出。鉴于人们对紧缩政策的困惑和担忧，很多反思都始于宏观政策，也就不足为奇了。

然而，最近的全球衰退凸显出了发展政策在宏观经济层面上的重要性，尤其是在我们看到印尼出现了大规模结构性变化或政治变化的背景下。这一方面是因为国际货币基金组织在保持全球宏观经济稳定方面起到了主要的作用，另一方面是因为20世纪80年代以来对发展中国家政府的规模和作用就争论不断。[6]另一个因素是对公共资金被挪作政治用途的担忧，尤其是在那些仍在建设政治稳定的治理体系的国家。许多国家的政府成了腐败和权力寻租的场所，政府往往变得专制，而不再是公众参与和经济融合的工具。[7]

以前“小政府、大市场”被视作发展取得成功的良方，现在各地或多或少都在放弃这种尝试。国内和区域经济中频繁和相对不可预测的金融冲击所造成的社会创伤需要政府来治理，仍然支离破碎或不完善的各种市场机制也需要政府来创建或维护。在发展中国家，包容性增长、技术创新与遏制横向不平衡和暴力冲突等新议程都使政府发挥了比20世纪80年代和

90年代初人们所设想的更全面的作用。[8]

对民主的重视已成为重新思考政府在发展经济中的适当作用和规模的另一个驱动因素。与20世纪80年代流行的政府观相反，民主政府比其他政府规模更大，占据的公共开支份额也更高。当然，成熟民主体制内政府的规模差异很大，但总体而言，发达和民主的北半球国家的政府规模远高于政治不断变化的南半球国家。[9]

然而，要讨论一个拥有灵活、积极而又民主的政府的新兴国家的宏观经济政策，就必须密切关注政府的运行机制：政府收入从何而来，以及如何分配政府收入。关注政府的作用，自然也导致人们关注政府在创收和公共开支方面的自由程度。当前关于发展中国家宏观经济政策的核心议题是财政政策，而不是货币政策。

创造财政空间的基本理念很简单：如何在维持宏观经济稳定的同时扩大政府制定财政政策的自由。正是因为观察到发展中国家的政府实际上发挥的作用不是太大，而是太小，所以印尼才作出改变。它既发展经济，也发展人力资源，并保证政府在收入和开支都很低的水平上，[10]同时在多方面发展经济，减少贫困和不平等以及构建新的制度。

因此，扩大财政空间的努力集中在公共账目中的收入和开支上。为了增加收入，政府改革了税收管理，增强了征税执法，这包括取消给予国外和国内大型投资者的税收补贴和假期，扩大税基，简化税务程序，以及利用数字技术减少腐败。为了节省开支，采用了多年预算编制程序和更透明的决定公共开支优先事项的公共决策程序，以及消除预算分配和使用中的浪费和低效现象。应对低效的方法还包括利用民间社团来监督预算资助的公共服务项目的质量，并确保接受社会福利和保障项目援助的人们了解自身在这些项目中的权利。[11]

很显然，努力增加财政空间以满足不断增长的竞争性需求——包括对公共服务、支持新就业计划和中小型企业发展、建设软硬件基础设施和公共教育的需求——不仅仅是围绕预算分配效率或者防止非法漏损的技术问题。它们是国家发展的核心要素，构成了其主要机制的架构。所有这一切都远远超出了“守夜人式政府”① 的概念，政府不仅制定法律、维持秩序、调节货币，还要为极不平等的企业参与者提供“公平的竞争环境”。

所有这一切都和理解今日印尼的经济政策重点高度相关。1999年的选举是建立民主国家的第一步。巩固这个新的民主国家并使之符合选民的预期可能是当时最重要的优先发展事项。然而，如果没有具有弹性、不断增长的经济，并且其带来的利益能泽及全国，印尼就有可能面临横向不平等加剧和重新爆发社会冲突的风险。

幸运的是，与二十年前不同，现在通过政治、金融和监管手段来检查一个国家的经济健康状况已是常态。关于活力政府（proactive state）、扩大财政空间以及就经济公平和正义这类“邪恶问题”[12]达成社会共识的新观点，都与今日的印尼息息相关。[13]

印尼：系统性转型中的经济

宏观经济数据掩盖了印尼的发展政策。最重要的是，在亚洲金融危机和“新秩序”政权崩溃后，印尼仍在进行大规模的、史无前例的变革，但这些变革几乎没有得到重视。

印尼的权力下放：一个政府还是多个政府？

印尼是一个系统性转型的案例，这个国家的经济和政治制度几乎都在进行大规模的改革。2000—2012年是整个系统转型的时期。在此期间，印尼不仅改革了整个政治制度，也从独立后历史上最严重的经济危机中恢复过来。印尼从一个军人执政的中央集权国家，转变为可能是世界上权力最分散的多党制政治和经济体制的国家。

① 即政府在提供必要的公共服务外，只需当好国家和人民生命财产的看护者、“守夜人”，不需要再干预其他经济社会事务，而让社会和市场充分自由发展。——译者注

事实上，2001年，印尼已有超过300个地区使用直接财政转移制度[①]，2012年更加分散，增加到500多个地区。虽然印尼已将公共支出权大幅下放到地区，但是大部分地区仍依靠中央进行财政转移，因为只有少数自然资源富足的地区在没有中央拨款的情况下仍能够维持财政偿付能力。

印尼的公共金融体制还有另外两个特点。首先，向中央以下各级政府的财政转移分成两个部分，即普通资金拨款（Dana Alokasi Umum，DAU）和特殊补助拨款（Dana Alokasi Khusus，DAK）。前者是一笔整体拨款，基本上主要用于政府、学校、卫生部门的经常性开支。后者则是用于地区一级的基本建设开支的补贴。还有第三种来源，即当地征收的土地税费（PAD）和各种其他来源的税费。随着地区数量的增加，印尼公共金融系统正在努力解决的问题是增加贫穷地区的特殊补助拨款，使其能够从中支付基本建设开支。地区行政机构扩大的后果之一，就是分配给政府基本服务的公共开支急剧增加。

经济不平等和经济增长的质量

面对公众对加强社会保障的需求不断增加而导致的日益加剧的不平等现象，印尼在2014年1月启动了一项全民社会保障/保险计划。这对一个成立相对不久的新政权来说是意义非凡的一步，并且总体上得到了整个政治体系的支持。然而，印尼的突出之处在于，即使在最新的全民社会保险倡议出台之前，它就因为在亚洲金融危机后实施了广受赞誉的有条件现金转移计划而闻名。

虽然印尼的社会保障措施有助于减少受到绝对贫困的威胁，但与贫困不同的经济不平等仍然是印尼和该地区日益严重的问题。[14]根据对家庭消费者的调查，印尼的基尼系数仍在上升。如果对照其他亚洲国家，印尼的

---

① 即财政转移支付制度，是在处理中央与地方财政关系时，协调上下级财政之间关系的一项重要制度。它通过垂直的即上一级财政流向下一级财政的资金流动，来实现上级政府对下级政府的补助，或通过从同级的富裕地区向贫困地区的资金流动，来实现地区间基本公共服务能力的均等化。——译者注

情况只会更糟。虽然政府已经对该趋势感到警觉，但它尚未出台有针对性的政策来遏制不平等，只是给贫困家庭派发了现金和社区补助。考虑到印尼长久以来的社会矛盾，尤其是围绕自然资源使用的矛盾，[15]主要经济游说团体在地方层面控制国家（state capture）的可能性，[16]以及横向不平等与社会矛盾之间的紧密联系，政府迫切需要重视这种不平等困境。目前几乎没有证据表明这种情况正在发生，特别是因为很少有研究表明地区之间或城乡之间的不平等程度正在上升或下降，或者各地区的国内生产总值（GDP）和人均收入是趋同或趋异的。

人力资本和开发知识经济

人力资本发展一直是印尼的一项重大政策挑战。令人印象深刻的是，目前宪法规定约20%的国家总预算必须分配给教育部门，从而大幅增加了对教育的预算拨款。然而，印尼面临着一系列问题，包括全国的教育质量、主要大学的财政自主权、全国3200所高等教育机构中超过3000所的民办教育机构的水平，以及教学技能与劳动力市场需求的不匹配。[17]由于计划在全印尼开发六条经济走廊，每条经济走廊都将集中建设当地具有比较优势的项目，因此问题变得更加复杂。要解决问题，必须大力推进印尼的“技术与职业教育培养计划”，并且采取下放教育政策的措施，在教育机构与私人企业之间开展更加密切的合作。

麦肯锡（全球管理咨询公司）的报告指出，[18]如果印尼要收获“人口红利”，在不久的将来就必须重视人力资本发展。如果印尼的年轻劳动力得不到培训和雇用，人口红利就容易变成“人口诅咒”。这将破坏印尼成为世界主要经济体之一和东盟“后2015”时代经济引擎的主要推动力的梦想。

印尼：把握经济脉搏

增长、储蓄和投资

在经历了独立后历史上最严重的经济动荡后，印尼的经济开始复苏，同时国内政治趋于稳定，消费信心得以重拾。其结果是，印尼的实际GDP从2000年的约1.65万亿美元稳步增加到2012年的4.27万亿美元（图3.1）。印尼和其他国家一样，也受到了2007年全球经济危机的冲击，但随之而来的产出下降时间较短。GDP增长率从2007年6.2%的峰值降低到了2009年的4.5%左右，两年之后才升至6.5%。2013年，印尼经济增长减速，货币贬值，贸易赤字大幅增加。尽管增速放缓，但人们相当乐观地认为，随着2014年底即将上任总统的佐科获得新的政治授权，2013年下降的投资占GDP的比例会再次上升。

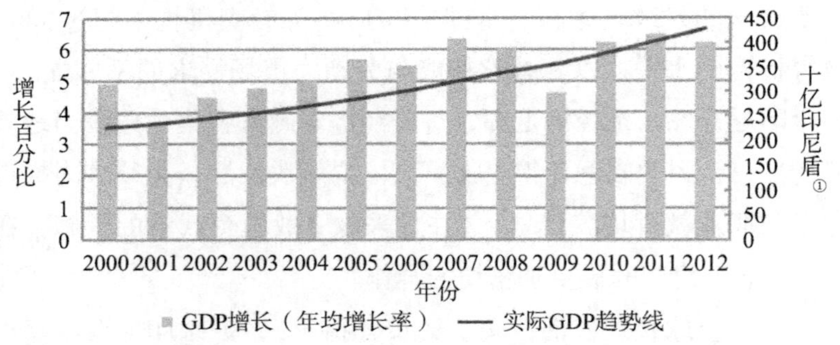

图3.1　2000—2012年印尼GDP

来源：世界银行发展指标在线数据库，2014年3月更新。

图3.2展示了按照2005年价格计算的人均实际GDP的增长趋势。正如所预期的那样，由于人口增长，印尼的人均GDP增速仍低于GDP增速，不过从12年的跨度来看，人均收入的增长仍然非常显著。在过去十年的大

① 1人民币约等于2200印尼盾。——译者注

部分时间里，这帮助印尼维持了以消费为主导的增长，此后投资流入的增加进一步加速了增长。

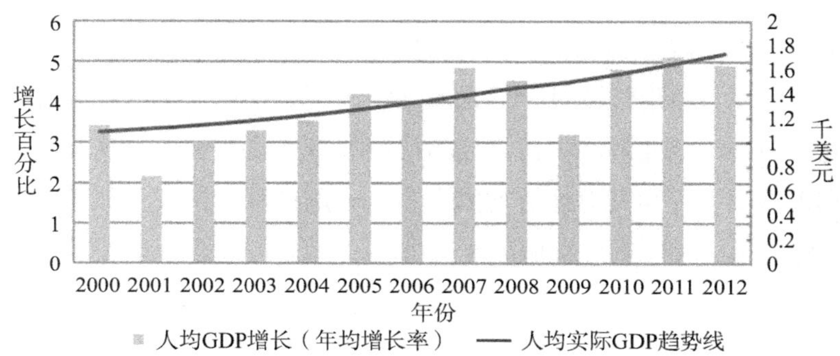

图3.2　印尼人均GDP增长（2000—2012）

来源：世界银行发展指标在线数据库，2014年3月更新。

图3.3展示了GDP增长的各个组成部分。和本地区的其他经济体一样，印尼增长最高的行业是服务业，其次是工业和农业。在印尼快速城镇化的过程中出现这种情况很正常。目前，该国超过半数的人口居住在城镇地区：这一比例远高于印度等其他大型经济体。[19]

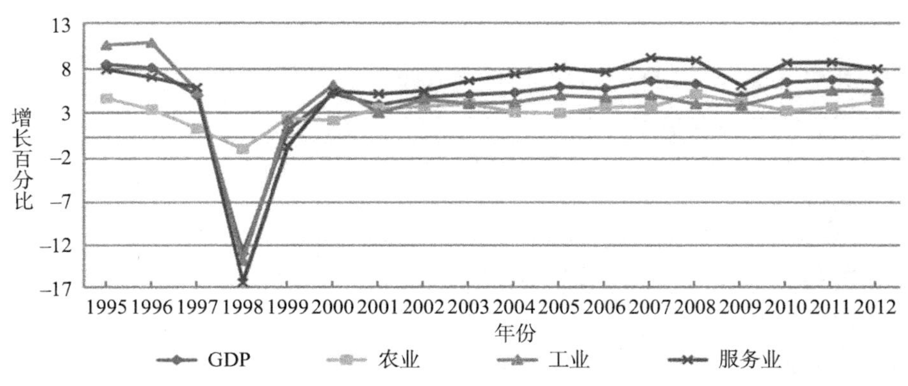

图3.3　各部门贡献的GDP占比（1995—2012）

来源：亚洲开发银行2013年提供的亚洲和太平洋地区的主要指标。

图3.4展示了储蓄和投资的变化趋势。首先，尽管在不到十年的时间里遭遇了两次经济危机，但印尼的储蓄在GDP中的占比仍然很高，到2012年超过34%。这与2003年不到22%的低点相比有了显著的增长。出现这种现象很有意思，因为随着中产阶级的快速增长和城镇化的发展，消费本应该增长，而储蓄率应该降低。但是现在情况不是这样，其原因有待进行经济研究，而国内总储蓄和国民总储蓄之间的变化也是如此，这一现象对于菲律宾很重要，因为其海外劳动力众多。印尼也可能出现类似的情况，因为其一直向邻国和中东地区输出劳动力。

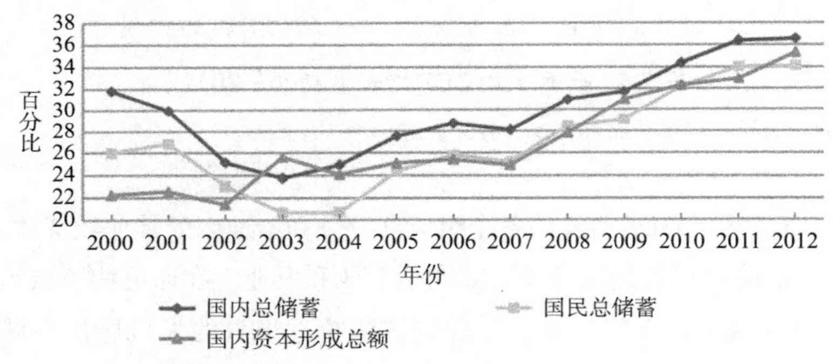

图3.4　储蓄和投资的GDP占比（2000—2012）

来源：亚洲开发银行2013年提供的亚洲和太平洋地区的主要指标。

其次，投资在GDP中的占比一直在增长，接近国内储蓄在GDP中的占比，2012年两者基本持平。另一方面，当年的财政赤字却非常低。

国家与公共财政

图3.5和图3.6展示了印尼财政收入和公共支出的变化趋势。印尼公共财政的几个方面值得关注。最明显的一点是这段时期财政收入在GDP中的占比非常低。不同寻常的是，尽管经济持续增长，人均收入也不断增加，但仍需要重新思考税收结构或征税结构。

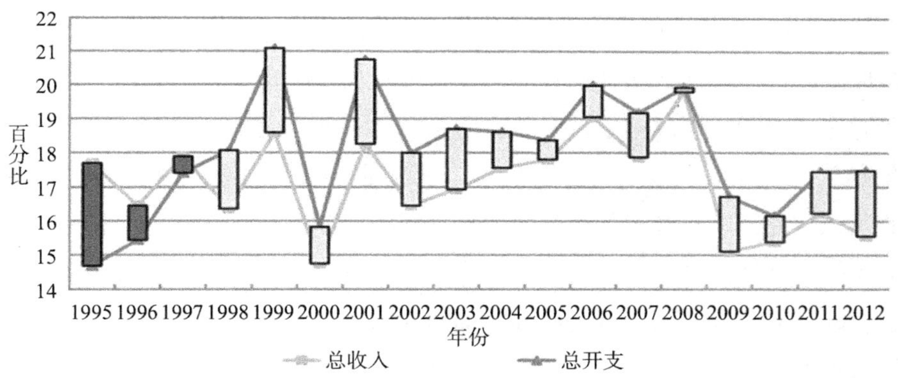

图3.5　1995—2012年收支差额的GDP占比

来源：亚洲开发银行2013年提供的亚洲和太平洋地区的主要指标。

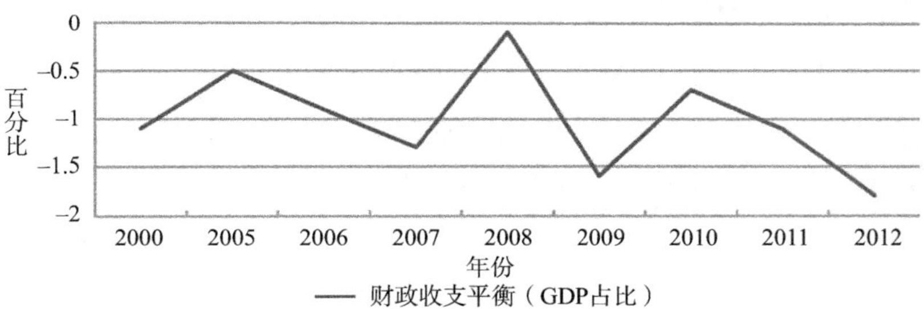

图3.6　2000—2012年印尼的财政收支平衡情况（GDP占比）

来源：亚洲开发银行2013年提供的亚洲和太平洋地区的主要指标。

比如，2012年的财政收入在GDP中的占比和1996年大致相同。此外，2000年到2008年，财政收入在GDP中的占比从14.5%的低点上升到超过19%的高点，这和全球金融危机时出现的走向相反。尽管印尼的经济及其增长抑或投资水平未受全球金融危机的影响，甚至可能从中受益，但财政收入在GDP中的占比（下降）显然造成了巨大的财政紧缩。这一点没有明显地反映在图3.5中，主要原因是印尼的公共支出也因其非常保守的财政赤字立场而按比例缩减了。不过，印尼也因此缩减了基础设施、人力资本和社会保险方面的大量公共投资需求，这可能有助于巩固其新兴的民主体制。

图3.6总结了2000—2012年印尼的财政收支平衡情况。图中的结果和该地区的许多其他经济体——包括菲律宾、泰国、印度等国家——形成鲜明对比，即印尼更倾向于低财政赤字。2012年，印尼宏观经济政策中的财政赤字几乎为零（–0.1%）到–1.8%。考虑到“政治内爆”、权力下放带来的巨大混乱，以及遏制贫困和增加教育支出在GDP中的占比的必要性，印尼还能够坚持低财政赤字不能不令人侧目。加上对燃料和电力的能源补贴造成的巨额公共开支，低财政赤字简直叫人称奇。这些能源补贴在最近几年已经下降，不过仍然占据公共开支的大头。反腐败调查和监管的复杂性也使得很多地方政府无法使用中央财政转移支付向它们拨付的款项。

财政收入变化趋势

图3.7展示了财政收入和税收占GDP的水平和变化趋势的政府数据。它揭示了印尼财政收入体制的两个关键特点。首先，正如已经指出的，税收在GDP中的占比非常低。尽管该比值从2000—2012年已经上升了接近50%，但仍只有11.3%。

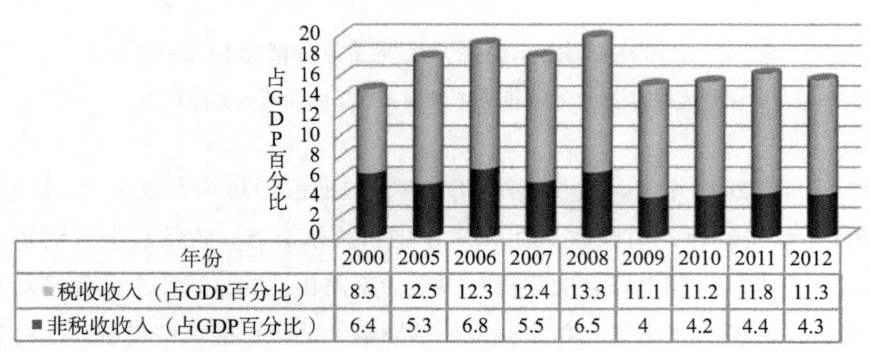

年份	2000	2005	2006	2007	2008	2009	2010	2011	2012
税收收入（占GDP百分比）	8.3	12.5	12.3	12.4	13.3	11.1	11.2	11.8	11.3
非税收收入（占GDP百分比）	6.4	5.3	6.8	5.5	6.5	4	4.2	4.4	4.3

图3.7　税收与非税收收入的GDP占比（2000—2012）

来源：印尼中央统计局。

其次，非税收收入主要来自国有企业，尤其是能源和商品部门的国企。这类收入的重要性正在下降，因为印尼成了石油净进口国，并且国企在失去垄断地位后面临着竞争压力。

税收征收和税收结构

印尼的税收依据1945年宪法的第23A条而征收，该条款规定，税收是对所有在12个月内累计在印尼居住满120天的印尼公民、外国国民和居民征收的强制性缴款。印尼有多个税种，包括收入税、地税和中央政府税。如图3.8所示，增值税尤其从2000年的很低的基数开始大幅增加，现在已经成为商品和服务税的最大来源（图3.9）。

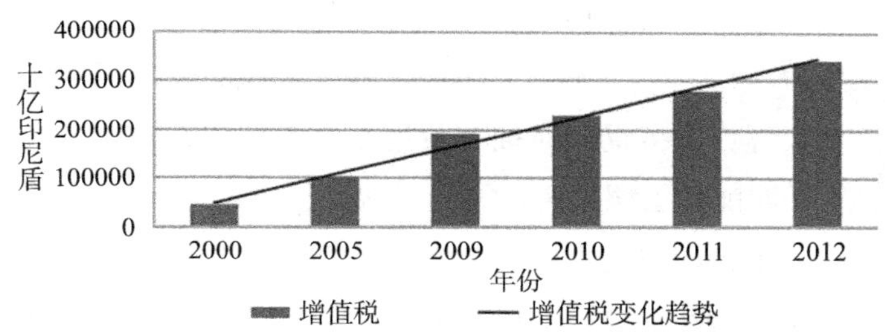

图3.8　印尼的增值税（2000—2012）

来源：经合组织2014年亚洲国家的财政收入统计：印尼和马来西亚的变化趋势（1990—2012）。

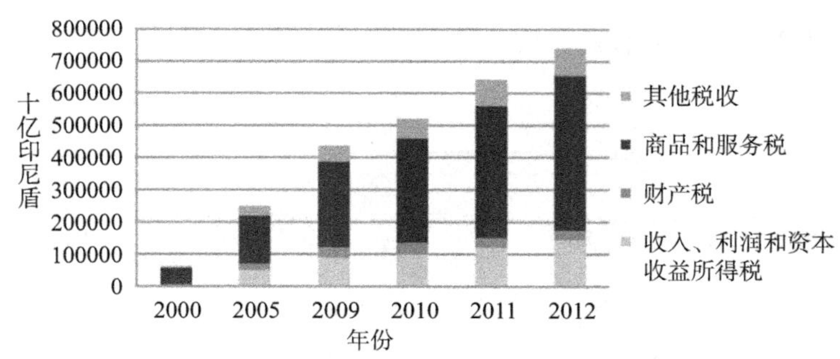

图3.9　税收结构和组成（2000—2012）

来源：经合组织2014年亚洲国家的财政收入统计：印尼和马来西亚的变化趋势（1990—2012）。

2000年以来，税收在GDP中的占比增加了4个百分点（从9%到13%）。收入税和利润税对印尼尤为重要，占税收收入的44%。相比之下，这一数值在日本和韩国是30%，经合组织国家是34%。消费税占印尼税收收入的46%，因为居民缴纳的社会保险较少（图3.9）。这种税制的特点还在于财产税的水平非常低，可以说是发展中国家中最低的之一。[20]

近年来，为了增加税收，税务总局对各个税务领域进行了切实的改革。在几项税收改革问题中，最重要的一项改革就是机构改革。而重中之重是提升税务局在整个政府架构中的地位，合并税务局和海关局，责成税务局征收社保资金，在税务局内引入职能型组织架构，创建数据处理中心（DPCs），建立大型纳税人单位（LTUs），并建立税务管理机构。其中，印尼合并了三项议程：税务局同时拥有数据处理中心和大型纳税人单位，并且该局还引入了职能型组织架构。[21]

除了机构改革，印尼还需要审核燃料补贴以及商品和服务税（GST），这样才能适应经济的持续增长，并应对中产阶层扩大带来的结构性变化。

支出变化趋势

印尼的公共支出占GDP的比重保持相对稳定。2006—2008年，这一比例约为GDP的20%，随后降至GDP的18%左右。公共支出在GDP中的占比下降并不意味着绝对值的下降（图3.10）。

图3.10　公共支出的GDP占比（1990—2012）

来源：亚洲开发银行2013年提供的亚洲和太平洋地区的主要指标。

图3.11和表3.1显示的是政府各部门的支出分布情况。图3.11包括了

一般公共服务、国防、教育、卫生、社保和福利，以及经济事务（农业、工业、交通和其他经济服务）的其他部门，时间跨度为2005—2013年的9年。这段时期政府支出增长显著，从2005年的266.22万亿印尼盾增至2013年的1154.381万亿印尼盾。

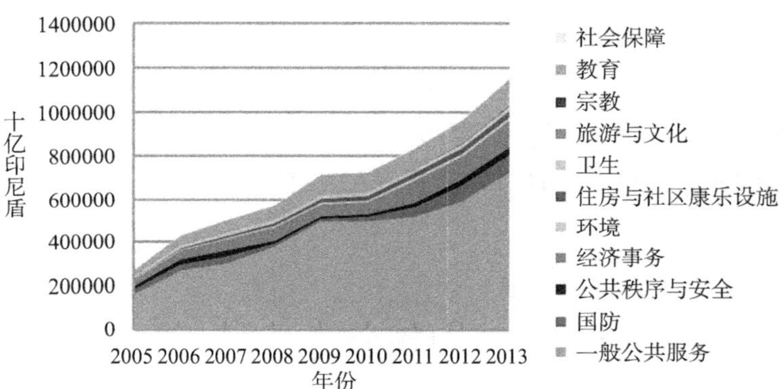

图3.11　印尼各职能部门的总支出（2005—2013）

来源：印尼中央统计局（BPS）。

表3.1　印尼各职能部门的总支出（2005—2013）

部门	年份								
	2005	2006	2007	2008	2009	2010	2011	2012	2013
一般公共服务	158559	263421	296828	372497	494766	495320	517167	590841	720060
国防	22001	28278	32722	13986	12279	20968	47419	72473	81769
公共秩序与安全	15586	25294	29211	15237	14451	14926	22067	30196	36487
经济事务	28016	39644	51250	63672	56853	57359	101414	102734	122888
环境	3105	4477	5478	6734	7035	7889	11070	11451	12446
住房与社区康乐设施	2280	6049	10659	14129	18135	20907	23425	26477	30722
卫生	7038	12730	17467	17270	17302	18002	13649	15564	17493
旅游与文化	920	1025	1676	1430	1490	1416	2901	2454	2509
宗教	691	1104	2208	922	830	913	1397	3562	4100
教育	25988	43287	54067	64029	89918	84086	91483	11037	118467
社会保障	2036	2289	3210	3525	3318	3457	4586	5578	7440
总计	266220	427598	504776	573431	716376	725243	836578	964997	1154381

由于权力下放，一般公共服务、教育和经济事务等部门的支出在2005—2013年增加了超过300%。其中，对教育支出的拨款增加了超过355%。对经济服务（农业、工业、交通以及其他）的拨款增幅也很高（338%），从2005年的28万亿印尼盾增至2013年的122.888万亿印尼盾。2005—2012年，公共支出主要用于一般公共服务，最高拨款额为2012年的590.841万亿印尼盾，而2012年对教育支出的拨款额为103.667万亿印尼盾。2000年，卫生部门的公共支出为7.038万亿印尼盾。该数值在2012年增加了121%，达到15.564万亿印尼盾的峰值。2000—2012年，政府总支出增加了近262%。

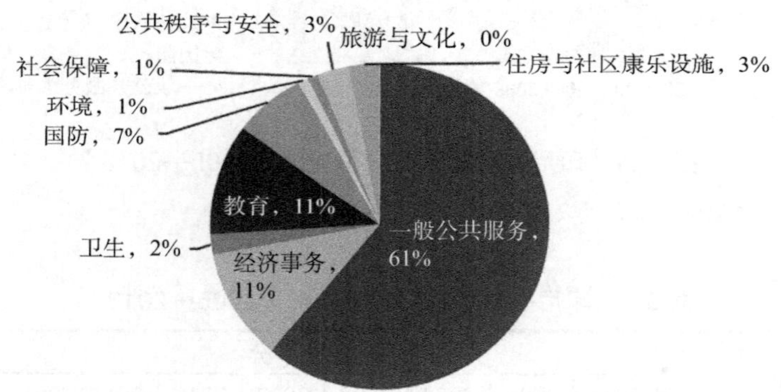

图3.12　2012年各职能部门占总支出的百分比

来源：印尼中央统计局。

根据图3.10、图3.11、图3.12，可以清楚地看到政府是如何在各部门之间分配公共支出的。这些拨款的共同点就是其相对稳定性。

· 一般公共支出从2005年占公共总支出的60%，增加至2012年的61%；

· 教育支出从2005年的10%增加至2012年的11%；

· 经济事务支出在2005年占总支出的10%，而2012年占11%。

值得注意的是，这一时期国防拨款在总支出中的占比为7%—8%。卫生部门的政府拨款仍然较低，仅占公共总支出的2%。各部门预算的总体分配情况如图3.12所示。

图3.13　经常账户余额的GDP占比（2000—2012）

来源：2014年世界银行世界发展指标。

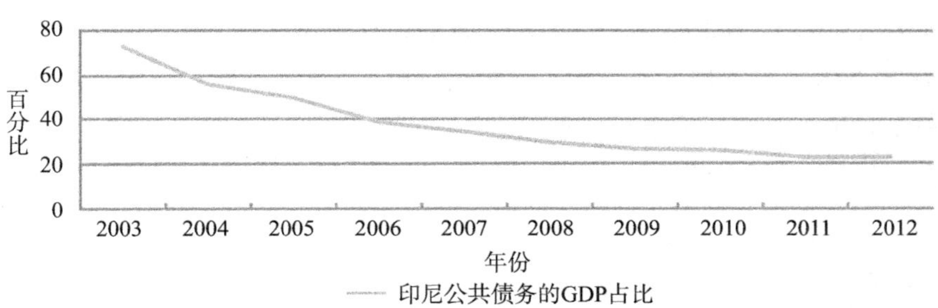

图3.14　公共债务的GDP占比（2003—2012）

来源：2014年世界银行世界发展指标。

除财政收支平衡情况外，其他的主要宏观经济指标也与为财政赤字融资有关。图3.13展示了印尼各时期的经常账户余额。它反映出经常账户余额有所下降，并且自2000年以来波动很大，到2012年由盈余变为赤字。

印尼的公共债务如图3.14所示，而图3.15展示的是净外债在GDP中的占比。印尼已经设法将公共债务从2003年的70%以上降至2012年的略高于21%，这一显著成就得益于同期高速的经济增长。外债在GDP中的占比也呈现同样的下降趋势。综合来看，两项指标展示了印尼的财政保守主义，以及印尼从严重影响其经济和社会的亚洲金融危机中吸取的教训。

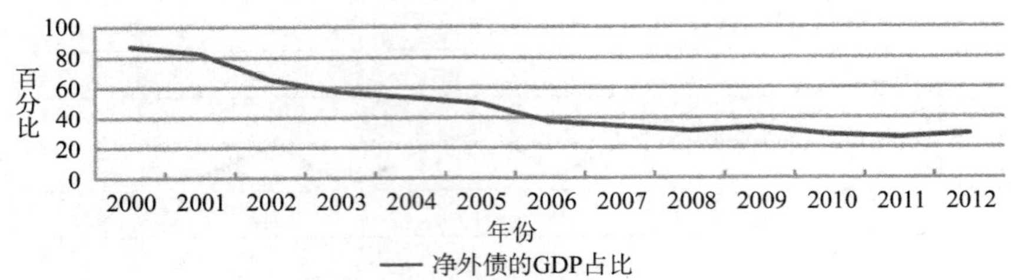

图3.15　净外债的GDP占比（2000—2012）

来源：亚太经社会（UNESCAP）“数据浏览”，http://www.unescap.org/stat/data/statdb/DataExplorer.aspx。

2012年，印尼的外债（总额）为2510亿美元，名列全球第32位。过去十年（2002—2012年），印尼的外债（总额）增长了91.8%。同期，印尼的平均外债（总额）为1630亿美元。自2005年亚齐特区在遭遇海啸后开始重建以来，印尼的海外发展援助也大幅减少。

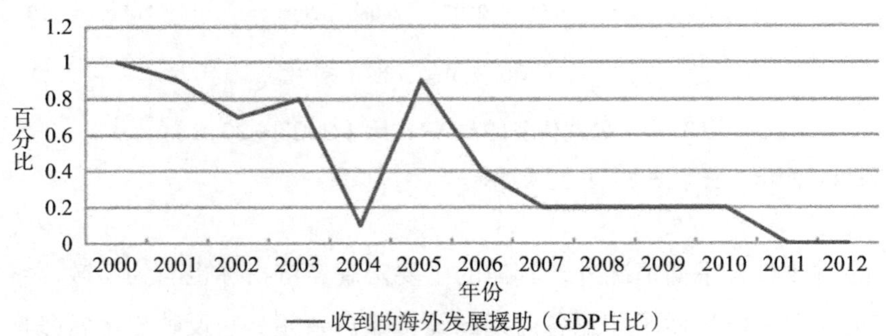

图3.16　海外发展援助在GDP中占比的变化趋势（2000—2012）

来源：亚太经社会“数据浏览”，http://www.unescap.org/stat/data/statdb/DataExplorer.aspx。

2011年，印尼对燃料产品的补贴高达164.7万亿印尼盾（181亿美元），其中76.5万亿印尼盾（84亿美元）用于补贴石油产品。补贴成本的上涨给有限的公共资源带来巨大的负担，并造成财政负债（fiscal liability），使印尼易受国际油价上涨的影响。

经过2005年和2008年的改革，燃料补贴有所减少。2005年到2006年，燃料补贴在公共支出中的占比从26%降至15%；2008年到2009年，从20%降至7%（图3.17）。据报道，2005年减少的补贴在2005—2006年度节约了160亿美元。

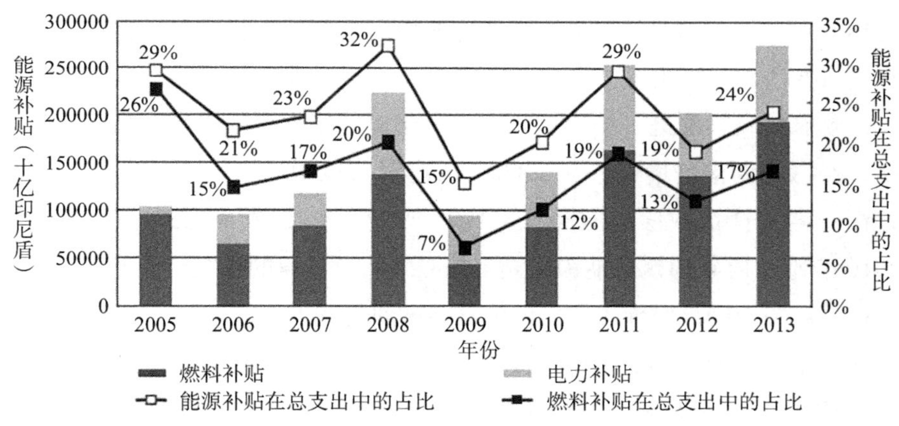

图3.17　印尼的能源补贴（2005—2013）

来源：钟来权（Rae Kwon Chung）:《印尼的燃料补贴改革》，亚太经社会，2014，https://www.kdevelopedia.org/mnt/idas/asset/2013/11/14/DOC/SRC/04201311140129007012943.PDF。

不过，除了2012年外，这两次改革之后又重新进行了燃料补贴。燃料补贴仍然占政府支出的很大比例。用于能源补贴（燃料补贴和电力补贴）的金额远远超过了教育、环保、卫生、住房和社会生产等公共支出项目的总和。

随着公共赤字的增加和海外发展援助的减少，印尼现在应该开始重新确定税收和补贴的优先次序，并着手进行改革。

宏观经济的总体方向

虽然印尼继续保持强劲增长，但其增速有所放缓，从2010年到2012年的平均每年6.3%降至2013年的5.8%左右。[22]有明显迹象表明，宏观经济失衡正在出现，并伴随着通货膨胀的加剧、经常账户赤字的增加以及印尼盾的贬值。资本积累总额从2010年到2012年的平均每年9%降至2013年的4.7%。2012年固定投资在GDP中的占比达到32.7%，创下历史新高，2013年则降至31.7%。投资放缓的部分原因是利率上升和货币贬值，这使得进口变得更加昂贵。

政府的政策促进了消费增长——由于进行了现金扶贫和对低收入者减税，2013年的消费增长率为5.3%。政府消费也增加了大约4.9%。在产出方面，增长全面放缓：服务业7.1%，工业5.6%，农业3.5%。在经历了2010年到2012年的繁荣期和树立了信心之后，增速的放缓令人不安，尤其是在公众关于经济民族主义的讨论日益激烈的背景下。

由于燃料补贴的减少和精选食品价格的暴涨，经济也遭遇了通胀飙升。结果是，通胀率由2013年初的3.8%攀升至8.2%。财政政策抵消了增速放缓带来的部分影响。财政赤字占GDP的比例由2012年的1.9%升至2013年的2.3%。这个结果一点也不奇怪，因为印尼一直以来奉行保守的财政政策。由于煤炭、铜和棕榈油等出口产品的价格下降，经常账户赤字也有所增加。同时，货币升值和投资率降低也导致进口增长放缓。其结果是经常账户赤字进一步增加到占GDP的3.3%。印尼的贸易顺差下降至61亿美元，为十年来最低点。

增速放缓的一个重要后果是劳动力市场的疲软。截至2013年8月的12个月中，印尼新增的失业人数达1万多人。更重要的是，这是2005年以来就业人数首次下降。目前尚不清楚下滑的就业率是否会因为2014年下半年的“选举前支出”而出现逆转。

因此，宏观经济的总体情况就是GDP增速下降，失业率上升，财政赤字和经常账户赤字增加，以及印尼盾贬值。不过，目前的数据并不令人担忧。在公共支出，矿业和能源管理条例，以及2013年初实施的社保法案会产生什么样的财政影响等问题上，还存在政策的不确定性。新政府所采取的加快经济、治理和监管改革的措施，很可能会扭转最近几个月的负面投资情绪。

然而，包括国际货币基金组织和世界银行在内的几家国际金融机构仍在发出警告信息。国际货币基金组织认为，印尼的财政政策制定者仍将面临收入增长减缓和高额能源补贴带来的压力，如果没有进一步的必要的改革来扩大收入基础和限制燃料补贴的成本，这两项因素加起来可能会将2014年的财政赤字推高至占GDP的2.6%。

根据世界银行的估算，目前印尼的矿石出口禁令政策将使2014年至2017年的净出口额减少125亿美元，并造成总计65亿美元的财政收入（特许权使用费、出口税和公司所得税）损失，其中2014年的出口额将减少55亿到65亿美元。虽然目前情况仍不明朗，但从该禁令产生的负面影响以及该政策引发的各种经济问题来看，印尼有必要进行更广泛的政策选择评估，以确保其能以在社会和环境层面上可持续的方式从其可观的矿产资源中获取最大化的利益。

印尼在选举之后的发展政策

一、经济和结构问题以及政策重点

印尼在努力加速GDP的全面增长和增加就业率的同时，面临着上述的诸多经济挑战。[23]其中最大的挑战是取消燃料补贴，增加亟需的基础设施和人力资本相关投资的财政空间。其他问题还有：扩大制造业在总产出中的比例以实现经济多元化；通过监管制度改革、增加法律的确定性以及修改劳动法以使其与其他国家接轨，促进新的投资；根据经济自主计划（Economic Master Plan）发展新的增长支柱，以加强自身的竞争优势；促进在关键的基础设施领域，特别是在交通和能源领域建立公私合营；在经济增长率超过7%之后，通过促进就业、有条件的现金资助以及改善医保渠道来增加减贫力度。

尽管人们无需太过担心印尼的保护主义，但仍有必要借鉴发展中国家以及亚洲邻国的经济发展趋势和政策经验。这揭示出一系列的结构和发展问题，需要将其与总统的政治和经济议程紧密结合，而不是将其交给规划局或者财政部。以下是关于一些最紧迫的经验教训及其对印尼未来的影响的简要介绍：

· 首先，近期最关键的发展挑战是如何将经济增长与遏制不平等结合起来。教育一直被认为是减少不平等的手段，但是跨国研究表明，多达三分之一的不平等增加是由于劳动力市场的技能和薪酬差异。总的来说，缓解甚至遏制消费不平等加剧的政策空间似乎正在萎缩，而外国直接投资甚至可能使目前的薪酬差距进一步加大。

在经济增长方面，由于严重依赖外国直接投资或者外国援助，政府的政策空间有限。外国援助正在下降，部分原因是印尼已成为中等收入国家，而且外国直接投资来去自由，需要有财政和其他激励措施才会进入印尼，而一位在意民众意见的总统可能不会予以批准。

· 给不断增加的印尼人口提供就业是另外一项关键的经济问题。高科技国际公司吸纳的就业人数日益减少，以至于即使是高增长的经济体也面临“零就业增长”的现象。减贫情况也不乐观，增长带来的就业弹性不断下降，这意味着需要实现经济多元化，并促进新的初创公司和中小企业发展来平衡就业下降的趋势。

资本–劳动比率的升高也意味着劳动生产率和实际工资都提高了，这有利于那些保住工作的工人。但另一方面，大量的工人越来越难保住体面的工作，他们不得不接受再培训和更换岗位。这反过来可能需要印尼未来在培育知识经济方面进行大量投资，将重点放到高等教育和职业培训上，并与私人企业和科技研究中心建立新的创新网络。

印尼急剧增长的中产阶层以及触手可及的人口红利能够产生不少效益。从政策层面上看，后者的意义比前者更明确。为了获得人口红利，印尼的年轻人必须得到培训和雇用。此外，由于教育和技能的形成都需要时间，因此现在就应该作出政策调整。

快速增长的中产阶层通常被作为吸引外国投资者的诱饵，因为他们可能会被巨大的国内市场所吸引，但这也意味着可能会对治理改革和改善公共服务造成压力。

二、治理和政治稳定

尽管存在缺陷，但印尼已经打下了新政治体制的基础，开始了可持续的经济复苏，国内外也都信心满满。

印尼的政治体制至今仍能感受到权力下放的余波，但必要的措施和机制正在形成中。这是否会改善公共服务以及财政和政治问责制，还有待观察。印尼的权力下放是由各个不同的地区组合在一起的，其中大部分地区都依赖中央的财政和技术支持，它们能够团结在一起，是因为它们怀疑政府——尤其是内务部——正在努力通过赋予省级政府更大的权力来重新集中国家的权力。

系统性腐败仍然是印尼留给国外的印象，也是困扰国内公民的问题。然而，几乎没有证据表明，集中反腐改变了公众对印尼政府腐败严重的看法，而腐败最为严重者往往是在公检法这些本该捍卫法律和保护公民的政府部门里。此外，还有必要建立一个高效的总统办公室，并建立一套高效、可问责的政策制定程序。能够最终提出未来政策目标的不仅仅是总统本人，也包括总统办公室。该办公室的任务就是在宪政民主体制内保证未来公共政策的优先地位。

最后，经常被忽视的问题是如何巩固印尼的民主体制，并最终完成从1998年开始的制度转型。此处有两个重要议题，一是有关公民的权利和责任，二是向全体国民——不分民族、收入和居住地——提供公共产品。这两个议题还需要进行辩论和在全国建立共识，因为不同的文化元素使民主国家之间存在差异。

有决心并能够提供公共产品对新兴民主至关重要。如果“新秩序”政权是由于失去合法性而崩溃的，那么新兴民主必须确保自身的合法性（肇始于公开和公平的选举）将通过向全体公民提供公共服务而得到加强。

尽管“守夜人”式小政府的支持者可能声称民主国家应该是小政府，但这是一种谬论。成熟的民主国家的公共支出在GDP中的占比甚至比最专制的国家要高得多，而且总体而言，随着民主制度的巩固，人们会期望政府的规模增大而不是缩小，并且政府热衷于确保稳定的公共服务供应，还会计划应对动荡的全球化的世界带来的长期挑战。自然灾难和全球变暖对广袤的印尼群岛的影响使得该国必须进一步提供或管理一系列的新服务和投资。印尼需要为变成这种“大政府”和更高的社会福利作出计划。

结 语

2014年的总统选举和佐科总统宣誓就职标志着印尼的制度转型出现了分水岭，其从一个依赖裙带关系的由市场经济支撑的威权和中央集权政府，变成了多党制、分权、竞争型的经济体。想要理解印尼的经济发展趋势和未来潜力，我们不能通过线性、分割的经济理论，而是要在其制度转型和经济发展持续演变的政治和社会背景下来看待它们。

从这种政治和社会背景来看，印尼继续面临两类相互关联的问题。第一类问题是印尼迫切需要巩固民主体制，以确保其形式和政治上的合法性。形式合法性是宪政规则、国家各部门之间的劳动分工以及言论和结社自由的功能，它们有助于成熟的民主国家继续开展日常的政府事务。政治合法性是指民主国家有能力提供必要的公共产品，包括卫生、教育、食品和人身安全。可以说，印尼在从程序上巩固民主体制方面成效显著。

将民主转化为长期的政治合法性需要让人们享受到民主的红利。在这样一个幅员辽阔、政治多元化的群岛上增进公共服务的种类、普及性和质量是一项艰巨的任务，因为这不仅需要投资和额外资源，还需要公众的监督和参与，这样才能确保分配过程的透明和高效。然而，在很大程度上，让印尼的年轻选民认识到民主的核心好处并开始相信民主是更好的选择，这才是确保印尼未来前景的最好、最可行的方案。

因此，本章从政治和社会两方面阐述了印尼的发展故事。首要问题是政治和制度的稳定性。我们的结论是，印尼一方面需要改革其决策过程，另一方面需要改革分权制政府的运作。这涉及建立一个常设的总统办公室，而现有的计划委员会或许能转而为这一新办公室提供所需的技术支持。另外，印尼还需要建立自我调节机制，例如，通过重新划分职权或成立财政委员会来平衡地区之间的财政和投资债权，从而减少政治上的种族分化。

第二类问题是找到资源，让政府更能响应大众选民的需求，这包括捍卫核心的民权、提供所需的公共产品以及和平解决争端的体制机制。财政空间不足仍是印尼的主要经济问题，在当前的制度转型过程中尤其如此。这需要扩大税基、取消补贴，以及让公共支出的分配和管理决策过程变得透明和易于理解。这还意味着要与私人企业在合资企业和项目中紧密合作，确保外资对企业和东道国都有利，并有助于优化印尼的人力资源和技术技能库。

印尼在国际关系中也迎来了新的时代。2015年东盟经济共同体的建成，二十国集团成员的身份，与印度和中国贸易和投资往来的不断增长，以及加强其各岛屿和水道互通互联并成为群岛强国的雄心，所有这些都需要印尼进行详细的思考和政策制定。目前这尚处早期阶段，讨论和预期多于理解和实施。印尼稳固的民主体制，扩大的财政空间，以及在新的东盟经济共同体中的核心地位，这一切都有助于它在今后十年塑造国内经济和政治发展以及国际关系的新时代。所有这些挑战终将成为这个国家的赞歌，因为仅仅在15年前，这个国家还处在经济崩溃和政治混乱的边缘。印尼很可能不仅会成为受“阿拉伯之春”影响的国家的极军事化政权的楷模，还会成为邻近的缅甸、柬埔寨以及（在较少程度上）泰国的楷模，这些国家可能会意识到，在进行自身的大规模发展转型的过程中，需要面对其本国的困惑和困境。

注 释

1. 科林·克劳奇（Colin Crouch）对21世纪民主的阐述颇有意思，参阅科林·克劳奇：《后民主时代》（*Post-Democracy*），政体出版社，2004。在21世纪，虽然新近成立的民主国家数量激增，但民主的成果却被成熟的民主国家的结构性问题所抵消。有关维持新生民主国家的稳定的问题，参阅塞缪尔·亨廷顿（Samuel Huntington）的经典力作《变迁社会中的政治秩序》（*Political Order in Changing Societies*, 1968）。亨廷顿提出了颇具争议的经验之谈：民主体制只有在人均国民收入超过6000美元时才能得以维持。而印度和当今印尼的例子都证明该结论太过武断。有关印尼民主的综合讨论，参阅爱德华·阿斯皮纳尔（Edward Aspinall）和马库斯·米茨纳（Marcus Mietzner）：《印尼的民主化问题：选举、制度和社会》（*Problems of Democratization in Indonesia: Elections, Institutions and Society*），东南亚研究所，2010。

2. 萨蒂希·米希拉（Satish Mishra）：《历史的形成：印尼的系统化转型》（History in the Making: A Systemic Transition in Indonesia），《联合国印尼复兴支持基金（UNSFIR）工作报告系列》2000年第01/02期，联合国开发计划署。

3. 用于衡量中产阶级的人均年收入3000美元的收入范围具有很强的弹性。这种方式其实存在问题，因为收入分布数据来自一家一户而非个体消费调查，并且汇款或者资产分布也未被纳入统计。另一个问题是：占比很高的非贫困户刚刚超过贫困线，食品或其他主要消耗品的任何价格波动都会将他们变成贫困户。目前还不清楚处在中产阶层下游的人口是否也会受到类似的影响。

4. 美国国际开发署：《印尼民主权力下放的战略评估》（*Democratic Decentralization Strategic Assessment Indonesia*），2009年2月，http://pdf.usaid.gov/pdf_docs/PNADQ231.pdf。

5. 联合国亚洲及太平洋经济社会委员会（UNESCAP）：《亚太地区的经济和社会调查：包容性、可持续发展的宏观经济政策前瞻》（*Economic and Social Survey of Asia and the Pacific: Forward Looking Macroeconomic Policies for Inclusive and Sustainable Development*），2013，http://www.unescap.org/publications/survey/surveys/survey2013.pdf。

6. 维托·坦齐（Vito Tanzi）和路德·舒克内赫特（Ludger Schuknecht）：《20世纪的公共开支：全球视角》（*Public Spending in the 20th Century: A Global Perspective*），剑桥大学出版社，2000；联合国开发计划署：《人类发展报告：南半球国家的崛起：多元世界的人类进步》（*Human Development Report: The Rise of the South: Human Progress in a Diverse World*），2013，http://hdr.undp.org/en/2013-report。

7. 苏珊·罗斯–阿克曼（Susan Rose-Ackerman）：《腐败与政府：原因、结果和改革》

(*Corruption and Government: Causes, Consequences, and Reform*),剑桥大学出版社,1999;萨蒂希·米希拉:《印尼的经济不平等:趋势、原因和政策应对》(*Economic Inequality in Indonesia: Trends, Causes, and Policy Response*),战略亚洲公司和联合国开发计划署,2009年3月,http://www.strategic-asia.com/pdf/Economic%20Inequality%20in%20Indonesia%20Trends,%20Causes,%20and%20Policy%20Response%20-%20March%202009.pdf;穆斯塔克·汗(Mushtaq Khan)和K.S. 乔莫(K.S. Jomo)主编《出租、寻租和经济发展:在亚洲的理论与证据》(*Rent, Rent-Seeking and Economic Development: Theory and Evidence in Asia*),剑桥大学出版社,2000。

8. 联合国亚洲及太平洋经济社会委员会:《亚太地区的经济和社会调查:包容性、可持续发展的宏观经济政策前瞻》;弗朗西斯·斯图尔特(Frances Stewart):《横向的不平等与冲突:了解多种族社会中的群体暴力》(*Horizontal Inequalities and Conflict: Understanding Group Violence in Multiethnic Societies*),帕尔格雷夫·麦克米伦出版社,2008;萨蒂希·米希拉:《印尼会陷入冲突吗?一份评估报告》(*Is Indonesia Vulnerable to Conflict? An Assessment*),战略亚洲公司和美国国际开发署,2009年7月,http://www.strategic-asia.com/pdf/Is%20Indonesia%20Vulnerable%20to%20Conflict%20An%20Assessment%20-%20July%202008.pdf。

9. 经合组织发展援助委员会国际援助统计(OECD-DAC International Aid Statistics),若干期,http://www.oecd.org/dac/stats/。

10. 公共开支在GDP中的占比是衡量国家规模的常用指标。参阅维托·坦齐和路德·舒克内赫特,2000,同前引。

11. 南非政府:《加强民众与政府伙伴关系以监督一线服务的提供的框架》(A Framework for Strengthening Citizen-Government Partnerships for Monitoring Frontline Service Delivery),2013年8月,南非总统府办公室:绩效监管与评估管理部;德国技术合作公司(GTZ):《地方治理:印尼负责任的公共服务》(Local Governance: Accountable Public Services in Indonesia),2009,http://www.insti-tut-fuermenschenrechte.de/uploads/tx_commerce/promising_practices_local_governance_accountable_public_services_in_indonesia.pdf;迈克尔·布勒(Michael Buehler):《印尼的公共服务法:改变了政府与社会的关系还是一如既往?》(Indonesia's Law on Public Services: Changing State-Society Relations or Continuing Politics as Usual?),《印尼经济研究简报》2011年第47卷第1期,第65—86页;世界银行:《2004年世界发展报告:落实为穷人服务》(*World Development Report 2004: Making Services Work for the Poor*),2004,https://openknowledge.worldbank.org/handle/10986/5986。

12. 澳大利亚政府:《解决顽疾:从公共政策着手》(*Tackling Wicked Problems: A Public Policy Perspective*),澳大利亚公共服务委员会,2007,http://www.apsc.gov.au/__data/assets/pdf_file/0005/6386/wickedproblems.pdf。

13. 联合国开发计划署,2013,同前引;联合国亚洲及太平洋经济社会委员会,2013,同前引;亚洲开发银行:《亚洲发展前景:直面亚洲加剧中的不平等》(*Asian Development*

Outlook: Confronting Rising Inequality in Asia），2012，https://www.tcd.ie/iiis/assets/doc/ADO%202012%20Book_13April2012.pdf；萨蒂希·米希拉：《致总统的备忘录》（*Memo to the President*），2014。

14. 亚洲开发银行：《分化加深：亚洲能否战胜不平等加剧造成的威胁？》（Deepening Divide: Can Asia Beat the Menace of Rising Inequality?），《亚洲发展》2013年4月版，http://www.adb.org/publications/deepening-divide-can-asia-beat-menace-rising-inequality；萨蒂希·米希拉：《印尼的经济不平等：趋势、原因和政策应对》，战略亚洲公司和联合国开发计划署，2009年3月。

15. 参阅保罗·科利尔（Paul Collier）、V.L. 艾利奥特（V.L. Elliott）、赫瓦德·赫格里（Håvard Hegre）、安克·霍夫勒（Anke Hoeffler）、玛尔塔·雷纳尔–奎罗（Marta Reynal-Querol）和尼古拉斯·萨姆巴尼斯（Nicholas Sambanis）：《突破冲突的包围：内战和发展政策》（*Breaking the Conflict Trap: Civil War and Development Policy*），世界银行和牛津大学出版社，2003；萨蒂希·米希拉：《印尼会陷入冲突吗？一份评估报告》，战略亚洲公司和美国国际开发署，2009年7月；弗朗西斯·斯图尔特，2008，同前引，以及其他作品。

16. 乔·S. 赫尔曼（Joel S. Hellman）、杰伦特·琼斯（Geraint Jones）和丹尼尔·考夫曼（Daniel Kaufmann）：《抓住政府，抓住时机：转型时期的政府俘获、腐败和影响》（Seize the State, Seize the Day: State Capture, Corruption, and Influence in Transition），《政策研究工作报告第2444期》，世界银行研究所，2000年9月版，https://openknowledge.worldbank.org/bitstream/handle/10986/19784/multi_page.pdf?sequence=1。

17. 有关印尼高等教育的综合评估，参阅哈里斯·伊斯坎达（Harris Iskandar）和尼扎姆（Nizam）编《对印尼高等教育的战略评估》（*A Strategic Assessment of the Higher Education Sector in Indonesia*），战略亚洲公司和澳大利亚国际发展署，2010。

18. 拉乌尔·奥伯曼（Raoul Oberman）、理查德·多布斯（Richard Dobbs）、阿里夫·布迪曼（Arief Budiman）、弗雷泽·汤普森（Fraser Thompson）和莫顿·罗塞（Morten Rossé）：《群岛经济：释放印尼的潜力》（*The Archipelago Economy: Unleashing Indonesia's Potential*），麦肯锡全球研究所，2014，http://www.mckinsey.com/insights/asia-pacific/the_archipel-ago_economy。人口红利的观念已经进入许多东南亚国家的发展政策讨论中，其概述参阅联合国亚洲及太平洋经济社会委员会：《人口分布、城镇化、内部移民和发展：一种国际视角》（*Population Distribution, Urbanization, Internal Migration and Development: An International Perspective*），2011；亚洲开发银行：《亚洲发展前景：包容性发展的财政政策》（*Asian Development Outlook: Fiscal Policy for Inclusive Growth*），2014，http://www.adb.org/publications/asian-development-outlook-2014-fiscal-policy-inclusive-growth；大卫·E. 布罗姆（David E. Bloom）、大卫·坎宁（David Canning）和杰皮·瑟维拉（Jaypee Sevilla）：《人口红利：人口变化影响经济的新视角》（*The Demographic Dividend: A New Perspective on the Economic Consequences of Population Change*），兰德智库，2003；萨蒂希·米希拉：《安全的经济基础》（The

Economic Foundations of Security）,《国家安全学院问题简报》（第2期），澳大利亚国立大学，2014年5月，第12—19页，http://nsc.anu.edu.au/documents/indonesia-briefs-final.pdf。

19. 亚洲开发银行:《亚洲发展前景》，若干期。

20. 世界银行:《压力重重》（Pressures Mounting）,《印尼经济季刊》2013年3月版，http://www.worldbank.org/content/dam/Worldbank/document/EAP/Indonesia/IEQ-MARCH-2013-English.pdf。

21. 参阅约翰·布龙多罗（John Brondolo）、卡洛斯·西尔瓦尼（Carlos Silvani）、埃里克·勒·博涅（Eric Le Borgne）和弗兰克·博施（Frank Bosch）:《税收管理改革与财政调控：印尼案例（2001—2007）》[*Tax Administration Reform and Fiscal Adjustment: The Case of Indonesia*（*2001-07*）],《国际货币基金组织工作报告》，国际货币基金组织，2008，https://www.imf.org/external/pubs/ft/wp/2008/wp08129.pdf。

22. 此处的图表引自亚洲开发银行2014年版《亚洲发展前景》。

23. 萨蒂希·米希拉:《印尼灰色经济的政策制定的制约因素：近十年的教训》（Constraints on Policy Making towards the Informal Economy in Indonesia: Lessons of the Current Decade），工作报告，国际劳工组织，2010年10月，http://www.ilo.org/jakarta/whatwedo/publications/WCMS_145782/lang—en/index.htm；埃马努埃拉·迪·格罗佩洛（Emanuela di Gropello）、奥雷利安·克鲁斯（Aurelien Kruse）和普拉提克·坦顿（Prateek Tandon）:《印尼劳动市场的技能：需求、缺口和供给的趋势》（*Skills for the Labor Market in Indonesia: Trends in Demand, Gaps, and Supply*），世界银行，2011，http://documents.worldbank.org/curated/en/2011/01/14027186/skills-labor-market-indonesia-trends-demand-gaps-supply；印尼投资公司（Indonesia Investments）:《印尼的青年失业问题：人口红利还是人口灾难?》（Youth Unemployment in Indonesia: A Demographic Bonus or Disaster?），2014，http://www.indonesia-investments.com/news/news-columns/youth-unemployment-in-indonesia-a-demographic-bonus-or-disaster/item2005。

第四章　苏西洛的第三条道路：印尼的伊斯兰民主、国家稳定与经济发展

［加拿大］马克·S. 威廉姆斯

引　言

将印尼在亚洲崛起为大国的构想概念化，需要考虑伊斯兰教在塑造印尼政治中的作用。虽然印尼的伊斯兰认同仍然同以往一样多样化，但自苏哈托统治的最后十年以来，公共领域中所体现的宗教虔诚度普遍提高。观察家们关心的是这些动态将如何影响印尼的崛起。一些人认为，跨国圣战运动的兴起及其可能与印尼之间存在的关系，对印尼的世俗宪法以及地区和国际秩序构成了威胁。[1]另一些人更担心的是，穆斯林占多数的国家的政府为了弥补自身经济和政治上的弱点，美其名曰“信仰的捍卫者”，从而迎合排外、不宽容和威权主义等粗俗的民粹主义情绪。[2]对1997年亚洲金融危机不满的情绪终结了威权体制，带来了“民主和改革”，此后，印尼的伊斯兰政治文化并不包括已经兴起的伊斯兰革命运动，也未曾默许用伊斯兰话语掩盖国家激进和暴力的政治的企图。

在21世纪初，乃至在历史上，伊斯兰伦理和伊斯兰认同已经融入了印尼国家稳定（stabilitas nasional）和经济发展（pembangunan ekonomi）的双重目标中。虽然共和国的伊斯兰政治文化在很大程度上承认伊斯兰教与

国家的两个重要目标之间存在共振，但这并不能一直保证伊斯兰教与国家持续共存。国家发展中的挫折、金融动荡，甚至是全球的政治趋势，都有可能使乐于与国际社会合作的印尼政府失去合法性。这些对印尼经济发展及其国内稳定的威胁，可能会在未来20年内改变主要伊斯兰组织和政党对伊斯兰教的普遍解释，使这些组织和印尼政府之间的关系变得紧张。然而，印尼这个民主国家早期的经历表明，伊斯兰教将继续作为一股重要的社会力量，帮助这个共和国更好地实现国家稳定与经济发展。

本章将首先简要概述殖民后期印尼伊斯兰政治文化中的一些主要趋势，包括20世纪50年代议会民主制的经验、苏加诺（Sukarno）的“有领导的民主”（Demokrasi Terpimpin），以及苏哈托（Suharto）的“新秩序”（Orde Baru）。在这一背景下，本章将重点讨论“民主和改革”时期，以此表明：虽然伊斯兰教被一些通过暴力对抗来实现社会和政治变革的革命组织所利用，就连印尼政府都借伊斯兰教为其暴力行为辩护，但总的来说，伊斯兰教表达的是对国家稳定和经济发展的支持。在21世纪初的动荡时期，苏西洛·班邦·尤多约诺（Susilo Bambang Yudhoyono, SBY）政府实现了政治稳定，这部分是因为他呼吁在印尼的经济活动和国家民主的社会基础上建立伊斯兰伦理。

伊斯兰共和国：国家稳定与经济发展

20世纪初出现的反对荷兰殖民统治的印尼“民族复兴运动”与同时出现的阿班甘（abangan，认同伊斯兰教与群岛文化传统之间存在联系的印尼穆斯林）商人阶层的“伊斯兰复兴运动”之间有着深刻的关联，这些阿班甘商人阶层对殖民地国家干涉区域贸易感到不满。[3]为了在群岛人民中为其高度压迫的殖民地国家赢得合法性，荷兰人制定了一项假定的“道义政策”，即从剥削关系中提取一小部分利润，将其投资于殖民地的基础设施和人力资本。荷兰人没有料到的是社会组织的兴起，这些组织通过集体行动进一步向殖民政府施压。由阿班甘穆斯林领导的组织，包括成立于

1908年的“至善社”（Budi Utomo，又称“崇知社”），以及一年后成立的伊斯兰商业联盟（Sarekat Dagang Islamiyah, SDI），都渴望在不受巴达维亚[①]干涉的情况下从事区域贸易。伊斯兰商业联盟促进了许多伊斯兰社会主义组织的产生，甚至包括1924年成立的印尼共产党（Partai Kommunis Indonesia，PKI）。伊斯兰商业联盟后来成为伊斯兰联盟（Sarekat Islam, SI），到1912年，即穆罕默迪亚（Muhammadiyah，“先知之路”组织）成立的同年，它拥有多达200万名成员。这一组织旨在鼓励群岛上的穆斯林接受现代化，以此作为世界伊斯兰人民解放的一种方法。一些传统的伊斯兰组织便行动起来，挑战穆罕默迪亚所宣扬的现代主义思想，其中最著名的是1926年的伊斯兰教士联合会（Nahdlatul Ulama, NU，宗教学者复兴/觉醒组织）。

虽然不同的伊斯兰团体对穆斯林在社会中所起作用的详细情况存在分歧，但在民族复兴精神的引领下，这些伊斯兰团体是团结一致的。尽管印尼在组织能力方面取得了这些可喜的发展，但印尼的民族复兴未能摆脱荷兰殖民政府的影响。在伊斯兰联盟和印尼共产党组织了罢工活动之后，荷兰人撕下了代议制政府的伪装，露出了“道义政策”的真面目。民族主义和伊斯兰组织确实存续，同时，也成立了一些新的组织（印尼伊斯兰党，Partai Islam Indonesia）与一些完全持民族主义立场的组织（如印尼民族党，Partai Nasional Indonesia, PNI）。在日本帝国主义到来之前，即荷兰统治的最后阶段（1927—1942），荷兰对印尼的压迫日益强烈，再加上大萧条时期国际贸易的萎缩，整个群岛陷入了极度贫困的状态。

日本的占领（1942—1945）对许多爪哇人来说是一次深刻的背叛，因为他们曾期望在“大东亚共荣圈”下废除殖民政府。但事与愿违的是，残酷的徭役制迫使印尼人为日本提供战争物资。日本人不仅寻求通过直接胁迫进行统治，还通过一些手段让人民甘于被统治。日本的帝国主义政策包

① 荷兰人1619年占领雅加达（Jakarta），并于1621年将其改名为巴达维亚（Batavia），这里指荷兰殖民政府。——译者注

括向伊斯兰神职人员施压，要求他们宣布太平洋战争为圣战（jihad），从而拉拢群岛上的穆斯林，以及建立印尼穆斯林协商理事会（Majlis Syuro Muslimin Indonesia）等组织。尽管该理事会在第二次世界大战结束前被日本人取缔，但它仍作为一个名叫“马斯友美党”（Masjumi）的政党继续存在于印尼。

日本占领军预见到自己可能失败，因此破例在爪哇岛进行了政治动员，以挫败欧美重建殖民政府的企图。1945年3月，在日本的同意下，印尼独立筹备工作调查委员会（Badan Penyelidik Usaha Persiapan Kemerdekaan Indonesia, BPUPK）成立。[4]该委员会成为印尼社会中的民族团体（golongan nasional）和伊斯兰团体（golongan Islam）之间的一个论坛，其中，前者包括苏加诺和穆罕默德·哈达（Muhammad Hatta），后者则以马斯友美党及其党主席穆罕默德·纳西尔（Mohammad Natsir）为代表。纳西尔曾在该委员会的会议上提出，宪法要优先考虑伊斯兰教的重要性，例如总统候选人仅限于穆斯林，以及必须履行伊斯兰教义。苏加诺和哈达本身就是阿班甘穆斯林，但他们对将伊斯兰教明确纳入宪法一事持保留态度。他们的担忧源于20世纪20年代罢工的失败，以及伊斯兰话语可能会疏远非穆斯林和具有民族主义、社会主义或共产主义背景的阿班甘穆斯林。1948年5月，苏加诺和哈达领导的印尼独立筹备委员会（Panitia Persiapan Kemerdekaan Indonesia）拒绝了与伊斯兰教相关的提议。苏加诺和哈达担心荷兰殖民者会卷土重来，而穆斯林可能会放弃对此作出反抗，因此他们提出设立宗教事务部（the Ministry of Religious Affairs, MORA），作为在宪法上对穆斯林团体的让步。[5]

在谴责新宪法的伊斯兰组织中，最著名的是“伊斯兰之家”（Darul Islam, DI）。与马斯友美党一样，“伊斯兰之家”代表了一个由日本人组建的伊斯兰民兵联盟，若爪哇或苏门答腊成为战区，他们就会与盟军作战。由于苏加诺和哈达在将伊斯兰法作为政府基础的问题上不妥协，“伊斯兰之家”被排除在新兴的印尼国家之外。此外，马斯友美党接受了新宪法，选择支持苏加诺和哈达在1945年8月作出的促进国家稳定和独立的决定。纳西尔甚至通过强调宪法内容与伊斯兰教义一致，来捍卫“潘查希拉”（pancasila，即建国五原则）①——这些原则是印尼的官方信条，旨在建立一个非宗派、民主和统一的国家。[6]他认为，建国五原则中的社会公正（keadilan sosial）、国际人道主义和协商民主都与伊斯兰教的社会公正（adala Ijtimaya）、民族和解（islahu baina'nnas）和对专制主义（istibdad）的谴责不谋而合。至关重要的是，纳西尔提出，建国五原则的首要原则“信仰神道”（Ke-Tuhanan Yang Maha Esa）正体现了伊斯兰教“认主独一”（tawhid）的教义。

经过浴血奋战，印尼最终取得了抗荷独立战争（1945—1949）的胜利，而“伊斯兰之家”在西爪哇、南苏拉威西和苏门答腊建立了势力范围。由于宪法中缺乏伊斯兰法，“伊斯兰之家”未能与印尼政府达成和解，因此陷入了与印尼军方的长期冲突之中。纳西尔拒绝接受“伊斯兰之家”的革命政治，并引导马斯友美党走向一种完全不同的政治模式，即和平参与共和国事务。印尼独立后的自由主义时代被称为“议会民主制时期”（1950—1957），这是一个充满希望但混乱的时代。尽管共和国努力在表面上实现经济和政治独立，但纳西尔在竞选纲领里提出，要想促进国家发展，印尼需要保证国家稳定，并与国际社会合作。在《马斯友美党的目标》一文中，纳西尔概述了该党的“伊斯兰理想”。在他看来，这种理想代表了许多社会公正问题，如废除暴政和剥削，尤其是消除贫困。[7]纳西尔反对革命政治，主张在阶级之间建立一种“和谐的社会关系”，并按照伊斯兰教义中的“民族间相互理解”来缓和政治与经济之间的紧张关系。[8]

1952年，纳西尔在巴基斯坦世界事务研究所发表演讲，为伊斯兰世界在非殖民化进程中对国际关系采取调和的态度进行了辩护。纳西尔没有嘲笑西方国家和西方体制，而是呼吁穆斯林大度一些，拥抱伊斯兰的“和平与自由”。[9]他认为，西方和伊斯兰世界之间的紧张关系并非双方固有，而

① 印尼1945年宪法（现行宪法）规定的建国五项基本原则，即信仰神道、人道主义（国际主义）、民族主义、民主主义（协商制度）、社会公正。——译者注

是历史冲突的产物。在纳西尔看来，伊斯兰社会之所以对西方的意图持怀疑态度，是因为他们在中东、北非、南亚和东南亚遭遇了殖民统治。纳西尔认为，西方难以适应国际社会结构中发生的深刻变化，西方必须放松心态，以便为普遍自决创造条件。纳西尔乐观地表示，冷战可能会让西方和伊斯兰社会走得更近，不过他也告诫人们，不要建立一个完全出于现实政治的联盟。西方和伊斯兰世界必须超越"这种薄弱的基础"，承认彼此间的共同点和分歧，建立一个新的尊重与合作的国际框架，而不是仅仅出于对苏联感到恐惧才联合起来。

在20世纪50年代的议会民主制时期，这种有关国家稳定和国际合作的论述引起了印尼人的共鸣。1950年印尼人民代表委员会（PRC）成立时，马斯友美党获得了最多的席位。五年后，当印尼人投票选举人民代表委员会时，马斯友美党的席位再度增加，最终获得了和领先的印尼民族党一样多的席位。正是在1955年大选期间，美国国务院赞扬马斯友美党是最鼓励外国投资、发展区域贸易关系并最有可能将印尼打造为"亚洲重要强国"的政党。[10]

苏加诺并不容忍马斯友美党在政府中发挥其所期望的影响力。印尼第一次大选两年后，人民代表委员会停摆，取而代之的是苏加诺以戒严为借口任命的国家委员会（Dewan Nasional）。1957年5月，议会民主制时期结束，"有领导的民主"（Demokrasi Terpimpin）时代开始。马斯友美党等政党被指控试图在印尼"建立资本主义"，导致该党被取缔，而表面上是为了打破对殖民经济的明显依赖的"有领导的经济"成为当时的主流。[11]

苏加诺将印尼推向了激进的经济民族主义与分裂和动荡的革命哲学（浪漫主义、辩证性冲突、精神主义）之路，而马斯友美党尽管得到民众的支持，却被迫退出了重要的政府，并经历了同样激进的过程。人民代表委员会停摆后，马斯友美党和纳西尔欲与印尼共和国革命政府（Pemerintah Revolusioner Republik Indonesia, PRRI）暗中联系，而这一叛乱组织扬言要使苏门答腊脱离印尼，挑战苏加诺对印尼的统治。[12]在"有领导的民主"时期，苏加诺注重加强与印尼民族党和印尼共产党（尤其是与后者）的结盟关系。与此同时，马斯友美党和其他著名的伊斯兰组织变得越来越激进。很少有人能想到，1965年9月至1966年3月的暴力活动竟然结束了“有领导的民主”，拉开了“新秩序”的序幕，也很少有人能想到，伊斯兰组织在随之而来的暴行中起了怎样的作用。

1965年，雅加达发生了一场反对军方统治的政变，失败后，印尼共产党被当作替罪羊，遭到大清洗。在此期间，军队与伊斯兰民兵组织合作，杀害了大约50万平民。这一罪行罄竹难书：大屠杀从爪哇岛蔓延到巴厘岛、苏门答腊岛和加里曼丹岛，对象包括印尼共产党、印尼民族党的左翼分子、巴厘岛人和华人。这次清洗行动的一个明显的特征是，桑特里穆斯林（santri，典型的城市化的正统穆斯林）将阿班甘穆斯林作为清洗目标，并且共和国一些最重要的伊斯兰组织被问责。伊斯兰教士联合会、穆罕默迪亚以及马斯友美党的残余势力受到诱惑，以为能够重返政府并解决旧账，于是与军队合作，大肆屠杀印尼同胞。[13]

由名不见经传的后备军将军苏哈托领导的“新秩序”政权（1966—1998）取代了“有领导的民主”，并无意让伊斯兰组织在国家政府的政治中发挥直接作用。但是，“新秩序”政权不想像苏加诺那样疏远伊斯兰组织，或是触及伊斯兰教的敏感问题。相反，苏哈托试图建立由国家控制的伊斯兰教的宗教统制（dirigism）。这是一种试图在世俗社会中为“新秩序”争取合法性的尝试，也是一种谨慎的遏制手段，以防止伊斯兰教联合起来反对雅加达政府。

为了在国内政治中促进国家稳定，苏哈托依靠了两股主要的社会力量。[14]“新秩序”政权建立所依靠的第一股社会力量被称为“国家兄弟会”（ukhuwah wathaniyah / national brotherhood）。这包括印尼社会和国家机构中带有世俗民族色彩的固有组织，如军队、印尼民族党的残余势力以及“新秩序”时期指导经济发展的新一批技术官僚。“新秩序”政权依靠的第二股社会力量是“伊斯兰兄弟会”（ukhuwwah Islamiyah / Islamic brotherhood）。[15]

伊斯兰组织要被国家接受，就必须将1945年的建国五原则当作其唯一的基础（tunggal）。虽然在苏哈托30年执政期的议会选举中，代表国家兄弟会的印尼专业集团党（Partai Golkar）轻松赢得了多数席位，但排在第二位的始终是建设团结党（Partai Persatuan Pembangunan, PPP）。建设团结党是个温和的伊斯兰政党，该党在20世纪80年代之前一直隶属于伊斯兰教士联合会。印尼最大的伊斯兰组织伊斯兰教士联合会接受了建国五原则，该组织主席阿卜杜勒拉赫曼·瓦希德（古斯·杜尔）[Abdurrahman Wahid（Gus Dur）]未来成了总统，他与之前的纳西尔一样，捍卫了建国五原则的宗教基础。由苏加诺和哈达创立的宗教事务部是对伊斯兰代表权作出的让步，它将成为伊斯兰教支持"新秩序"政权的主要力量，其附属组织印尼乌拉玛委员会（Majelis Ulama Indonesia, MUI）也同样如此。位于日惹（Yogyakarta）地区的伊斯兰学生组织，即伊斯兰大学生联合会（Himpunan Mahasiswa Islam, HMI），代表当局辩称，政治上的被动是伊斯兰教逊尼派的一项要求。它的支持者甚至提出了"新秩序"时期的一个经典口号，这一口号至今仍在印尼引起共鸣："伊斯兰教，可以，伊斯兰政党，不行。"1969年，苏哈托还确保印尼成了伊斯兰合作组织（OIC）的创始成员国，尽管印尼不是一个伊斯兰国家。在"新秩序"时期的最后十多年中，苏哈托意识到印尼正在日益伊斯兰化，因此他颁布了一系列法律，启动了若干项目，以加强伊斯兰教在社会中的作用。这些法律涵盖了教育、宗教法庭、慈善机构、（妇女）头巾、赌博、银行、传教和伊斯兰节日的推广等方面。

"新秩序"政权的宗教统制在接纳伊斯兰教方面并不完全成功。在穆斯林看来，成立于1990年的印尼穆斯林知识分子协会（Ikatan Cendekiawan Muslim se-Indonesia, ICMI）是国家政治体制中根深蒂固的组织，无法在穆斯林中取得足够的信任。[16]印尼最古老的伊斯兰组织穆罕默迪亚认为，对马斯友美党的持续禁令严重背离了推翻苏加诺的革命意义。穆罕默迪亚与"新秩序"政权保持着冷静的缓和关系：新政权不敢对穆罕默迪亚采取强制性行动，而穆罕默迪亚也尽量避免与新政权发生冲突。[17]一些观察家指出，对"新秩序"政权的非暴力反抗主要出现在伊斯兰话语中。[18]

"新秩序"政权的两个目标——国家稳定和经济发展——在30年的执政期内都基本实现了。然而，苏哈托对权力的掌控无法抵挡亚洲金融危机带来的经济灾难。在随之而来的政治动荡中，曾被"新秩序"安抚的印尼伊斯兰组织重整旗鼓，掀起了革命热潮，为共和国开创了一个新的政治时代。

伊斯兰革命力量与修正主义国家话语

苏西洛总统反思了亚洲金融危机引发的一系列事件如何在共和国历史上造成了明显的"瓦解威胁"（ancaman disintegrasi）。金融危机还带来了"政治冲击"（terjadi guncangan politik）和"社会冲击"（guncangan sosial），并可能导致"安全和秩序"（keamanan dan ketertiban）荡然无存。[19]外部观察家同样预测，随着共和国的解体，印尼可能会陷入无政府状态，一位著名的印尼评论家更是由此宣称，共和国可能"陷入火海"。[20]

普遍的共识是，到20世纪70年代末，伊斯兰世界开始了一场"伊斯兰复兴主义"运动，并一直持续到21世纪初，而印尼也有这样的势头。[21]在此期间，如前所述，苏哈托试图说服持怀疑态度的民众，让他们相信伊斯兰教不仅在其政策中扮演重要角色，而且在其个人生活中占据中心地位，例如他参加朝觐（麦加朝圣），并采用"哈吉"（Haji）这个尊称。尽管如此，苏哈托的宗教统制政策并没有使他能够控制住民众在1998年春天爆发的愤怒与不满情绪——其中大部分是由以前非暴力的伊斯兰组织鼓动的。伊斯兰教士联合会、穆罕默迪亚甚至印尼乌拉玛委员会和印尼穆斯林知识分子协会的领导人都要求苏哈托辞职，而抗议活动席卷了世俗和伊斯兰公民社会，其中大部分活动发生在大学和清真寺。[22]

苏哈托最终于5月20日辞职，副总统B.J. 哈比比（B.J. Habibie）接任他，于1998年5月至1999年10月担任印尼总统。哈比比意识到伊斯兰教在共和国政治中的全新地位，于是在1999年借助一个重新命名的组织——专业集团党（Golkar）参加了大选。专业集团党的前身是"新秩序"时期的国家兄弟会和伊斯兰兄弟会，其要职现在由伊斯兰大学生联合会的一些领导人担任。此外，该党呼吁，除了关注苏哈托提出的历史民族认同外，伊斯兰认同也同样值得关注。[23]

在亚洲金融危机的前后几个月里，也出现了一个修正主义国家（印尼）试图将伊斯兰教作为工具，为军国主义和扩张主义政策辩护的情况。1999年，在与安汶（Ambon）的分离主义运动作斗争时，哈比比政府一名部长的助手利用亲苏哈托的伊斯兰组织印尼伊斯兰世界团结委员会（Komite Indonesia untuk Solidaritas Dunia Islam, KISDI），号召对该岛上的基督徒进行圣战。[24]在东帝汶，爪哇岛上的革命事件再次驱使民族主义领导人奋起独立，这在20世纪70年代中期几乎已经实现。在哈比比总统部署了印尼国民军后，印尼的一些国家话语出现了伊斯兰主义转向，尖刻地讥诮以万物有灵论者和天主教徒为主的东帝汶人。印尼东帝汶总督阿比里奥·苏亚雷斯（Abilio Soares）下令杀害宗教团体领袖，包括神父和修女。[25]雅加达试图用伊斯兰语言进行宣传，掩盖政府对东帝汶的侵害，但印尼公众仍然不相信这些宣传。哈比比迫于压力，同意就独立问题进行公投，也因此疏远了他最后的支持者——印尼国民军。

因为穆斯林公众在很大程度上缺乏说服力，所以政府将伊斯兰教纳入修正主义议程的尝试主要局限于亚洲金融危机之后的那段时间。对印尼公共安全构成更大威胁的是极端主义伊斯兰政党和组织的崛起。这些组织试图使用暴力来实现国家政治体制的转型，或是利用新兴的政治自由化，通过获得选举胜利和改写建国五原则的方式，强制推行原教旨主义伊斯兰文化。

在“改革”时期，就有这样一个伊斯兰组织“伊斯兰祈祷团”（Jemaah Islamiyah, JI）试图扩大其权力和影响力。作为“伊斯兰之家”的思想继承者，伊斯兰祈祷团于20世纪90年代在塔利班控制下的阿富汗成立。当时阿卜杜拉·逊卡（Abdullah Sungkar）会见了包括奥萨马·本·拉登（Osama bin Laden）在内的基地组织领导人，并做出了“效忠誓言”（bay’a）。[26]伊斯兰祈祷团受到了本·拉登和扎瓦希里（al Zawahiri）等当代圣战分子的影响，更受到了赛义德·库特布（Sayyid Qutb）著作的启发。伊斯兰祈祷团致力于改变印尼社会，嘲笑印尼社会陷入了“无知的时代”（jahiliyya）。为了实现这一目标，伊斯兰祈祷团建立了圣战分子的秘密组织，以及一个公共非政府组织——印尼圣战理事会（Majelis Mujahidin Indonesia, MMI）。在“改革”时期形成的另一个重要团体是“伊斯兰捍卫者阵线”（Front Pembela Islam, FPI）。这一团体由伊斯兰修正主义者组成，他们蔑视自由主义在该国的影响，无法容忍印尼的阿赫迈底亚教派（Ahmadiyya）。伊斯兰祈祷团对2002年造成200多人死亡的巴厘岛爆炸案以及其他一系列小规模爆炸事件负有责任。伊斯兰捍卫者阵线应对针对爪哇的一些较脆弱的宗教和少数民族群体的野蛮暴力行为负责，并且他们还攻击了社会主义者和宗教权利活动分子。尽管印尼在20世纪90年代末和21世纪初经历了政治和经济动荡，但是像伊斯兰祈祷团和伊斯兰捍卫者阵线这样的组织一直在印尼政治文化中处于边缘地位，并且在随后的选举中被证明是无足轻重的。

有50多个政党参加了1999年的议会选举：21个政党在人民协商会议（MPR）[①]中赢得席位，特别是有5个政党赢得了大量席位。印尼民主斗争党（Partai Demokrasi Indonesia Perjuangan, PDIP）获得了最多的席位（153个），专业集团党获得了120个席位。建设团结党以58个席位排在第三位，而由伊斯兰教士联合会支持的民族觉醒党（Partai Kebangkitan Bangsa, PKB）和穆罕默迪亚领导的国家使命党（Partai Amanat Nasional, PAN）分别获得51个席位和34个席位。

1999年的领跑者——印尼民主斗争党由梅加瓦蒂·苏加诺普特丽（Megawati Sukarnoputri）领导，是最有希望竞争席位的世俗政党之一。排名第二位的专业集团党曾试图与一些“新秩序”末期的伊斯兰组织建立联系，以重新确立自己的地位，但其仍然是一个世俗政党。那些在政治上最为成功的伊斯兰政党呼吁的是合作和发展的伊斯兰伦理，而不是革命。建

① 简称“人协”，印尼最高权力机构。自2004年起，人协实行两院制，由人民代表会议（DPR，即国会）和地方代表理事会（DPD）组成，两者成员均兼任人协议员。——译者注

设团结党不再受到“新秩序”统制的严密监管，在哈姆扎·哈兹（Hamzah Haz）的领导下成为一个更加公开的伊斯兰政党。尽管建设团结党确实公开质疑建国五原则是印尼任何获得认可的组织的唯一基础，但它仍旧捍卫建国五原则，将其视为国家的意识形态基础。[27]国家使命党和民族觉醒党将其政治植根于伊斯兰伦理，但很少表现出容易激起愤怒或仇外情绪的民粹主义。[28]相反，两党都强调民主对共和国的未来至关重要，并告诫人们不要建立一个明显伊斯兰化的国家。民族觉醒党特别提到印尼社会和伊斯兰教的宽容，国家使命党则警告印尼社会不要为了应对亚洲金融危机而盲目抵制资本主义。伊赫瓦尼派（Ikhwan）在印尼的一个分支当时被称为“正义党”，其基于伊斯兰教法展开竞选活动，但表现糟糕，只赢得不到2%的选票，从而失去了政党资格。

人民协商会议选举阿卜杜勒拉赫曼·瓦希德，也就是人们所熟知的古斯·杜尔，是由专业集团党和伊斯兰政党之间的联盟保障的，但其任期只从1999年10月持续到2001年7月。作为伊斯兰教士联合会的前主席和民族觉醒党的领导人，古斯·杜尔担任总统期间对伊斯兰教的理解远远超过了哈比比、苏哈托和苏加诺。古斯·杜尔的政治合法性与他的穆斯林身份之间有着更为内在的联系，这是20世纪50年代初纳西尔以来的任何一位前任总统都无法比拟的。二十年来，古斯·杜尔一直公开质疑那些将社会的完美归功于伊斯兰教法的人。他深信，伊斯兰教法已被中东法学家的政治野心和利益所腐蚀，背离了《古兰经》中的道德和伦理教义，甚至为奴隶制等令人发指的制度辩护。古斯·杜尔并没有将伊斯兰教法引入印尼的正式法律制度中，而是提出可以通过社会公正政策将伊斯兰教义融入共和国。[29]

对古斯·杜尔内阁的调查，以及国家食品物流局被指控有数百万美元资金下落不明，乃至文莱苏丹提供了200万美元的竞选捐款的事被披露，这些都极大地削弱了古斯·杜尔作为总统的合法性。当古斯·杜尔要求（政治、社会与安全统筹事务部长）苏西洛·班邦·尤多约诺宣布国家进入紧急状态时，这种合法性的丧失很快就演变为了背叛，苏西洛慎重地拒绝了这一要求，随后因为不偏私而被免职。在古斯·杜尔试图解散议会后，人民协商会议果断地通过了弹劾投票。在与议会进行了最后一次对峙后，古斯·杜尔辞职并离开印尼，前往美国就医。

古斯·杜尔的继任者梅加瓦蒂担任总统的时间更长（2001年7月至2004年10月）。然而，她同样无法给印尼带来政治稳定。她和印尼民主斗争党的政治关系可谓“平静”（tenang），由此赢得了人民协商会议的信任。然而，2001年末接连发生的一系列事件，让她难以继续以克制的方式来治理一个穆斯林占多数的国家。

美国对阿富汗和伊拉克的入侵，以及对基地组织等圣战组织合法性的公开辩论，对印尼的伊斯兰政治文化造成重大危机。在2001年“9·11”恐怖袭击发生后，梅加瓦蒂立即与美国保持密切联系。她是首位访问华盛顿的东南亚国家元首，她承诺印尼将支持后来被称为“全球反恐战争”的行动。梅加瓦蒂的支持只是口头上的，并没有对全球反恐战争提供物质支持。此外，这似乎并没有影响到印尼现有的舆论，因为美国的外交政策已经对印尼伊斯兰极端组织产生了深刻影响，使其蠢蠢欲动。梅加瓦蒂的对手、建设团结党领导人哈兹（Haz）副总统将“9·11”事件劫机者描绘为烈士，并对此袭击行动感到高兴。毫不奇怪，一些伊斯兰组织，如伊斯兰捍卫者阵线，宣布了针对美国的圣战法令（fatwa）。就连印尼乌拉玛委员会也发布了一项模棱两可的关于保卫伊斯兰领土的法令。[30]在2001年底和2002年，国立伊斯兰大学伊斯兰与社会研究中心对印尼公众对伊斯兰政府的支持程度进行了调查。他们还在印尼社会内进行了民意调查，以了解信奉伊斯兰教法的伊斯兰组织应该在多大程度上得到支持。民意调查显示：约三分之二的受访者认为伊斯兰政府对印尼最为有利，约一半的受访者认为应该支持那些试图实施伊斯兰教法的伊斯兰团体（如伊斯兰祈祷团）。[31]

必须指出的是，这种通过伊斯兰话语表达的不满并不完全是对布什政府的不公正作出的反应。它还源于人民对印尼社会明显缺乏经济公平的极度失望，以及国家机构对平民百姓的摆弄。亚洲金融危机后，“腐败、官商勾结、裙带关系”（Korupsi, Kolusi, dan Nepotisme, KKN）的困扰使印尼变得激进，并导致印尼社会与国家、跨国公司甚至世界秩序之间产生了不信任。在2001年至2003年的三年时间里，约80%的受访者认为，高物价、就业岗位不足是印尼社会面临的最大问题，“腐败、官商勾结、裙带关系”的存在证明在“民主和改革”时期缺乏有效的政治框架。[32]正是这种对“腐败、官商勾结、裙带关系”的不满，导致印尼穆斯林转向伊斯兰教法，将其作为一种植根于伊斯兰社会公正中的替代模式。[33]

尽管伊斯兰认同的情绪日益高涨，并且社会上存在希望借伊斯兰方式改变现状以表达不满情绪的趋势，但是建设团结党、民族觉醒党和国家使命党在2004年都没有公开进行伊斯兰教法运动。相反，这些政党仍继续开展伊斯兰伦理运动，宣扬包括多元化和社会正义在内的伊斯兰伦理。然而，伊斯兰政党确实开始质疑印尼与全球资本主义和外国势力的关系，这些势力并不遵从与印尼相同的伊斯兰伦理。伊赫瓦尼教派领导的正义党改头换面，成为新成立的繁荣公正党（Partai Keadilan Sejahtera, PKS）；但是，它吸取了1999年的教训，不再讨论伊斯兰教法，而是把重点放在其埃及创始人哈桑·班纳（Hasan al-Banna）提出的社会公正的内容上。

2001年至2004年，最重要的几大伊斯兰组织不仅没有利用“文明冲突”这一影响印尼主流公众辩论的情绪，反而积极地反对它。穆罕默迪亚和伊斯兰教士联合会都极力谴责伊斯兰捍卫者阵线的仇外情绪和伊斯兰祈祷团的暴力思想。伊斯兰教士联合会在建立新组织方面迈步最大，它建立了“伊斯兰自由网络”（Jaringan Islam Liberal, JIL），由此可以直接与被疏远的穆斯林青年对话。这一时期，伊斯兰自由网络的文章揭露了乌玛（ummah，穆斯林社群组织）在世界各地所经历的种种不公正对待，但其也敦促印尼人，不要因布什政府的政策而对美国公众存在偏见，因为他们意识到西方传统和伊斯兰传统有很多共通之处。最重要的是，伊斯兰自由网络等组织警告印尼的穆斯林，不要赞同对人民使用暴力或煽动推翻国家，从而背离伊斯兰教本身。

在2004年的选举中，专业集团党和印尼民主斗争党成为两个主要政党，其次是伊斯兰政党（建设团结党、民族觉醒党、国家使命党以及改组过的繁荣公正党）。在典型的后苏哈托时代的印尼政治背景下，民主党应运而生，这是一个由苏西洛·班邦·尤多约诺领导的世俗中间派政党，其建立在进步保守主义和致力于与自由的国际秩序合作的基础上。在"改革"以来的第一次总统直接选举中，苏西洛和他的竞选伙伴尤素福·卡拉（Jusuf Kalla）在2004年第一轮投票后赢得了最多的选票（占公投票数的33.6%），并在第二轮选举中获得了多数选票（占公投票数的60.6%）。苏西洛顺利地度过了他的第一个任期（2004—2009），并在2009年取得连任，为印尼带来了一段自"新秩序"时期以来从未经历过的政治相对稳定的时期。

2004—2014年苏西洛时代的民主稳定、经济发展与伊斯兰伦理

在苏西洛时代，印尼取得了"后改革"时期难得的国家稳定。他的第一个任期因为受到两次社会激进化危机的威胁而结束。第一次是伊拉克国内反对美国占领的暴动，到2006年2月，其已升级为种族清洗和内战；第二次是2008年的全球金融危机。在这段动荡时期，苏西洛政府的两个核心目标是"经济发展"（pembangunan ekonomi）和通过"建立强大的民主"（benar membangun demokrasi）实现国家稳定。[34]这两项政策的基础都是呼吁伊斯兰伦理，首先是融入国际社会以促进经济发展，其次是建立民主基础与伊斯兰教之间的联系。

苏西洛的经济发展政策一直是与国际经济接轨。苏西洛表示，他的政府"决心让外国的直接投资成为我国经济增长的引擎"，并将让印尼成为"国际合作和伙伴关系建设中更积极的参与者"。[35]除了鼓励外国直接投资，苏西洛还与东盟等国际组织进行了广泛合作，尤其是在全球金融危机之后与二十国集团进行了广泛合作。在亚洲金融危机后，或是在最近的全球金融危机之后，公众对于印尼与外部市场力量的关系并非一无所知。在2005年进行的民意调查中，超过60%的受访者表示，他们对苏西洛的发展政策不满意或非常不满意，超过70%的受访者对其在通货膨胀和就业方面的政

策表示不满意或非常不满意。[36]在2008年和2010年，超过80%的印尼人认为通货膨胀或失业是该国面临的最大问题。[37]苏西洛让印尼民众相信，融入经济全球化对印尼大有好处。这不仅是对现实政治的诉求，更是对身份认同的诉求。

定义印尼外交政策的基准点是哈达1948年的演讲《在两块礁石间划船》（Mendayung di antara Dua Karang）。他在演讲中申明，摆脱殖民统治的印尼共和国将遵循“独立和积极”（bebas dan aktif）的外交政策。这一外交政策的背景是既承诺印尼会与荷兰进行反殖民斗争，也保证一个独立的印尼将和平地与国际社会建立外交关系。美苏冷战也是“独立和积极”外交政策的一个重要背景，因为美国和苏联就像两块礁石，可能会使印尼“沉没”。[38]

21世纪初，苏西洛对“独立和积极”外交政策进行了调整。印尼不需再害怕超级大国这样的“礁石”，但它必须在“汹涌的”（bergolak）全球化水域中航行。[39]经济全球化的波动为印尼的经济增长和国家稳定带来了新挑战。尽管印尼在2008年的金融危机中相对安然无恙，但在20世纪90年代末，这片动荡的海洋对印尼社会产生了早期的毁灭性影响。2008年金融危机的影响将持续下去，因此引起印尼政府的担忧。苏西洛警告称，印尼“必须抵御和防止全球化的不利影响，因为其有损于我们的国家利益，也有违我们的价值观”。[40]

苏西洛认为，印尼能在全球化的汹涌波涛中航行，至少在一定程度上得益于其伊斯兰价值观。外交政策是印尼“国家利益”（kepentingan nasional）的延伸，也是其“基本价值观”（nilai-nilai dasar）、“原则”（prinsip-prinsip）、“哲学”（falsafah）和“历史”（sejarah）的延伸。[41]苏西洛重提了苏哈托的思想，描绘了印尼的伊斯兰“灵魂和精神”（jiwa dan semangat），鼓励印尼发展对外关系。尽管印尼乃至更广泛的伊斯兰世界都在与全球化带来的“和平挑战”作斗争，但苏西洛仍试图向印尼人灌输根植于其宗教身份的信心。在雅加达召开的一次由伊斯兰教士联合会举办的会议中，苏西洛提出，“通过伊斯兰教义规定的慈善义务（zakat）、为求回报或保护而进行的慈善（shadaqah）、不求回报的慈善（infaq）和为慈善目的捐赠土地（waqf）建立起来的交情”，证明了伊斯兰价值观可以缓解全球化带来的不公正和不平等。在苏西洛看来，穆斯林是史上“最早全球化的族群之一”，他坚信，“穆斯林能够学会站在全球化的最前沿”。[42]

在经济全球化背景下，伊斯兰教既是国际合作的平台，也是保障社会公正的过滤器，这种说法不仅仅是苏西洛政府的产物。苏哈托表达过类似的观点，在印尼议会民主制时期，马斯友美党也持同样的观点。这种伊斯兰政治文化的另一个典型的例子是2004年国际伊斯兰学者会议上发表的《支持“慈悲的伊斯兰教”（Islam as Rahmatan lil Alamin）的雅加达宣言》。《宣言》指出，伊斯兰教代表“宇宙的祝福”，其“规范和教义促使所有乌玛人将和平（salam）、正义（adalah）、自由（hurriyyah）、克制（tawassuth）、宽容（tasamuh）、平衡（tawazun）、协商（shura）和平等（musawah）作为我们生活方式的基础”。[43]《宣言》有21条内容，其中大部分都强调国际合作的重要性，并有7条专门讨论了经济问题。有一条提到，穆斯林有义务“努力工作”以“追求繁荣”，也“有义务消除贫困”。还有一条强调，要“促进伊斯兰经济实践和国际合作，使其能够积极参与当前和未来的全球经济并有效竞争”。[44]

在苏西洛执政时期，国家稳定的第二个支柱是政府对印尼人民民主价值观的呼吁，这最终在国家制度中得到了体现。苏西洛表示，民主代表“人民选择的真理”（kebenaran atas pilihan rakyat kami），其在印尼的“兴盛”（mekarnya）将给印尼带来“自由”（kebebasan）和“人权的实现”（pemenuhan hak-hak asasi manusia）。民主就像印尼与外商直接投资和国际政治经济的相互依赖关系一样，并不是印尼政治文化中理所当然的一个方面。印尼在独立后经历了一次失败的早期民主试验，然后经历了约40年的威权统治，政治权利和公民自由在此期间都受到了限制。

民主并不是保证政治稳定（stabilitas politik）的条件。这种观点不仅出现在印尼的政治文化中，也出现在所有发展中国家。苏西洛在不结盟运动的一次会议上承认，在21世纪初，“民主对于每年将要死亡的800万人口来说毫无意义”。[45]但是他补充说，与经济发展和“善政”（good governance）相关的民主可能是发展中国家承担的最重要的责任。[46]印尼的经济发展和民主之间相互依存，这对国家稳定至关重要。两者一损俱损，进而危及国家稳定。正如伊斯兰伦理被看作促进经济发展的国际合作的基础一样，苏西洛也将其阐释为印尼民主力量的基础，以及印尼作为伊斯兰教与民主相兼容的国家，在世界上所起到的典范作用。

苏西洛政府的多项举措表明，民主集中制是印尼国家稳定的前提，也是国际社会的典范。

> 作为最大的穆斯林国家，印尼成功地进行了民主选举，这向西方国家和国际社会表明，民主、伊斯兰教和现代化的价值观可以和平、和谐地共存。[47]

这种关于伊斯兰教、民主和现代世界之间关系的观点得到了苏西洛的回应：

> 文明的冲突并非不可避免。文明的融合是完全可能的。几千年来，我们的群岛一直是多种文明的家园。这就是为什么在当今的印尼，尽管偶尔会有极端主义的威胁，但民主、伊斯兰教和现代化仍然能够齐头并进。[48]

在政治文化方面，印尼人相信该国的穆斯林可以向国际社会证明伊斯兰教是“宽容和抚慰的”（toleran dan menyejukkan）。[49]印尼民主的成功及其在国际政治经济中的参与，被认为对世界各地的“伊斯兰形象”都产生了影响。[50]

印尼的民主不仅被描述为民主原则和伊斯兰世界政治文化之间和谐的象征，而且它使这个共和国能够成功地应对经济波动。

我们保证最弱势群体会得到社会保护，同时也保证在我们遭受任何经济危机的打击时，不会发生社会动荡。这就是民主之美。在政治上，民主还促使政府成为市场的制度性合作伙伴。这就是为什么在当今的印尼，我们能拥有一个倾听市场、响应市场并与市场合作的政府。[51]

民主治理是促进经济增长的最佳途径，并且在经济全球化造成突发事件的情况下，合法的民主治理有助于国家稳定。

在讨论“阿拉伯之春”和2008年金融危机后的金融动荡这两件具有变革性的事件时，苏西洛向伊斯兰会议组织成员国议会联盟发表了以下评论：[52]

面对这些变化和不确定性，我们只有两种选择。要么闭上眼睛，无视甚至抵制这些强大的时代标志；要么以必要的勇气去预见并明智地适应它们。世界各地发生的事件不仅提醒我们世界在不断变化，也提醒我们必须适应席卷21世纪的各种力量。它提醒我们，必须汲取教训，避免像几百年前的穆斯林一样，因为自满于新兴的发展，而最终沦落到历史的边缘。它提醒我们，处理我们这个时代的问题时，需要向前看。

苏西洛提醒穆斯林，不要忘记阿拔斯王朝（Abbasid Caliphate）前半期伊斯兰教的“黄金时代”，他鼓励穆斯林与印尼一起适应现代世界的潮流。这就要求伊斯兰政府鼓励民主化，并与全球市场接轨。在后半部分的讲话中，苏西洛为穆斯林占多数的国家经济生产乏力，以及伊斯兰会议组织的许多成员国面临高负债问题表示惋惜。关于对政治权利和公民自由的要求，苏西洛宣称：[53]

伊斯兰世界的许多人意识到，他们没有言论自由、政治参与和基本社会服务的权利。因此，我们要求各国政府和立法机构确保各国人民都享有政治权力以及经济和社会福利。

在苏西洛看来，无法实现经济发展有可能削弱民族凝聚力，甚至导致跨国暴力行为。他担心，“经济不安全可能导致文化不安全和认同危机”。[54] 根据2004年的《雅加达宣言》，苏西洛提出了以下主张：[55]

> 我们必须以最真实的形式传达伊斯兰教义，即伊斯兰教是和平的宗教。伊斯兰教是慈悲的……但要使这一说法变得有效，只有靠我们穆斯林践行曾使伊斯兰教在13世纪成为最先进文明的伊斯兰价值观。这意味着我们要与全人类团结一致，因为我们都是受了同一神圣天意的孩子……这也意味着在伊斯兰世界内部要团结一致……我们必须切实促进和平、彼此宽容与和谐的文化环境的形成。与此同时，我们必须建立一种社会公正、相互尊重和坚持民主价值观的文化。我们是民主国家，不仅因为我们举行了自由公正的选举，也不仅是因为我们有分权与制衡。我们是民主国家，因为我们的人民能够参与影响他们生活的决策过程……我们很高兴，印尼已经发展成为一个伊斯兰教、民主和现代化携手并进的国家……伊斯兰教和我们多元文化的核心价值观共同拥护我们的民主。

结 语

自20世纪初的民族复兴以来，印尼的伊斯兰政治一直与国家稳定和经济发展息息相关。苏西洛延续了这一传统，同时在政治上对经济和国家稳定问题提出了新的论述。在经济方面，苏西洛受到亚洲金融危机和全球金融危机的压力，不得不面对全球经济结构的波动及其风险敞口对印尼的冲击。他对伊斯兰教的呼吁，是一种希望在国际合作中构建伊斯兰伦理，以及构建能够抵御经济全球化带来的不稳定的社会公正框架的手段。在国家稳定问题上，苏西洛明确表示，印尼将成为向世界展示民主与伊斯兰社会之间协同发展的典范。

认为伊斯兰教能够作为一种社会力量持久地发挥作用，从而确保印尼在国际社会中仍然是积极的民主参与者，这种想法是错误的。正如伊斯兰教可以促使印尼参与国际政治经济和支持共和国的民主体制一样，发展挫折和政治危机也可能使印尼的伊斯兰话语变得激进。苏加诺针对印尼政治文化中的支柱之一伊斯兰教所采取的威权行动，以及推翻苏加诺的革命行动，深刻地激化了伊斯兰社会的一些重要力量。亚洲金融危机将几十年来一直容忍"新秩序"、一度在政治上处于被动地位的各类伊斯兰组织联合起来，成为一股推动苏哈托下台的力量。

在未来的几十年里，五种关键压力可能会使印尼的伊斯兰政治文化更加激进。第一种是对"腐败、官商勾结、裙带关系"的深恶痛绝。它们对印尼的国家–社会关系造成严重的损害，既损害了印尼的对外经济关系，也损害了印尼的民主政治制度。腐败、官商勾结、裙带关系甚至存在于外国直接投资和服务于国际市场的资源开采部门。它们也是一种特定阶级的政治特权的产物，而这种特定阶级即使是"后改革"时期的制度也无法消除。下一届政府必须处理好腐败、官商勾结、裙带关系问题，才能为自己建立合法地位，并让印尼在国际社会中保持和平崛起。第二种可能使印尼伊斯兰社会变得激进的关键压力，就是可能出现的下一场金融危机。印尼必须在二十国集团框架内继续努力，从而建立起一个能够减少资本波动的监管框架。第三种压力莫过于引发印尼人民极大不满的普遍的贫困问题。各项指标显示，在苏西洛任职期间，印尼人日均生活费不足2美元的人口占比从2006年的超过60%下降到了2011年的不到45%。[56]印尼要想崛起，就必须继续努力减少绝对贫困，同时不增加印尼的基尼系数。第四种压力就是岛屿间的冲突。这些冲突破坏了共和国的政治稳定，通常会导致伊斯兰极端主义，既可能使政府在外岛对非穆斯林使用暴力，也可能使穆斯林团体对政府使用暴力，就像苏门答腊岛的情况那样。第五种压力是国际危机，如全球反恐战争，其也有可能使印尼的穆斯林团体变得激进。据估计，伊斯兰祈祷团在2013年仍拥有大约1.5万名成员。穆斯林和非穆斯林之间的暴力冲突在世界各地进一步爆发，使更多人感到“文明的冲突”正在发生。然而，穆斯林之间的冲突（fitna），如发生在叙利亚、伊拉克、阿富汗和巴基斯坦的冲突，也可能使一个拥有2亿多穆斯林的国家（印尼）变得激进。他们当中的许多人对伊斯兰教持有不同的见解，对21世纪的穆斯林社会抱有不同的期望。

显然，下一届印尼政府将无法掌控所有可能使共和国的伊斯兰政治文化变得激进的因素。然而，历史的积淀将在很大程度上保证伊斯兰教继续作为一种社会力量，从而证明印尼是一个民主国家，并在国际社会享有一席之地。在未来几十年里，伊斯兰政治文化将如何为国家稳定作出贡献，也许是决定印尼能否继续崛起的内在因素。

注　释

1. 穆罕默德·西罗齐（Muhammad Sirozi）:《印尼对2001年“9·11”事件的反应》（Indonesian Responses to September 11, 2001），载易卜拉欣·M. 阿布拉比（Ibrahim M. Abu-Rabi）编《布莱克威尔手册：当代伊斯兰思想》（*The Blackwell Companion to Contemporary Islamic Thought*），牛津，2006，第390—395页。

2. 法雷德·扎卡里亚（Fareed Zakaria）:《自由的未来：国内外的反自由民主》（*The Future of Freedom: Illiberal Democracy at Home and Abroad*），纽约，2004，第119—160页。

3. M.C. 里克莱夫斯（M.C. Ricklefs）:《1200年以来的印尼现代史》（*A History of Modern Indonesia since C.1200*），纽约，2008，第196—215页。

4. 赛福丁·安沙里（Saifudin Anshari）:《1945年〈雅加达宪章〉：争取伊斯兰宪法的斗争》（*The Jakarta Charter 1945: The Struggle for an Islamic Constitution*），吉隆坡，1979。

5. 莫赫·努尔·伊克万（Moch Nur Ichwan）:《伊斯兰教的官方改革：当代印尼的国家伊斯兰教和宗教事务部（1966—2004年）》（*Official Reform of Islam: State Islam and the Ministry of Religious Affairs in Contemporary Indonesia, 1966-2004*），蒂尔堡，2006。

6. 穆罕默德·纳西尔（Mohammad Natsir）:《建国五原则是否与〈古兰经〉的教义相冲突？》（Apakah Pantjasila Bertentangan dengan Adjaran Al-Quran），载乔克·莫利奥诺（Joke Moeliono）编《选集二》（*Capita Selecta, II*），雅加达，1957，第144—150页。

7. 穆罕默德·纳西尔:《马斯友美党的目标》（The Aims of the Masjumi），载赫伯特·费斯（Herbert Feith）和兰斯·卡斯尔斯（Lance Castles）编《印尼政治思想（1945—1965年）》（*Indonesian Political Thinking, 1945-65*），伊萨卡，纽约州，1970（1956）。

8. 同上，第137—140页。

9. 纳西尔：《关于伊斯兰教在国家和国际事务中作用的一些看法》（*Some Observations Concerning the Role of Islam in National and International Affairs*），伊萨卡，纽约州，1954（1952），第1页。

10. 美国国务院：《美国对外关系文件集》，1955—1957，东南亚，约翰·P. 格伦农（John P. Glennon）编，引用日期：2010年5月10日，可访问：http://digital.library.wisc.edu/1711.dl/FRUS.FRUS195557v22。

11. J.A.C. 麦基（J.A.C. Mackie）：《对抗：印尼–马来西亚争端（1963—1966年）》（Konfrontasi: The Indonesia-Malaysia Dispute, 1963-66），吉隆坡，1974，第276页；理查德·罗比森（Richard Robison）：《印尼：资本的崛起》（*Indonesia: The Rise of Capital*），温彻斯特，马萨诸塞州，1986，第73—74页。

12. 简·M. 普鲁维尔（Jan M. Pluvier）：《对抗：印尼政治研究》（*Confrontations: A Study in Indonesian Politics*），吉隆坡，1965，第56页。

13. B.J. 博兰（B.J. Boland）：《现代印尼的伊斯兰斗争》（*The Struggle of Islam in Modern Indonesia*），海牙，1971。

14. 弗朗索瓦·雷隆（François Raillon）：《"新秩序"与伊斯兰教，或信仰与政治乱局》（The New Order and Islam, or the Imbroglio of Faith and Politics），《印度尼西亚》1993年第57卷，第200页。

15. 巴蒂亚尔·埃芬迪（Bahtiar Effendy）：《印尼的伊斯兰教与国家》（*Islam and the State in Indonesia*），新加坡，2003，第113页。

16. 威廉·R. 利德尔（William R. Liddle）：《印尼的伊斯兰转向：政治解释》（The Islamic Turn in Indonesia: A Political Explanation），《亚洲研究杂志》1996年第55卷第3期，第631页。

17. 霍华德·M. 费德斯皮尔（Howard M. Federspiel）：《穆罕默迪亚：印尼正统伊斯兰运动研究》（The Muhammadijah: A Study of an Orthodox Islamic Movement in Indonesia），《印度尼西亚》1970年第10卷，第76—79页。

18. 阿德里安·维克斯（Adrian Vickers），《印度尼西亚现代史》（*A History of Modern Indonesia*），纽约，2005，第169—196页。

19. 苏西洛·班邦·尤多约诺（Susilo Bambang Yudhoyono）：《印尼共和国总统关于增加印尼外交界对外接触度的讲话》（Paparan Presiden RI Mengenai Perkembangan Tanah Air kepada Kalangan Diplomatik di Indonesia），2012年2月15日，印尼共和国外交部，2012（引用日期：2013年9月10日），可访问：http://www.kemlu.go.id/Pages/SpeechTranscriptionDisplay.aspx?Name1=Pidato&Name2=Presiden&IDP= 751&l=id。

20. 西奥多·弗兰德（Theodore Friend）：《火焰中的印尼》（Indonesia in Flames），《世界》

（*Orbis*）1998年第42卷第3期。

21. 约翰·L. 埃斯波西托（John L. Esposito）:《伊斯兰威胁：神话还是现实?》（*The Islamic Threat: Myth or Reality?*），纽约，1999，第74—76页；伊拉·拉皮德斯（Ira Lapidus）:《伊斯兰社会史》（*A History of Islamic Societies*），纽约，2002，第822—835页；罗伯特·W. 赫夫纳（Robert W. Hefner）:《公民伊斯兰教：印尼的穆斯林和民主化》（*Civil Islam: Muslims and Democratization in Indonesia*），普林斯顿，2000，第16—18页；罗伯特·W. 赫夫纳和帕特莉西亚·霍瓦蒂奇（Patricia Horvatich）:《民族国家时代的伊斯兰教：东南亚穆斯林的政治与宗教复兴》（*Islam in an Era of Nation States: Politics and Religious Renewal in Muslim Southeast Asia*），火奴鲁鲁，1997。

22. 唐纳德·J. 波特（Donald J. Porter）:《印尼的政治和伊斯兰教管理》（*Managing Politics and Islam in Indonesia*），纽约，2002，第193—210页。

23. 戈登·P. 米恩斯（Gordon P. Means）:《东南亚的政治伊斯兰教》（*Political Islam in Southeast Asia*），博尔德，科罗拉多州，2009，第292页。

24. 赫夫纳:《公民伊斯兰教：印尼的穆斯林和民主化》，第210页。

25. 约翰·泰勒（John Taylor）:《东帝汶：自由的代价》（*East Timor: The Price of Freedom*），伦敦，1999，第98页。

26. 米恩斯:《东南亚的政治伊斯兰教》，第169—171页。

27. 伯恩哈德·普拉茨达施（Bernhard Platzdasch）:《印尼的伊斯兰主义：新兴民主中的政治》（*Islamism in Indonesia: Politics in the Emerging Democracy*），新加坡，2009，第181页。

28. 要特别指出的是建设团结党和民族觉醒党领导人的态度，他们因性别而驳斥梅加瓦蒂的执政资格。

29. 穆吉布拉赫曼（Mujiburrahman）:《印尼的伊斯兰教与政治：阿卜杜勒拉赫曼·瓦希德的政治思想》（Islam and Politics in Indonesia: The Political Thought of Abdurrahman Wahid），《伊斯兰教与基督徒–穆斯林关系》1999年第10卷第3期。

30. 米恩斯:《东南亚的政治伊斯兰教》，第301页。

31. R. 威廉·利德尔:《民主印尼的伊斯兰政治新模式》（New Patterns of Islamic Politics in Democratic Indonesia），伍德罗·威尔逊国际中心:《亚洲特别报告》第10卷，第5页。

32. 国际选举制度基金会（IFES）:《印尼民意调查（2005）》（Public Opinion Survey Indonesia, 2005），雅加达，2005，第16页。

33. 这种支持伊斯兰教法而疏远政府的观点被认为是有失公允的，这种观点也反映在有关中东的类似民意调查中。莱昂纳德·塞巴斯蒂安（Leonard Sebastian）:《印尼国家对“9·11”事件、巴厘岛爆炸案和伊拉克战争的反应：为包容主义的伊斯兰框架播下种子?》（Indonesian State Responses to September 11, the Bali Bombings and the War in Iraq: Sowing the Seeds for an Accommodationist Islamic Framework?），《剑桥国际事务评论》第16卷第3期，第434—435页。

34. 苏西洛：《印尼共和国总统关于增加印尼外交界对外接触度的讲话》，2012年2月15日。

35. 苏西洛：《构建建国五原则：外交部成立63周年外交政策早餐会上的讲话》（Gedung Pancasila: Sambutan Acara Foreign Policy Breakfast dalam Rangka HUT ke-63 Deplu），印尼共和国总统网站，2008（引用日期：2009年6月1日），可访问：http://www.presidensby.info/index.php/pidato/2008/08/19/983.html。

36. 国际选举制度基金会：《印尼民意调查（2005）》，第16页。

37. 国际选举制度基金会：《选举调查（2010）》（Jajak Pendapat Pemilu 2010），雅加达，2010，第11页。

38. 关于印尼避免卷入外国纠纷的问题，还涉及国内层面的因素。"独立和积极"的外交政策当然也是向印尼社会的一些群体（如印尼共产党、印尼民族党和马斯友美党）传递的一种信息，提醒他们不要试图彻底推翻苏加诺–哈达谈判所达成的针对荷兰人的权力制衡。

39. 苏西洛：《构建建国五原则：外交部成立63周年外交政策早餐会上的讲话》。

40. 同上。

41. 同上。

42. 苏西洛：《共同繁荣的共同责任：印尼共和国总统苏西洛·班邦·尤多约诺在第十四届不结盟运动首脑会议上的发言》（Shared Responsibility for Common Prosperity: Statement by H.W. Dr. Susilo Bambang Yudhoyono, President of the Republic of Indonesia），2006年9月15日于哈瓦那，印尼共和国外交部（Kementerian Luar Negeri, Republik Indonesia），2006（引用日期：2013年9月4日），可访问：http://www.kemlu.go.id/Pages/SpeechTranscriptionDisplay.aspx? Name1=Pidato&Name2=Presiden&IDP=264&l=id。

43. 印尼驻澳大利亚大使馆：《〈雅加达宣言〉支持伊斯兰教，称其为"慈悲的伊斯兰教"》（Jakarta Declaration Upholding Islam as Rahmatan lil Alamin），2004（引用日期：2013年9月3日），可访问：www.kbri-canberra.org.au/press/press040225jkt.htm。

44. 同上。

45. 苏西洛：《共同繁荣的共同责任：印尼共和国总统苏西洛·班邦·尤多约诺在第十四届不结盟运动首脑会议上的发言》。

46. 同上。

47. 印尼外交部：《2010年的印尼外交》（Diplomasi Indonesia 2010），2010（引用日期：2013年9月3日），第104页，可访问：http://www.kemlu.go.id/Books/Forms/AllItems.aspx。

48. 苏西洛：《如何让伊斯兰教和西方和谐共存》（How to Let Islam and the West Live in Harmony），经济学人：《2010年的世界》，2009（引用日期：2010年1月29日），可访问：http://www.economist.com/node/14742423?story_id= 14742423&d=2010。

49. 穆罕默德·尤素福（Muhammad Yusuf）：《在吉布提举行的伊斯兰合作组织部长级会议：关于巴勒斯坦、叙利亚和宗教诽谤问题》（KTM OKI di Djibouti: Dari Isu Palestina,

Suriah, Hingga Penistaan Agama)，《多边外交》2013年第2卷第1期，第6页。

50. 印尼外交部：《2011年的外交》(Diplomasi 2011)，2011，第29页(2013年9月3日)，可访问：http://www.kemlu.go.id/Books/Forms/ AllItems.aspx。

51. 苏西洛：《当选2004—2009年总统的政治演讲》(Pidato Politik Presiden RI Terpilih untuk Masa Jabatan 2004-2009)，印尼国家图书馆(Perpustakaan Nasional Republik Indonesia)，2004。

52. 苏西洛：《印尼共和国总统苏西洛·班邦·尤多约诺在伊斯兰会议组织成员国议会联盟第七届会议开幕式上的讲话》[Remarks by H.E. Dr. Susilo Bambang Yudhoyono, President of the Republic of Indonesia at the Opening of the Seventh Conference of the Parliamentary Union of OIC Member States(PUIC)]，2012年1月30日于巨港，印尼外交部，2012(引用日期：2013年9月3日)，可访问：http://www.kemlu.go.id/Pages/SpeechTranscriptionDisplay.aspx? Name1=Pidato&Name2=Presiden&IDP=749&l=id。

53. 同上。

54. 同上。

55. 同上。

56. 世界银行：《每天2美元(购买力平价)的贫困人口比例(人口百分比)》[Poverty Headcount Ratio at $2 a Day(PPP)(% of Population)]，2013年9月7日，可访问：http://data.worldbank.org/indicator/SI.POV.2DAY。

第五章　核心安全断层线：未解决的问题和新的挑战

［澳］鲍勃·洛瑞

引　言

在本章中，“安全断层线”被定义为容易通过极端暴力的方式展现出的政治分裂。研究的重点是为达政治目的而使用有预谋的、系统化的暴力，并承认犯罪行为在所难免。宣泄性暴力的发生，如印尼政权更迭后的宣泄性暴力行为，只是作为次重要的事件被提及，因为它们主要缘自沮丧和不安，而不是推翻政府或分裂国家的企图。

印尼的核心安全断层线一直由宗教、意识形态、社会、种族、民族、地区来划分。[1]独立以来，印尼的自我定位不清晰，一直试图调和内部的各种紧张关系，跨越这些断层线。[2]在独立战争期间（1945—1949），印尼当局曾在国内与共产党和推动建立伊斯兰国家的“伊斯兰教国运动”（Darul Islam）对抗。

独立之后，印尼经历了多次叛乱（其中多数是由反对派军官和部队发动的）和其他冲突，直到2005年才签订《亚齐和平协议》。[3]东帝汶的吞并和解放是独特的，因为它从来都不属于殖民遗产，也从未得到联合国的承认。

当前两大棘手的断层线是巴布亚省（Papua）的分离主义以及伊斯兰极端主义。20世纪60年代巴布亚并入印尼以来，部分当地人一直在进行抗议，有和平示威，也有零星的暴力抗议。1949年以来，伊斯兰极端分子断断续续地在为推行伊斯兰法而战。1962年，伊斯兰教国运动被平息，除了少数例外，"新秩序"政权（1966—1998）有效镇压了其残余势力和其他极端组织。[4]不过，仍有极端分子转入地下或者流亡海外，他们在"新秩序"政权垮台后很快就卷土重来，尤其是策划了2002年10月的巴厘岛爆炸案。

在意识形态、社会和地理方面如何定义印尼的问题一直存在争议，这体现在不断提到的支撑国家的"四大支柱"上。它们是：印尼宪法；潘查希拉，即构成宪法基础的五项原则——尤其是一神教信仰；统一的印尼共和国；殊途同归。[5]

新的明显的断层线还没有出现，但是一些旧的断层线可能会变得更引人注目或重新出现。例如，如果现代化步履蹒跚或加剧了结构性不平等，那么建立伊斯兰国家，提倡伊斯兰教法、民粹主义、分离主义，或者这些势力的结合，都有可能获得支持。在这种情况下，唯一曾经成功推翻过政府的组织——军队又会重返政坛，虽然目前可能性不大。

暴力的用途

动用暴力有各种原因，有时候是有意的，有时候是凭直觉的，但总的来说都有一些潜在的动机或原因。在某些情况下，当没有其他方式来捍卫某项事业或者赢得支持时，暴力就会被使用，例如伊斯兰教国运动和1965年的政变。有时，政治环境或公共契约的突变（有时是二者均有）会导致或引发积怨释放或者报复，例如1965年政变后和苏哈托倒台后发生的情况。然而，在伊斯兰教国运动和1965年政变中，暴力都不是凭空产生的。恐吓和暴力的使用无疑形成了存在利益竞争的各方和身份认同，各种势力的代表和群众被动员和鼓励去追逐个体和集体的目标。[6]

激进的伊斯兰教

尽管90%的印尼人信仰伊斯兰教，但是印尼的开国元勋们拒绝建立伊斯兰国家，也没有将伊斯兰教作为国教，因为他们担心这样会排斥非穆斯林并引发分裂运动。[7]穆斯林社区在这个问题上也存在分歧，这取决于他们对信仰的教义的坚持程度。[8]因此，有些组织会诉诸暴力，强迫采纳伊斯兰法，虽然他们的计划在20世纪50年代有民主的出路。[9]

伊斯兰教国运动是其中最出名的。1949年，当其建立伊斯兰国家的要求被拒绝之后，该组织发动了游击战，直到1962年其领导人卡尔托苏维尔约（Kartosuwiryo）被抓获并被处决。早年打击伊斯兰教国运动不利，主要是因为政府和军方以及议会中支持推行伊斯兰法的政党之间关系紧张。[10]然而，1959年宣布实行的"有领导的民主"限制了议会辩论，伊斯兰政党只获得了43%的议会投票，未能将伊斯兰法纳入宪法。此后，在"有领导的民主"和"新秩序"时期，几个主要的伊斯兰政党不是被取缔就是受到限制。1998年之后，他们放弃了对伊斯兰法的诉求，只有一些更激进的小党还保留了这一诉求。[11]

因此，宪法在这一方面保持不变，在1999年的选举中，公开提倡伊斯兰法的伊斯兰政党只获得了16%的选票；到2009年选举时，这些政党甚至已经不公开提倡伊斯兰法，希望这样能够增加自己的票源。[12]因此，支持印尼成为伊斯兰国家的人可以通过选票或暴力，或者两者兼而有之的方式，继续他们的诉求。不乏支持者的一小撮极端分子已经选择了通过暴力来达到这一目的。[13]

伊斯兰极端主义的国际化（尤其是20世纪80年代以来），以及一些组织的章程里包含了建立伊斯兰国家，这些对于打击穆斯林社区的极端主义又增加了新的难度。在国内外真切遭受到的不公正待遇，再加上对《古兰经》的极端主义解释，都为使用暴力提供了强有力的理据。社交媒体的进步更是为他们传播消息和开展行动提供了便利。

尽管暴力犯罪者受到压制，他们鼓吹的教条也受到广泛质疑，但是零星的暴力活动在未来很长一段时间很可能还会继续。由于印尼的历史原因，美军减少在中东和中亚地区的驻军，抑或这些地区成功挣脱威权主义的枷锁而实现民主化，也不会影响目前得出的这个结论。

共产主义

共产主义已经退出了印尼的政治舞台，但是印尼还没有重新审视和弥合1965年的这段历史以及其后的大屠杀事件，虽然一些有影响力的社团为此在作努力。[14]然而，值得注意的是，虽然这场政变被归咎于印尼共产党，但它是被迫参与的，因为苏加诺所宣布的"有领导的民主"使共产党无法获得选票，并且苏加诺有可能被共产党的死敌——军方所取代。[15]

1965年的创伤以及对左派政治的持续戒备甚至阻止了有广泛基础的社会民主党派的产生。现有的一些政党声称自己代表了这些党派的意见，但没有一个政党在工人权利、土地权利、促进扶贫的经济政策或环境问题上发挥了特殊的领导作用。

分离主义

印尼只有两次严重和持续性的分离主义运动，分别在亚齐特区（Aceh）和巴布亚省。早先在马鲁古省（Maluku）发生的分离主义暴乱很快就被挫败了，尽管不成气候的残余势力一直躲藏到了20世纪60年代初。[16]苏哈托倒台之后，当马鲁古省爆发宗派动乱时，这一问题又重新出现，但这只是两派为争夺政治利益而引发的外围现象。苏哈托倒台之后还出现了其他可能的独立运动的呼声，但是民主体制的建立、政府职能和财政收入的真正下放以及地方政府数量的增加很快平息了这些声音。[17]

亚　齐

1953年，亚齐发生暴乱，其支持实行伊斯兰教法，要求尊重地方领导人，接受亚齐建省。20世纪60年代初，双方最终达成了妥协协议，但是“新秩序”政府的集权措施及其未能让当地人参与资源开发，引发了1976年的新暴乱——这一次，暴乱的目标是要求亚齐独立。[18]

“自由亚齐运动”（GAM）发动的叛乱很快就被平息，其领导人被迫流亡。尽管“新秩序”政府采取了镇压措施，但是该运动经过改头换面延续了下来。[19]当苏哈托下台时，暴动者和他们的支持者认为时候到了，又重新发起了独立运动。但是，印尼显然不会分裂，分离主义分子无法在军事上获胜，国际社会也不会向他们提供援助。在2005年海啸的影响下，“自由亚齐运动”接受了地区自治的妥协方案，这是当初苏哈托不会答应的。[20]

巴布亚

巴布亚的情况不一样，这里出现了长期和令人担忧的独立运动，并且该地区一直在坚持低调的独立斗争。[21]巴布亚是荷属东印度群岛的一部分，但由于荷兰的政治干预，它没有第一时间加入刚成立的印度尼西亚。在印尼共产党和军方的压力下，苏加诺利用了游击队的武装渗透以及入侵威胁，向荷兰发起了一场联合外交攻势，最终迫使其同意巴布亚并入印尼。美国的压力对于避免军事冲突起到了关键作用。如果荷兰胜利了，印尼军方会名誉扫地，印尼共产党的事业会更进一步；如果荷兰失败了，则会进一步打击这位北约盟友的士气。

在美国的斡旋下达成的协议保全了荷兰的脸面，协议内容包括在1963年5月印尼接管巴布亚之前，由联合国从名义上临时管理6个月，而后在五年内举行全民投票，以决定巴布亚是否加入印尼。在1969年的公投中，为此而组建的代表机构几乎全票赞成巴布亚加入印尼。尽管除了印尼以外的所有各方都承认《自由选择法案》实际上并不自由，但联合国和国际社会都接受了这一结果。

新上任的印尼政府完全不顾巴布亚的政治和经济利益，放任军方掠夺该省，这为接下来的日子埋下了隐患。[22]小规模的武装抵抗很快出现，并且从那以后一直在各地零星发生。毫无疑问，自由选择的结果就是巴布亚人几乎一致支持独立，然而印尼一再拒绝这个选项。后续的几届政府都试图用各种方式安抚巴布亚人，但是无一成功。[23]

巴布亚人缺少政治凝聚力，无法对印尼当局发起有效的挑战。由于人数少、派系多、所处地域分散，他们今后也不大可能获得更大的成功。[24]另外，外来移民不断涌入，这不可避免地削弱了巴布亚人的政治和经济影响力，同时又增强了他们的疏离感和被忽视感，削弱了他们的种族和宗教认同。[25]这些只会加大安抚巴布亚人不满情绪的难度。[26]

因此，印尼不太可能消除间或发生的武装抵抗。想要在政治、经济和社会方面赢得巴布亚人的支持，对巴布亚实施现代化管理，并可能消除其独立倾向，印尼仍然面临持续性挑战。[27]虽然这场冲突本身不太可能威胁到印尼的国家统一，但它不断提醒人们国家结构中的紧张局势，并相应地削弱了印尼的国际信誉。

宣泄性暴力

宣泄性暴力在印尼全国时有发生，但从定义上看，它们是局部性的，而且通常是短暂发生的，尽管在某些情况下，如在波索（Poso），没有解决的矛盾会周期性地复燃和爆发。外部的伊斯兰极端分子为当地人提供支持，或者寻求庇护以建立训练营地或逃避法律制裁，也加剧了波索问题。[28]

在印尼国内，这种暴力通常都是由一些看似很小的事件引发，比如一些事故，驱赶占地者，个人之间因为租金、赌博或争风吃醋而发生的争斗，但是由于潜在的种族或宗教方面的紧张关系，或者因为土地争端、采矿权、选举竞争或不平等而引起的经济利益矛盾，小事件往往愈演愈烈。

在很多情况下，暴力事件会影响国家的政治和经济利益，警察和军队有时候只能妥协。

从个案角度来看，这些事件不会对国家构成直接挑战，除非它们发生的频次和激烈程度让投资者开始担心或者破坏了政府的合法性。[29]2013年发布的有关社区纠纷管理的总统第二号训令表明，对这些事件的容忍度已经达到极限（特别是在2014年选举前），需要更好的领导和协调来处理这些事件及其原因。最后，尽管总统选举竞争激烈，但选举过程中几乎没有发生暴力事件。

印尼国民军

自印尼独立革命以来，印尼国民军一直是一个关键的政治参与者，也是唯一一个成功推翻过政府的组织。1998—2004年，它逐步从正式场合退出了政治舞台，但是继续在非正式场合发挥着政治影响力，并且尚未完全受控于民主政体。[30]它还辅助警方在国内安全和反恐方面发挥着法定的支持性作用。

由于在预防和打击政治暴力和社会暴乱方面缺乏政治和制度上的领导力和协调能力，因此发布了上文提到的总统训令。这部分也是因为议会多年来拒绝通过一项有关国家安全的法律草案，其大致划分了维护国家安全的各部门、各级政府和机构之间的职责。但该草案遭到了一些社区团体的反对，因为他们担心这会使军方重新插手国家政治，而警方则担心军方会试图取代自己掌控国内安全。

通过查找现存法律中的缺陷并提出具体的修正案，也可以实现该法案的目的，而无须力求一项面面俱到的法律。然而，一方面是由于警方与军方之间对公私资源存在竞争，另一方面是由于人们担心军方会重掌政权，这项法案迟迟未能通过。[31]除非这一问题得到解决，并且警方和军方的经费都完全由政府提供，否则对它们的根本性改革将停滞不前。

未来前景

在《国家为什么会失败》这本书里，阿西莫格鲁（Acemoglu）和罗宾逊（Robinson）指出，正是因为缺少包容性的政治和经济制度，才加剧了贫困和独裁。[32]他们的观点是，包容性的政治和经济制度再加上有效的政府管理，是培育"创造性破坏"（creative destruction）的关键，这种"创造性破坏"释放了人民的创造力和维持繁荣的能力。他们反驳了其他从地理、气候、宗教、文化、愚昧程度或者种族角度对根深蒂固的独裁和贫困所作的解释。阿西莫格鲁和罗宾逊警告说，他们的理论的预测能力有限，因为"微小差别"和"偶发事件"太多。微小差别是指即使是同类政体的国家，政治和经济权力在国家中不断演变的性质和分布也不一样，这解释了为何一个国家会成功，而另一个国家会失败；偶发事件是指自然发生或者人为引发的挑战现状的事件。他们的理论会被用来解释印尼在这方面的处境，以及哪些现状能够预示印尼未来在维持和平与安全方面的前景。

印尼的民主之路始于1998年，并且它已经从1997—1998年的亚洲金融危机中复苏，近年来经济增速超过6%。然而，印尼还必须清除很多顽固的结构性障碍，才能建立可持续和包容性的政治和经济制度，并辅之以有效的政府管理。"自由之家"（Freedom House）对全球民主水平下降表达了关切，虽然这不包括印尼，但是印尼的排名从2007年以来就没有提高。[33]

在印尼，从政之路相当封闭。政党就像个人封邑或私人公司那样运作，而不是依赖实行党员制度的开放性组织——这样有抱负的领导人可以凭借自己的才能脱颖而出。[34]政党的资金来源往往也不清楚，成为政党候选人和参加竞选所需要的资源常常带有附加条件。偿还此类债务的唯一途径，只能是通过腐败或者支持危害公众利益的政策。[35]

从积极的一面来看，政党需要有广泛的地域代表性，这限制了它们代表某些特定群体的利益，迫使它们采取更加中央集权的政策。[36]印尼党派林立——有12个政党参与了2014年的大选——但没有一个能在议会中获得绝对多数席位，而必须要联合起来才能保证立法通过以及行使行政权力。这样虽然确保了中央政府代表全国，但是并不能保证善政。

经济制度仍然有过去“榨取式”功能的痕迹。总体而言，经济由以下几部分组成：大型国有企业、大型华人企业集团、大型本土企业、中小型混合制企业，以及广大微型的勉强谋生的农户。前三部分具有决定性的政治影响，但是其他几部分也有政治上的联系（尤其是在雅加达以外的地区），而微型农户代表了那些生活在边缘的群体。

印尼的国有企业保留了许多有效的业务职能，能够直接或通过外包方式为个人或政党创造挪用资金的机会。此外，这类腐败还会导致有缺陷、效益不高的公共资产被收购，从而破坏了公众对政治架构及其运作过程的信任。[37]由于存在一系列的贸易限制、配额和经营许可，也就有了“走捷径”的需求，结果就是经济利益被输送给相关人员。这些管理措施中的一部分属于合法的公共产品，但是它们的繁杂和缺乏透明度在很多情况下会导致与国家制度纠缠在一起的腐败，并导致制度改革迟滞。[38]

尽管华人在印尼总人口中的比例不到4%，但他们在庞大的私人经济中占据了极高的份额，并受到歧视、勒索，过去在几次排华运动中还遭到屠杀。[39]现行的民主制度取消了很多对华人文化和宗教生活的限制，但华人在经济上的优势地位继续助长了经济民粹主义，导致政府保留了141家国企，其中大部分都是效率低下的亏损企业。此外，华人在经济上的优势地位也迫使华人企业要向警察、军方、政客以及其他国家机关缴纳保护费才能维持其正常运转。[40]

外资一直是一个棘手的政治问题，任何似乎会让华人受益的投资（尤其是那些来自中国的投资）都可能会受到别有用意的操控，尽管目前大部分投资都是通过政府间协议或通过本土企业集团进行的。[41]

与其他商业部门一样，本土企业集团受到了亚洲金融危机的重创，而苏哈托的被迫下台又让它们失去了政治庇护。其中的很多企业集团已经复苏或重组，建立起新的政治庇护网，和政党、官僚机构、司法部门、国企、安全部门中的精英阶层联系在一起。

肃贪委员会（KPK）曝光了不少此类违法活动，并且逮捕了一些高职位的腐败分子。[42]尽管反腐政策在2012年12月就出台了，但迄今为止，它对这一地方性问题的影响甚微。[43]该政策如果要取得成效，就必须采取一系列措施，如让政党民主化，取消对商业竞争的不必要限制，为公务员提供足够的薪水，动用更多的资源打击当前的贪腐问题，以及追究过往的腐败。

政治和经济领域中存在无数的问题，其中一个公开的秘密是，印尼军方成员不受处理民事犯罪的民法管辖，也不受肃贪委员会的调查，并且实际上免受对他们侵犯人权行为的指控。毫不奇怪，印尼军方这座曾经的威权堡垒不会受到民主规范的约束，除非它的所有资金都来自政府，这样它就不必和警方以及其他机构竞争以获取非法资金，从而缩小国家的供养和军方成员的欲望之间的差距。[44]尽管除了相关的合作企业外，印尼军方不再拥有正式的商业机构，但其很多成员都依赖其他收入来源，其中部分收入是非法的、秘密的或者知情人为数不多以免招人嫉妒而被曝光。

与此同时，关于这种不合法资金的纠葛阻碍了宪法改革。尽管印尼军方作出了大的改革，甚至变革了指导思想，但它尚未绘制一份蓝图，界定其部队的目的、发展、结构，并将其与预算计划联系起来。这主要是因为有人认为需要保留过时的结构，才能确保获得不合法的资金以满足对非正式人员的需求。[45]如果印尼不能完成向更开放、更包容的政治和经济结构转型，那么印尼军方将很容易（利用与其他精英阶层的勾结）在其认为必要时重返政坛。

除了消除这些转型障碍所产生的矛盾，还有很多可能破坏社会秩序的偶发因素，有些因素非人力可控，比如自然灾害和流行病。其他因素则隐藏在社会结构中，或者可能是现代化的结果。

幸运的是，印尼穆斯林绝大多数是逊尼派，因此穆斯林内部的暴力并不是主要的断层线。尽管如此，施加在少数派别身上的暴力，是持续的不宽容、政治犬儒主义和执法不力的具体体现。主流逊尼派对《古兰经》有不同的解释，对如何将《古兰经》应用于当今世界也有不同的观点。这些分歧体现在各种宗教传统和宗教组织（尤其是伊斯兰教士联合会和穆罕默迪亚）之中，瓦解了政治忠诚。由于伊斯兰教在国内没有挑战者，所以伊斯兰社团也就没有联合起来的动力。他们可以宽容地对待其他少数派别，只是不宽容比宽容更常见。[46]

此外，尽管逊尼派穆斯林没有正式的等级制度，但上述的两个伊斯兰组织内部事实上都存在明显的等级制度，而伊斯兰学者/领导者联合会（印尼乌拉玛委员会，MUI）和宗教部内部也都有等级制度。印尼乌拉玛委员会颁布有关宗教仪式的教令（Fatwas），为全国穆斯林确立行为规范。该委员会的部分教规与基本人权相抵触，显示出一定程度的不宽容；尽管其政治影响力很小，但有人担心政府正在摆脱对这个不经选举产生的、不负任何责任的团体的责任。

宗教部管理所有的合法宗教组织并提供国家补助，这包括为教育、设施以及管理每年的麦加朝觐提供部分资金。朝觐是在政府对政府的基础上进行管理的，因此当中央政府在其他事务上增加经费时，它的资助对穆斯林社区来说就至关重要。考虑到穆斯林社区相对均质化，人们似乎不会担心其会出现大的分裂。然而，如前所述，将民主视为实现其宗教和政治目标的障碍的边缘组织和个人会继续使用暴力。

如果经济现代化受阻或者由于某种原因不能解决明显的不平等，那么人们就会在政治上另谋出路。[47]尽管自"新秩序"时期以来，经济民粹主义不得不让步于更加自由的贸易和投资环境，但它在整个政治界仍具有一定的吸引力。虽然任何政党或总统候选人都很难公开声称自己支持经济民粹主义，但总有人会强迫其他人接受。[48]印尼国内没有以阶级为基础的政党，不太可能出现乌戈·查韦斯（Hugo Chavez）所领导的那类左派政党。然而，经济民粹主义可能会和伊斯兰化纲领相结合，以促进对更激进的伊斯兰政党的支持，或是对继承了两者衣钵的民族主义党派的支持。

在解决地方性腐败，印尼在更为开放的贸易和投资环境中无力竞争，或者无法增加就业机会（尤其是为年轻人）等问题时，经济民粹主义加伊斯兰化这样的组合往往更受青睐。[49]这种替代性方案可以通过民主选举的方式来实现，但如果选举需要进行大规模的社区动员，则可能会增加边缘地区发生政治暴力的风险。

分离主义的死灰复燃要么是缘于叛乱，要么是如罗伯特·克里布（Robert Cribb）所言，缘于爪哇宣布脱离印尼。[50]克里布认为，爪哇眼下并不会宣布独立。相反，他试图分析一个地理上分散、种族和民族林立的帝国的治理成本和收益，以及政治精英们可能会认为成本大于收益的情况。没有迹象表明这种情况会出现，也没有迹象表明历史上的分离主义运动会卷土重来（除了在巴布亚和亚齐）。[51]

尽管乍一看，印尼的地域分散性和种族多样性似乎会使其成为容易发生分离主义运动的国家，但这是一种幻觉。印尼的优势在于，它只有一支在地理上分布集中的大族群，即中爪哇和东爪哇的爪哇人（占总人口的41%）；第二大族群是西爪哇的巽他人（占总人口的15%）；其他岛屿上则都是大量人口小得多的族群。因此，虽然没有其他族群有实力与爪哇人抗衡，但爪哇人在居住地域上的集中性（尽管他们在国内迁徙）意味着，如果印尼要保持统一，爪哇人就不得不给予所有少数民族适当的照顾。印尼的开国元勋们从一开始就认识到了这一点，所以当时国语没有采用爪哇语，并且他们分权给外岛人民，还在国家机构中推行族群多样化。

目前还没有迹象表明，可能会出现更有影响力的对国家统一造成威胁的大规模运动，例如苏门答腊岛属于苏门答腊人的概念。爪哇岛以外的各大型岛屿在历史上没有出现过政治一统的局面，它们包含着各种族群、资源和利益，很难看出它们如何找到一个有足够吸引力的共同事业去威胁国家的统一。

印尼的族群构成表明，哈比比之外的每一位总统都是爪哇人，只有几位副总统是非爪哇人。[52]外岛地区在选举安排上也得到了照顾，但前提是他们的抱负是通过全国性政党而不是族裔政党来传达。非爪哇人还可以掌管军队、军事服务部门和警察部门，并在官僚机构中出任高官。如前所述，国内宗教的相对均质化，以及宗教少数群体的广泛分布，也加强了这种权力关系；宗教少数群体虽然遍布全国，但除了巴厘岛以外，它们都存在于人烟稀少的地区。此外，教育系统和国家机关也在灌输强烈的民族主义意识。

分离主义运动不可能成功，并且在任何情况下，它都是因为中央政府忽视了相关地区的政治和经济利益，而不是某地区有脱离印尼的热切需求。亚齐问题由来已久，仅仅是因为政府在第一阶段（1953—1962）没有信守承诺，而在第二阶段（1976—2005），政府则拒绝作出必要的妥协。巴布亚问题虽然更难解决，但它也没有能力破坏国家的统一。

没有迹象表明，代际紧张关系、城镇化或者劳工的斗争性本身会产生断层线，尽管它们可能会不时引发宣泄性暴力，并促进推动政治改革或替代性方案的其他压力合流。社交媒体的出现虽然会加剧此类事件，但人们在面对此类煽动时也可能会变得更有分辨能力和更加谨慎，政府也会更加善于实施反制。[53]

鉴于1999年印尼实施民主化改革以来，其政治和民权几乎没有发展，今后它会进步还是退步呢？乐观的一面是民间暴力在亚齐动乱之后已经减弱，国家进行了几轮和平选举，而几次行政权力的变化在某些方面也有利于巩固其民主转型。[54]尽管腐败和金钱政治仍然盛行，选举结果还是得到了广泛认可——虽然经常出现存疑的法律诉讼——精英集团内部的暴力也可以忽略不计。从这个角度来看，人们有理由期待印尼在长期内会改善其政治和民权，因为如果政府没有提高选民的福利，选民就不会把票投给政府。

如果这种分析是正确的，那为何精英阶层会如此担忧国家解体和分裂的潜在风险？原因就是引言中提到的印尼立国的“四大支柱”，以及全国各地成立的致力于促进国家统一的民间组织（它们往往得到退役高级将领及其下属以及总统苏西洛的鼓励）。例如，在印尼国防研究院（Lemhannas）的一次演讲中，苏西洛表示：“我的意思是，教育也必须有助于维护社会和谐。我们的民族复杂多样，矛盾的根源无处不在。在1945年之后，甚至在1945年之前，我们的历史中充满了各种矛盾、冲突和横向暴力。”[55]

这种一直能够感受到的国家的脆弱，一部分原因是"新秩序"时期的威权统治的影响还在，另一部分原因是为了维持现状，以及在政治上一直需要强有力的国家领导，而前军队官员无疑是合适的人选。虽然军官们有权选择退伍之后的职业，但认为只有军官才能维护国家统一的这种思想应该变换一下了。更讽刺的是，这种国家面临威胁的想法为很多做法提供了合理性，比如限制媒体去巴布亚、保留过时的军队机构。由于缺乏客观的历史教科书，尤其是研究"新秩序"时期及其遗产的历史学著作，因此很难改变这种评估。

虽然印尼民众和年轻人对诸如每月的升旗仪式和背诵"潘查希拉"等公式化的仪式不感兴趣，但也没有迹象表明当代印尼人在国家主权或统一问题上会妥协。此外，事实仍然是，过去的叛乱并没有严重威胁国家的统一，也没有理由认为印尼将来会面临更大的挑战。尽管如此，各利益集团可以说都已经陷入了僵局，不会进一步推动政治、民权和经济政策的发展，甚至有可能会出现倒退。这种倒退可能就是寡头或者超级富豪们为了保护他们的财产而拉拢公职人员。[56]

印尼也可能形成一个更广泛的非正式的精英阶层联盟，成员包括政党领导人、高级公务员、高级警察和军队官员。他们担心可能发生大规模的动乱，因此已经与商界精英达成了默契，同意必须限制可能破坏国家稳定的民粹主义政治（特别是在国家层面）。他们认识到，消除腐败并不是当前的共同利益，因为腐败体制能够为政党提供部分经费，可以保护精英们的财富，甚至拉拢新成员。

印尼的命运还取决于当前的政治僵局在多大程度上可以归因于国家结构或国家领导人。雅加达最近的政治复兴就是优秀的领导人挑战结构性现状的一个例子。2012年当选雅加达正副省长的佐科·维多多（Joko Widodo）和钟万学（Basuki Tjahaja Purnama）将预算和承包合约开放给公众进行监督，使公共管理、社会服务和公共工程大为改善。2014年佐科当选总统，他能否在全国推广这种做法还有待观察，但这肯定会遭遇更大的阻力。

打破寡头垄断或者精英共识的尝试是否会被大众所勉强接受，或导致精英内部的暴力并支持其他倾向于使用暴力的心怀不满的群体，这些现在都还无法预测。如果产生的暴力程度无法单独依靠警察来控制，就不得不频繁地调动印尼国民军提供援助。如果是这样，人们将看到国民军是否会以继续发扬保卫宪法的历史传统，以及不愿充当政治救火队为借口，而意图东山再起。[57]

也许印尼巩固民主制度的试金石不是在自由和公正的选举之后和平移交政权（这已经发生过了），而是政府能否让触犯民法的军队接受民法制裁，让军队接受肃贪委员会的调查，并终结军队目前（如果不是过去的案件）事实上可以免于被指控侵犯人权的特权。只有当军队完全由政府资助，司法部门被认为是高效、公平、公正的时候，这一切才有可能。在这一时刻来临之前，人们随时都会听到过去的威权主义卷土重来的警报。

总而言之，属于印尼的时代可能已经到来，过去的安全断层线已成为历史。不过，如何重振民主改革议程、管理好巴布亚、遏制恐怖主义、捍卫国家机构中的民族代表性，将是长期的挑战。在印尼完成民主转型并提供能够开放和维持有包容性的政治和经济制度的服务之前，各种潜在的内乱（包括威权主义复辟所带来的报复性暴力）是不容忽视的。

注　释

1. 这一说法最近被重申，参阅《2012年的战略环境发展》（Perkembangan Lingkungan Strategis Tahun 2012），雅加达：印尼国防研究院，2012年4月。

2. 关于印尼的身份和内部矛盾的历史发展，参阅R.E. 埃尔森（R.E. Elson）：《认同问题和印尼世界地位的合法性问题》（Problems of Identity and Legitimacy for Indonesia's Place in the World），载安东尼·雷德（Anthony Reid）主编《印尼崛起：亚洲第三巨人的重新定位》（*Indonesia Rising: The Repositioning of Asia's Third Giant*），新加坡：东南亚研究所，2012。

3. 参阅哈罗德·克劳奇（Harold Crouch）：《印尼的军队与政治》（*The Army and Politics in Indonesia*），伊萨卡：康奈尔大学出版社，1988；以及《苏哈托之后印尼的政治改革》（*Political Reform in Indonesia after Suharto*），新加坡：东南亚研究所，2010。

4. 尽管已经确认这些事件都有军方一定程度的推动，但是犯罪分子也有自己的动机和目标。参阅马库斯·米茨纳（Marcus Mietzner）：《印尼的军人政治、伊斯兰和国家：从纷乱的转型期到民主巩固期》(*Military Politics, Islam and the State in Indonesia: From Turbulent Transition to Democratic Consolidation*)，新加坡：东南亚研究所，2009，第86—91页。伊斯兰教国运动1948年兴起，但是直到近年才和政府武装爆发较大规模的冲突。

5. 在总统和其他政要出席的庆祝会上，人民协商会议（MPR）主席陶菲克·基马斯（Taufik Kiemas）获得荣誉博士学位，表彰其促进了这四项原则。《陶菲克·基马斯获得特利沙克蒂大学荣誉博士学位》(Taufik Kiemas dapat Doktor Kehormatan dari Trisakti)，安塔拉通讯社，2013年3月10日。

6. 杰玛·普尔德（Jemma Purdey）讨论了印尼针对华人的暴力事件。参见杰玛·普尔德：《印尼的反华暴力，1996—1999》(*Anti-Chinese Violence in Indonesia, 1996-1999*)，澳大利亚亚洲研究协会（ASAA），新加坡，2006，第31页。

7. M.C. 里克莱夫斯（M.C. Ricklefs）:《1200年以来的印尼现代史》(*A History of Modern Indonesia Since c. 1200*)第三版，帕尔格雷夫：贝辛斯托克出版社，2001，第262页，以及阿兹尤马尔迪·阿兹拉（Azyumardi Azra）:《伊斯兰、印尼和民主》(Islam, Indonesia and Democracy)，《战略评论》第1卷第1期，2011年8月，第73—80页。

8. 赫伯特·费斯（Herbert Feith）:《印尼宪政民主的衰落》(*The Decline of Constitutional Democracy in Indonesia*)，伊萨卡：康奈尔大学出版社，1962，第31页。

9. 这些暴动所宣称的目标中交织了个人野心和地区问题。

10. 赫伯特·费斯:《印尼宪政民主的衰落》，第412页。

11. 米茨纳:《印尼的军人政治、伊斯兰和国家》，第341页。

12. 马丁·范·布鲁内森（Martin van Bruinessen）:《后苏哈托时代穆斯林参与世俗社会和民主化》(Post-Suharto Muslim Engagements with Civil Society and Democratization)，载哈内曼·塞缪尔（Hanneman Samuel）和亨克·舒尔特·诺德霍尔特（Henk Schulte Nordholt）编《转型期的印尼：重新思考"世俗社会""地区"和"危机"》(*Indonesia in Transition: Rethinking "Civil Society", "Region", and "Crisis"*)，日惹：学生图书馆，2004，第44页。里扎尔·苏克马（Rizal Sukma）:《2009年的印尼大选：有缺陷的体制，有韧性的民主》(Indonesia's 2009 Elections: Defective System, Resilient Democracy)，载爱德华·阿斯皮纳尔（Edward Aspinall）和马库斯·米茨纳编《印尼民主化的问题：选举、制度和社会》(*Problems of Democratisation in Indonesia: Elections, Institutions and Society*)，新加坡：东南亚研究所，2010，第67页。

13. 阿兹尤马尔迪:《伊斯兰、印尼和民主》，第74、79页。

14. 基思·洛沃德（Keith Loveard）:《对暴力遗留问题的部分赎罪》(Partial Atonement for a Legacy of Violence)，《战略评论》第3卷第1期，2013年1—3月，第11—15页。该方向下也有一些社区行动，例证参阅尼娜·帕内等（Nina Pane et al）:《战争的孩子》(*The Children of War*)，雅加达：康帕斯出版社，2013。

15. 克劳奇讨论了各种有关军事政变的幕后指挥者及其动机的理论，参阅克劳奇:《印尼的军队与政治》第四章。

16. K.H. 拉马丹：(K.H. Ramadhan)、A.E. 卡维拉朗（A.E. Kawilarang）：《为了红与白》（Untuk Sang Merah Putih），雅加达：希望之光出版社，1988，第241页。

17. 提到的资源丰富的省份是廖内和东加里曼丹，但是廖内很快分裂成了两个省，而北加里曼丹于2013年与东加里曼丹分离。

18. 有关亚齐暴动的详细描述，参阅爱德华·阿斯皮纳尔：《伊斯兰和国家：印尼亚齐的分离分子暴动》（*Islam and Nation: Separatist Rebellion in Aceh, Indonesia*），斯坦福：斯坦福大学出版社，2009。

19. 罗宾·西马努朗（Robin Simanullang）提供了1978年追捕“自由亚齐运动”领导人的第一手资料。参见罗宾·西马努朗：《苏蒂约索将军：指挥官的全体士兵》（*Sutiyoso the Field General: Totalitas Prajurit Para Komando*），雅加达：印尼人民出版社，2013，第153—165页。

20. 和日惹一样，亚齐在过去有着特殊地位，但是并没有实质的自治权。

21. 参阅罗宾·奥斯本（Robin Osborne）：《印尼的秘密战争：伊里安查亚的游击斗争》（*Indonesia's Secret War: The Guerilla Struggle in Irian Jaya*），北悉尼：艾伦与昂温出版社，1985。此外，国际危机组织的各种报道提供了针对巴布亚管理问题的当前评估和背景资料。

22. 林绵基（Jusuf Wanandi）：《灰色阴影：现代印尼的政治回忆录（1965—1998）》（*Shades of Grey: A Political Memoir of Modern Indonesia 1965-98*），雅加达：春分出版社，2012，第99页。

23. 艾迪·沃尔什（Eddie Walsh）：《巴布亚的和平和稳定需要综合政策出台》（Peace and Stability in Papua Requires a Comprehensive Policy Approach），《战略评论》第2卷第2期，2012年4—6月，第68—77页。

24. 有关政治分裂影响的描述，参阅希里安·诺兰（Cillian Nolan）：《拆分巴布亚：行政区越多，麻烦越多》（Carving Up Papua: More Districts, More Trouble），《冲突政策分析研究所报告》第3期，雅加达，2013年10月9日。

25. 沃尔什：《巴布亚的和平和稳定需要综合政策出台》，第72页。

26. 同上，第73页。

27. 这方面的各种提案，参阅班邦·达尔莫诺（Bambang Darmono）：《解决巴布亚的问题》（Solving Papua's Problems），《战略评论》第2卷第2期，2012年4—6月，第78—84页。也可参考冲突政策分析研究所（Institute for Policy Analysis of Conflict）：《特殊自治：加强巴布亚特殊自治的争议》（Otsus Plus: The Debate over Enhanced Special Autonomy for Papua），《冲突政策分析研究所报告》第4期，雅加达，2013年11月25日。

28.《脆弱，因此暴力：西印度尼西亚的圣战者》（Weak, Therefore Violent: The Mujahidin of Western Indonesia），《冲突政策分析研究所报告》第5期，雅加达，2013年12月2日。

29. 瓦希德研究所报道，2012年发生了274起宗教信仰不宽容事件，而2009年只有121

起。《公众因增多的宗教信仰不宽容事件指责苏西洛》（Public Blames Yudhoyono for Rising Religious Intolerance），《雅加达邮报》2013年11月11日。

30. 米茨纳：《印尼的军人政治、伊斯兰和国家》，第380页；克劳奇：《苏哈托之后印尼的政治改革》，第177页。

31. 新增建立国家安全委员会的条款，有可能影响草案通过。这一条款作为一项独立法案或者行政命令更为合适。

32. 达伦·阿西莫格鲁（Daron Acemoglu）和詹姆斯·A. 罗宾逊（James A. Robinson）：《国家为什么会失败：权力、繁荣和贫困之源》（*Why Nations Fail: The Origins of Power, Prosperity and Poverty*），伦敦：侧影出版社，2012。

33. "2013年世界自由指数"（Freedom in the World 2013），www.freedomhouse.org。该评估结果与贝塔斯曼基金会转型指数（Bertelsmann Foundation Transformation Index）以及经济学人智库（Economist Intelligence Unit）一致。

34. 最近有关党内投票分配的法院裁决有助于削弱党内要员的控制。

35. 穆罕默德·马福德（MD Mahfud）在2014年的总统竞选中落选，他将政治录用过程描述为基于"肮脏的政治"。《印尼领袖出身于交易体系》（Pemimpin Indonesialahir dari system transaksional），安塔拉通讯社，2013年1月21日。

36. 乔恩·弗兰科尔（Jon Fraenkel）和爱德华·阿斯皮纳尔：《跨地区比较：印尼和太平洋群岛的政党与政治体制》（Comparing Across Regions: Parties and Political Systems in Indonesia and the Pacific Islands），《民主制度中心有关政治治理的政策论文》2013年第2期，堪培拉：澳大利亚国立大学，2013。

37. 一个鲜明的例子是一个增加发电量的紧急项目。该项目购买的一批劣质发电机很快出现了故障，而且很难修复，导致停电延长（尤其是在苏门答腊）。《速度报》2013年10月14日。

38. 人民协商会议（MPR）副议长哈杰里扬托·Y. 托哈里（Hajriyanto Y. Thohari）表示，"发生在印尼的所有问题的根源是腐败"，安塔拉通讯社，2013年11月18日。在"透明国际"（Transparency International）2013年公布的清廉指数（Corruption Perception Index）中，印尼的评分只有32分，而满分（没有腐败）是100分。

39. 参阅普尔德：《印尼的反华暴力，1996—1999》，其中分析了印尼华人模棱两可的地位以及遭受暴力的根源。

40.《141家国企净利润未达标》，安塔拉通讯社，2012年12月28日。有关当代各种诈骗术的描述，参阅杰奎琳·贝克（Jacqueline Baker）：《帕尔曼经济》（The Parman Economy），《印度尼西亚》第96期，康奈尔大学出版社，2013年10月。

41. 目前还没有对中国在印尼投资的系统研究，一些已知趋势可以参考彼得·加梅尔托夫特（Peter Gammeltoft）和勒比·T. 塔尔玛蒂（Lepi T. Tarmadi）：《中国在印尼的直接投资：趋势、驱动力和影响》（Chinese Foreign Direct Investment in Indonesia: Trends, Drivers and

Impacts),《技术学习、创新和发展国际杂志》2013年第6卷第1/2期。

42. 2002年以来，“至少有360名印尼人因腐败落网”，参见《雅加达邮报》2013年10月31日。

43.《印尼在全球清廉国家中排名第118位》(Indonesia ranking 118 negara bebas korupsi)，安塔拉通讯社，2013年12月9日。

44. 2013年，在确认是否符合晋升为印尼军队首脑的议会听证会上，穆尔多科(Moeldoko)将军披露其个人财产为350万美元，这让很多人惊讶万分。这些财产包括“新秩序”时期由他的一位上司牵头的来自商界的献金。《欢迎塔吉尔酋长》(Selamat Datang, Panglima Tajir),《速度报》2013年9月2日。

45. 印尼军队的条令都写在2010年的三军联合条令(Tridek)中。2003年和2008年发布了国家安全白皮书，虽然政策、战略、部队结构和资源都不可避免地发生了重大变化，但白皮书没有说明其中的关系。为其定义不清的“最低限度军队”(Minimum Essential Force)制定的采购计划，被广泛视作是一份与印尼国防要求无关紧要的购物单。可以参考萨蒂希·占德拉·米希拉(Satish Chandra Mishra)和阿古斯·维乔乔(Agus Widjojo):《总统备忘录：2014年新政府议程》(Memo to the President: Agenda untuk Pemerintahan Baru 2014)，雅加达：比纳·普拉卡萨基金会，2014。

46.《印尼：与国家对抗》(Indonesia: Defying the State),《国际危机组织亚洲简讯》第138期，雅加达/布鲁塞尔，2012年8月30日。

47. 例如，一位战略与国际研究中心的经济学家警告：尽管增长率高，但是差距在加大，创造的就业岗位偏低。潘德·拉查·西拉拉希(Pande Radja Silalahi):《虚假增长》(Pertumbuhan Semu),《在线之声》2013年3月4日。

48. 例如，地区代表委员会(DPD)副主席敦促政府限制采矿业中的外国所有权。《政府被劝告限制采矿业中的外国所有权》(Government Told to Restrict Foreign Ownership in Mining Industry),《雅加达邮报》2013年2月20日。

49. 贸易部长已经发出警告，参见《部长表示，印尼还没有为东盟自由贸易区“作好准备”》(Indonesia “Not Ready” for ASEAN Free-trade Area, Minister Says),《雅加达环球报》2013年1月4日。

50. 罗伯特·克里布(Robert Cribb):《爪哇独立？古老帝国的新国家计划》(Independence for Java? New National Projects for an Old Empire)，载格雷森·劳埃德(Grayson Lloyd)和香农·史密斯(Shannon Smith)编《今日印尼：历史的挑战》(*Indonesia Today: Challenges of History*)，新加坡：东南亚研究所，2001，第298—307页。

51. 国际危机组织告诫不要为亚齐的成就自鸣得意。《亚齐党如何理政?》(How Will Partai Aceh Govern?),《速度报》2012年4月19日。有关巴布亚的挑战，参阅《印尼：巴布亚暴力的成因》(Indonesia: Dynamics of Violence in Papua),《国际危机组织亚洲报告》第232期，雅加达/布鲁塞尔，2012年8月9日。

52. 哈比比能够成为总统，是因为苏哈托在1998年被迫下台并且未能在1999年重新赢得大选。

53. 大卫·克莱门特（David Clemente）讨论了有关利用和控制网络空间的各种观点。参见大卫·克莱门特:《被迫操控：自相矛盾的网络空间的未来愿景》（*Compelled to Control: Conflicting Visions of the Future of Cyberspace*），堪培拉：澳大利亚战略政策研究所（ASPI），《特别报告》2013年10月。

54. 塞缪尔·亨廷顿（Samuel Huntington）:《第三次浪潮：20世纪晚期的民主化》（*The Third Wave: Democratization in the Late Twentieth Century*），诺曼：俄克拉何马大学出版社，1991，第266—267页。

55.《总统希望教育发展有助于创造和谐》（President harap peta pendidikan bantu ciptakan kerukunan），安塔拉通讯社，2013年11月1日。

56. 丹·斯莱特（Dan Slater）:《印尼研究小组的讲话》（Indonesian Study Group talk），堪培拉，2013年3月13日。

57. 乌尔夫·尊德豪森（Ulf Sundhaussen）:《通往权力之路：印尼的军人政治，1945—1967》（*The Road to Power: Indonesian Military Politics, 1945-1967*），吉隆坡：牛津大学出版社，1982。该书结论部分充分讨论了印尼军人干政的原因。

第六章　民主成就与政策瘫痪：印尼持续崛起的影响因素

［澳］斯蒂芬·夏洛克

引　言

在过去的15年中，印尼发生了惊人的转变。在苏哈托统治下，它曾经是东南亚政治落后的国家之一，但如今它已成为该地区运作最好的民主国家。与马来西亚和泰国的政治僵局以及柬埔寨、越南和新加坡的一党统治相比，印尼是一个充满活力和良性政治竞争的国家。印尼在严密、公正的选举中经历了四次和平的权力交接，言论自由和媒体蓬勃发展；非政府组织和社会运动（如有组织的劳工运动）日益兴盛。此外，有迹象表明，选民的政治意识和政治自信在不断增强，有一些有趣的例子就是他们利用新媒体来表达自己的问题与不满。[1]

重大的制度改革（如总统直接选举）促进和加强了这些变革，有助于明确立法机关和行政机关各自的权力。军方同意不干预国家政治，而地方政府领导人的直接选举是一项艰巨的任务（需要将行政权力从雅加达中央政府转移到各地区）。印尼同时经历了中央政权更迭和权力下放的过程。其他改革则加强了政府的透明度和问责机制，并强化了法律体系和立法审查。

印尼的政治转型及其经济连续多年的健康增长，使印尼的政治精英产生了一种新的自信，甚至是过度的自信。印尼恢复了在东盟中的领导力，成了二十国集团成员，并努力在伊斯兰世界中取得更重要的地位。这些发展引起了国际社会对印尼的关注，并且产生了一种印尼这个正在崛起的新兴大国不久将跻身于世界强国之列的感觉。作为世界第四大人口大国，印尼的知名度一直很低，除了巴厘岛的旅游业，它在国际上几乎没有给人留下什么印象。国际社会并没有及时地肯定印尼所取得的成就，甚至早该肯定其在政治和政策领域之外的成就了。不过，早有迹象表明，“终于到了印尼登上世界舞台的时候了”。[2]

尽管形势总体乐观，但本章的目的是要向可能存在的严重政治问题发出警告，因为它们可能会让这些年的成果功亏一篑。我们不应该忘记，各国在全球政治经济中占据重要地位，并不是因为它们有良好的民主记录，而是因为它们在国内生产总值、国际贸易和金融方面的强大实力。在经济开始增长之前，民主的印度在全球事务中一直处于边缘地位。印尼越来越受到尊重，是因为其对本国未来十年的经济增长进行了部署，并有望成为世界上规模较大的经济体之一。[3]

然而，本章的观点是，由于忽视了未来经济增长的体制、政治和政策基础，今天的印尼正有可能失去增长的势头。虽然改革后的宪法、民主竞争、法治和问责制度等政治硬件已经牢固建立，但民主制度主义的软件仍然存在许多缺陷。能够使这些机制发挥作用的人少之又少，而政治阶层的思想仍然停留在根深蒂固的寡头政治中，并热衷于“任命政治”（politics of patronage）① 和政治分赃。本章集中讨论印尼“民主软件”的一个特殊的弱点：政党的角色问题。具体来说，本章对政党是否能在招募合适的总统候选人方面发挥作用存在疑问。结论是，政党内部的民主决策过程正在被金钱政治、代系和派系内斗所压垮，政党内部的民主决策过程无力兼顾政治分歧和个人差异，无法建立包容各方的党内联盟，因此不堪重负。

---

① 指出于政治利益直接任命政府职位的制度。——译者注

2014年的选举让人们看到了印尼政党的严重弱点，以及这个国家从专制转向民主过程中的局限性。印尼向世界展示了如何和平地实现政治变革，以及如何建立和巩固民主体制，同时兼顾不同的社会、文化、宗教和区域利益。但是，印尼也有可能成为一个反面教材：虽然"新秩序"政权被终结，但新掌权的领导人无法解决那些简单却至关重要的政策问题，而这些问题能确保经济和社会的稳定，从而在未来维持长期的民主。

十年民主成就

在"新秩序"政权倒台后的十年中，印尼在民主改革方面取得的成就确实令人印象深刻，值得简要回顾。1998年5月苏哈托辞职后，总统继任者B.J. 哈比比（B.J. Habibie）几乎立即就开始了民主进程。为了巩固自己岌岌可危的地位，哈比比解除了对公民自由的所有限制，允许组建新政党，并开始与所有政要进行谈判，争取实现自由选举。在一年多的时间里，出现了从政党到非政府组织和倡导团体等一系列新的政治组织。1999年6月的成功选举使印尼摆脱了老化的威权统治下的沉闷氛围，转变为一个充满活力的、初具雏形的民主政体。

苏哈托倒台后的第一个问题是需要修订或重写1945年的宪法，因为旧的威权政权是建立在该宪法基础上的。虽然有些人认为宪法本身没有问题，只是政府对宪法的利用方式存在问题，但在1999年到2002年，对该宪法连续进行了四次修订。宪法修正案彻底重建了印尼的国家基础设施。第一，改革增强了立法机关的权力，人民代表会议（Dewan Perwakilan Rakyat）将先前掌握在总统手中的立法主导权移交到自己手中——限制总统的正式否决权，并禁止总统解散议会——尽管这一过程是与行政部门共同完成的。[4]第二，改革明确承认地方政府的作用，允许选举地方立法机构和行政首长。由此，国家可以向地方下放大量权力，政府的行政权力也可以下放给各省和各地区。许多评论家认为，这一进程阻止了一度威胁着印尼各群岛的统一的分裂势力的增长。[5]第三，修正案规定建立新的问责制，并加强现有的问责制。国家审计署（Badan Permeriksa Keuangan）在旧版宪法中已经存在，但它的独立性通过修正案得到了确认。修正案规定通过议会投票选举国家审计署成员，并对它与人民代表会议的工作关系作出详细说明。历届政府都对宪法层面的改革产生了实际影响，这大大增加了对国家审计署的资助。国家审计署是一个重要的问责机构，但在苏哈托政府的领导下，它一直缺乏资源和权力。

另一项重大改革是设立宪法法院，赋予其审查立法的宪法性效力，裁决国家机构之间的争端、与选举结果有关的争端，以及决定是否解散政党的权力。宪法法院还被赋予关于弹劾总统的议会程序的最终裁决权。事实证明，宪法法院是一个非常强大的机构，它对人民代表会议通过的立法的有效性作出了一系列裁决，这些裁决对巴布亚新省的建立、电力政策和议会选举投票制度的设计等问题产生了深远影响。实际上，有人提出，宪法法院对其权力进行了过于干涉主义的解释，所作的决定远远超出了宪法问题，而进入了决策领域，甚至篡夺了立法机关的权力。[6]糟糕的是，执行政策的政府可能对宪法法院的冒进决策视而不见。[7]最具争议的是宪法法院对地方行政选举纠纷的裁决权的使用，因为其方法和证据标准受到严重质疑。[8] 2013年，宪法法院的一名法官被指控在选举纠纷中受贿，故而作出有利于特定候选人的裁决。这一指控被揭露后，宪法法院陷入了尴尬的境地。[9]

宪法关于设立司法委员会的规定旨在建立最高法院的问责制，并保护其独立于行政机关。然而，自2005年成立以来，该委员会的作用和权力一直不太明朗，饱受争议。2006年，宪法法院裁定该委员会无权对高级法官进行纪律处分，司法委员会的权威由此受到重大打击。

肃贪委员会（Komisi Pemberantasan Korupsi）和申诉专员的设立，也大大加强了对所有政府机构及其官员的问责制和透明度机制。肃贪委员会负责调查、起诉和监禁大量腐败的立法人员、国家和地区级别的公职人员和官员（包括部长）以及商人。委员会对印尼国家机构官员中盛行的“有罪不罚文化”及其官商勾结的逐利行为进行了严厉的打击，然而不断出现的新的调查目标表明，系统性的腐败从根本上并未被消除。肃贪委员会在舆论领域已成为一个极受欢迎的机构，这大大保护了该机构的效力不受破坏。曾有人试图打压肃贪委员会的效力，比如肃贪委员会最初提出了对其立法基础的修正案，但该修正案未能得到人民代表会议的一些立法人员的支持。申诉专员办公室并不是媒体和公众关注的焦点，根据2000年的总统令，它只拥有有限的权力。但是，它在2008年根据自己的法规拥有了更大的权力，已成为一个潜在的重要机构，可以解决公众对管理不善的投诉，并赋予公民反对政府官员任意决策的权力。

最后，可以说，对后苏哈托时期的政治架构而言，最重要的改革是2004年实行的总统直接选举。民主时代的第一次总统选举是在议会特别会议，即印尼人民协商会议（MPR-RI）的多数票基础上举行的，这一程序使政府以一种有效的半总统制运作，其意味着总统必须得到议会的支持才能持续执政。1999年，来自少数党的阿卜杜勒拉赫曼·瓦希德当选总统，但他与议会中的政客们关系不睦。此次选举结果暴露出总统直接选举制度的内在弱点，并最终导致瓦希德在2001年的议会投票被罢免，而由梅加瓦蒂·苏加诺普特丽继任。在这两个政府部门的对抗中，总统甚至试图解散议会，这一决定的合宪性备受质疑，因此本国人士和国际社会都担心1998年的动乱和暴力事件可能重演。这次经历造成的混乱和不确定性说服政治精英们响应民众的要求，实行总统直接选举。在2004年的选举中，苏西洛·班邦·尤多约诺在人民代表会议和总统普选中分别获得支持，最终当选总统。

这一变化的结果是，印尼从议会–总统混合制转变为更传统的总统制。这种改革使得总统和权力增强后的立法部门之间的权力划分更加明确。人民代表会议已成为印尼政治中日益坚定的权力中心，这使一些观察家感到惊讶和沮丧。这一情况表明，印尼知识界和决策界的许多精英分子并没有充分理解1999—2004年改革期间作出的宪法和立法选择的影响。

在选举竞争方面，政府两个部门实行单独选举也对参选政党的性质产生了深远的影响。总统直接选举促使有抱负的总统候选人组建自己的政党。尽管从前的议会投票制度鼓励候选人继续忠于那些有能力赢得议员席位的政党，但现在他们有机会在自己的政治机器支持下独自出击。关于总统制的文献则多次提到，总统制容易导致更多制度化程度较弱、具有个性而非纲领性的政党产生，尤其是在新兴的民主国家。[10]2004年以后形成的所有政党都是围绕着总统候选人的竞选需要而组建的，这并非偶然。在这种大背景下，印尼的政党制度必然有缺陷。这一点将在本章的后面部分展开讨论。

印尼的第三次转型：一个充满不确定性的时代

当今，印尼面临着1998年苏哈托政权结束以来的第三次历史性转型。第一次是1999年向民主选举的转型，第二次是2004年向总统直接选举的转型。2014年的第三次转型代表着两任直选总统的第一个完整周期的结束，也意味着印尼向一个新的民选政府过渡。“新秩序”时期后的前两任总统都是通过议会投票选举产生的，因此2014年的选举带来了两位直选总统之间的首次权力交接。

在像印尼这样的任期固定的传统总统制下，宪法程序依赖于政治阶层根据严格和固定的时间表进行领导人换届，而不是像在英国或澳大利亚那样的议会制度下，政治事件可以导致换届提前。林茨（Linz）观察到，固定的总统任期“意味着必须每四年左右推选一位有能力且受欢迎的领导人”。[11]如果有投票权的公民是通过真正的民主方式来进行选择的，那么应该把选择领导人的权力交到选民手里。这使得人们期待政党体系能够按照选举周期履行举荐候选人的职责。

在印尼，立法加强了各政党在这一过程中的中心地位，使得人们无法在政党体系框架之外参加总统竞选。以美国为例，几十年来，在总统制宪法的框架内，一个高度制度化的两党制和广泛的联合政党模式已经形成。美国选举的初选阶段允许少数无党派人士参与。即使政治精英的意图是最好的，印尼也没有足够的时间来试验和完善其特殊的总统主义政治机制，更来不及形成非正式做法、不成文的协议和惯例，而这些都需要建立在实践和经验基础上。问题是：印尼的政党体系在向下一个五年或十年周期的转型过程中，将如何扮演好其角色？

改革停滞与政策瘫痪

印尼迫切需要成功地移交权力，因为从政治和政策角度来看，过去几年并不令人满意。尽管印尼的国际地位不断提高，但人们对国内政治形势的看法却明显是悲观的。关于“改革”的激动人心的言论已基本消失，取而代之的是对缺乏进一步的发展、根深蒂固的腐败和长期处于垄断地位的自私自利的政治精英的失望。最近在对印尼政治的学术研究中，学者们提到了“停滞”[12]“倒退”[13]“缺失……政治责任”[14]和“反改革精英”的阻碍。[15]

在某种程度上，兴奋过后的冷静反映了这样一个事实，即印尼现在是一个“正常”国家，[16]不再是一个充满令人兴奋的希望和恐惧的地方。在这个国家，联盟建立、[17]职权分配、政策分歧争论等各种政治活动在现实中平淡无奇。换句话说，印尼政治已经成为所谓“先进”民主国家政治的模样。

政治和宪法改革的时代已经过去：因此，有必要将注意力转移到停滞的政策执行方面，以解决全国日益严重的紧迫性问题。苏西洛政府的特点是政策瘫痪，显然无力应对未竟事业的长期议程。该议程所包括的问题有：石油价格补贴对国家预算和外汇的扭曲影响；公路、铁路、海港和机场的破败状况；卫生和教育等部门的政府服务质量低下；失业；偏远地区缺乏发展；环境恶化；城市污染和拥堵。令人尤为震惊的是，面对逐渐严重的宗教不宽容和迫害少数民族的问题——这威胁到印尼独立后国家稳定所依仗的多元化的社会契约——苏西洛政府优柔寡断、软弱无能。

许多研究从权力下放造成的问题、公务员制度改革的必要性和政府行政管理的全面改革等方面出发，讨论了政策瘫痪和政府服务能力不足的根源。国会和地方议会，部长和内阁的决策，当然还有腐败和国家资源的浪费，通常会受到特别的指责。人们普遍认为，当今印尼民主最明显的弱点是决策缺乏透明度和问责制。政客们明白，如果他们想当选，就必须受到欢迎，但他们的行为就好像是公职赋予了他们全权分配资源的权力，而他们却无需为此承担任何责任。对于必须在媒体、公众和议会更加严密的监督下制定和实施政策，政府官员们深感不满。

政党制度的失败与2014年大选

根据2014年的总统选举要求，前政权需要将权力移交给新一届国家领导人；因此，它既是一个机会，也是一个责任重大的负担。本章的其余部分将专门讨论这样一个特殊的问题，即政治精英是否能够培养新的有能力在应对紧急政策问题上掌握主动权的领导层。

对选举政治前15年的观察表明，各党派在不断培养和产生国家领导人候选人方面，能力参差不齐。主要问题似乎是，各党派在对待政党领导人和总统候选人时都持一种“赢者通吃”的态度。由此必然导致落选的竞选者认为他们别无选择，只能离开并组建自己的政党。

例如，在2004年的第一次过渡期中，最终的获胜者苏西洛最初并不是第一选择。这在一定程度上是因为他明确选择了印尼民主斗争党，但该党无法做到既接纳他，又不威胁到其资深领导人梅加瓦蒂和她的丈夫陶菲克·基马斯（Taufik Kiemas）的前途。这使得苏西洛不得不迫于前印尼民主斗争党支持者的压力，与新民主党联手，而后者正是为苏西洛参选而成立的。[18]

未能在现有的政党中找到立足之地的总统候选人组建了一系列新政党。印尼民心党（Hanura）是由前将军维兰托（Wiranto）创建的，他在2004年的大选中作为专业集团党的总统候选人表现不佳，因此与专业集团党分道扬镳。（苏哈托前女婿）普拉博沃·苏比安托（Prabowo Subianto）最初也加入了专业集团党，后来他离开该党，成立了自己的政党大印尼行动党（Gerindra），作为他参加2009年大选的工具。2013年，媒体大亨苏尔亚·帕洛（Surya Paloh）创建了国民民主党（Nasdem），以支持他（未实现的）在2014年竞选总统的抱负。由此，又一个由前专业集团党领导人建立的“与竞选总统有关的”政党被列入了党派名单。

正如本章前一节所指出的，围绕总统候选人建立的新政党是2004年实行总统直接选举的结果。这导致印尼出现了可以被称为“双轨制”的政党制度：一轨是在社会群体或特定历史环境中产生并长期存在的性质稳定的政党；另一轨主要是以一个旨在当选总统的领导人为代表的政党。第一条轨道上有印尼民主斗争党、民族觉醒党、建设团结党、专业集团党、国家使命党和繁荣公正党等党派：印尼民主斗争党具有苏加诺主义的历史传承，并与“阿班甘”（abangan，农村地区名义上的或被同化的穆斯林）和“翁芝利克”（wong cilik，小人物）[①] 的“想象的共同体”存在联系；建设团结党、国家使命党、繁荣公正党和民族觉醒党在特定的伊斯兰社区具有历史和社会基础，并认同有关伊斯兰教和国家角色的各种观点；专业集团党不论是作为苏哈托时期的执政党，还是在一种定义不清但在政治上起作用的“发展”（pembangunan）的伪意识形态方面，都保持着一定的选民基础，尤其是在印尼东部地区。第二条轨道上是2004年以来成立的所有主要政党——民主党、印尼民心党、大印尼行动党和国民民主党，它们都是总统候选人的选举机器。第一条轨道上的政党由长期存在于议会和总统政治舞台上的政党组成，这一事实意味着它们可以被称为“议会–总统政党”，而第二条轨道上的政党则可以被贴切地称为“总统政党”。

无论处于哪条轨道，这些政党通常都在两个重要的方面表现糟糕：第一，无法产生有望担任国家公职的候选人；第二，无法保持广泛的、有凝聚力的内部联盟。这两方面都是在系列选举中赢得选民支持的必要条件。然而，正如下文将要讨论的那样，比起昙花一现的“总统政党”，更加持久的“议会–总统政党”往往在这两方面表现得更好。

专业集团党本是一个名誉扫地的政权的政治机器，但它非常成功地将自己转变为民主时代的一个占据领导地位的政党。然而，它无法维持苏哈

① 即平民阶层，与贵族精英阶层“普里亚伊”（priyayi）相对。——译者注

托时代的选民支持率，很明显，这在很大程度上是因为它无法再依赖国家机器的支持。但它在后苏哈托时代所取得的成功也受到了很大的限制，因为其一系列的领导人——维兰托（Wiranto）、阿克巴尔·丹戎（Akbar Tandjung）、尤素福·卡拉（Jusuf Kalla）——似乎决心垄断该党的控制权，而且他们无法与其他知名领导人展开有效的内部合作。他们的本能一直是把竞争对手赶出领导层，这种做法损害了党派的公众形象，也限制了党能够利用的人才和资源的范围。该党现任领导人、竞选总统失败的富商阿布里扎尔·巴克利（Aburizal Bakrie）也采取了同样的做法。据报道，他斥巨资赢得了（对该党的）领导权，但他实际上不可能赢得2014年的总统选举。这清楚地表明了专业集团党政治文化的致命弱点：它造就了一位可以通过金钱的力量赢得内部选举的领导人，但这位领导人却难以赢得人民的选票。

即使像民主党——成立于2003年，没有专业集团党和印尼民主斗争党所背负的历史包袱——这样一个明显年轻的政党，也未能建立后苏西洛时代的领导层。金钱政治问题压倒了所有所谓的苏西洛接班人。民主党的后起之秀阿纳斯·乌尔巴宁格拉姆（Anas Urbaningram）、穆罕默德·纳扎鲁丁（Muhammad Nazaruddin）、安吉莉娜·松达克（Angelina Sondakh）和安迪·马拉兰根（Andi Mallarangeng）都曾因将资金用于政治目的而陷入腐败，并因此被定罪，或受到同样具有毁灭性的指控。苏西洛本人似乎已经沉迷于“王朝政治”（dynastic politics）的致命诱惑，将自己的儿子埃迪·巴斯克罗（Edhie Baskoro）推上了政党的领导位置，并且显然无视了选民的看法。

伊斯兰政党也受到一系列类似问题的困扰。民族觉醒党的悲哀在于，虽然在爪哇中部和东部拥有伊斯兰教士联合会信众和传统穆斯林这样忠实的选民基础，但是他们一直都受制于一个大家族，难以解决政治上不可避免的党争矛盾。阿卜杜勒拉赫曼·瓦希德去世后，该党失去了其唯一具有国家影响力的人物。民族觉醒党一再分裂，每个分裂者似乎都相信选民会继续自动追随他们。事实上，该党的支持者分成了不同派系，特别是在

2009年的选举中，选票分散在多个相互敌对的派系中，而他们都声称自己继承了该党的衣钵。在2014年选举前，瓦希德的侄子穆海明·伊斯坎德尔（Muhaimin Iskander）领导下的现任领导层实现了伊斯兰教士联合会内部的重新协作，恢复了该党的相当一部分选票，但支持率仍远远低于1999年的水平。

国家使命党的标志性人物是其著名的创始人阿米恩·赖斯（Amien Rais）。在苏哈托倒台后，阿米恩·赖斯曾一度被视为主要的总统候选人。但在1999年和2004年的议会选举中，该党未能赢得可观的选票——仅分别为6%和7%——而且阿米恩在总统竞选中仅赢得了15%的选票，远远落后于主要竞争者苏西洛和梅加瓦蒂。阿米恩随后退出了政坛，而该党虽然保留了下来，却未能产生任何杰出的国家领导人。事实上，由于该党在全国和地区选举中常常选择名人作为候选人，但他们大都没有执政能力，该党因此臭名昭著。[19] 自1999年以来，国家使命党在四次选举中的支持率一直保持在大致相同的水平。

在2014年大选之前，繁荣公正党和印尼民主斗争党脱颖而出，举荐了新的国家领导人候选人。这两个政党是第一轨道政党制度的典型代表，它们具有一定的社会和历史基础以及一定的意识形态倾向，并一直在议会中拥有一定的基础。有趣的是，它们处在意识形态谱系的两端——米茨纳令人信服地重新强调了意识形态在印尼政党体系的重要性。[20]

繁荣公正党的不寻常之处在于它缺乏充满魅力的领袖，却吸引了一批忠实的追随者。这通常被认为是由于内部组织的力量；然而，该党能够如此，并不仅仅是因为它雇用了一家特别有效率的政治咨询公司，还因为它的社会基础是受过教育的中产阶级，以及在苏哈托时代的伊斯兰学生组织中学习过政治组织艺术的虔诚的现代主义穆斯林。该党不仅受到埃及穆斯林兄弟会的影响，还具有可以追溯到20世纪50年代的伊斯兰马斯友美党（该党在苏加诺和苏哈托时期被取缔）的哲学传统。在那段时间，唯一能够有组织地传承和表达这种传统的，只有表面上关注宗教和社会问题的校园组织。

民主斗争党、民族觉醒党和国家使命党都有明确的社会和宗教基础以及杰出的领导人（分别是梅加瓦蒂、阿卜杜勒拉赫曼·瓦希德和阿米恩·赖斯），而繁荣公正党是在希达亚特·努尔·瓦希德（Hidayat Nur Wahid）等不温不火的人物的背后建立起来的。该党派引起了学术界的广泛关注。[21]相关研究集中讨论了繁荣公正党的组织能力以及该党所面临的困境：既想将基础扩大到伊斯兰选区以外，又想保住其核心支持者。对该党的研究几乎不包括其领导人的个人素质及其对选民的号召力。

该党原本默默无闻，1999年才开始崛起，并一直主张一种相对清晰的政治观点。但是，作为一个以干部为基础的政党，它在总统竞选中难以推举出具有竞争力的候选人。在组织和意识形态方面的优势使得繁荣公正党不太可能像其他政党一样被分裂和削弱，但其局限性在于它没有一个能够吸引广大选民的代表性人物。此外，在一些领导人被揭露参与了腐败活动后，该党派失去了其"廉洁"的形象。2014年2月，该党公布了一份总统候选人名单，其中包括人民代表会议领袖希达亚特·努尔·瓦希德、党主席阿尼斯·马塔（Anis Matta）和西爪哇省省长艾哈迈德·赫尔亚万（Ahmad Heryawan）。这份名单反映了该党相对系统的运作模式，也是党内投票和党内各派系平衡的结果。虽然这些人物长期以来都忠于该党，但他们都缺乏选民号召力并且很快就变得无足轻重，因为佐科（Joko）和普拉博沃（Prabowo）在2014年的竞选中是主要的参选人。[22]

就印尼民主斗争党而言，培养新领导人队伍的问题一直是"王朝政治"。受到占据统治地位的苏加诺集团青睐的人物都是他们的家族成员，比如资质平平的普安·马哈拉尼（Puan Maharani）①。党内以"王朝"的名义把持选举权，领导地位不可动摇，新一代致力于实现党的多元民族主义理想的领导候选人虽然有才华和潜力，却在选举中受挫。如前所述，印尼民主斗争党无法为后来赢得了两次选举的苏西洛提供一席之地，直到最

① 普安·马哈拉尼是印尼首任总统苏加诺的外孙女、第五任总统梅加瓦蒂的女儿。——译者注

近，该党似乎仍然支持梅加瓦蒂作为候选人，但在间接和直接选举制度下，梅加瓦蒂三次都败选了。

印尼民主斗争党非常幸运的是，至少有一位新成员在很大程度上凭借自己的能力，而不是通过政党的支持，成功地在全国范围内赢得了声望，他就是佐科·维多多［Joko Widodo，又称佐科维（Jokowi）］。佐科因2012年9月当选雅加达特区省长而声名鹊起，此前他担任中爪哇省梭罗市（即苏拉卡尔塔市）市长时就引起了人们的关注。彼时，他以执政廉洁、高效以及在市民中颇有声望而闻名。在竞选雅加达特区省长时，他被视为一个清廉的政坛新星，与他的主要竞争对手、时任特区省长福齐·博沃（Fauzi Bowo）所代表的旧势力集团形成鲜明对比。随着他当选雅加达特区省长，以及他推行民粹主义、非正统的作风——包括在公开场合不给那些蓄意阻挠的高级官员留情面——他赢得了全国的关注，成为媒体力捧的总统候选人。从2013年初开始，几轮民意调查显示，他是公众支持率较高的主要竞争者之一。

值得注意的是，尽管佐科在全国享有盛名，但印尼民主斗争党花了很长时间才愿意承认他是该党赢得2014年大选的唯一希望。苏西洛在2003—2004年的崛起在印尼民主斗争党党内被某些人视为威胁，同样，该党最初在是否支持佐科竞选2012年雅加达特区省长的问题上也存在分歧。尽管有报道称梅加瓦蒂支持佐科参选，但她的丈夫陶菲克·基马斯却对此表示强烈反对。从2012年的省长选举开始，陶菲克就一直发声反对关于佐科是2014年总统选举合适候选人的说法。相反，他支持的是普安·马哈拉尼。2013年6月陶菲克去世，他对选举的影响也随之终止。与此同时，佐科在民意调查中的支持率持续上升，而梅加瓦蒂相对于另一位主要竞争者普拉博沃则日渐式微，因此党内许多人认为，除了支持佐科，他们别无选择。梅加瓦蒂支持佐科的第一个举动就是在2013年9月的全国工作会议（Rakernas）上热情地赞扬了佐科，称他有着她父亲苏加诺总统那样的“感召力”。[23]佐科本人否认了参选的说法，称他不想在特区省长的工作上分心，[24]继而公开对梅加瓦蒂表现出极大的尊重。许多人认为这是明智之举，它表明佐科明白，如果他因梅加瓦蒂对自己的支持而过于自信，反而会惹恼高度敏感的梅加瓦蒂。梅加瓦蒂的政党是家族遗产，她不会将其赠予任何不充分尊重这一事实的人。直到2014年3月，梅加瓦蒂才最终正式支持佐科参选。这大大压缩了佐科竞选团队为其造势的时间，还为普拉博沃关于佐科只是梅加瓦蒂的“傀儡”以及在政治上无足轻重的言论提供了口实。

结　语

在2014年的选举中，政党制度未能产生一系列能够为选民提供广泛选择的候选人。直到2013年年中，在大多数民意调查中领先的一直是梅加瓦蒂（反映了印尼民主斗争党核心社会基础的韧性[25]）和普拉博沃（证明了选民的认可，甚至是被选举人的魅力的重要性），而随着时间的推移，越来越多的人在2013年后半年选择了佐科。在几轮民意调查中，三者的支持率差异很大，这表明这些民意调查的可信度有限，但三者的支持率往往都不超过20%。其他潜在的竞争者也存在严重的问题：巴克利和苏尔亚・帕洛都被视为贪婪的资本家；维兰托是旧时代的产物；尤素福・卡拉和哈达・拉查萨（Hatta Rajasa）的名字总是让人想起两人沆瀣一气——在民意调查中，这些人的支持率都没有超过10%。一些相对较新的面孔出现，如前宪法法院院长和阿卜杜勒拉赫曼・瓦希德政府的国防部长穆罕默德・马福德（Mahfud MD）、国营企业部长余世甘（Dahlan Iskan）、著名学者阿尼斯・巴斯瓦登（Anies Baswaden），以及“王朝政治”的相关人物普安・马哈拉尼、苏西洛的儿子埃迪・巴斯克罗和苏西洛的妻子阿妮［克里斯蒂亚尼・赫拉瓦蒂（Kristiani Herrawati）］，但他们的支持率从来没有超过两位数。

作为雅加达特区省长，佐科没有任何负面的包袱，也没有犯下任何明显的错误。但是，作为一个中等省级城市（梭罗）的市长，他的政治经验不够丰富；同时，他作为雅加达特区省长的任期十分短暂，这些似乎都不足以使他胜任印尼总统这样一个责任重大的职位。人们强烈地感觉到，佐科的号召力不过是源于一种无奈——他所在的政党和民调意见均认为唯一的人选是普拉博沃，除此以外他们已经没有其他适合的人选了。佐科在印尼民主斗争党内部人脉有限，也缺乏威望，这会给他带来重大问题。他在党内没有正式职务，作为总统，他可能会发现，自己很难控制那些围绕在梅加瓦蒂周围的党内主要人物。

选择普拉博沃就不一样了，他是个强势的政治家，将以一种更有效的方式领导政府，不会让政府再现后苏哈托时代的混乱，不会再有腐败懒惰的议会和纪律松散的政党内阁。政党的政客们失败后，普拉博沃被视为理想幻灭和憧憬的化身，他将严格管理政府，展现自己果断的领导力，而这是他在旧秩序时期本该表现出来的。普拉博沃始终是个局内人，短暂的流亡经历让他可以以一个局外人的身份反对国内外的权势精英。他在总统竞选中呼声渐高，这可能和议会选举时的情况相同，即没有一个政党能够获得多数或胜出票数的支持，因此人民代表会议支离破碎，十个政党各自为营，没有一个政党可以对立法部门发挥资政辅治或领导作用。

因此，在2014年，摆在选民面前的是一个缺乏经验的新人，他与自己的政党关系紧张，以及另一个来自旧政权的以煽动民意和极端民族主义为竞选基础的人物。在实行了15年的民主制度之后，令人担忧的问题是整个政党体系无法产生新一代的领导人。唯一的新人是一位经验不足的省级领导人，由于没有其他人选，他被破格提拔。在这种情况下，令人鼓舞的是，佐科的崛起开辟了从省级行政人员和（或）立法机构中推举国家领导人的道路。值得注意的是，印尼民主斗争党产生了不止一位这样的人物，其他人还包括中爪哇省省长甘加尔·普拉诺沃（Ganjar Pranowo）和泗水市市长特丽·丽斯玛哈丽妮（Tri Rismaharini），他们都是重要的地区政府内的印尼民主斗争党成员，并在全国享有盛名。

本章并不是唯一一篇关注2014年大选的候选人人选的文章，但之前的很多著述集中关注的都是领导人的个人素质。本章要说明的是，问题不仅仅是恰巧出现的候选人的个人资质问题，而且是政党制度内部的结构性弱点的产物。这种制度似乎无法发挥其至关重要的作用，无法吸引受到大多数选民信任的领导人。固定任期的总统制要求各政党根据精确的选举时间表推举领导人，但实现这一目标所必需的印尼各政党内部的选举程序已被金钱政治、“王朝”抱负和对制定政策替代方案的全面忽视所颠覆。

政党制度问题可能是展现后苏哈托时代政治改革的局限性的最重要的例子。如上所述，宪法和体制结构的硬件已经到位，没有明显的反政权或反民主情绪——尚未形成或有系统性——但整个系统的软件仍然受到操作问题的困扰。让制度运转起来的人已经非常善于操纵制度，以获得短期和局部利益，而旧的专制者们已经“改造”了自己，以便在新的民主环境中生存和壮大。[26]尽管进行了体制改革，但“新秩序”政权下的政治游戏的潜规则基本上没有改变。苏哈托的方法就是拉拢对方，充分包容潜在的反对派力量，确保他们不会公开挑战现状。[27]

当前，政治精英之间一直存在一种趋势，他们达成合谋共识，而不是公开竞争和辩论，特别是在政策问题上。正如阿斯皮纳尔（Aspinall）所言：“政治转型的结果，使旧苏哈托政权的统治精英和世袭的统治方式基本上完好无损地保留了下来，继续干扰着民主治理。”[28]联合政府的建立是随机的、“混杂的”、机会主义的，是为了以权谋私，而不是为了达成共同的政策结果。[29]在苏西洛执政的整个十年中，他一直坚持与包容各方的联合内阁一起执政，不计有效决策的成本。部长职位及其附带的资源仍被部长们视为他们的私人领地。在这种情况下，制定和协调政策都极为困难，改革政府行政管理体系的可能性似乎很渺茫。而且，如上所述，政治精英们所在的政党在培养自己队伍的接班人方面表现得极为糟糕，因此在产生可供选民选择的一系列新领导人方面进展非常缓慢。除非克服这些弊端，否则过去几年的政策瘫痪将继续下去，并且引起人们关注印尼崛起的经济发展将停滞不前甚至出现倒退。目前的情况还远未到威胁印尼民主基础的地步，但如果人们认为民主制度未能给日益增长的年轻人口带来繁荣和机会，那么印尼未来可能面临社会不稳定的危险。从印尼的例子中，我们可以吸取积极的经验，得到有益的警示。

注 释

1. 斯蒂芬·夏洛克（Stephen Sherlock）:《印尼民主化十年间的议会：人民论坛还是亲信会议室？》（The Parliament in Indonesia's Decade of Democratization: People's Forum or Chamber of Cronies?），载E. 阿斯皮纳尔（E. Aspinall）和M. 米茨纳（M. Mietzner）编《民主化的问题：选举、制度和社会》（*Problems of Democratisation: Elections, Institutions and Society*），东南亚研究所，新加坡，2010，第171页。

2. 安东尼·雷德（Anthony Reid）:《印尼在世界范围内崭露头角》（Indonesia's New Prominence in the World），载安东尼·雷德主编《印尼崛起：亚洲第三巨人的重新定位》（*Indonesia Rising: The Repositioning of Asia's Third Giant*），东南亚研究所，新加坡，2012，第1页。

3. 约书亚·基廷（Joshua Keating）:《印尼虎》（The Indonesian Tiger），《外交政策》2010年12月。

4. 夏洛克:《印尼民主化十年间的议会》，同前引。

5. 大卫·阿姆斯特朗（David Armstrong）:《下一个南斯拉夫？：印尼的分裂》（The Next Yugoslavia?: The Fragmentation of Indonesia），《外交与治国方略》2004年第15卷第4期，第783—808页。

6. 西蒙·巴特（Simon Butt）:《印尼宪法法院对地区领导人选举纠纷的裁决》（Indonesian Constitutional Court Decisions in Regional Head Electoral Disputes），《民主制度中心有关政治治理的政策论文》2013年第1期，堪培拉。

7. 同上。

8. 同上。

9.《速度报》2014年1月27日至2月2日。

10. 胡安·林茨（Juan Linz）:《总统主义的危险》（The Perils of Presidentialism），《民主杂志》1990年第1卷第1期，第51—69页。

11. 同上。

12. 德克·托姆萨（Dirk Tomsa）:《2010年的印尼政治：停滞的危险》（Indonesian Politics in 2010: The Perils of Stagnation），《印尼经济研究公报》2010年第46卷第3期，第309—328页。

13. 格雷格·费利（Greg Fealy）:《2011年的印尼政治：民主倒退和苏西洛的王朝政治》（Indonesian Politics in 2011: Democratic Regression and Yudhyono's Regal Incumbency），《印尼经济研究公报》第47卷第3期，第333—353页。

14. 桑德拉·哈米德（Sandra Hamid）:《2012年的印尼政治：联盟、问责制和民主的未来》（Indonesian Politics in 2012: Coalitions, Accountability and the Future of Democracy），《印

尼经济研究公报》第48卷第3期，第325—345页。

15. 马库斯·米茨纳（Marcus Mietzner）:《印尼民主停滞：反改革精英和公民社会承受力》（Indonesia's Democratic Stagnation: Anti-reformist Elites and Civil Society Resilience）,《民主化》2012年第19卷第2期，第209—229页。

16. 安德鲁·麦金泰尔（Andrew McIntyre）和道格·拉梅奇（Doug Ramage）:《将印尼视为正常国家：对澳大利亚的影响》（*Seeing Indonesia as a Normal Country: Implications for Australia*），澳大利亚战略政策研究所，堪培拉，2008。

17. 哈米德:《2012年的印尼政治》。

18. 琼·霍纳（Jun Honna）:《民主党派面面观：参选印尼总统的政党党内的权力、政治和冲突》（Inside the Democrat Party: Power, Politics and Conflict in Indonesia's Presidential Party）,《东南亚研究》2012年第20卷第4期，第475页。

19.《国家使命党因其两位知名政客涉毒被捕而感到压力》（PAN Feels Heat After Two of Its Celebrity Politicians in Drug Arrests）,《雅加达邮报》2013年1月28日。

20. 马库斯·米茨纳:《金钱、权力和意识形态：后威权时代的印尼政党》（*Money, Power and Ideology: Political Parties in Post-authoritarian Indonesia*），新加坡：澳大利亚亚洲研究协会和新加坡国立大学出版社，2013，第167—191页。

21. 纳杰瓦·希哈布（Najwa Shihab）和尤努阿尔·努格罗霍（Yunuar Nugroho）:《联系的纽带：伊斯兰化和印尼繁荣公正党》[The Ties That Bind: Islamisation and Indonesia's Prosperous Justice Party（PKS）],《澳大利亚亚洲法律杂志》2008年第10卷第2期，第233—267页。桑尼·塔努维查查（Sunny Tanuwidjaja）:《印尼后改革时期的繁荣公正党：抓住一切机会，顺应温和浪潮》（PKS in Post-reformasi Indonesia: Catching the Catch-all and Moderation Wave）,《东南亚研究》2012年第20卷第4期，第533—549页。迈克尔·布勒（Michael Buehler）:《在权力下放制度的背景下重新审视包容温和理论：印尼繁荣公正党在国家和地方政治中的表现》（Revisiting the Inclusion-moderation Thesis in the Context of Decentralized Institutions: The Behaviour of Indonesia's Prosperous Justice Party in National and Local Politics）,《政党政治》2012年11月，第1—20页。

22. 在2012年的雅加达特区省长选举中，希达亚特·努尔·瓦希德表现不佳，这说明对于该党的一位老牌议会领导人来说，要想在国家和地区层面的直接行政选举中表现出色，是非常困难的。在第一轮投票中，希达亚特获得了12%的选票，只获得了约一半自称为繁荣公正党支持者的选民支持[印尼调查机构:《雅加达投票后民意调查》（Exit Poll Pilgub Jakarta）]，2012，第35页。

23.《梅加瓦蒂：佐科有苏加诺的风范》（Megawati: Jokowi punya getaran seperti Bung Karno）,《罗盘报》2013年9月6日，http://nasional.kompas.com/read/2013/09/06/1536589/Megawati.Jokowi.Punya.Getaran.seperti.Bung.Karno。

24.《佐科：不要老是问这个问题》（Jokowi: Jangan tanya-tanya masalah itu lagi）,《罗盘报》

2013年3月15日，http://nasional.kompas.com/read/2013/03/15/18033254/Jokowi.Jangan.Tanya-tanya.Masalah.Itu.Lagi。

25. 马库斯·米茨纳：《意识形态、金钱和王朝领导：印尼民主党派斗争（1998—2012）》（Ideology, Money and Dynastic Leadership: The Indonesian Democratic Party of Struggle, 1998-2012），《东南亚研究》2012年第20卷第4期，第511—531页。

26. 理查德·罗比森（Richard Robison）和维迪·哈迪兹（Vedi Hadiz），《印尼的权力重组：市场时代的寡头政治》（*Reorganising Power in Indonesia: The Politics of Oligarchy in an Age of Markets*），伦敦和纽约：劳特利奇柯曾出版社，2004；维迪·哈迪兹：《印尼后威权时代的权力地方化：东南亚视角》（*Localising Power in Post-authoritarian Indonesia: A Southeast Asia Perspective*），斯坦福大学出版社和东南亚研究所，2011。

27. 爱德华·阿斯皮纳尔（Edward Aspinall）：《反对苏哈托：印尼的妥协、抵抗和政权更迭》（*Opposing Suharto: Compromise, Resistance and Regime Change in Indonesia*），斯坦福大学出版社，2005。

28. 爱德华·阿斯皮纳尔：《成功的讽刺》（The Irony of Success），《民主杂志》2010年第21卷第2期，第33—44页。

29. 哈米德：《2012年的印尼政治》。

第七章　印尼的政治、安全和国防：追求战略自治

［印尼］伊斯·金达尔萨　［新加坡］阿迪·普里阿马里兹基

引　言

印尼未来可能会面临复杂多变的战略环境。尽管印尼革新政治、发展经济，但包括社区紧张关系、宗教激进主义和恐怖主义在内的国内安全问题仍然对印尼人民的福祉构成威胁。同时，中国崛起和大国关系波诡云谲是近年来东亚的主题。在这方面，印尼关注的是长久以来的领土争端的影响，这些争端对地区稳定构成的军事威胁，以及东盟内部的凝聚力。

在此战略框架下，下文将讨论印尼政府保持战略自治和国际安全的手段有哪些。在对外政策方面，印尼通过参加多边合作机制以及发展双边战略伙伴关系，在地区和全球层面保持均势。为了在国防上自力更生，印尼努力使军事能力现代化，重建本土国防工业基地。本章的以下各小节将讨论印尼安全观的当代特征及其对战略决策的影响。

印尼变化中的安全形势

印尼仍然容易受到国内外压力的影响。近年来，该国实施的结构性改

革造就了日益活跃的立法机构、民主选举、持续的权力下放以及市场经济体系的扩大。尽管成果斐然，但是全国多地仍存在紧张的社区关系和地区间的不同政见。地方选举经常受到不同候选人的支持者之间的暴力事件的干扰。最近的一个例子就是2012年亚齐特区省长选举前几个月爆发的一系列暴力事件，当时马鲁古、苏拉威西和巴布亚这些冲突频发的地区都出现这一态势。尽管民主化和权力下放已经在印尼扎根，但维护地方上的秩序仍是一项重大的挑战。

亚齐比巴布亚要稳定一些，巴布亚发生了一连串针对非巴布亚人、士兵和警官的枪击事件。[1]尽管巴布亚通过了旨在在该地区建立友好关系的新政治和经济政策，但依然无法和平解决不断发酵的冲突。印尼政府在近年已经向巴布亚授予了特别自治权，并拨出大量资金改善巴布亚的基础设施和社会福利。但直到目前，由于当地腐败猖獗和管理不善，这些措施未能达到预期效果。这种失败进一步加深了政府和独立运动之间长期存在的不信任和观念差距。

宗教激进主义近年来也有所抬头。包括阿赫迈底亚派（Ahmadiyya）和什叶派在内的宗教少数群体经常受到攻击，而基督教教堂也不断遭到伊斯兰极端群体的恐吓。[2]尽管正在进行研究，但印尼政府似乎在应对多层面的民族、宗教、经济和政治问题上缺乏一种前后一致的战略。由于印尼社会具有广泛的多样性，如果根本性问题没有得到解决，那么社区冲突还将持续发生。因此，公正执法、改善经济福利和公共服务是遏制或防止社区紧张关系升级，以及保持国家和地方的社会抗逆能力的关键。

宗教“私刑主义”（vigilantism）和恐怖组织之间的区别变得越来越模糊，也可能使印尼的反恐战略更加错综复杂。恐怖组织以把暴力行为作为其推行宗教激进主义纲领的手段而闻名，它们得到了激进的伊斯兰神职人员的间接支持。最近的事态发展表明，恐怖组织试图以维持治安为借口攻击宗教少数群体，并借此招募新成员。目前，他们还寻求通过各种方式（包括滥用宗教慈善机构以及抢劫、贩毒等犯罪活动）获得资金支持。

虽然近年来恐怖袭击事件大幅减少，但印尼政府仍继续在反恐战略上寻求突破，以便应对未来的威胁。因此，它通过了一项关于反恐基金的新法律，以求提高反恐行动的效率。印尼当局还一直在制定去极端化和反极端化战略。最近的一份报告显示，很多被定罪的印尼恐怖分子马上就要刑满释放了。[3]如果这些恐怖分子重操旧业，将带来严重的危险，因此法律和人权部着手改革管教体系，改善全国很多监狱的物质条件，以此作为对服刑的恐怖分子去极端化的措施之一。

印尼的外部环境也很复杂。海军和其他海事部门不仅要密切关注与邻国的海上争端，还要努力应对自然资源被盗采这一严重问题。根据一些估算，印尼每年因非法伐木损失20亿—30亿美元，因非法捕捞损失80亿美元。[4]由于缺乏监测和监督机制，印尼边境地区也容易受到武器走私、毒品走私和贩卖人口等跨境犯罪的影响。此外，近年来海盗事件也有所增加。2012年，印尼水域发生了71起袭击或者试图袭击商船的案件。这一数字与2009年的19起相比增加了80%。[5]印尼在其群岛周边维持治安的能力是避免外国海军找理由进驻该区域的关键。

由于大国之间未来的关系还不明确，印尼在东亚将不得不面临一系列地缘政治挑战。第一，中国的崛起改变了该地区的权力结构。在过去几年中，中国经济高速增长，成为该地区经济发展的动力。这一成就不仅提升了中国的军事实力，也增强了中国在东亚的外交作用和影响力。例如，中国海军预计到21世纪20年代将成为地区最强的海军力量，到21世纪50年代将成为全球主要的海军力量。[6]

第二，尽管美国的地位举足轻重，但近年来它与地区强国之间的能力差距一直在缩小。为了维持其地区主导地位，美国政府宣布重返亚洲。一些分析人士认为，这是为了平衡中国在东亚不断增长的实力和作用。[7]为此，华盛顿调整了在东亚的军事部署，包括轮换了在澳大利亚达尔文港的2500名海军陆战队队员，以及在新加坡轮换了多达4艘濒海战斗舰。美国一方面和该地区主要国家重新建立同盟与战略伙伴关系，另一方面通过就“跨太平洋伙伴关系协定”进行谈判等措施加强在该地区的经济影响力。[8]

第三，领土争端持续威胁东亚的海洋安全和稳定。尽管有关落实《南海各方行为宣言》的谈判还在继续进行，但近期中国与东南亚声索国之间的紧张关系使中国与东盟的关系更加复杂。虽然美国政府对该地区的领土争端保持中立，但其密切关注潜在的冲突升级及其对争议地区自由安全通航的影响。[9]此外，中日钓鱼岛争端也让两国彼此敌视。由于美方称《美日安保条约》适用于日本控制的争议岛屿，中日之间的持续冲突也让中美双边关系出现紧张。

第四，大国在形成任何合作关系时，都可能倾向于围绕主导地位展开战略竞争。中美关系的未来走势还不确定，随着双方经济关系的发展，战略竞争也会加剧。尽管日本在中国有大量投资，但领土争端和历史遗留问题将在未来继续影响两国的外交关系。中印在阿克赛钦和所谓“阿鲁纳恰尔邦”①地区长期存在边界争端，两国还可能在印度洋和南海展开海洋竞争。两国都认为这两块海域自然资源丰富，商业价值也很重要。

随着大国之间的竞争升级，印尼意识到东亚会成为争夺主导地位的舞台，地区国家的联盟会出现两极分化。东盟各国对美国重新部署军力的不同反应显示了各国战略认识和利益的分歧。此外，持续存在的南海领土争端继续考验着东盟内部的凝聚力。尽管印尼原则上同意起草有关争议区域的行为准则，但2012年底东盟各国在解决“重叠海域”声索问题的方式上再次出现外交分歧。[10]

总之，印尼近年来日益面临多方面的安全挑战。在面对大量国内问题的同时，印尼政府还必须维护本国海域的稳定和安全。随着东亚的均势持续发生结构性的变化，印尼的外交和国防政策可能也会变得愈加复杂。

印尼的核心利益和战略方针

印尼的核心利益主要建立在四块基石之上，即地缘战略位置、战略脆弱性、地缘政治抱负和宪法要求。首先，印尼是世界上最大的群岛国

① 即中国藏南地区。——译者注

家，处于印度洋和太平洋两大洋以及亚洲与大洋洲两大洲之间的战略十字路口。印尼的“群岛观”（Archipelagic Outlook）一直是该国人民将他们的身份与地理环境视作一个国家的规范性指南。“群岛观”把印尼群岛视为一个整体，其中海洋和海峡是天然的桥梁（而不是障碍），连接了众多岛屿和地区，将不同族群联合起来。在这个意义上，《联合国海洋法公约》（UNCLOS）对印尼政府维护国家主权和领土完整起到了重要作用。

其次，印尼广阔的国土和海域容易受到从自然灾难到军事入侵等多重威胁。尽管印尼经济潜力巨大、自然资源丰富，但印尼人民仍然生活在世界上地震最活跃的地区之一——环太平洋火山带和阿尔卑斯带，地震和火山频发。由于其经济、地理和社会文化的多样性，该国边远地区经常有叛乱发生。印尼一方面要打击猖獗的非法捕捞和跨国有组织犯罪，另一方面还与邻国存在未解决的边界问题。印尼政府还要努力确保本国战略性海上商业航线的自由通行与安全，从而避免域外军队进驻附近海域。

再次，印尼在外交政策方面一直有坚持独立的地缘政治传统，即“自由和积极”的外交方针。由于是从殖民主义和第二次世界大战的创伤中建国，印尼人民把外国列强的剥削史视作本国各种问题的根源。因此，国家宪法不允许印尼政府参加任何形式的联盟。[11]冷战时期，印尼是不结盟运动的创始成员国，拒绝在美苏间选边站队。今天，这种独立自主的方针继续指导着印尼的许多国家领导人和外交决策者。

印尼过去在威权统治下的经历进一步表明，国防物资过度依赖国外资源是非常危险的。苏加诺总统的冒险主义政策——包括针对马来西亚联邦成立发起的“对抗”运动——导致了国内政局不稳和经济灾难。他统一西巴布亚需要苏联提供军火，而对苏联的纵容政策破坏了印尼与美国的关系。[12]苏哈托总统和前任不一样，他重视国内稳定和经济发展。他还寻求与美国及其盟友（而不是共产主义集团）建立密切的防务关系。然而，随着冷战结束后地缘政治的重点发生了变化，当印尼对东帝汶人民的起义运动进行了镇压之后，美国政府中断了与印尼的一切军事联系并且停止军售。

最后，同样重要的是，印尼的宪法规定，每一届政府都必须为世界和平和社会秩序作出贡献。因此，印尼在东盟、伊斯兰合作组织和联合国大会等多边组织中都是积极的参与者。印尼有丰富的调解和建立共识的历史，在负责任地管理全球和区域问题方面发挥了重要的调解作用。宪法的这一规定也反映在该国旨在与各国建立友好关系的“全方位外交政策”中。[13]目前，印尼同多国保持着友好关系，包括朝鲜、伊朗、中国以及欧盟成员国。

以上几点的相互结合在印尼今日的外交政策展望中得到了充分的体现。2007年的第17号法律强调，国家的核心利益是在对外关系中保持“战略自治”。[14]为此，后威权时代的印尼政府寻求重新调整战略方针。它在国际体系中支持力量平衡，以避免出现某一占压倒性优势的国家，并反对单方面使用武力解决国家之间的争端。[15]印尼还试图弱化大国竞争对地缘政治和经济主导地位的影响。[16]稳定的外部环境对保持国内的团结和维护主权至关重要。也就是说，印尼政府在国际关系中愿意选择合作的方式，而不是大国之间的战略竞争。

尽管如此，印尼的核心利益和对外关系越来越容易受到地缘政治变化的影响。近年来，东亚已经成为国际政治经济的中心。《区域全面经济伙伴关系协定》和“跨太平洋伙伴关系协定”等自由贸易和经济合作协定已成为区域一体化的主要工具。然而，如果没有共同的愿景，这些经济框架协议可能会加深该地区的思想和利益分歧。同时，中国的崛起不仅促进了区域经济发展，也成为地区稳定的影响因素。在东亚权力结构不断发生变化时，美国希望通过涉及军事和经济手段的“再平衡”战略来维持其区域霸权。

为了应对这些战略态势的发展，印尼采取了两项政策来维护自身的战略自治和国际均势。第一，它参与了“软平衡”机制，提倡国家之间的合作关系，并促进有凝聚力的国际秩序。虽然东盟仍然是印尼东亚外交政策的基石，但雅加达也寻求通过与域外国家发展双边战略伙伴关系，参与像联合国、二十国集团、不结盟运动等全球多边框架组织，促进自身的国家利益。第二，由于有过武器禁运的经历，印尼通过实现军事能力现代化和重建本土国防工业来实施“内部平衡”计划。今天，这些战略方针已经充分体现在印尼的外交和国防政策展望中。

印尼外交政策的基本趋势

“自由和积极”仍然是印尼外交政策的神圣原则。如今，这一原则已演变成两句流行的政策口号：“百万个朋友和零个敌人”和“动态平衡”（dynamic equilibrium）。前一句重申了印尼致力于在国际秩序中建立友好与合作。“动态平衡”也被称为“纳塔莱加瓦主义”（Natalegawa Doctrine），其寻求限制大国之间争夺主导权的战略竞争，避免出现在政治、经济或军事力量上占绝对优势的国家。因此，印尼强调建立信任、和平解决争端和合作安全机制这三者的重要性，以此作为在全球和地区层面加强和平与稳定的手段。

鉴于上述考虑，东盟仍然是印尼在东南亚和域外地区的外交政策基石。虽然印尼是该地区的第一大国，但它有意建立共识，以求保持低调和无威胁的姿态。[17]建立共识的关键是培养区域国家之间的团结，加强印尼在区域组织里的领导力。为了加强地区一体化，印尼力争到2015年建立一个具有凝聚力的东盟共同体，其中包括三大支柱，即政治安全共同体、经济共同体和社会文化共同体。[18]例如，在政治安全共同体的蓝图里，印尼政府提倡民主、善政、保障人权的原则，同时通过全面的安全措施加强区域和平与稳定。

为此，印尼支持现在的东盟发挥的政治作用。在《和平、自由和中立区宣言》（ZOPFAN）、《东南亚友好合作条约》《东南亚无核武器区条约》这三项条约的框架下，印尼提倡在保持相互尊重和不干涉各国内政的同时，不使用威胁和武力，依靠和平方式解决地区争端。目前，印尼政府在调解一系列发生在东南亚的冲突方面继续发挥着重要作用，如柬埔寨与泰国的边境紧张局势，南海的领土争端，以及缅甸对罗兴亚人的镇压。[19]通过以东盟为主导的多边论坛，印尼还探索了与域内和域外伙伴的潜在合作领域，如灾难救援、航行安全、渔业管理、打击跨国犯罪和反恐行动。

在大国之间关系发展不确定的情况下，印尼认为东南亚应该确保“不受域外势力任何形式或方式的干涉”。[20]雅加达从1971年的《和平、自由和中立区宣言》发布以来就持有这一立场。一方面，雅加达认识到与美国结盟以及美国在该地区的军事存在可以抑制中国的崛起。另一方面，印尼的领导者也意识到地区秩序的缺陷既不能保持本地区的稳定，还会加剧中国的安全困境。中美关系的不稳定不仅会破坏东亚的和平与安全，也会削弱东南亚国家之间的团结。

为此，印尼寻求建立以规范为基础的地区秩序，使东南亚和其他地区展开具有包容性的安全合作。它还强调东盟在制定本地区安全架构建设的战略计划方面的核心作用。[21]从雅加达的角度来看，最佳战略就是支持并利用东盟主导的多边机制，例如东盟地区论坛（ARF）和“东盟+3”，作为与大国建立合作关系的区域平台。因此，印尼政府欢迎包括中国、印度、俄罗斯、美国在内的域外国家参加东亚峰会（EAS），从而限制某个大国主导本地区秩序的可能性。在“巴厘原则”（《东亚峰会互利关系原则宣言》）的指导下，印尼与其他参与国重申了其致力于和平和互惠互利的承诺。[22]

尽管如此，东亚的大国竞争仍在加剧，印尼在维护东盟在地区安全结构中的中心地位时最终将面临更大的挑战。近年来，东盟内部的分歧日益明显，特别是在制定“南海行为准则”（COC）的谈判方面。[23]此外，中国上升的影响力和美国的“再平衡”战略都可能加深东南亚各国间现有的思想和利益分歧。柬埔寨和老挝传统上依靠中国获得了一定的经济利益，而马来西亚、越南和菲律宾则寻求与美国结成更密切的双边关系，以换取声索争议区域的外交杠杆和国防物资。若东南亚各国意见不一致，东盟将很难有效促进区域和平与稳定。换言之，区域组织调节地区秩序的能力取决于其维持内部团结的能力。

地缘政治和地缘经济的转变已经让印尼政府重新认识本国在一个快速发展中的地区中的作用。随着印度洋和太平洋区域在经济和安全方面的联系越来越密切，雅加达愿意提促“印太”概念，以确保自身作为两洋地区外交中心的地位。前外交部长马蒂·纳塔莱加瓦也呼吁签订“印太友好合作条约”，其背后的理念是应对信任赤字、未解决的领土争端以及战略改变带来的影响等“印太”地区“和平红利”的发展面临的重大挑战。[24]

为了维持地区的安全与稳定，印尼追求和平地应对战略变革。在竞争性的国际关系中，印尼必须考虑每个大国的不同立场和区域利益。因此，为了加强“印太”地区的力量平衡，雅加达于2005年和2010年分别与中国和美国建立了全面战略伙伴关系。雅加达还与澳大利亚、印度、日本和韩国等其他战略伙伴发展了双边关系。这样做的目的是为国家发展吸引外国投资和技术，同时在许多战略议题中增加外交杠杆。

印尼还增加了在东盟之外的其他多边框架中的外交活动。作为2013年亚太经合组织领导人非正式会议的东道国，印尼寻求在2020年之前实现贸易和投资自由化的“茂物目标”（Bogor Goals），同时增加了另外两个优先事项，即强调公平和互联互通的可持续增长。[25]为了与包容性的地方主义主张相一致，印尼政府邀请太平洋岛国的领导人参加亚太经合组织领导人非正式会议的一次非正式会晤。[26]随着印尼即将于2015—2017年担任环印度洋联盟的轮值主席国，① 它将加强与包括印度和澳大利亚在内的地区国家的海上合作。涉及各方共同利益的领域包括海上安全和安保、渔业管理、贸易与投资便利化、科技合作以及灾难风险管理。[27]

随着国家实力的增强，印尼领导人寻求在国际舞台上发挥其“中等强国”的作用。通过邀请民主国家和非民主国家参加巴厘民主论坛，印尼展示出一种独特的非对抗方式，以促进政治发展和强化善政能力，从而加强民主制度。[28]为了建立全球性互联互通，促进国际社会的发展，印尼最近加入了一个由墨西哥、印尼、韩国、土耳其和澳大利亚等中等强国组成的新组织——“中等强国合作体”（MIKTA）。这些国家有着相似的背景，包括：民主治理、快速发展的市场经济、二十国集团成员，以及有意在对全

① 印尼在2013—2014年担任环印度洋联盟轮值副主席国。——译者注

球性问题持不同观点和利益的国家之间扮演“架桥者”的建设性角色。[29]

近年来，印尼已经开始展现其全球领导力。2013年，在印尼的主持下，世界贸易组织经过激烈谈判，成功达成了一项全球性贸易协定。[30]这项被称为“巴厘一揽子协定”的协议包括三项可交付成果，即贸易便利化、农业补贴以及最不发达国家的能力建设。发达国家可以从简化的商品和服务的海关手续中获益，发展中国家也能享受一揽子方案的积极影响，比如捐助国在关于国内粮食安全的农业补贴以及能力建设项目上的优惠。[31]为了利用全球化外交来消除贫困和实现可持续繁荣，苏西洛总统在第68届联合国大会上提交了“2015年后发展议程”高级别名人小组的最终报告。报告提出了到2030年在全球消除极端贫困并实现可持续发展承诺的总体议程。[32]印尼政府还在2013年9月的二十国集团峰会上倡导“2015年后发展议程”的十二项目标。[33]

印尼目前也是全球核不扩散运动的领导者之一。该国的核政策建立在《不扩散核武器条约》（NPT）的三大支柱上，即核不扩散、核裁军与和平利用核技术以及核安全保障——包括《东南亚无核武器区条约》（SEANWFZ）。印尼最近正式批准了《全面禁止核试验条约》，进一步强调其不会获取和发展核武器。与此同时，印尼领导人一直积极敦促拥核国家履行《东南亚无核武器区条约》的义务，宣布放弃对条约缔约国或无核武器区内的任何国家使用或威胁使用核武器。作为不结盟运动裁军工作组的协调员，印尼一直在表达该小组对核裁军进展缓慢的关切，同时呼吁拥核国家根据透明、不可逆和可核查的原则解除各自的核武库。[34]

印尼一直认为国际原子能机构（IAEA）在维护全球核不扩散体系和促进和平利用核能的合作方面起着重要作用。因此，国际原子能机构的安全措施和附加议定书有助于监测和核查世界上的核活动以及《不扩散核武器条约》缔约国的核设施是否符合标准。[35]印尼政府长期以来一直将本国的民用核项目置于国际原子能机构的安全监督之下，以这种方式打消对其核活动的任何疑虑。此外，印尼还加入了与核安保和核安全相关的大多数国际协定，如《核安全公约》《核材料实物保护公约》《乏燃料与放射性废物安全管理联合公约》。这些举措都符合印尼包括建设核电厂在内的能源发展计划。

虽然印尼坚定地维护国际核不扩散体系，但它也认为《不扩散核武器条约》的所有缔约国都有和平利用核技术的权利。原则上，印尼政府支持伊朗的核计划，只要该计划是用于和平目的并且在国际原子能机构的监督和核查下以透明的方式进行。[36]印尼也不支持一般法律框架之外的反扩散倡议。印尼反对美国主导的“防扩散安全倡议”，因为它担心这个倡议违反既有的海洋法，尤其是《联合国海洋法公约》，并可能损害印尼的国家主权。[37]印尼不赞成为扩大国际原子能机构的作用而牺牲其“在监管、安全、和平利用核能上的最大责任”，[38]并批评因为强调核安全而损害《不扩散核武器条约》所有缔约国和平利用核技术的做法。它将核供应商集团（Nuclear Suppliers Group）和澳大利亚集团（Australia Group）等多边出口管制机构视为寻求限制向发展中国家转让核技术的全球垄断组织的一部分。

随着军事实力的增长，印尼希望在国际维和行动中发挥更大作用。印尼政府目前已将维和部队增至4000人，并在争取参与更多的维和行动。最近，印尼向联合国驻黎巴嫩临时部队（UNIFIL）的海上工作队派遣了军舰，还调遣直升机协助联合国驻达尔富尔特派团（UNAMID）。印尼政府还鼓励增派文职人员到发生过冲突的地区协助实施发展与重建计划。随着印尼在维和行动中的作用越来越大，印尼领导人想让印尼成为东南亚的维和中心。[39]虽然合作安全机制与和平解决冲突仍然是印尼外交决策的核心，但印尼也将维和行动视为其在国际事务中的重要工具和责任。

由于印尼一直重视自身的独立性以及希望在东南亚建立自治的地区秩序，它不太可能与大国结盟。随着地缘政治的变化以及国力的增强，印尼政府将寻求在东盟以外的国际多边框架中发挥更大作用。这些趋势会自然延伸到国家的国防政策中并影响印尼的对外军事关系。

印尼的国防政策方向

后威权时代的印尼政府在21世纪初发起了军事改革，而当时军队已长期面临资金不足的问题。由于美国和一些欧洲国家的武器禁运，印尼国民军武器系统的平均战备状态只有30%到80%。[40]这些作战缺陷削弱了军队应对从外敌入侵到自然灾难等诸多威胁国家安全的问题的能力。由此，2004年的亚齐海啸灾难暴露出印尼在运送援助物资和疏散受灾群众时，明显依赖外国军队的空中和海上力量。有了这些经历，印尼政府开始重新思考其国防战略。[41]

在当前形势下，雅加达寻求通过五项政策规划保持印尼的战略自治。第一，通过军队现代化进程重塑国家的国防态势。在国家长期发展规划的基础上，国防规划的初衷就是发展具有"令人生畏的威慑效果"的武装力量，为国家的外交议程服务。[42]2010年到2024年，印尼国防部的目标是建立一支"最低限度军队"（MEF），其具有不可或缺的军事能力和足够的战备水平，能保障国家的直接利益和国防需求。[43]为了实现其"最低限度军队"的目标，军方一直在实施组织改革和装备现代化计划。前者包括在军队体制内建立新的司令部与作战单位，并采用"适编"（right-sizing）政策，以确定执行特定任务的军队的编制规模。由于印尼国民军的大部分武器系统已经过时，国防部选购了新型武器系统，包括导弹护卫舰、柴电潜艇、作战坦克、自行火炮、防空系统和多功能喷气式战斗机。

第二，在经济前景看好的情况下，印尼政府准备为国防划拨更多的资源。这反映在印尼的国防预算已从2003年的25亿美元稳步增长到2014年的81亿美元。这些预算使国防部能够提高军事人员的工资，并支付武器采购项目的费用。例如，2010年到2014年，国防部预计花费约160亿美元用于武器采购和维护。最近的一项预测显示，印尼的国防预算到2017年可能达到123亿美元。[44]这一预测符合印尼在2024年建成"最低限度军队"的国防目标。

该国的最高领导人还承诺将国防开支从占国内生产总值的0.8%提高到1.5%。[45]国防部长普尔诺莫·尤斯吉安托罗（Purnomo Yusgiantoro）甚至乐观地表示，印尼的国防规划目标可能会比原先的时间表更早完成。[46]假设印尼将继续保持6%的经济平均增速，最低国防预算需求约为200亿美元，那么国防部必须将目前的支出水平提高三倍，才能在2020年前完成"最低限度军队"的规划。然而，支持军队现代化的政治承诺还有待观察，因为印尼在国防经济管理中不得不面临"要大炮还是要黄油"的困境。

第三，由于经历过武器禁运，印尼国防官员寻求军事装备海外来源的多元化。印尼最近寻求向俄罗斯采购所需的武器系统，其中包括苏–27/苏–30喷气式战斗机、米–35P武装直升机、米–17V5运输直升机和BMP–3F两栖步兵战车。同样，印尼现在将中国作为导弹技术（尤其是C–705和C–802反舰导弹）的备选供货商。韩国和巴西也是印尼增加武器供应来源战略的受益者。印尼已经购买了韩国制造的LVT–7A1两栖攻击舰，还购买了T–50多功能超音速训练机来替换现在的"鹰"式MK–53教练机机群。[47]巴西最近也与印尼签订了武器销售合同，向其提供装配给一个中队的Emb–314轻型攻击机和两个营的"阿斯特罗斯2"型多管火箭发射系统。[48]

不过，印尼并不会忽视其传统武器供应国。东亚不断发生的权力结构变化以及印尼民主取得的显著进步，已经为取消对印尼的武器禁运铺平了道路。自2010年与美国签订《全面伙伴关系协定》以来，印尼已与美国进行了多笔武器交易。这些合同包括正在购买中的24架升级版F–16喷气式战斗机、FGM–148"标枪"反坦克导弹，以及洽购中的AH–64"阿帕奇"武装直升机和UH–60"黑鹰"中型多用途运输直升机。[49]除了4艘"西格玛"级轻型护卫舰，印尼还与荷兰海军造船厂签订了一艘2400吨级护卫舰的建造合同。[50]此外，它签订的武器合同还包括：购买德军多余的"豹–2"主战坦克、法国制造的"凯撒"155毫米自行火炮系统、英国建造的F2000级护卫舰。[51]

第四，印尼政府试图重建其国防工业基础，以减少对武器进口的依赖。近年来，它已经采取了一系列政策举措，其中包括重组计划和财政资助方案。[52]这些举措对于解决国有国防企业长期存在的管理不善问题至关重要。另外的一个重要措施是在2012年批准了针对国防工业的新法规。该法规作出一系列规定，其中包括在所有国家采购中优先考虑本国货源，研究国有国防企业部分私有化的可能性，以及在所有国防进口中开展包括结构性补偿的工业合作。该法规还规定政府要从国内国防企业采购所需的国防物资，除非它们不能在印尼生产。[53]

在过去几年，印尼国内的国防工业通过补偿协议从主要武器的进口中获益。这些好处包括零部件维护与生产的转包服务，本地组装，以及知识、设施和技术的转让。例如，在购买9架C–295运输机时，空中客车军事公司（Airbus Military）所提供的补偿协议让印尼的航空航天工业受益。[54]通过购买“西格玛”级近海巡逻舰和209/1300型潜艇，印尼造船公司（PT PAL Indonesia）获得了建造水面和水下作战舰艇的相关知识和技术。[55]通过一项技术转让协议，印尼现在能够自主制造中国研发的反舰导弹系统，用于装备在海军的快速导弹艇和护卫舰上。[56]

在取得了武器采购和制造方面的知识与经验之后，印尼国防部于2014年4月推出了一项正式的国防补偿政策，以促进印尼国防工业基础的发展。它规定至少要补偿主要国防合同价值的35%，其中技术转让是重点，以实现军事装备的本地化生产。新政策还要求国防补偿份额每五年增加10%，直到2039年达到85%。[57]这项补偿计划显然是为了在今后二十年里逐步发展本国国防工业，这也符合印尼不断扩大的经济和战略雄心。

为了提高国防制造业的自力更生水平，印尼政府列出了一份它认为对国防至关重要的技术清单，其中包括海军舰艇、喷气式战斗机、装甲车、导弹、雷达、推进剂和通信设备。[58]除联合生产和许可生产项目外，国防部还积极促进新型军事平台研发方面的国防工业合作。例如，印尼和韩国最近启动了一项第4.5代战斗机的研发项目。[59]印尼国有军工企业平达德公司（PT PINDAD）也正在与土耳其FNSS防务系统公司研发一款中型坦克。[60]在2005年与中国签订《战略伙伴关系协定》后，印尼和中国现在正计划合作建设一项用于开发监控与电子战系统的国防工业设施。[61]

第五，印尼加强了与多个战略伙伴的军事关系。在东盟国防部长级会议（ADMM）和东盟国防部长级扩大会议（ADMM+）的框架下，印尼参与多边安全对话，就共同关心的领域开展务实合作。2013年，印尼军方与本地区和地区外国家的军队就人道援助、灾难救济、军事医疗、反恐行动和海上安全进行了多次实地演习。[62]此外，印尼国防官员目前还在与东南亚其他国家的国防官员合作，寻求建立国防工业合作、维和中心网络以及非传统安全任务的后勤保障框架。[63]

在双边合作方面，印尼军方开展了广泛的人员交流和联合培训项目，以发展自身能力和提高行动效能。印尼军方和文莱、马来西亚、新加坡和泰国军方定期举行双边军事演练，为一些军事演习和作战支援服务提供支持。其结果增强了区域内军方之间的互操作能力和专业联系。例如，在海上安全方面，印尼建立了一个协调海上巡逻的网络，以确保主要海上商业通道的安全通行。最近，印尼与其他马六甲海峡沿岸国家合作，扩大了马六甲海峡的海上巡逻范围，增加了热线通信和空中监视。在苏拉威西岛（旧称“西里伯斯岛”）和南海，印尼海军还和菲律宾、越南海军在各自的海洋边界上进行协同巡逻。

印尼对保持与美国的军事关系非常感兴趣。对于印尼军队来说，这样的双边合作使其能够接触到先进的军事技术和一流的专业军事教育。2005年两国军事关系正常化之后，美国政府根据“国际军事教育与培训”（IMET）项目，恢复了与印尼的人员交流和联合训练。[64]甚至在军事禁运仍未解除的情况下，印尼的军方人员也可以继续参加美国赞助的“地区军事反恐奖学金项目”（CTFP）和联合交流培训（JCET）。[65]此外，两军定期举行联合军事演习，比如海上合作准备和训练演习（CARAT）与“加鲁达①盾牌”（Garuda Shield）军事演习。这些演习涵盖了重要的作战领域，如空中和两栖攻击、水下作战、海上拦截、海军射击和机动、排雷和灾难

---

① 又称“迦楼罗”，印度神话中的灵鸟，具有鹰和人类的特征，是“保护之神”毗湿奴的坐骑。它也被用在印尼的国徽上。——译者注

应对。

尽管与中国的外交和经济关系越来越密切，但印尼并不能确定中国未来在该地区的意图。印尼的国防部门意识到，中国的南海断续线可能与印尼在纳土纳群岛附近的一部分专属经济区有重叠。[66]印尼还可能要在崛起的中国与重返东亚的美国之间小心翼翼地保持利益平衡。为了降低双边和地区关系中的不确定性，印尼与中国军方开展了旨在建立互信的军事互动。除了参观海港和人员交流，两军还一直在进行特种部队反恐演习，并且讨论开展海上协同巡逻和海军联合演习的可能性。

为了保持“印太”地区的力量平衡，印尼政府还加强了和其他域外国家的军事合作。印尼和印度之间有定期的人员交流和联合行动，比如海上协同巡逻和水下作战演习。[67]随着中国在“第二岛链”外海军投射能力的增强引发印尼和印度的战略关注，两国可能会进一步发展海军之间的关系。同时，由于印尼和澳大利亚在维护区域和平与稳定方面存在共同利益，它们之间也会开展军事合作。在一项新的防务合作协议的框架下，印尼和澳大利亚开展了军事互动，涵盖与灾难应对、维和、网络防御、海上安全、搜救以及国防工业相关的问题。[68]不过，正如最近的事态所表明的，由于印尼与澳大利亚外交关系中存在争议的问题仍未解决，两国之间的军事关系仍然充满不确定性。[69]

以上政策措施表明了印尼国防部门在提升其军事实力和支持国家外交政策议程方面的坚定立场。在稳步增加军费开支的同时，雅加达希望通过国防补偿协议重建本国的战略工业。在可预见的未来，印尼有多项先进军事技术将继续依靠外源。因此，要维护一套复杂的武器系统，印尼军方必须掌握相应的后勤知识和技能。此外，作为外交政策的工具之一，印尼军方似乎致力于和本地区和域外国家军方展开建立互信的专业合作和协同作战演习。随着印尼的外交利益和国际作用的增长，它将进一步加强与各国军方之间的关系。

结　语

在可预见的未来，印尼的经济会稳步增长，而雅加达也将不得不面对一个新的、难以预测的战略环境。在民主的大环境下，国内的安全问题也会让国家的决策过程复杂化。从外部来看，尚未解决的领土争端和信任赤字仍然是印尼希望和平应对“印太”地区持续的地缘政治变化的最大挑战。随着大国之间竞争的迹象越来越明显，印尼开始思考地区政治的未来走向。考虑到地缘战略位置、战略脆弱性、地缘政治抱负和宪法要求，印尼决策者非常重视维护国家的战略自治。

印尼的战略前景表明，它需要一个连贯的政策框架。印尼政府青睐两套战略方针，即“自由制度主义”的外交政策和“古典现实主义”的国防政策。为了构建有凝聚力的国际秩序，它强调信任建立措施、合作安全机制以及用和平方式解决冲突。因此，印尼外交政策官员仍然致力于以东盟为中心的地区进程，以及在全球多边框架中保持强大的影响力。就其与主要大国的关系而言，印尼与本地区以及包括中国和美国在内的域外国家建立了双边战略伙伴关系。通过这种方式，它试图在大国之间保持“动态平衡”，避免在全球或地区层面上出现占主导地位的国家。

在国防和安全领域，印尼国防官员对未来的地缘战略环境保持现实主义（如果不是悲观主义的话）的看法。印尼的长期国防规划表明，印尼军队需要加大引进尖端军事技术的力度，这样才能在其影响力范围内进行适当的权力投射。通过与多个战略伙伴发展军事关系，印尼军队可以掌握新的技能，提高其作战效能。此外，印尼国防部正在实施的重建其国防工业基础的计划将有助于减少印尼对武器进口的依赖。为此，印尼主要武器的进口都附加了国防补偿协议，从而向国内国防企业提供了相关的知识和技术转让。

总体而言，合作安全方式和国防现代化战略的推行展现了印尼的战略思路，其目的是维护国际和平与稳定。一方面，武器现代化规划增强了印尼的威慑能力，使其能够阻止和击败外来的军事入侵者。另一方面，国防合作和军事关系是印尼外交与对外政策中建立与邻国间信任的重要工具。只有有效结合这两项战略，印尼才能对小概率的重大国际冲突作好充分准备。

注　释

1. 参阅《政治暴力影响印尼巴布亚的稳定》（Political Violence Affects Stability in Indonesian Papua），《简氏情报周刊》2011年8月24日。

2. 参阅《西爪哇阿赫迈底亚派的威胁升级》（Intimidation of Ahmadis Escalates in West Java），《雅加达邮报》2014年4月25日；艾尔·马金（Al Makin）：《什叶派受迫害的情景》（The Scenarios of Shia Persecution），《雅加达邮报》2014年4月29日。

3. 参阅《监狱问题：印尼计划释放与未计划释放的已定罪极端分子》（Prison Problems: Planned and Unplanned Releases of Convicted Extremists in Indonesia），《冲突政策分析研究所报告》第2期，2013年9月2日。

4. 参阅艾尔达·陈（Alda Chan）：《印尼的林木盗伐：环境、经济和社会成本》（*Illegal Logging in Indonesia: The Environmental, Economic and Social Costs*），华盛顿特区：蓝绿联盟出版社，2010，第9页。《森林团体呼吁澳大利亚禁止进口盗伐木材》（Forest Groups Call on Oz to Ban Illegal Timber Import），《雅加达邮报》2010年8月16日；《印尼寻求合作打击非法捕捞》（RI Seeks Ties to Fight Illegal Fishing），《雅加达邮报》2008年3月5日；《印尼成立新法院打击非法捕捞》（RI Forms New Courts to Fight Illegal Fishing），《雅加达邮报》2007年10月18日。

5. 参阅亚洲地区反海盗及武装劫船合作协定信息共享中心（ReCAAP Information Sharing Centre）：《关于亚洲地区海盗以及武装抢劫船只的年报：2012年1月至12月》（*Annual Report on Piracy and Armed Robbery against Ships Asia: January - December 2012*），2013，第12页。

6. 参阅E.H. 维恩（E.H. Veen）：《海洋：超级大国的游戏场》（The Sea: Playground of the Superpowers），《海牙战略研究中心报告》，2012年3月13日，第38页。

7. 参阅马丁·英迪克（Martin Indyk）、肯尼思·利伯索尔（Kenneth Lieberthal）和迈克尔·奥汉隆（Michael O'Hanlon）：《检视奥巴马的外交政策：一位进步的实用主义者试图扭曲历史》（Scoring Obama's Foreign Policy: A Progressive Pragmatist Tries to Bend History），《外交》2012年第91卷第3期，第29—43页。

8. 参阅伯纳德·戈登（Bernard Gordon）：《亚洲消费升级：美国为什么需要"跨太平洋伙伴关系协定"》（Trading Up in Asia: Why the United States Needs the Trans-Pacific Partnership），《外交》2012年第91卷第4期，第17—22页。

9. 参阅希拉里·克林顿（Hillary Clinton）:《美国的太平洋世纪》（America's Pacific Century），《外交政策》2011年11月，第58页。

10. 参阅《印尼找到了海洋争端中的东盟共同立场》（RI Finds Common ASEAN Ground in Sea Dispute），《雅加达邮报》2012年7月23日。

11. 参阅苏西洛:《印尼和美国：21世纪的伙伴关系》（Indonesia and America: A 21st Century Partnership），2008年11月14号（2014年2月21号引用），可访问：http://www.presidenri.go.id/index.php/eng/pidato/2008/11/15/1032.html。

12. 当时的美国政府据说实施了破坏苏加诺政权合法性的秘密活动。参见奥德丽·R. 卡欣（Audrey R. Kahin）和乔治·M. 卡欣（George M. Kahin）:《制造颠覆的外交政策：艾森豪威尔和杜勒斯在印尼的秘密溃败》（*Subversion as Foreign Policy: The Secret Eisenhower and Dulles Debacle in Indonesia*），纽约：新出版社，1995。

13. 参阅苏西洛:《印尼和美国》，2008。

14. 参阅《2007年第17号关于2005—2025年长期发展规划的法案》（Law No.17/2007 on Long-term Development Planning, 2005-2025），第44页。

15. 同上，第15页。

16. 同上，第76页。

17. 参阅德维·福尔图娜·安瓦尔:《东盟中的印尼：外交政策和区域主义》（*Indonesia in ASEAN: Foreign Policy and Regionalism*），新加坡：东南亚研究所，1994，第218—232页；安东尼·L. 史密斯（Anthony L. Smith）:《战略向心性：印尼在东盟中的角色变化》（*Strategic Centrality: Indonesia's Changing Role in ASEAN*），新加坡：东南亚研究所，2000，第21—22页。

18. 参阅《东盟共同体的路线图，2009—2014》（*Roadmap for an ASEAN Community, 2009-2014*），雅加达：东盟秘书处，2009，第1页。

19. 参阅布兰登·布雷迪（Brendan Brady）:《泰柬庙宇紧张局势再燃，造成致命冲突》（Deadly Clashes as Thai-Cambodian Temple Tensions Reignite），《时代周刊》2011年4月25日；唐纳德·K. 埃默森（Donald K. Emmerson）:《超越六点主张：印尼会走多远?》（Beyond the Six Points: How Far Will Indonesia Go?），《东亚论坛》2012年7月29日；《雅加达就罗兴亚人合法权利问题向缅甸施压》（Jakarta Pressing Burma on Rohingya Legal Rights），美国之音，2013年7月10日。

20. 参阅《1971年和平、自由和中立区宣言》（1971 Zone of Peace, Freedom and Neutrality Declaration），1971年11月27日（2013年3月29日引用），可访问：http://cil.nus.edu.sg/rp/pdf/1971%20Zone%20of%20Peace%20Freedom%20and%20Neutrality%20Declaration-pdf.pdf。

21. 参阅马蒂·M. 纳塔莱加瓦（Marty M. Natalegawa）:《印度尼西亚共和国外交部年度新闻公报》（Annual Press Statement of the Foreign Minister of the Republic of Indonesia），2012年1月4日（2012年3月29日引用），可访问：http://www.kemlu.go.id/Documents/PPTM%20

2012/PPTM%202012%20%20English.PDF。

22. 参阅《东亚峰会互利关系原则宣言》(Declaration of the East Asia Summit on the Principle for Mutually Beneficial Relations)，2011年11月19日（2014年1月23日引用），可访问：http://www.mofa.go.jp/region/asia-paci/eas/pdfs/declaration_1111_2.pdf。

23. 参阅里扎尔·苏克马（Rizal Sukma）:《东盟与南海争端》(ASEAN dan Sengketa Laut China Selatan),《罗盘报》2012年4月11日。

24. 参阅马蒂·纳塔莱加瓦:《印尼对印太的看法》(An Indonesian Perspective on the Indo-Pacific)，2013年5月16日（2014年2月21日引用），可访问：http://csis.org/files/attachments/130516_MartyNatalegawa_Speech.pdf。

25. 参阅《印尼将亚太经合组织带出象牙塔》(Indonesia to Take APEC Out of the Ivory Tower),《雅加达邮报》2013年6月17日。

26. 参阅《苏西洛与太平洋岛国领导人举行非正式会晤》(SBY Opens Informal Session with Pacific Nations),《雅加达邮报》2013年10月8日。

27. 参阅《印尼被推选为环印度洋协会联盟副主席国》(RI Elected as Vice-Chair of Indian Ocean Rim Association),《雅加达邮报》2013年11月5日。

28. 参阅《印尼举办巴厘民主论坛》(RI to Launch Bali Democracy Forum),《雅加达邮报》2008年11月8日。

29. 参阅里扎尔·苏克马（Rizal Sukma):《"中等强国合作体"想要什么?》(MIKTA: What Does It Want?),《雅加达邮报》2013年10月24日。

30. 参阅《WTO签署历史协议》(WTO Inks Historic Deal),《雅加达邮报》2013年12月8日。

31. 参阅《世贸协议推动关税改革，农业补贴保持不变》(WTO Deal Forces Customs Reform, Keeps Farm Subsidies Intact),《雅加达邮报》2013年12月9日。

32. 参阅《新的全球伙伴关系：借力可持续发展消除贫困和转型经济》(A New Global Partnership: Eradicate Poverty and Transform Economies through Sustainable Development)，纽约：联合国，2013。

33. 参阅亚扬·G.H. 穆利亚纳（Yayan G.H. Mulyana):《评估苏西洛总统2013年的外交政策》(Assessing President Yudhoyono's Foreign Policy in 2013),《雅加达邮报》2014年3月3日。

34. 参阅《2010年〈不扩散核武器条约〉缔约方审议会议上，印度尼西亚共和国外交部长马蒂·纳塔莱加瓦阁下发表的声明》(Statement by H.E. Dr R.M. Marty M. Natalegawa, Minister of Foreign Affairs of the Republic of Indonesia at the 2010 Review Conference of the Parties to the Non-Proliferation of Nuclear Weapons Treaty)，2010年5月3日（2013年3月15日引用），可访问：http://www.un.org/en/conf/npt/2010/statements/pdf/nam_en.pdf。

35. 参阅《2010年〈不扩散核武器条约〉缔约方审议会议上，印尼代表团代表鲁德亚尔德先生的声明》（Statement by Mr Febrian A. Ruddyard, Representative of the Indonesian Delegation at the 2010 Review Conference of the States Parties to the Treaty of the Non-Proliferation of Nuclear Weapons），2007年5月9日（2013年3月15日引用），可访问：http://www.reachingcriticalwill.org/images/documents/Disarmamentfora/npt/prepcom07/statements/9mayIndonesia_afternoon.pdf。

36. 参阅《印尼政府在印尼议会全体会议上通过联合国安理会第1747号决议的有关说明》（The Clarification of the Indonesian Government's Approval to the United Nations Security Council Resolution No.1747 in the Plenary Session of the Indonesian Parliament），2007年7月10日（2013年3月15日引用），可访问：http://www.presidensby.info/index.php/fokus/2007/07/10/2005.html。

37. 参阅《印尼拒绝美国提出的“防扩散安全倡议”》（Indonesia Rejects U.S. Request for Proliferation Security Initiative），新华网，2006年3月7日（2013年3月15日引用），可访问：http://news.xinhuanet.com/english/2006-03/17/content_4313679.htm。

38. 参阅《在国际原子能机构第54届大会年度常会上印度尼西亚共和国研究与技术部部长苏普拉特纳阁下的声明》（Statement by H.E. Mr. Suharna Supratna, Minister for Research and Technology of the Republic of Indonesia at the 54th Annual Regular Session of the General Conference of the International Atomic Agency），2010年9月20日（2013年3月15日引用），可访问：http://www.iaea.org/About/Policy/GC/GC54/Statements/indonesia.pdf。

39. 参阅《印度尼西亚共和国外交部长纳塔莱加瓦博士年度新闻公报》（Annual Press Statement of the Foreign Minister of the Republic of Indonesia Dr. R.M. Marty M. Natalegawa），2011年1月4日（2012年3月29日引用），可访问：http://kemlu.go.id/Documents/Annual%20Press%20Statements%202011%20Final.pdf。

40. 参阅莱昂纳德·C. 塞巴斯蒂安（Leonard C. Sebastian）和伊斯·金达尔萨（Iis Gindarsah）：《评估印尼的军事改革》（Assessing Military Reform in Indonesia），《国防与安全分析》2013年第29卷第4期，第301页。

41. 参阅《东南亚的军费开支：采购热潮》（Military Spending in South-East Asia: Spending Spree），《经济学人》2012年3月24日。

42. 参阅印尼《2007年第17号关于2005—2025年长期发展规划的法案》。

43. 参阅《最低限度军队的“核心要素”》（Minimum Essential Force “Komponen Utama”），雅加达：印尼国防部，2010，第7页。

44. 参阅《俄罗斯和印尼同意扩大合作》（Russia, Indonesia Agree to Expand Cooperation），《简氏防务周刊》2013年1月30日。

45. 参阅《总统：显著增加国防预算正当时》（Presiden: Saatnya Anggaran Pertahanan Naik Signifikan），《罗盘报》2010年5月5日。

46. 到2014年底，据信国防部已完成40%的军事采购计划。参阅《苏西洛：继续发展国防》(SBY: Teruskan Pembangunan Pertahanan),《罗盘报》2014年3月13日;《军队加速》(Akselerasi Militer),《罗盘报》2013年9月6日。

47. 参阅《印尼购买16架新式韩国教练机》(RI Gets 16 New Korean Trainer Jets),《雅加达邮报》2014年2月14日。

48. 参阅《“超级巨嘴鸟”运抵印尼》(Super Tucanos Arrive in Indonesia),《简氏防务周刊》2012年9月5日;《“阿斯特罗斯2”型火箭炮新加入印尼军队》(Astros II, Alutsista Baru TNI),《印度尼西亚媒体》2014年5月24日。

49. 参阅《印尼批准为至少两个中队购配F–16战机》(Indonesia Approves Bid to Buy at Least Two F-16 Squadrons),《简氏防务周刊》2011年10月26日;《印尼求购美国的“标枪”导弹》(Indonesia Asks U.S. for Javelin Missiles),《简氏防务周刊》2012年11月21日;《哈格尔证实向印尼出售阿帕奇》(Hagel Confirms Apache Sale to Indonesia),《简氏防务周刊》2013年8月28日。

50. 参阅《印尼和达门造船集团推迟护卫舰建造计划》(Indonesia and Damen Finalise Delayed Frigate Construction Programme),《简氏防务周刊》2012年6月6日。

51. 参阅《印尼转向德国求购“豹”式2A6坦克》(Indonesia Turns to Germany in Bid to Acquire Leopard 2A6 Tanks),《简氏防务周刊》2012年7月4日;《英国对印尼的部长级访问加深防务联系，给近海巡逻舰带来销售机会》(UK Ministerial Visit to Indonesia Furthers Defense Ties, Opens OPV Opportunities),《简氏防务周刊》2013年1月16日。

52. 在2011年，印尼议会通过立法，为该国的航空制造商（PT DI）、海军造船厂（PT PAL）以及陆基系统制造商（PT PINDAD）拨款10亿美元。参阅《复兴长久未被重视的国家国防工业》(Resuscitating the Long-neglected State Defense Industries),《雅加达邮报》2011年10月5日。

53. 参阅印尼《2012年第16号关于国防工业的法案》(Law No. 16/2012 on Defense Industry)。

54. 参阅《印尼和空客军事公司达成C–295运输机生产协议》(Indonesia and Airbus Military Reach C-295 Production Agreement),《简氏防务周刊》2011年10月26日。

55. 参阅《国防部与大宇集团签订10亿美元合同，用于建造3艘潜艇》(Ministry, Daewoo Sign $1B Contract for 3 Submarines),《雅加达邮报》2012年12月21日。

56. 参阅《印尼和中国确认合作生产C–705导弹》(Indonesia and China Confirm C-705 Missile Production Collaboration),《简氏防务周刊》2011年9月28日。

57. 参阅《印尼宣布补偿计划》(Indonesia Announces Offset Programme),《简氏防务周刊》2014年4月9日。

58. 参阅《分析人士称，国防政策需要连续性和计划》(Consistency, Planning Needed in Defense Policy, Say Analysts),《雅加达邮报》2014年2月21日。

59. 在“印（尼）韩第五代战斗机项目”（KFX/IFX program）中，印尼支出了总成本的

20%用于购买飞机的技术和许可证。参阅《韩国和印尼启动战斗机联合制造计划》(South Korea and Indonesia Launch Joint Fighter Aircraft Programme),《简氏防务周刊》2011年8月3日。

60.《本土武器装备增强》(Local Weapons Ramped Up),《雅加达邮报》2014年2月20日。

61. 参阅《印尼和中国计划联合制造C4ISR军用电子设备》(Indonesia, China Plan Joint C4ISR Military Electronics Facility),《简氏防务周刊》2012年5月9日。

62. 参阅《巴淡岛迎来"科莫多"海军联合演习》(Batam to Host Komodo Naval Joint Exercise),《雅加达邮报》2013年6月15日。

63. 参阅《有关建立东盟维和中心网络的概念性文件》(Concept Paper on the Establishment of ASEAN Peacekeeping Centers Network), 2011年5月19日(2014年6月18日引用), 可访问：https://admm.asean.org/dmdocuments/10.%20ANNEX%209-%20Concept%20Paper%20on%20The%20Establishment%20of%20ASEAN%20PKC%20Network%20-.pdf;《有关建立东盟国防工业合作机制的概念性文件》(Concept Paper on Establishing ASEAN Defense Industry Collaboration), 2011年5月19日(2014年6月18日引用), 可访问：https://admm.asean.org/dmdocuments/12.%20ANNEX%2010-%20Concept%20Paper%20on%20Establishing%20ADIC.pdf;《有关建立后勤支持框架的概念性文件》(Concept Paper on the Establishment of Logistics Support Framework), 2013年5月7日(2014年6月18日引用), 可访问：https://admm.asean.org/dmdocuments/Concept-Paper-ADMM-2013-2.%20Concept%20Paper%20on%20Establishment%20of%20Logistics%20Support%20%20Framework.pdf。

64. 参阅《美国–印尼安全关系概要》(What You Really Need to Know about the U.S.-Indonesian Security Relationship),《美国–印尼协会简报》第26期, 2010年8月26日。

65. 参阅约翰·哈斯曼(John Haseman)和爱德华多·拉希卡(Eduardo Lachica):《美国–印尼安全关系：下一步行动》(*The U.S.- Indonesia Security Relationship: The Next Steps*), 华盛顿：美国–印尼协会, 2009, 第47—48页; 亚伯拉罕·登马克(Abraham Denmark):《构思战略前景：美国–印尼关系的新时代》(Crafting a Strategic Vision: A New Era of U.S.-Indonesia Relations),《美国新安全中心报告》, 2010年6月, 第15页。

66. 参阅穆尔多科(Moeldoko):《中国在南海的新主张令人失望》(China's Dismaying New Claims in the South China Sea),《华尔街日报》2014年4月24日。

67. 参阅《印度大使见证印度与印尼在棉兰举行的海上协同巡逻演习》(Indian Ambassador Witnesses India-Indonesia Coordinated Patrol Naval Exercise at Medan),《雅加达环球报》2014年5月31日。

68. 参阅《印尼总统与澳大利亚总理的联合公报》(Joint Communique–The President of the Republic of Indonesia and the Prime Minister of Australia), 2013年9月30日(2014年6月18日引用), 可访问：http://www.pm.gov.au/media/2013-09-30/joint-communiqu-president-republic-indonesia-and-prime-minister-australia-jakarta。

69. 参阅格雷戈里厄斯·斯里·努尔哈尔坦托（Gregorius Sri Nurhartanto）：《窃听事件与印尼－澳大利亚关系的起起落落》（Penyadapan dan Pasang Surut RI-Australia），《罗盘报》2013年11月21日；伊克拉尔·努萨·巴克蒂（Ikrar Nusa Bhakti）：《如果加鲁达生气了……》（Jika Garuda Murka...），《罗盘报》2013年11月22日。

第八章　外交政策关系：国家利益、政治价值和认同

［澳］艾弗里·普尔

引　言

自1998年苏哈托下台以来，印尼的外交政策发生了重大变化。后苏哈托时代早期的政府专注于民主转型——建立民主制度，使军方退出政治事务，以及抵御改革面临的各种威胁。然而，近年来，外交政策已成为重中之重：政府试图改善印尼的国际形象，提升其在东南亚和世界上的地位。印尼的外交政策目标强调地区和全球的和平、繁荣和稳定，以及印尼在实现这些目标方面的作用。该如何解读印尼外交政策的演变呢？

鉴于在世界舞台上发挥更大影响力所带来的物质利益，印尼对外交政策的日益重视具有重大意义。与主要大国发展战略关系，谋求周边地区的稳定，显然大有益处。此外，随着国际形象的提升，国家还可能会通过外国投资和谈判达成贸易协议来促进经济增长。然而，印尼外交政策的演变也反映了国内政治角色和利益的变化。民主转型带来的变化拓宽了印尼外交决策过程中的发声渠道。在“民主化”过程中，议员、活动家、非政府组织代表等参与者都表达了真实的愿望——推动民主和人权，使之成为当代印尼的核心政治价值观。

那么，印尼的外交政策在多大程度上受到这些因素的影响？印尼新兴民主国家的身份对其外交关系有何影响，以及这是否意味着政治价值观的转变？此外，腐败、恐怖主义和社会紧张局势等国内挑战持续不断，这在多大程度上会制约印尼的外交政策抱负？本章通过回顾印尼外交政策的近期演变，分析不同参与者和利益主体的角色，以探讨这些问题。本章指出，印尼的"民主认同"反映了一系列民主价值观，这无疑是其外交政策中的一个重要因素，并因此影响了印尼在世界上不断变化的角色。外交决策本身的民主化反映了民主进程，也塑造了印尼的角色，因为国内更多的人能够表达他们的观点并影响政治精英的决策。然而，国内的制约因素可能会继续阻碍印尼的外交政策抱负，并提醒我们，虽然印尼的民主转型对未来是个好兆头，但仍有一部分人没有参与民主建设，还有一部分人没有从国家日益提高的国际地位中获益。

"更积极"的外交政策

近年来，印尼的外交政策已成为政府的重中之重。在苏西洛总统的领导下（他于2004年首次当选总统，并将于2014年结束他的第二个也是最后一个任期），印尼政府在外交关系上采取了一些所谓"更积极"的做法。[1]外交部长的年度新闻公报表明了印尼的外交政策方向。在撰写本章时，时任外交部长马蒂·纳塔莱加瓦（Marty Natalegawa）于2014年1月7日发布了最新的年度新闻公报。[2]他表示，"我们面临的最根本和最基本的挑战必须是维护地区的和平与安全"。[3]因此，印尼的外交政策必须"积极应对"印尼所认为的亚太地区面临的"三重挑战"："信任赤字、领土争端以及地缘政治和地缘经济变化"。[4]南海和朝鲜半岛的紧张局势尤其令人关注，因此，印尼希望促成一个"更广泛的亚太或印太地区的合作框架"。[5]

纳塔莱加瓦还强调了印尼"超越地区"的外交，他指出，"作为一个具有全球利益的地区强国，印尼将继续大力支持通过外交手段来解决各种争端或冲突局势"。[6]印尼尤其计划为和平解决叙利亚冲突和支持巴勒斯坦人民争取权利贡献力量。因此，该公报阐明了印尼的愿景，它希望成为促进区域稳定的积极力量，同时在暴力冲突和经济问题等全球问题上拥有更多发言权。纳塔莱加瓦提到了印尼在东盟、亚太经合组织（印尼在2013年担任轮值主席国）、二十国集团、世贸组织和联合国等“高级别论坛”中的作用。[7]他认为，印尼外交需要通过国际合作来解决最前沿的问题，如粮食安全、能源安全、环境可持续性、国家灾害和跨国犯罪。[8]显然，印尼外交部力图将印尼定位为多边外交中的重要角色。

除了这些不同的安全和经济问题，印尼的外交政策前景还包括我们可以称之为“民主议程”的内容。根据纳塔莱加瓦的说法，印尼的国家利益包括“巩固民主”的意图。[9]这是印尼帮助邻国促进民主的外交政策目标的基础，例如，印尼鼓励缅甸的民主化进程。[10]在苏西洛的领导下，印尼一直“渴望与其他有抱负的民主国家领导人分享其民主转型的经验”。[11]例如，印尼在2008年发起了一年一度的巴厘民主论坛，该论坛被视为亚太地区国家“交流民主经验与教训”的平台。[12]同样，印尼强调外交在“促进人权”方面的作用，并鼓励加强东盟政府间人权委员会（AICHR）的作用。[13]在其邻近地区之外，印尼还主张支持巴勒斯坦人民争取权利，并鼓励中东国家在“阿拉伯之春”之后实现民主转型。著名政治顾问和分析家德维·福尔图娜·安瓦尔（Dewi Fortuna Anwar）指出：“印尼一直致力于促进民主……事实上，许多阿拉伯国家，特别是埃及和突尼斯，都在向印尼领导人寻求关于平衡伊斯兰教和政治的建议。”[14]印尼提倡将民主作为一种价值观，以及一种特殊的政权类型。下文将阐述印尼外交政策的演变及其对民主的重视。

外交政策中的“民主认同”

看待印尼当代外交政策中的这一民主议程，须追溯1998年以来该国所发生的深刻的政治变化。自1998年苏哈托的“新秩序”政权垮台以来，印尼先后在1999年、2004年、2009年和2014年举行了竞选。现在，印尼的行政、立法和司法三权分立，军方处于文官统治之下——尽管军方仍有一定的政治影响力——不再在议会中占有席位。印尼有了真正的多党制，许多政党由此参与自由和公平的竞选。对1945年宪法的一系列修改（自1999年以来共有4次）加强了人民代表会议（DPR）的权力，并引入了一些制衡机制。议会议员之间的激烈辩论表明，当今的改革者希望鼓励在人民代表会议中进行辩论，这与其先前在苏哈托时期的“橡皮图章”① 作用形成鲜明对比。在公民自由方面，印尼人民现在享有新闻自由和相对的集会和结社自由，民间社会组织也得到了蓬勃发展。[15]

这些变化有助于促进以民主价值观为基础的民主认同。虽然很少有学者能够准确地定义“民主认同”，但贾罗德·海耶斯（Jarrod Hayes）指出：“人们公认的民主认同规范体现在非暴力冲突解决、法治、妥协和透明度上。”[16]同样，就印尼而言，R.E. 埃尔森（R.E. Elson）认为，

> 加强印尼的民主认同……应强调避免法治中的独断专行、逐步消除官员腐败、认真对待和贯彻国际人权标准以及发展更具活力的公民社会。[17]

因此，仍在形成中的民主政治体制的面貌为印尼政府提供了建立民主认同的基础。哈桑·维拉朱达（Hassan Wirajuda）在2001年至2009年担任印尼外交部长，因此许多观察家认为他在制定后苏哈托时代的外交政策方面至关重要。在2009年9月，哈桑在联合国大会（UNGA）上宣布：“我们已经从一个高度集权的威权政权转变为一种分权的、更加民主的体制。我们改革了我们的军队、官僚机构和司法体制。我们实现了经济基础设施的现代化。”他还表示：“我们印尼人非常相信民主改革。”[18]在此次和其他联合国大会上，印尼官员都宣扬了该国发生的民主变革，并强调了印尼在促进本国境外的民主方面可以发挥的作用。[19]

---

① 指在法律上被赋予很大的权力，而实际上只能行使很少的一部分。——译者注

政治精英们认为，这种新兴的民主认同有利于提升印尼的国际形象。正如唐·埃默森（Don Emmerson）所指出的那样，苏西洛总统在外交事务中寻求“利用印尼作为‘世界第三大民主国家’的地位”。[20]印尼经常被视为东南亚最“成功的”民主化国家。[21]此外，它是世界上穆斯林人口最多的国家，也是世界上总人口排名第四位的国家。因此，一些官员和分析人士声称，印尼已经证明——不同于一般的推断——世俗民主与伊斯兰教并非不可兼容。[22]实际上，印尼是一个穆斯林人口占多数的世俗民主国家，这使其在国际关系中处于十分特殊的地位。哈桑·维拉朱达强调这是“印尼外交关系的重要资产”。[23]2009年9月，他在联合国大会上表示：

> 大家都知道，在我们国家，民主、伊斯兰教和现代化不仅携手并进，而且共同繁荣。我们想通过多种方式——尤其是通过向他国学习，并与他们分享我们在政治发展方面的经验，继续获得并理应得到这种认可。[24]

维拉朱达的继任者马蒂·纳塔莱加瓦在2010年9月在联合国大会上发表的讲话中说了类似的话，称“作为‘世界第三大民主国家’，印尼证明了伊斯兰教、民主和现代化可以齐头并进”。[25]这一“资产”为印尼日益提高的国际和地区地位提供了基础。

国际作用

在国际组织和区域论坛上，“后新秩序”时期的外交部长们提出了这样一种概念，即印尼的民主价值观有助于促进其日益增长的国际作用。例如，将民主价值观纳入外交政策预示着其将很好地参与多边对话。[26]这体现在建立了印尼领导的聚焦民主问题的论坛和机构，例如巴厘民主论坛。纳塔莱加瓦指出，巴厘民主论坛是“亚洲在政治发展方面分享经验与合作的唯一政府间论坛”。[27]该论坛是一年一度的政府间论坛，有许多亚太国家的外交部长参加，其中一些国家明显是非民主国家。印尼还成立了和平与民主研究所，其被称为“国家资助的智库，以在海外推广印尼的民主经验”，更具体来说，是为了落实巴厘民主论坛的主题和优先事项。[28]由此，印尼更加积极地参与了对外宣称要推进民主对话的多边倡议。

此外，明确支持其他国家的民主转型，也是印尼的国际作用之一。例如，2011年9月纳塔莱加瓦在联合国大会上表示，印尼支持中东和北非国家的民主转型：

> 大约在10年前，印尼也经历了动荡的民主变革。今天，作为“第三大民主国家”，印尼正在从这种变革中获得民主红利。因此，我们认为，政治发展和民主化应成为我们议程中的一个优先事项。[29]

这表明，纳塔莱加瓦认为印尼作为一个穆斯林人口占多数的民主国家，可以为其他国家树立榜样。里扎尔·苏克马（Rizal Sukma）指出，印尼“将自己视为伊斯兰世界中的一种温和之声，一座伊斯兰世界与西方之间的桥梁”。[30]

此外，苏西洛总统称，印尼是一个“问题解决者”和“和平缔造者”。[31]这些角色是在涉及穆斯林的政治和人道主义危机时所采取的外交立场中展现出来的。例如，杰弗里·C. 冈恩（Geoffrey C. Gunn）认为，在2012年8月举行的伊斯兰合作组织特别峰会上，纳塔莱加瓦谈及了针对缅甸罗兴亚穆斯林的暴力问题，这是“打出了伊斯兰牌”。次月，纳塔莱加瓦“呼吁各国郑重考虑检视与以色列的外交关系，并发起联合抵制行动，声援巴勒斯坦”，这是印尼长期对巴勒斯坦予以支持的行动的一部分。[32]在他2014年发布的新闻公报中，纳塔莱加瓦宣称，今年“印尼将通过支持巴勒斯坦的体制能力建设……进一步加强对巴勒斯坦的支持”。[33]这项工作将在“亚非新型战略伙伴关系”（2014—2019）和由印尼举办的“东亚国家合作促进巴勒斯坦发展会议”的支持下进行。

然而，在某些情况下，印尼观察家认为，政府未能对其他穆斯林人口占多数的国家发生的关乎民主的政治危机作出反应。例如，印尼学者穆罕默德·费萨尔·卡里姆（Mochammad Faisal Karim）评估了印尼对2013年推翻（埃及）民选穆尔西政府的政变的反应（不足）。他认为："作为'世界上第三大民主国家'和人口最多的穆斯林国家，印尼应该在塑造和巩固埃及的民主方面发挥更大的作用。"印尼对文官政府的支持"仍然相对低调"，但它在道义上有义务支持埃及向稳定的民主政体转型，"因为促进民主和民主价值观是印尼外交政策的重要特征"。此外，根据卡里姆的说法，印尼

可以成为美国在发展中国家推行善政和民主的关键合作伙伴，特别是在伊斯兰世界中，这是美国未能做到的。[34]

因此，印尼在外交政策公报中展示出的民主认同令人期待。公报指出，印尼将分享本国政治转型和军民改革的经验，积极参与涉及民主原则的国际事务。除此之外，公报还表明，关于印尼在"促进"民主原则方面的作用的积极对话正在展开。

地区作用

作为其地区作用的一部分，印尼的民主价值观也得到了推广。例如，2012年5月，纳塔莱加瓦在联合国人权理事会关于印尼的普遍定期审议会议上的发言中指出，印尼的民主转型与东盟内部的变革"不谋而合"：

2003年，在进行内部改革的同时，印尼作为当时的东盟主席国，提出了东盟共同体的概念，该共同体充分践行民主价值观，促进和保护人权。此后，东盟通过了《东盟宪章》，各成员国根据《东盟宪章》践行民主价值观，促进和保护人权。[35]

尽管东盟各国存在着政治上的多样性——其中包括民主的、“软威权的”、社会主义的、准军事的政权——但维拉朱达在2006年提出：“我们必须设想未来的东盟是民主的、尊重人权的。”[36]如本书其他章节所述，印尼视自己为东盟的“天然领导者”——因为它是东盟中最大的、人口最多的国家，也是东盟的创始成员国之一——并力图在地区层面推广其价值观。印尼在各类多边论坛中的作用日益突出，这在一定程度上也代表了该地区。例如，作为唯一一个参加二十国集团财长和央行行长会议的东盟国家，印尼可以在某些问题上代表其邻国，特别是在它担任东盟轮值主席国期间。因此，印尼的几任外交部长都提出，印尼的民主转型和民主价值观直接促进了其地区和国际作用的发挥。

外交政策关系中的动因和制约因素

自苏哈托倒台以来，印尼的国际形象发生了深刻的变化。不过，人们可能会问，印尼所期望的“民主认同”——或许部分是出于希望通过贸易和投资获得物质利益——在多大程度上反映了印尼“真正的”政治价值观？

本节讨论的内容包括：促进民主认同的动因，以及它在多大程度上反映了公众对民主的看法；外交政策进程本身的民主化；以及印尼的经济形势。印尼宣称是穆斯林人口占多数的民主国家，既反映了其“建构”的形象，也反映了其政治价值观的真正变化。特别是自2001年9月11日美国发生恐怖袭击（“9·11”事件）和2002年巴厘岛爆炸事件以来，印尼政府一直在努力抵制外界对伊斯兰政治的负面成见。通过承诺反恐，如试图铲除伊斯兰祈祷团等恐怖组织，苏西洛政府希望改善印尼的国际形象，并利用其积极的榜样力量。在一定程度上，印尼展示其民主认同也是为了改善受损的国际形象。1999年东帝汶独立投票后，印尼军队和民兵在巴布亚等其他发生分离主义动乱的地区所采取的行动损害了印尼的国际形象。印尼政府试图证明，通过建立民主制度，军队现在已处于文官统治之下。[37]

说到印尼的民主认同在东南亚地区的影响力，可以更清楚地看出其动因不仅仅是工具主义。东盟国家的政治多样性历来是区域不干涉准则的基础，包括不评论、不批评彼此的政治状况。很难想象，在东盟内部推行民主理念，会给印尼与其邻国的关系带来明显的实质性进展。至少在精英阶层，印尼在民主和人权方面的政治价值观和信仰似乎不及它近来在该地区推行的“规范创新”。[38]印尼著名分析家兼外交政策顾问里扎尔·苏克马（Rizal Sukma）认为，“印尼现在以民主的眼光看待自己的地区邻国”。[39]印尼提倡将有关民主和人权的内容纳入东盟的核心文件（如《东盟宪章》），尽管这有时会导致与其他东盟国家的关系紧张。[40]这反映了印尼新的政治认同。克里斯托弗·罗伯茨（Christopher Roberts）指出，根据一名外交部官员的说法：

> 更深层的动因……是在国内，印尼政府希望，东盟的制度化能够保护印尼新建立起来的民主，也能保护其他东盟成员国的政府，使自己和他国免受非法的政府更迭（包括军事政变）的伤害。[41]

对于一个试图避免自身民主化出现“倒退”的政府来说，这凸显了其在东盟中促进民主的战略层面。这些目标还反映了一个更广泛的观点，即印尼展示出的民主特征可能会率先使人们增强对民主价值观的普遍信仰，更具体地说，是对民主政治制度价值的信仰。苏克马认为，

> 人们最初接受民主是出于对“形象”的考虑，但随着事态的稳定和“改革”开始产生更积极的效果，国内对“民主对话”的信念和信心开始增强。[42]

因此，虽然维拉朱达、纳塔莱加瓦和苏西洛提出了印尼的民主转型可能有利于提升其国际形象的观点，但苏克马认为民主的政治价值在于推动了国内发展。通过核查有关民意的实证数据，我们可以更深入地探讨个中

曲直。

民意与民主

虽然人们可能认为，民主认同是由政治精英构建的，但研究人员发现，其潜在价值观在大多数印尼公众中引起了共鸣。例如，澳大利亚洛伊国际政策研究所（Lowy Institute）2012年进行的一项民意调查显示，“绝大多数印尼人相信核心民主价值观”。洛伊研究所在印尼的民意调查显示：

> 绝大多数印尼成年人（97%）都认为，在印尼，“公平审判权”对他们来说很重要。在“言论自由权”（96%）和“全国选举投票权”（95%）方面，也存在类似的普遍共识。值得注意的是，这些观点得到了强有力的支持，相当多的人表示他们“强烈赞同”这些权利。在给定的四项民主价值观中，唯一使印尼民众产生意见分歧的是“媒体不受审查权”（52%的人同意，43%的人不同意），这可能是因为在其他民调中印尼民众表达了对媒体诚信的担忧。[43]

人们还享受更大的政治自由和政治参与所带来的机会。例如，在苏哈托倒台后的十年里，民间社会组织的数量增加了七倍。[44]国际选举制度基金会2010年进行的另一项民意调查显示，75%的受访者认为印尼是一个民主国家，72%的人喜欢民主的政府体系。此外，“相当多的印尼人强烈（74%）或在某种程度上（4%）认为，投票使他们有机会影响印尼的决策”。[45]

这些民调表明，大多数印尼民众支持印尼的民主计划。这并不一定意味着他们支持在国际上推进民主。洛伊民调显示，只有34%的印尼人认为“推动其他国家的民主发展”是“非常重要的”外交政策目标。[46]相比之下，卡里姆声称，“印尼的国内民众希望印尼在埃及的民主转型中发挥更积极的作用，支持埃及合法的文官统治”。[47]也许公众并不支持将推进民主作为官方外交政策的优先事项，但是他们认为，印尼应当在应对特定的政治危机方面发挥作用，特别是在那些穆斯林人口占多数的国家。无论如何，尽管这项研究表明，外交政策中展示出的民主认同反映了人们的看法，即人们将民主价值观和民主视为政治制度的价值，但它并不能告诉我们，公众舆论是否或在何种程度上影响了外交政策的制定。下面，我们来谈谈外交政策进程本身的“民主化”。

“民主化”的外交政策

国内因素和外交政策之间的联系是复杂和多方面的。这在很大程度上是因为决策本身的“民主化”。国内政治中已经广开言路，政府以外的参与者也有所增加。正如印尼著名分析家、（在撰写本章时担任）布迪约诺（Boediono）副总统的顾问德维·福尔图娜·安瓦尔指出的，[48]自1998年以来，印尼的政治变革

> 重组了国家和社会之间、中央政府和地方政府之间以及国家各个机构之间的关系，进而改变了决策的方式。[49]

更具体地说，与印尼的威权统治时期相比，民主化“使更多的人能够参与处理国际关系和外交决策”。[50]自从民主化以来，出现了越来越多试图影响外交关系的声音。正如里扎尔·苏克马所指出的，“印尼后威权政府在制定和执行外交政策时，不能再忽视人民的愿望和看法”。因此，外交政策“不再是少数决策精英的专属领域”。[51]这就引起了分歧，因为更多的利益相关者拥有不同的、有时是相互竞争的利益，但并非所有利益都能得到满足。

21世纪初，精英们认识到，外交决策过程中需要更广泛的公众协商和参与。随后，外交部长哈桑·维拉朱达

> 有意识地作出了努力……通过与智库、学者、宗教团体、媒

体、民间社会组织以及议会议员积极协商和接触，使外交政策制定过程民主化。[52]

担任外交部长之初，马蒂·纳塔莱加瓦在一次演讲中重申，他将继续努力使外交决策过程“民主化”，并将各方的利益纳入其中。[53]例如，在《东盟宪章》的制定过程中，印尼显然是唯一一个与民间社会团体、学者和政治家进行广泛磋商的成员国。起草《东盟宪章》的印尼驻东盟高级别工作组代表迪安·特里安夏·查尼（Dian Triansyah Djani）指出，这些磋商使雅加达的立场逐渐明朗，即必须将有关民主和人权的内容纳入《东盟宪章》。[54]虽然难以验证其产生了多大的影响，但印尼官员已经表示，民主转型需要更广泛地接受各种声音和观点。

民主形象的挑战

当然，民主改革意味着公众将对外交决策有更多的参与权和监督权。同时，由于不同团体间的紧张关系和分歧存在隐患，民主转型中不可避免地会出现一些不稳定。此外，建立民主制度和公民自由，就有可能出现反对改革的声音。因此，民主作为一种“过程”，实际上可能会危害民主的价值观地位。对什叶派穆斯林、巴哈伊教徒、苏菲派教徒、基督教徒和阿赫迈底亚派教徒等宗教少数群体的攻击，破坏了印尼宽容民主社会的形象。另外，“虽然印尼宪法保护宗教自由，但禁止亵渎神灵和禁止劝诱他人改变宗教信仰的规定经常被用来指控”这些宗教少数群体，[55]因此，宗教自由和言论自由（两者关系紧张）等公民自由正在受到破坏。

印尼记者兼人权活动家安德烈亚斯·哈尔索诺（Andreas Harsono）认为，虽然印尼在建立一个稳定、民主的政府方面取得了进展，但“这个国家绝不是宽容的堡垒”。[56]他提到了伊斯兰激进分子对宗教少数群体的暴力行为与其他行动（例如2011年8月他们在苏门答腊岛烧毁了三座基督教教堂），并认为印尼政府没有进行干预来阻止此类行为。事实上，“尤多约诺先生的政府不愿干预这些事件，因为他的联合政府里有不宽容的伊斯兰政党”。因此，哈尔索诺批评了这样一种观点：“如今，西方领导人普遍称赞印尼是伊斯兰国家中的民主典范。”相反，这些领导人“应该公开要求印尼尊重宗教自由，释放政治犯，并解除对巴布亚媒体和人权组织的限制”。[57]《雅加达邮报》的高级编辑恩迪·巴尤尼（Endy Bayuni）认为，政府应废除2004年《民政法》的第64条规定，即印尼人必须在身份证上展示宗教派别，而官方只认可伊斯兰教、基督教、罗马天主教、印度教、佛教和儒教六种宗教。除此之外，公民的宗教派别都只能被登记为“其他”。他认为，这等于是制度性歧视，是“印尼民主进程中的一个污点”。[58]

以上分析凸显了对印尼民主转型的不同观点。从国外来看，雅加达政府的政治变革表明，相对于之前的“新秩序”政权，它已经取得了重大进展。曾经的国家镇压和暴力事件，如1999年的东帝汶事件，显示出当今印尼民主和宽容的形象。在某种程度上，印尼领导人成功地在外交关系中提升了这种形象——正如冈恩所言：“苏西洛和外交部长马蒂·纳塔莱加瓦将印尼的国际形象提升到了一个新的高度。”[59]因此，即使在民主方面存在缺陷，或者更准确地说，在民主转型过程中存在缺陷，印尼还是有可能在外交政策中树立其民主形象。不过，这引起了哈尔索诺等分析家的担忧，他们呼吁关注破坏印尼民主原则的持久性问题，给国际赞誉降降温。

印尼的民主还受到腐败、执法问题、缺乏透明度和其他治理问题的挑战。苏西洛将根除腐败列为首要任务，但他因为未能给反腐机构提供足够的政治和财政支持而受到批评。[60]冈恩认为：“尽管许多高级官员被捕并被定罪，但国内外仍普遍认为腐败（包括司法系统内的腐败）是印尼日常生活中的一部分。”[61]选举制度也受到质疑。虽然印尼在从集权专制制度向分权选举民主制度转变方面取得了很大进展，但复杂的选举流程和规则以及长期存在的裙带关系使得一些分析人士认为，“支撑印尼民主的原则已经开始动摇”。[62]尼赫鲁（Nehru）认为，在相互竞争的理念之间，人们的选择范围正在“缩小，政党之间的差别变得模糊，选民也发现很难让政客为他们的行为负责”。由于选举规则日益严格，各政党在全国选举中的竞争变得更加困难，因此，他们经常“不顾意识形态的兼容性”，只顾寻求联盟。[63]这对于印尼民主从最低限度的（选举）民主向更具实质性的民主转型来说，并不是一个好兆头。

因此，印尼的民主信誉受到了腐败、宗教不宽容、群体关系紧张、选举范围缩小和执法不力等问题的挑战。里扎尔·苏克马认为，“这些国内挑战往往威胁到印尼向国际社会精心展示的民主认同”。[64]同样，尽管近年来政治局势更加稳定，政府能够更加关注外交政策，[65]但我们不应认为印尼的民主化是一个线性过程。对于处在“过渡期”的民主国家，我们通常应该批判性地评估“民主化”的概念，尽管事实上大多数或所有民主国家都至少出现了一些“不民主”的特征或事件。福冈（Fukuoka）指出，分析人士对印尼是否正在向自由民主制转型存在分歧。虽然有人认为印尼正朝着“更自由的民主方向”前进，但也有人指出，“印尼的新民主制度需要克服一些缺陷”。[66]在分析任何国家的民主转型时，避免目的论无疑是很重要的。对于本章而言，更重要的是，尽管印尼在民主方面存在缺陷，但它仍可以在外交政策中树立民主形象。不过，如果印尼的民主问题日益突出，这种形象可能会受到损害。

经济增长与不平等

印尼的经济形势是外交政策关系中的另一个重要因素。印尼的经济增长及其在经济外交中日益显著的作用正在提高其国际形象，并促进了其他国家与印尼的交往。近年来，强劲的经济增长率（自2004年以来超过5%，2012年达到6.2%）[67]和不断扩大的贸易都让印尼成了名副其实的新兴经济大国，也促进了印尼经济从地区和全球金融危机中复苏。

同外交政策的其他领域一样，经济外交也获得了越来越多参与者的关注。[68]这些参与者更乐于参加多边经济论坛。例如，苏西洛总统“已向他的部长们明确表示，他希望印尼成为二十国集团中的积极参与者”。[69]他还提名一些部长在国际组织中担任关键职位，以促进印尼在经济外交方面的作用。[70]例如，2010年，苏西洛成功提名时任财政部长英卓华（Sri Mulyani）博士担任世界银行集团的董事总经理。2012年12月，他提名前贸易部长、时任旅游和创意经济部长冯慧兰（Mari Pangestu）博士作为世界贸易组织总干事候选人，但未获成功。

然而，普遍性的贫困和基础设施问题仍然存在，这对印尼未来的发展和公平分配不断增长的财富构成了挑战。据世界银行估计，2012年印尼有12%的人口生活在国家贫困线以下。这表明，自2003年以来，印尼的贫困率虽一直在稳步下降（2003年贫困率为17.4%），但这个数据与发达国家相比仍然很高。[71]这是根据较低的国家贫困线，即每月22美元计算的；更令人警醒的数字是，大约40%的印尼人每天的生活费不足2美元。[72]此外，收入差距并没有随着贫困率的下降而缩小。虽然印尼的中产阶级人数不断增加，但就业增速却慢于人口增速，2012年约有6.2%的人口，即724万人失业。[73]这些问题既给经济外交带来了挑战，也引发了国内的政治不满。例如，上述洛伊研究所的民调显示，55%的印尼人认为苏哈托执政期间的生活更好。[74]苏西洛总统在2013年1月重申，减轻贫困和缩小贫富差距是政府工作的重中之重。[75]吕舍迈尔（Rueschemeyer）等一些研究民主转型的学者认为，在经济不平等持续存在的情况下，民主并不能真正得到实现。[76]即使有人认为这种定义民主时对实质性成果的强调有些过度了，但它确实提出了这样一个问题：印尼根深蒂固的经济不平等迹象可能会有损其所展示的民主认同。

当然，贸易伙伴和投资者可能会认为民主、现代化的印尼具有潜力，从而促进印尼的经济发展，但这也可能会产生一种自增强现象（self-reinforcing phenomenon）①。正如埃默森（Emmerson）所指出的："印尼的崛起在很大程度上是与外界互动的结果，也是外界描绘的结果。"热心人士"鼓励在印尼投资，因为他们相信印尼前景光明……能确保他们预期的那种增长"。[77]因此，对于印尼的外交政策关系及其崛起前景来说，外界的看

① 指有选择性地关注、强调和夸大其积极方面，而忽略和弱化其消极方面。——译者注

法十分重要。但关于印尼如何分享“新财富”的问题仍然存在；对一些人来说，寡头政治结构的持续存在从根本上否定了印尼人民正在共同迈向自由民主和经济繁荣的更光明未来的假设。[78]

2014年以后的外交政策

在2014年大选后，印尼进入了新时期，外交政策关系无疑将随之继续演变。在撰写本章时，我们尚不清楚新总统佐科·维多多（Joko Widodo，人称“佐科维”）领导下的外交政策将如何发展。印尼新闻媒体对可能的外交政策方向进行了大量讨论，但要根据佐科竞选期间发表的声明来预测，还是很难。然而，我们可以对后苏西洛时代的外交政策进行一些初步的观察。

佐科在竞选活动中谈到了国际外交的重要性，但对于民主在印尼外交政策中的作用或如何促进其他国家的民主和人权，他没有具体阐述自己的看法。广而言之，关键的问题是，苏西洛在外交政策上的“全球意识”是否会在下届政府中延续下去。[79]虽然佐科在外交事务方面相对缺乏经验，但他似乎比较具有国际思维。在2014年6月初提交给选举委员会的政策纲领中，他提到了要参与国际论坛并加强区域主义。[80]

然而，一些印尼分析人士认为，在佐科的领导下，外交政策的重要性将会降低。例如，印度尼西亚大学的希克马汉托·朱瓦纳（Hikmahanto Juwana）认为，“（未来的）总统机构似乎不会积极参与国际事务”。[81]印度尼西亚国防大学的班塔尔托·班多诺（Bantarto Bandoro）赞同“这将是我们要走的路”的说法——除非新总统继续让纳塔莱加瓦担任外交部长。[82]关于外交事务相对于其他政策领域会降级的预测，不仅反映了佐科的出身，也反映了他对回应民意的态度（公众认为苏西洛过于注重地区和国际外交）。

结　语

自民主化以来，印尼当代的外交政策受到越来越广泛的参与者的影响，其中一些参与者宣扬“民主认同”，将其作为印尼国际形象的一个重要方面。民主转型和经济增长增强了印尼对其外交政策的自信，让人们相信印尼是一个崛起中的大国，甚至有可能成为“第一个民主制的穆斯林超级大国”。[83]由此，印尼“行动主义”外交政策的目标更有可能实现，这表明印尼将民主作为一套价值观，好处颇多。然而，我们还必须考虑改变印尼外交决策的不断演变的民主进程的影响。印尼所展示的“民主认同”可能会面临一些制约因素。一些印尼人试图阻碍国内的民主建设，因为许多人尚未从经济增长或国际地位的提高中受益。

从长远来看，民主价值观在政治中日益重要的地位是否会抵消这些制约因素的影响，这一点并不确定。另外，对自由民主原则的挑战，可能会损害外交政策中展示出的民主认同。那些希望将印尼的外交政策建立在民主基础上的人需要努力克服政治和经济挑战，以便使印尼的民主认同立足于现实。然而，根据下一届政府的工作重点和总统的外交政策展望来看，未来民主作为外交政策的一个特征可能会被淡化。

注　释

1. 例如，德维·福尔图娜·安瓦尔（Dewi Fortuna Anwar）:《印尼谨慎的信心》（Indonesia's Cautious Confidence），辛迪加项目，2013年7月16日，可访问：http://www.project-syndicate.org/commentary/asean-and-indonesia-s-foreign-policy-priorities-by-dewi-f-anwar；以及《社论：印尼在叙利亚问题上的行动主义》（Editorial: RI's Activism on Syria），《雅加达邮报》2013年1月9日。

2. 马蒂·M. 纳塔莱加瓦:《印尼外交部长R.M. 马蒂·纳塔莱加瓦2014年发布的年度新闻公报》（Annual Press Statement, Minister for Foreign Affairs, Republic of Indonesia, R.M. Marty M. Natalegawa, 2014），雅加达，2014年1月7日，可访问：http://www.kemlu.go.id/Documents/PPTM%202014/Annual%20Press%20Statement%20Minister%20for%20Foreign%20

Affairs.pdf。

3. 马蒂・M. 纳塔莱加瓦：《年度新闻公报》，第2页。

4. 同上，第3页。

5. 同上，第6页。

6. 同上。

7. 他还提到了印尼在亚欧会议（ASEM）、东盟–欧盟关系、东亚–拉美合作论坛（FEALAC）、环印度洋联盟（IORA）、太平洋岛国论坛（PIF）和美拉尼西亚先锋集团（MSG）中的作用，参见马蒂・M. 纳塔莱加瓦：《年度新闻公报》，第4—5、8页。

8. 马蒂・M. 纳塔莱加瓦：《年度新闻公报》，第10页。

9. 同上，第12页。

10. 巴古斯・萨拉吉（Bagus Saragih）：《马蒂将利用剩余任期巩固印尼的全球地位》（Marty Will Use Remainder of Term to Cement RI's Global Role），《雅加达邮报》2014年1月8日。

11. 泰德・皮科内（Ted Piccone）和比莫・尤斯曼（Bimo Yusman）：《印尼外交政策："百万个朋友与零个敌人"》（Indonesian Foreign Policy: "A Million Friends and Zero Enemies"），《外交官》2014年2月14日，可访问：http://thediplomat.com/2014/02/indonesian-foreign-policy-a-million-friends-and-zeroenemies/。

12. 马蒂・M. 纳塔莱加瓦：《年度新闻公报》，第9页。

13. 同上，第1、9页。

14. 德维・福尔图娜・安瓦尔：《印尼谨慎的信心》。

15. 详见德维・福尔图娜・安瓦尔：《国内和亚洲地区变化对印尼外交政策的影响》（The Impact of Domestic and Asian Regional Changes on Indonesian Foreign Policy），《东南亚事务》2010年卷，第126—141页。

16. 贾罗德・海耶斯（Jarrod Hayes）：《民主和平中的认同与安全化：美国与对印度和伊朗核计划的不同反应》（Identity and Securitization in the Democratic Peace: The United States and the Divergence of Response to India and Iran's Nuclear Programs），《国际研究季刊》2009年第53卷，第982页。

17. R.E. 埃尔森（R.E. Elson）：《认同问题和印尼世界地位的合法性问题》（Problems of Identity and Legitimacy for Indonesia's Place in the World），载安东尼・雷德（Anthony Reid）主编《印尼崛起：亚洲第三巨人的重新定位》（*Indonesia Rising: The Repositioning of Asia's Third Giant*），新加坡：东南亚研究所，2012，第183页。

18. 哈桑・维拉朱达（Hassan Wirajuda）：《印尼共和国外交部长哈桑・维拉朱达阁下在第64届联合国大会上的发言》（Statement by H.E. Dr. N. Hassan Wirajuda, Minister for Foreign Affairs, Republic of Indonesia, at the 64th Session of the United Nations General Assembly），纽约，2009年9月29日，可访问：http://www.un.org/en/ga/64/generaldebate/pdf/ID_en.pdf。

19. 另见马蒂·纳塔莱加瓦：《印尼共和国外交部长马蒂·纳塔莱加瓦阁下在第66届联合国大会一般性辩论中的发言》（Statement By H.E. Dr. R.M. Marty M. Natalegawa Minister for Foreign Affairs Republic of Indonesia at the General Debate of the 66th Session of the United Nations General Assembly），纽约，2011年9月26日，可访问：http://www.kemlu.go.id/Pages/SpeechTranscriptionDisplay.aspx?Name1=Pidato&Name2=Menteri&IDP=725&l=ent。

20. 唐纳德·K. 埃默森（Donald K. Emmerson）：《印尼正在崛起吗？这要看情况》（Is Indonesia Rising? It Depends），载安东尼·雷德主编《印尼崛起：亚洲第三巨人的重新定位》，第59页。

21. 例如，拉里·戴蒙德（Larry Diamond）：《印尼在全球民主中的地位》（Indonesia's Place in Global Democracy），载爱德华·阿斯皮纳尔（Edward Aspinall）和马库斯·米茨纳（Marcus Mietzner）编《印尼的民主化问题：选举、制度和社会》（*Problems of Democratisation in Indonesia: Elections, Institutions and Society*），新加坡：东南亚研究所，2010，第23—24页。

22. 例如，格雷格·巴顿（Greg Barton）：《印尼：合法性、世俗民主和伊斯兰教》（Indonesia: Legitimacy, Secular Democracy, and Islam），《政治与政策》2010年第38卷第3期，第471—496页。巴顿还提到了土耳其，以挑战这一假设。

23. 里扎尔·苏克马（Rizal Sukma）：《印尼找到新的声音》（Indonesia Finds a New Voice），《民主杂志》2011年第22卷第4期，第113页。

24. 哈桑·维拉朱达：《哈桑·维拉朱达阁下的发言》。

25. 马蒂·纳塔莱加瓦：《印尼共和国外交部长马蒂·纳塔莱加瓦阁下在第65届联合国大会上的发言》，纽约，2010年9月28日，可访问：http://kemlu.go.id/Pages/SpeechTranscriptionDisplay.aspx?Name1=Pidato&Name2=Menteri&IDP=681&l=en。

26. 迈克尔·J. 格林（Michael J. Green）和丹尼尔·特宁（Daniel Twing）：《亚洲的民主和美国大战略：持久理想主义背后的现实主义原则》（Democracy and American Grand Strategy in Asia: The Realist Principles behind an Enduring Idealism），《当代东南亚》2008年第30卷第1期，第18页。

27. 马蒂·纳塔莱加瓦：《印尼共和国外交部长马蒂·纳塔莱加瓦阁下在第66届联合国大会一般性辩论中的发言》。

28. 穆罕默德·费萨尔·卡里姆（Mochammad Faisal Karim）：《印尼应该在全球范围内推进民主进程，就从埃及开始》（Indonesia should Promote Democracy Globally, Starting with Egypt），《东亚论坛》2013年8月22日，可访问：http://www.eastasiaforum.org/2013/08/22/indonesia-should-promote-democracy-globallystarting-with-egypt/。

29. 马蒂·纳塔莱加瓦：《印尼共和国外交部长马蒂·纳塔莱加瓦阁下在第66届联合国大会一般性辩论中的发言》。

30. 里扎尔·苏克马：《国内政治和国际姿态：制约与机会》（Domestic Politics and International Posture: Constraints and Possibilities），载安东尼·雷德主编《印尼崛起：亚洲第

三巨人的重新定位》，第81—82页。

31. 苏西洛·班邦·尤多约诺：《印尼与世界》（Indonesia and the World），在印尼世界事务理事会（ICWA）发表的主旨演讲，雅加达，2005年5月19日，可访问：http://www.presidenri.go.id/index.php/pidato/2005/ 05/19/332.html。

32. 杰弗里·C. 冈恩（Geoffrey C. Gunn）：《2012年的印尼：全面的选举民主》（Indonesia in 2012: An Electoral Democracy in Full Spate），《亚洲调查》第53卷第1期，第123页。

33. 马蒂·纳塔莱加瓦：《年度新闻公报》，第7页。

34. 穆罕默德·费萨尔·卡里姆：《印尼应该在全球范围内推进民主进程，就从埃及开始》。

35. 马蒂·纳塔莱加瓦：《印尼共和国外交部长马蒂·纳塔莱加瓦阁下在印尼普遍定期审议工作组第十三届会议上的发言》（Statement by H.E. Dr. R.M. Marty M. Natalegawa, Minister for Foreign Affairs, Republic of Indonesia, at the 13th Session of the Working Group Meeting on the Universal Periodic Review for Indonesia），日内瓦，2012年5月23日，可访问：http://www.kemlu.go.id/Pages/SpeechTranscriptionDisplay.aspx?Name1=Pidato&Name2=Menteri&IDP=769&l=en。

36. 哈桑·维拉朱达，引自《希望之光报》2006年8月22日，雅加达，转引自苏克马：《印尼找到新的声音》，第113页。

37. 德维·福尔图娜·安瓦尔：《国内和亚洲地区变化对印尼外交政策的影响》，第126—127页。

38. 艾弗里·普尔（Avery Poole）：《区域组织的制度变迁：东盟规范的产生和演变》（Institutional Change in Regional Organizations: The Emergence and Evolution of ASEAN Norms），博士学位论文，不列颠哥伦比亚大学，温哥华，加拿大，2013。

39. 苏克马：《印尼找到新的声音》，第113页。

40. 艾弗里·普尔：《区域组织的制度变迁》。

41. 克里斯托弗·B. 罗伯茨（Christopher B. Roberts）：《东盟的区域主义：合作、价值观和制度化》（*ASEAN Regionalism: Co-operation, Values and Institutionalisation*），伦敦：劳特利奇出版社，2012，第120页。

42. 苏克马：《印尼找到新的声音》，第113页。

43. 费格斯·汉森（Fergus Hanson）：《打破刻板印象：公众舆论和外交政策》（Shattering Stereotypes: Public Opinion and Foreign Policy），《洛伊研究所2012年印尼民意调查》（*Lowy Institute Indonesia Poll 2012*），悉尼：洛伊国际政策研究所，2012，可访问：http://www.lowyinstitute.org/publicationsindonesiapoll-2012-shattering-stereotypes-public-opinon-and-foreign-policy。

44. 艾伦·柯林斯（Alan Collins）：《以人为本的东盟：给民间社会组织的大门半开或关闭》（A People-oriented ASEAN: A Door Ajar or Closed for Civil Society Organisations），《当代

东南亚》2008年第30卷第2期，第320页。

45. 国际选举制度基金会成立于2010年，参见国际选举制度基金会：《国际选举制度基金会印尼：选举调查2010》（IFES Indonesia: Electoral Survey 2010），华盛顿哥伦比亚特区，第15、34页，可访问：http://www.ifes.org/Content/Publications/Survey/2011/~/media/Files/Publications/Survey/2010/20110119_Indonesia_Electoral_Survey.pdf。

46. 费格斯·汉森：《打破刻板印象》。

47. 卡里姆：《印尼应该在全球范围内推进民主进程，就从埃及开始》。

48. 德维·福尔图娜·安瓦尔在前总统哈比比执政期间（1998—1999）还担任过他的顾问。在撰写本章时，她曾在印尼外交关系、研究和学术领域担任过多项职务。

49. 德维·福尔图娜·安瓦尔：《国内和亚洲地区变化对印尼外交政策的影响》，第127页。

50. 约恩·多施（Jörn Dosch）：《主权规则：人类安全、公民社会与自由改革的局限》（Sovereignty Rules: Human Security, Civil Society, and the Limits of Liberal Reform），载唐纳德·K. 埃默森（Donald K. Emmerson）编《艰难的选择：东南亚的安全、民主和区域主义》（*Hard Choices: Security, Democracy and Regionalism in Southeast Asia*），加利福尼亚州斯坦福大学沃尔特·H. 肖伦斯坦亚太研究中心，2008，第59—90页（着重之处为作者所加）。

51. 里扎尔·苏克马：《国内政治和国际姿态》，第84—85页。

52. 安瓦尔：《国内和亚洲地区变化对印尼外交政策的影响》，第131页。

53. 同上。

54. 迪安·特里安夏·查尼（Dian Triansyah Djani）：《一场漫长的旅程》（A Long Journey），载许通美（T. Koh）、R.G. 马纳洛（R.G. Manalo）和温长明（W. Woon）编《〈东盟宪章〉的制定》（*The Making of the ASEAN Charter*），新加坡：世界科学出版社，2009，第141—142页。

55. 安德烈亚斯·哈尔索诺（Andreas Harsono）：《印尼不是穆斯林民主的典范》（Indonesia Is No Model for Muslim Democracy），《纽约时报》2012年5月21日。

56. 同上。

57. 同上。

58. 恩迪·巴尤尼（Endy Bayuni）：《评论：印尼的宗教不宽容现象正式升级》（Commentary: Religious Intolerance in Indonesia Officially Goes up a Notch），《雅加达邮报》2013年12月2日。

59. 杰弗里·C. 冈恩：《2012年的印尼》，第123页。

60. 例如，路透社：《印尼总统苏西洛·班邦·尤多约诺面临腐败调查人员逮捕最高法官的压力》（Indonesia President Susilo Bambang Yudhoyono under Pressure as Corruption Investigators Arrest Top Judge），2013年10月3日，可访问：http://www.independent.co.uk/news/world/asia/indonesia-president-susilobambang-yudhoyono-under-pressure-as-corruption-investigators-arrest-topjudge-8856225.html。

61. 杰弗里·C. 冈恩:《2012年的印尼》，第120页。

62. 例如，维克拉姆·尼赫鲁（Vikrum Nehru）:《印尼民主需要改革》（Indonesian Democracy Is in Need of Reform），卡内基基金会，2013年9月12日，可访问：http://carnegieendowment.org/2013/09/12/indonesian-democracy-is-in-need-of-reform/gmz6。

63. 同上。

64. 苏克马:《印尼找到新的声音》，第118页。

65. 埃默森:《印尼正在崛起吗？这要看情况》，第60—61页；安瓦尔:《国内和亚洲地区变化对印尼外交政策的影响》，第126—127页。

66. 福冈由纪（音译，Yuki Fukuoka）:《后苏哈托时代印尼的寡头政治与民主》（Oligarchy and Democracy in Post-Suharto Indonesia），《政治学评论》2013年第11卷，第57页。

67. 世界银行:《印尼》，可访问：http://www.worldbank.org/en/country/indonesia。

68. B. 梅德·比曼塔（B. Made Bimanta）:《把握经济外交年，机不可失》（Seizing the Year of Economic Diplomacy, Now or Never），《雅加达邮报》2013年3月13日，第6页。

69. 彼得·麦考利（Peter McCawley）:《印尼的世贸组织总干事候选人》（Indonesia's WTO Candidate），《口译者》，洛伊国际政策研究所，2013年1月16日，可访问：http://www.lowyinterpreter.org/post/2013/01/16/Indonesias-WTO-candidate.aspx。

70. 同上。

71. 世界银行:《印尼》。

72. 杰弗里·C. 冈恩:《2012年的印尼》，第119页。

73. 同上。

74. 费格斯·汉森:《打破刻板印象》。

75. 埃兹拉·西希特（Ezra Sihite）:《苏西洛·班邦·尤多约诺向肯尼亚寻求关于解决贫富差距的建议》（SBY Turns to KEN for Advice on Wealth Gap），《雅加达环球报》2013年1月23日。

76. 迪特里希·吕舍迈尔（Dietrich Rueschemeyer）:《解决不平等问题》（Addressing Inequality），《民主杂志》2004年第15卷第4期，第76—90页。

77. 埃默森:《印尼正在崛起吗？这要看情况》，第49、58页。

78. 例如，福冈由纪:《后苏哈托时代印尼的寡头政治与民主》。

79. 埃米尔扎·阿迪·夏伊伦德拉（Emirza Adi Syailendra）:《印尼选举后的外交政策：新方向？》（Indonesia's Post-election Foreign Policy: New Directions?），《拉惹勒南国际研究院评论》2014年第113期，2014年6月13日，可访问：http://www.rsis.edu.sg/publications/Perspective/RSIS1132014.pdf。

80. 阿维迪亚·桑蒂卡查亚（Awidya Santikajaya）:《印尼：佐科和普拉博沃领导下的外交政策》（Indonesia: Foreign Policy under Jokowi and Prabowo），《外交官》2014年6月5日，可访问：http://thediplomat.com/2014/06/indonesia-foreign-policy-under-jokowi-and-prabowo/。

81. 引自厄尔维达·毛莉亚（Erwida Maulia）:《总统候选人回避谈及全球事务》（Presidential Hopefuls Shy Away from Global Affairs）,《雅加达环球报》2014年6月4日。

82. 同上。

83. 约书亚·E. 基廷（Joshua E. Keating）:《2010年你错过的故事》（The Stories You Missed in 2010）,《外交政策》2010年12月，可访问：http://www.foreignpolicy.com/articles/2010/11/29/the_ stories_you_missed_in_2010。

第九章　印尼与国际组织：涉足新领域

［印尼］尤利乌斯·P. 赫尔马万
［印尼］艾哈迈德·D. 哈比尔

引　言

自1949年获得独立以来，印尼一直积极参与各类国际组织。它于1950年加入联合国，是联合国维和部队早期的重要参与者。1961年，它成为不结盟运动的创始成员国，并于1992年在雅加达主持了不结盟运动峰会，为不结盟运动注入了新的活力。[1]1967年，为维护东南亚的安全与稳定，东盟成立，印尼成为创始成员国，东盟秘书处的总部也设在雅加达。在后冷战时期，印尼于1989年成为亚太经合组织的创始成员国，并于1994年主持了亚太经合组织领导人非正式会议，会上达成了减少贸易和投资壁垒的“茂物目标”。亚洲金融危机（1997—1998）爆发之后，印尼于1999年受邀加入了二十国集团，该组织汇聚了世界主要发达经济体和新兴经济体，现在已成为全球经济治理的重要论坛。

本章聚焦印尼作为崛起中的新兴大国，如何看待自身过去十年在联合国、不结盟运动和二十国集团这三大国际组织中所发挥的作用，以及该国如何协调这种作用与“独立和积极”的传统政策框架之间的关系。本章基于观念的视角，主要分析了苏西洛总统在两届任期（2004—2009、2009—

2014）内的公开讲话，以及其他印尼主要外交界人士的言论。在任期间，苏西洛政府在与国际组织的交往中保持了印尼外交政策传统叙事中的主要特征，如“独立和积极”的框架，而且在全球环境不断变化以及印尼经济和政治崛起的背景下重塑了这些外交叙事。

本章涉及的三大国际组织在快速变化的全球环境中也面临变革的需要。如果不能满足诸如代表性、尽责度和参与度等国际标准，它们的政治合法性可能会被削弱。[2]联合国已经经历了多次改革，但结果不尽相同。最值得注意的是，改革联合国安理会及其赋予五个常任理事国美国、英国、俄罗斯、中国和法国的否决权的几次尝试都以失败告终。不结盟运动在努力维持内部的关系，而为了增加新兴经济体的代表性，原来的七国集团扩展成二十国集团，但二十国集团仍然因为成员国资格太过单一而受到批评。不过，这并不是说这些国际组织没有能力朝着更好的方向进行变革，或者它们根本没有努力进行变革。在这些变革的努力中，印尼及其驻国际组织的代表们可以说在引入新观点和新方法方面发挥了“政策企业家”（policy entrepreneurs）[3]的作用。

就其成员国数量而言，联合国是世界上最广泛的国际组织。然而，也正是由于其成员国众多，联合国并非一直是一个有效的国际治理机构。改革联合国的呼声已经存在了几十年了，但并没有显著进展，尤其是有关联合国安理会的改革。[4]不结盟运动起始于1961年，其积极推动非殖民化进程和建立更为公正公平的全球治理体系（至少声势浩大）。例如，在2012年在伊朗举行的德黑兰峰会上，不结盟运动领导人强调了联合国作为全球治理的体制和法律框架中具有广泛性和包容性的多边组织所发挥的根本性作用。[5]

作为联合国成员国和不结盟运动的创始成员国，印尼一般都是和其他发展中国家保持一致，并经常反对大国。通过联合国和不结盟运动，印尼一直对希望维护联合国现有架构的大国持批评态度。印尼还支持巴勒斯坦独立，与美国给予以色列军事、经济和意识形态方面的支持形成鲜明对比。不过，作为二十国集团成员，印尼也和主要大国和其他新兴经济体进行着合作，并需要遵守其在二十国集团论坛上作出的承诺。

本章的第一节回顾了印尼“独立和积极”的外交政策方针的形成，以及1955年在万隆举行的亚非会议，这两者奠定了印尼外交政策的意识形态基础。“独立和积极”的外交政策一直是印尼历史上一个不变的主题。第二节考察了印尼在三大国际组织中的成员国资格和作用：首先涉及的是世界性的国际组织联合国，其次是印尼作为创始成员国并由万隆会议促成的不结盟运动，最后是工业化国家和新兴经济体组成的二十国集团。具体而言，第二节将考察印尼对其在这些国际组织中的理想角色的认知。第三节将涉及印尼如何扮演这些理想角色。最后，结语部分探讨了印尼作为一个正在崛起的中等强国的未来前景。

“独立和积极”的外交政策

1945年印尼宣布独立时，民族主义领导人已经设想了一个在构建全球秩序中发挥积极作用的民族国家。这并不奇怪，因为这些领导人在印尼独立前大部分都来自多语言的少数精英阶层，他们受过西式教育，具有国际化的外向型取向。[6]1945年宪法的序言反映了他们的理想主义，序言申明印尼必须肩负起在独立、永久和平和社会公正的原则下推动建立世界秩序的义务。[7]

1948年，在一次具有里程碑意义的演讲中，副总统穆罕默德·哈达倡导了“‘独立和积极’的外交政策”，这至今仍然是印尼外交政策的基石。[8]这一政策的现实意义体现在很多场合，谨举一例：苏西洛总统在印尼世界事务理事会发表的首次演讲中，强调了外交政策是他的关注重点，并且提到了哈达的演讲题目，即将印尼长久以来的形象比作“在两块礁石之间划行”的船。“礁石”代表了冷战期间东方共产主义阵营和西方资本主义阵营之间不断增长的敌对情绪。副总统哈达强烈主张印尼不要在两大阵营之间选边站队。他这样做并不是让印尼执行中立政策，而是热切地劝告大家，印尼必须在国际事务中争当“主体，而不是客体”，自己决定自己的道路。[9]

1955年在万隆举行的第一次亚非会议被广泛认为具有里程碑意义，这次大会就体现了印尼的这种外交政策理念。印尼、印度、巴基斯坦、斯里兰卡和缅甸五国发起了这次会议。来自亚洲和非洲的29个国家参加了会议。[10]代表非洲的国家是埃及、埃塞俄比亚、利比里亚、利比亚、苏丹和黄金海岸（现加纳）。尽管冷战的裂痕在一定程度上造成了会议过程中的分歧，但与会各方最终还是达成了包含"万隆十项原则"的联合公报。[11]

正如岛津（Shimazu）所言：

> 这场外交活动象征性地赋予了29个与会国在国际关系中扮演一个新的集体"行动者"的合法性。万隆会议引人注目的是，这是一种向国际社会的精英统治阶层展示自信的行为，而不是一种寻求被接纳的被动行为。没有一个只有"白人"的国家或西方国家在场，象征意义十足。因此，这是全球去殖民化进程所创造的政治势头鼓舞下的一次大胆的、骄傲的挑战性行动。[12]

时至今日，万隆会议在印尼历史上仍有近乎神话般的地位。它不仅反映了印尼领导人感受到的国家脆弱性，也反映了印尼国家体量和资源的内在优势。积极参与联合国等多边国际组织，是印尼维护主权和领土完整的一种方式。[13]

二十国集团、不结盟运动和联合国的作用：印尼的视角

印尼和联合国

印尼于1950年9月28日成为联合国成员国，并从那时起一直积极参与该组织。1971年，印尼外长亚当·马利克（Adam Malik）担任了第26届联合国大会的主席，成为第二位担任联大主席的亚洲代表。1974年、1995年和2007年，印尼都被选举为联合国安理会的非常任理事国。1970年和2000年，印尼人当选为联合国经济及社会理事会（ECOSOC）主席，该

理事会是联合国六大机构中规模最大的机构。1969年、1999年和2012年，印尼人担任该机构副主席。自2006年联合国人权理事会成立以来，印尼一直是该理事会的成员国，并且印尼人于2009年当选为该理事会副主席。除了积极参与联合国的多个机构，印尼自1957年以来还一直积极为联合国维和行动作出贡献，向联合国驻刚果、越南、伊朗、科威特、波斯尼亚、柬埔寨、菲律宾和黎巴嫩特派团派出过部队。[14]

自成立以来，联合国经常受到各方批评。联合国在组织上长期遭到批评的一个重要方面是安理会的作用。[15]随着越来越多的国家在世界舞台上发挥重要作用——无论是在经济、政治方面或兼而有之——而安理会常任理事国的数量只有五个，并且其构成——包括美国、英国、俄罗斯、中国和法国——对许多成员国来说已经显得越来越不合时宜。

2012年9月，苏西洛总统在联合国大会上发表讲话，强调联合国安理会改革在反映21世纪的现实方面的重要性：

> 我们已经脱离了冷战时期，进入了“暖和平”（warm peace）时期。在这个“暖和平”时期，世界仍然停留在一种过时的国际安全架构中，其对应的是20世纪的环境；相比之下，全球经济架构早已调整到能够更好地适应21世纪。[16]

他接着说：“当然，这是联合国应该做的：结束战祸，在国际合作的基础上建立和平、公正的国际秩序。”[17]

结束“暖和平”，需要用新式的战略思维去结束地缘政治中仍然普遍存在的冷战思维，这同时也针对联合国，因为“联合国内部有时还存在僵化教条的零和计算方式”。[18]

在2012年11月第五届巴厘民主论坛的开幕式上，印尼总统重申了改革联合国安理会的必要性：

> 我们必须确保安理会成员国与其他联合国成员国的志向一致。

志向一致就需要提倡多边主义，反对单边主义。[19]

他还说："一个有效率的安理会必须能够更好地代表当前的全球现实，充当政府之间交换意见和分享民主经验的论坛。"[20]

在争取安理会常任理事国席位的过程中，印尼外长马蒂·纳塔莱加瓦表示："如果你们希望能确保安理会更具代表性，我认为最好的方式就是让印尼……成为常任理事国。"[21]印尼三次当选联合国安理会非常任理事国，这足以说明印尼有能力担任常任理事国。

马蒂·纳塔莱加瓦的前任哈桑·维拉尤达也表达了类似的信心，认为印尼应该担任安理会常任理事国。他的理由是，自1957年以来，印尼参加了三十多次维和行动，并且印尼是"世界第三大民主国家"、第四大人口国和世界上最大的穆斯林国家。[22]

2012年苏西洛总统受命与英国首相戴维·卡梅伦（David Cameron）和利比亚总统埃伦·约翰逊·瑟利夫（Ellen Johnson Sirleaf）共同担任"2015年后发展议程"高级别名人小组的主席，这被认为是印尼在联合国内迈向更高层级的重要一步。该小组由27位国际专家组成，他们的任务是制定"千年发展目标"（MDG）之后的全球发展战略，其中包括减贫、普及基础教育、促进妇女权利、降低儿童死亡率、防治疾病以及保护环境。[23]2013年3月，印尼在巴厘岛举办了"2015年后发展议程"高级别名人小组会议，这表明印尼愿意携手国际社会，制定"一项具有变革性、以人为本和呵护地球的发展议程"。[24]

虽然改革安理会的呼声没有得到印尼内部或者外界的太多回应，但这并没有影响印尼更加积极地参与联合国的维和行动，并且至少在一定程度上促进了其成为联合国安理会常任理事国的主张。2013年，印尼是联合国维和部队的第16大派遣国，总共在6次任务中派遣了1815人。印尼越来越多地参与维和行动，表明其近年来的经济增长和政治稳定大大增强了国民的信心。资源的增加可以让印尼为联合国的行动作出更大的贡献。2011年在西爪哇省的印尼和平与安全中心（IPSC）建立的维和特派团教育和培训基地，就是一个很好的例子。[25]

印尼和不结盟运动

受到1955年万隆会议的感召，不结盟运动于1961年成立。[26]在同年9月的贝尔格莱德峰会上，25个国家宣布在东西方阵营冷战的背景下保持独立。1992年印尼担任不结盟运动轮值主席国时，该运动已有113个成员国。2012年，不结盟运动有119个成员国，数量相当于联合国成员国的三分之二。然而，不结盟运动代表了不同的利益和政治倾向，给达成共识造成了严重的障碍。尽管如此，随着成员国数量的大幅增加，不结盟运动得以继续保持其合法性。

1991年苏联解体后，人们对不结盟运动能否对冷战之后的世界政治产生影响表示质疑。[27]虽然存在对不结盟运动重要性的怀疑，但印尼领导人坚信它在当代世界仍然具有重要意义。1991年12月苏联解体后，印尼在次年当选为不结盟运动的轮值主席国。它的首要责任就是向世界各国领导人证明，不结盟运动在冷战结束后仍会有所作为。在印尼的领导下，不结盟运动领导人本着务实、包容和非对抗的原则在第十次峰会上通过了《雅加达文告》和《最后文件》。这些文件凸显了修订之后的不结盟运动的作用的定义：从在东西方阵营对抗的背景下倡导去殖民化，转变为促进南北对话，缓和发达国家与发展中国家之间日益加剧的两极分化。新的不结盟运动更加关注减贫、人口政策和外债。《雅加达文告》明确规定了不结盟运动的新目标：加强成员国之间的建设性合作，注重经济合作，加强南南合作，开发成员国的经济潜力。[28]

1995年，印尼卸任不结盟运动轮值主席国，苏哈托总统发表声明，表达了对不结盟运动的信心。他于1995年10月18日在哥伦比亚卡塔赫纳举行的第11届不结盟运动峰会上发表了讲话：

> 第10届不结盟运动峰会的确是一个分水岭。它毫无疑问地明确了不结盟运动在后冷战时代所发挥的持续性作用，而随后发生

> 的事件证明了这一点。同样重要的是，我们在这次峰会上确定了新的方向，开启了与发达国家和国际组织沟通的新模式……[29]

苏哈托之后，印尼继续维持其对不结盟运动对21世纪全球和区域政治的作用的乐观看法。2005年，苏西洛总统和南非总统塔博·姆贝基（Thabo Mbeki）在万隆主持了亚非会议50周年纪念活动，宣示了不结盟运动的重要性。2011年，印尼在巴厘岛举办了不结盟运动50周年纪念会议。

2011年在巴厘岛举行的不结盟运动第16届部长级会议暨不结盟运动成立50周年纪念会议上，苏西洛总统强调了21世纪的复杂挑战，并且重申了苏哈托总统在几十年前的主题：如何使不结盟运动在当代全球政治中继续发挥作用。他的演讲明确了不结盟运动在全球政治中可以发挥的三大作用：

> 第一，不结盟运动必须为全球和平与安全文化作出贡献。第二，不结盟运动必须大力倡导政治进步和社会公正，传播和加强民主价值观，并实现善政。第三，不结盟运动必须是推动全球公平繁荣的力量，即不让任何国家在经济发展中掉队。[30]

外交部长马蒂·纳塔莱加瓦对总统的主张表示赞同，即认为不结盟运动应发挥促进维护全球和平的作用。[31]

印尼和二十国集团

二十国集团成立于1999年，是一个由主要经济体[32]的财政部长和央行行长参加的旨在应对亚洲金融危机给全球造成的影响并防止未来发生类似危机的论坛。不过，2008年，当第一届二十国集团领导人峰会在华盛顿召开，以在美国金融危机后稳定全球经济时，二十国集团的地位才变得突出。[33]此后又召开了八次峰会，每次峰会都持续关注全球经济增长、创造就业机会和开放贸易问题。[34]

印尼加入二十国集团是印尼外交史上的一个突破。一方面，印尼的成员国身份对形成一种新的全球治理提供了机会，而不结盟运动、联合国和工业化国家都非常关注这一议程。另一方面，印尼要确保新的全球治理框架符合发展中国家的利益，以便向国际和国内公众保证：印尼加入二十国集团、参与和恪守对二十国集团的承诺，与其对联合国和不结盟运动等其他国际组织的承诺相一致。

印尼对二十国集团和不结盟运动有着同样的期望。正如苏西洛总统所言，二十国集团是“文明的动力源”，而不仅仅是经济的动力源：

> 二十国集团首次囊括了所有主要“文明国家”，不仅有西方国家，也有中国、韩国、印度、南非和其他国家，其中还包括拥有大量穆斯林人口的三个国家：沙特、土耳其和印尼。二十国集团是一个全球多文明共同体的代表。也许这就是为什么二十国集团能够成功地阻止全球性的大衰退。[35]

同时，考虑到自身的外交历史和传统，印尼加入国际组织的意义超越了成员国资格本身。通过代表发展中国家的利益，印尼确立了自己的国际角色：

> 在不结盟运动和77国集团内部，印尼一直把发展中国家的需求和利益视为其全球外交的优先事项。我们开创了关于发展权的讨论，并协力使其获得全球性支持。
>
> 因此，印尼和二十国集团中的其他新兴经济体在二十国集团论坛上引领了关于发展问题的讨论。我们在论坛上提倡普惠金融，这对发展中国家的经济越来越重要。[36]

2012年，在墨西哥举行的洛斯卡沃斯峰会上，印尼与墨西哥和智利共同发起了一项关于普惠金融的互惠学习项目，以增加穷人的信贷渠道。印尼还提出了发展基础设施的资助计划，这是一项旨在克服经济发展瓶颈的全球性基础设施项目。[37]该项目符合印尼关于“加速与扩大全国经济建设蓝图”（MP3EI）的大政方针。它也符合新兴经济体的利益，是一项应对国内外民间社会组织经常反对二十国集团的重要举措。[38]

实施愿景和政策面临的挑战

印尼与联合国改革中的挑战

印尼是呼吁亟须对联合国（包括联合国安理会）进行改革的众多国家之一。联合国的改革进程面临诸多困难，这尤其是因为它涉及了很多具有不同目标的成员国。提议增加联合国安理会常任和非常任理事国席位以及取消否决权的议题，仍然是各成员国之间持续辩论的主题。

联合国安理会改革的可能性很小，除非安理会常任理事国在全球安全与维护和平问题上的立场发生变化。然而，这一立场几乎没有改变。五个常任理事国持有的观点是如果大国团结一致，全球和平就有了保障：“大国完全有理由出于崇高的目的实践全体一致同意的要求，因为它们不想在另一场战争中再次耗费亿万财富和生命。”[39]从五国的立场来看，否决权有助于实施维护全球安全的不可推卸的义务。因此，修改否决权被视为对世界安全的威胁。美国常驻联合国代表曾表示，取消否决权将破坏《联合国宪章》的宗旨。[40]苏联、法国和中国的常驻联合国代表团也持这种观点。[41]

联合国安理会五个常任理事国拥有否决权，可以根据《联合国宪章》第25条的规定否决任何有实质性和有约束力的决定。安理会还保有其他否决权：联合国大会关于联合国秘书长人选的建议；联合国的会籍申请；修改《联合国宪章》的提议等。[42]因此，在可预见的未来，很难想象联合国安理会和联合国可能进行任何改革，尽管冷战结束后国际体系已经发生了结构性变化，联合国的成员国数量也由20世纪50年代的50个增加到了现在的193个。

对联合国进行改革的另一个重要制约因素，是这些改革提议背后的既得利益的权重。改革联合国安理会的提案基本上都以提议者的利益为基础。所谓的“四国集团”（德国、印度、巴西和日本）提案，就是为了确保这四国获得安理会常任理事国的席位。五个安理会常任理事国的立场变化，也会受到常任理事国和希望成为常任理事国的国家之间关系模式的影响。

鉴于这些制约因素，苏西洛总统对联合国改革的机会持谨慎态度。他最近在联合国大会一般性辩论中表示：印尼和其他国家所能做的就是去适应所谓的“暖和平”，并试着给这种“暖和平”降降温。[43]

冷战后的不结盟运动：南北对话和当前政治运动的倡导者

由于不结盟运动成员国众多，将其改造为一支有效率的政治力量蕴含挑战。不结盟运动一直在发声争取获得全世界的支持，但收效甚微。印尼在其中发挥了积极的作用。在2012年8月的德黑兰峰会上，印尼代表团团长、副总统布迪约诺呼吁不结盟运动成员国更加积极地支持巴勒斯坦的独立，并就五项紧迫问题采取行动：

> 第一，如何有效应对以色列的非法活动。第二，如何支持和促进巴勒斯坦获得联合国席位。第三，如何促进和支持巴勒斯坦的制度能力建设。第四，如何促进巴勒斯坦人的内部和解。以及最后一点，如何有效地发动媒体，增加公众对巴勒斯坦事业的关注。[44]

布迪约诺副总统还指出，需要将不结盟运动建设成一个更有效率的组织。他表示，“如果我们没有集体影响力，那么120个成员国就什么也不是。我们只有通过努力和作为可靠伙伴的声誉，才能赢得这种集体影响力”。[45]

由于苏西洛总统让副总统布迪约诺代表自己出席峰会，印尼政府在不结盟运动中的立场引起了种种猜测。苏西洛总统缺席不结盟运动峰会，也让人们怀疑印尼政府在多大程度上将不结盟运动作为外交政策的重点。[46]

作为文明动力源的二十国集团

积极参与二十国集团，塑造经济全球化的政府，这就要求印尼遵守自己在二十国集团论坛上作出的承诺。二十国集团倡导开放型经济，认为这是促进强劲、可持续和平衡的经济增长的最好方式。印尼加入二十国集团表明，它支持二十国集团中占主导地位的成员国将其对国际金融机构和国内经济结构的自由化观点制度化。同样，印尼的参与有助于加强主要国际金融机构（如国际货币基金组织和世界银行）的合法性，以及市场经济整体上的合法性。2008年以来，印尼民间社会组织的活动家们一直对这一问题持批评态度。[47]

印尼政府在二十国集团发展进程中的活动也受到国内制约因素的限制。遵守承诺成为印尼政府的迫切任务，因为负责履行承诺的部长级办公室在处理广泛的非金融问题方面存在协调上的困难。部际协调是必要的，特别是因为二十国集团在现有的金融和银行计划之外又增加了发展计划。如果涉及需要广泛的国内共识和实施新的国家政策的政治进程，遵守承诺也会变得非常困难。例如，印尼政府最终不得不放弃其逐步取消低效化石燃料补贴的承诺，因为2012年全国出现了反对该计划的抗议。逐步取消该项补贴的承诺是在二十国集团匹兹堡峰会（2009年）上作出的。然而，印尼政府又花了四年，到2013年年中才设法减少了燃料补贴。

印尼和国际组织：不只是象征意义

本章描述了印尼不断积极参与三个国际组织（联合国、不结盟运动和二十国集团）的情况，展示了印尼对其在全球舞台上的外交作用的信心。正如赫雷尔（Hurrell）所指出的，外交政策可以源自一种“嵌入式的指导性叙事”，[48]即一种从国家历史中形成的、受国内和国际趋势影响的意识形态。如本文所示，印尼的指导性叙事是首任副总统哈达提出的“独立和积极”的外交政策，以及象征这一政策的1955年的万隆会议。这种叙事指导了印尼参与不结盟运动、联合国和二十国集团的政策，比如它在以下方面的作用：在呼吁安理会改革的过程中，印尼致力于重建不结盟运动与工业化国家的关系；印尼参与了联合国的维和行动；印尼在二十国集团中与他国联合发起行动，让集团重新关注发展问题。

如果像赫雷尔所言，“国家主权可能越来越不是由把国家与外界影响隔绝开的权力来界定，而是由有效参与各种国际组织的权力来界定”，[49]那么历史表明，印尼在这方面做得并不差。它能否在未来继续如此，则关系到一个重要问题：就全球排名而言，印尼的经济总量和人均指标能否足以影响国际组织的方向和议程？毕竟印尼的头衔是世界“第三大民主国家”、最大的穆斯林国家、第四人口大国和亚洲第三大经济体。

假设国家实力和国际影响力之间存在必然联系，印尼在利用其国力影响国际政治的过程中将面临来自内部和外部的制约因素。需要关注的国内问题包括猖獗的腐败、各团体和宗派间的紧张关系以及执法不力，所有这些都是在不断发展的民主体制中出现的问题。[50]国内的商品经济也容易受到全球经济不确定性的影响。从外部来讲，印尼要面对不愿回应对国际组织进行根本性和渐进性变革的要求的实力更强的国家。

印尼一再表达其对国际组织的理想看法，认为国际组织能够为工业化国家和新兴国家都带来共同的利益。呼吁其他国家实现印尼的公平公正的全球治理愿景是不够的。作为中等强国，印尼必须在国际组织中扮演更加自信、更加多样的角色：争当主体——就像哈达所设想的那样——而不是客体。要做到这一点，就需要印尼国内的政治和经济力量，这样才能增强印尼在不结盟运动、联合国和二十国集团以及将来在其他国际组织中的全面影响力。就像前外交部长鲁斯兰·阿卜杜加尼（Ruslan Abdulgani）在1957年所说的那样：“我们的外交政策必须与我们自己的国家实力保持一致。”[51]

注　释

1.“不结盟运动”，印尼外交部网站，可访问：http://www.kemlu.go.id/Pages/IFPDisplay.aspx?Name=MultilateralCooperation&IDP=3&P=Multilateral&l=en。

2. 拉默什·塔库尔（Ramesh Thakur）:《全球治理下的联合国：重新平衡有组织的多边主义以应对当前和未来的挑战》（The United Nations in Global Governance: Rebalancing Organized Multilateralism for Current and Future Challenges），第65届联合国大会，关于联合国全球治理的主题讨论会，第2页，可访问：http://www.un.org/en/ga/president/65/initiatives/GlobalGovernance/Thakhur_GA_Thematic_Debate_on_UN_in_GG.pdf。

3. 丹尼尔·伯兰德（Daniel Beland）和米切尔·A. 奥伦斯坦（Mitchell A. Orenstein）:《作为政策行为体的国际组织：一个观念化方案》（International Organizations as Policy Actors: An Ideational Approach），第3页，可访问：http://ssm.com/abstract=2165514.l。

4. 案例参阅爱德华·C. 勒克（Edward C. Luck）:《联合国改革：历史进程中的教训》（*Reforming the United Nations: Lessons from a History in Progress*），国际关系研究与联合国，不定期论文，2003年第1期；以及利迪亚·斯瓦特（Lydia Swart）和埃斯特尔·佩里（Estelle Perry）编《联合国的治理和管理变革：1945年至2013年9月的安理会改革》（*Governing and Managing Change at the United Nations: Reform of the Security Council from 1945 to September 2013*），联合国改革教育中心，纽约，2013年9月。

5.《第16届不结盟运动国家首脑会议宣言》（The Declaration of the XVI Summit of Heads of State or Government of the Non-aligned Movement），2012年8月30—31日，德黑兰，伊朗伊斯兰共和国，可访问：http://www.voltairenet.org/article175765.html。

6. R.E. 埃尔森（R.E. Elson）:《认同问题和印尼世界地位的合法性问题》（Problems of Identity and Legitimacy for Indonesia's Place in the World），载安东尼·雷德（Anthony Reid）主编《印尼崛起：亚洲第三巨人的重新定位》（*Indonesia Rising: The Repositioning of Asia's Third Giant*），新加坡：东南亚研究所，2012。

7.《1945年印度尼西亚共和国宪法》（经过《1999年第一修正案》《2000年第二修正案》《2001年第三修正案》和《2002年第四修正案》修订），可访问：www.embassyofindonesia.org/about/pdf/IndonesianConstitution.pdf。

8. 苏西洛·班邦·尤多约诺:《在世界事务理事会发表的演讲》[Speech before the Council on World Affairs（ICWA）]，雅加达，2005年5月19日，可访问：http://www.presidenri.go.id/index.php/pidato/2005/05/19/332.html。

9. 同上。

10. 阿富汗、缅甸、柬埔寨、锡兰（现斯里兰卡）、中国、埃及、埃塞俄比亚、黄金海岸（现加纳）、印度、印度尼西亚、伊朗、伊拉克、日本、约旦、老挝、黎巴嫩、利比里亚、利比亚、尼泊尔、巴基斯坦、菲律宾、沙特阿拉伯、苏丹、叙利亚、泰国、土耳其、越南民主共和国、越南国、也门。

11. 这些原则是:（1）尊重基本的人权，尊重《联合国宪章》的目的与准则;（2）尊重所有国家的主权与领土完整;（3）承认所有种族一律平等，所有国家不分大小一律平等;（4）不干涉别国内政;（5）在符合《联合国宪章》的情况下，尊重每个国家独自或集体自卫的权利；（6）放弃使用为任何大国特殊利益服务的集体防御，任何国家不得向其他国家施压；（7）避免侵略行为或威胁，抑或使用武力干涉任何国家的领土完整或政治独立；（8）在与《联合国宪章》一致的情况下，利用和平手段，比如谈判、调解、仲裁或司法解决以及涉事方自主选择的其他和平方式，解决所有国际争端；（9）促进相互的利益与合作；（10）尊重公正和国际义务。

12. 岛津直子（Naoko Shimazu）:《外交舞台：从文化历史角度重塑1955年万隆会议》（Diplomacy as Theatre: Recasting the Bandung Conference of 1955 as Cultural History），亚洲研究所，《工作报告系列》第164期，2011年10月。

13. 德维·福尔图娜·安瓦尔（Dewi Fortuna Anwar）:《印尼：在世界舞台上建立规范与共识》（Indonesia: Building Norms and Consensus on the World Stage），《环球亚洲》第8卷第4期，2013年冬季，可访问：http://www.globalasia.org/Issue/ArticleDetail/539/indonesia-building-norms-and-consensus-on-the-world-stage.html。

14. 印尼共和国外交部:《联合国》，http://www.deplu.go.id/Pages/IFPDisplay.aspx?Name=MultilateralCooperation&IDP=12&P=Multilateral&l=id；印尼常驻美国纽约（联合国）代表团:《印尼与联合国》（Indonesia and the United Nations），http://www.indonesiamission-ny.org/menu_atas/a2_indo_un/indonesia_unitednations.php。

15. 理查德·巴特勒（Richard Butler）:《安理会改革》（Reform of the United Nations Security Council），《宾州州立大学法律与国际事务杂志》2012年第1卷第1期，第23—39页，可访问：http://elibrary.law.psu.edu/jlia/vol1/iss1/2；也可参阅萨哈尔·奥克瓦特（Sahar Okhovat）:《联合国安理会：否决权与改革》（The United Nations Security Council: Its Veto Power and Reform），《CPACS工作报告》第15/1期，2011年12月，可访问：http://sydney.edu.au/arts/peace_conflict/docs/working_papers/UNSC_paper.pdf。

16. 苏西洛·班邦·尤多约诺:《在第67届联合国大会一般性辩论中的演讲》（Speech at the General Debate of the 67th Session of the United Nations General Assembly），纽约，2012年9月25日，可访问：http://www.presidenri.go.id/index.php/eng/pidato/2012/09/26/1970.html。

17. 同上。

18. 同上。

19. 2012年11月8日第5届巴厘民主论坛开幕式上苏西洛总统的演讲;《苏西洛重申安理会改革的迫切性》（SBY Reiterates Urgency for UN Security Council Reform），http://www.thejakartaglobe.com/home/sby-reiterates-urgency-for-un-security-council-reform/555029。

20. 同上。

21. 穆斯塔奇姆·阿达姆拉（Mustaqim Adamrah）和阿卜杜勒·卡利克（Abdul Khalik）:《印尼对联合国安理会常任理事国席位表示乐观》（RI Optimistic about UNSC Permanent Seat），《雅加达邮报》2010年12月28日，可访问：http://www.thejakartapost.com/news/2010/12/28/ri-optimistic-about-unsc-permanent-seat.html。

22. 印尼共和国外交部，新闻发布会，No.63/PR/IX/2004,《外交部长在第59届联合国大会上的演讲》，2004年9月27日，可访问：http://www.un.org/webcast/ga/59/statements/indoeng040927.pdf。

23. 参阅在巴厘岛举行的“2015年后发展议程”高级别名人小组会议发布的公报，印尼，2013年3月27日，可访问：http://www.un.org/sg/management/pdf/Final%20Communique%20Bali.pdf。

24. 同上。

25. 娜塔莉·萨姆比（Natalie Sambhi）:《印尼推动维和行动》(Indonesia's Push for Peacekeeping Operations),《战略家》，澳大利亚战略政策研究所，2013年9月17日，可访问：http://www.aspistrategist.org.au/indonesias-push-for-peacekeeping-operations/。

26. 不结盟运动的发起人是苏加诺总统（印尼）、铁托总统（南斯拉夫）、恩克鲁玛总统（加纳）、纳赛尔总统（埃及）和尼赫鲁总理（印度）。五人中，只有铁托没有出席万隆会议。

27. 安托瓦内特·汉德利（Antoinette Handley）:《不结盟反对什么？南非和不结盟运动的未来》(Non-aligned Against What? South Africa and the Future of the Non-aligned Movement),《SAIIA报告》第10期，南非国际事务研究所，约翰内斯堡，1998，第1页。

28. 印尼共和国外交部:《不结盟运动》，可访问：http://www.deplu.go.id/Pages/IFPDisplay.aspx?Name=MultilateralCooperation&IDP=3&P=Multilateral&l=en。

29. 苏哈托作为不结盟运动主席在哥伦比亚卡塔赫纳举行的第11届不结盟国家首脑会议开幕式上的演讲，1995年10月18日。

30. 苏西洛总统在巴厘岛举行的不结盟运动第16届部长级会议暨不结盟运动成立50周年纪念会议开幕式上发表的演讲。

31. 马蒂·纳塔莱加瓦:《不结盟运动必须推动世界和平》(GNB Harus Jadi Inspirator Perdamaian Dunia)，可访问：http://www.republika.co.id/berita/internasional/global/12/05/10/m3s910-marty-gnb-harus-jadi-inspirator-perdamaian-dunia。

32. 阿根廷、澳大利亚、巴西、加拿大、中国、法国、德国、印度、印度尼西亚、意大利、日本、韩国、墨西哥、俄罗斯、沙特阿拉伯、南非、土耳其、英国、美国和欧盟。

33. 尤利乌斯·普尔瓦迪·赫尔马万等（Yulius Purwadi Hermawan et al.）:《印尼在二十国集团中的角色：印尼成员国资格的背景、作用和目标》(*The Role of Indonesia in the G-20: Background, Role and Objectives of Indonesia's Membership*)，雅加达：国际选举制度基金会，2011，第4—10页。

34.《二十国集团简史》(A Short History of the Group of Twenty)，2013年9月3日，可访问：http://g20.org.thebricspost.com/a-short-history-of-the-group-of-twenty/#.UwA_SIVQM-M。

35. 苏西洛·班邦·尤多约诺:《促进各文明之间的和谐》(Towards Harmony among Civilizations)，在哈佛大学肯尼迪政府学院发表的演讲，波士顿，2009年9月29日，http://www.presidenri.go.id/index.php/eng/pidato/2009/09/30/1228.html。

36. 苏西洛·班邦·尤多约诺:《发挥印尼作为地区和全球行为体的作用》(Indonesia's Role as a Regional and Global Actor)，在英国外交与联邦事务部年度讲话中的第二场演讲，伦敦，2012年11月2日，可访问：https://www.wiltonpark.org.uk/president-yudhoyonos-speech-at-our-annual-address/。

37. 玛丽亚·莫妮卡·维哈尔查(Maria Monica Wihardja):《印尼和二十国集团：大门半开》(Indonesia and the G-20: A Door Left Half Open)，东亚论坛，2012年6月29日，可访问：http://www.eastasiaforum.org/2012/06/29/Indonesia-and-the-g20-a-door-left-half-open/。

38. 赫尔马万等:《印尼在二十国集团中的角色》，第99—127页。

39. 正如美国代表在旧金山所表示的那样，引自“澳大利亚同伴勋章”获得者理查德·巴特勒(Richard Butler A.C.):《联合国安理会的改革》(Reform of the United Nations Security Council),《宾州州立大学法律与国际事务杂志》2012年第1卷第1期，第28页，可访问：http://elibrary.law.psu.edu/cgi/viewcontent.cgi?article=1001&context=jlia。

40. 同上。

41. 同上，第28—29页。

42. 同上。

43. 苏西洛·班邦·尤多约诺:《在第67届联合国大会一般性辩论中的演讲》。

44.《印尼共和国副总统布迪约诺阁下在第16届不结盟运动首脑会议上发表的声明》，可访问：http://wapresri.go.id/index/preview/pidato/158。

45. 同上。

46. 参加峰会的有27位总统、2位国王和埃米尔、7位总理、9位副总统、2位国会发言人和5位特使。

47. 赫尔马万等:《印尼在二十国集团中的角色》，第99—127页。

48. 安德鲁·赫雷尔(Andrew Hurrell):《对国际机构中中等强国作用的一些思考》(Some Reflections on the Role of Intermediate Powers in International Institutions)，载安德鲁·赫雷尔、安德鲁·F. 库珀(Andrew F. Cooper)、瓜达卢佩·冈萨雷斯·冈萨雷斯(Guadalupe Gonzalez Gonzalez)、里卡多·尤比拉齐·塞尼斯(Ricardo Ubiraci Sennes)、斯里尼·斯塔拉曼(Srini Sitaraman)编《权力之路：中等国家的外交战略》，拉丁美洲项目，伍德罗·威尔逊国际研究中心，2000年3月，第1页。

49. 同上，第4页。

50. 里扎尔·苏克马(Rizal Sukma):《国内政治和国际姿态：制约和机会》(Domestic Politics and International Posture: Constraints and Possibilities)，载安东尼·雷德主编《印尼崛起：亚洲第三巨人的重新定位》，第82—90页。

51. R.E. 埃尔森:《认同问题和印尼世界地位的合法性问题》，第184页。

第十章 印尼–澳大利亚关系：成就、挑战和潜力

［澳］克里斯托弗·B. 罗伯茨 ［印尼］艾哈迈德·D. 哈比尔

澳大利亚和印尼的关系经常被双方形容为“过山车”。[1]正如科林·布朗（Colin Brown）所言，“……没有什么比过山车能更好地描述（澳大利亚和印尼关系的）这种情况了”。两国关系起起落落。这种起落颇有意思，并且奇妙的是，它是有规律可循的。但是，有时人们可能希望它能更稳定一些、平静一些。[2]然而，正如杰米·麦基（Jamie Mackie）[3]在回顾澳大利亚和印尼的关系史时所指出的，两国关系实际上在很长一段时间内都是相当稳定的，尽管在某些时候会出现剧烈波动，例如早在1948—1949年澳大利亚支持印尼脱离荷兰独立时，两国关系就曾达到高点，而在1963—1966年印尼与英国和马来西亚对抗时，两国关系则跌到低点。然而，从“新秩序”政权后的“改革”时代以来，印尼总统的更替频率相对较高，两国关系的波动也就变得更加明显。

与此同时，在整个双边关系中，印尼在很大程度上被澳大利亚的两大政党都视为较弱的伙伴。随着印尼成为一个地区强国，目前两国关系正在发生变化，这将改变两国关系的未来动态。印尼目前有2.445亿人口，是澳大利亚的10倍。此外，印尼的中产阶级比澳大利亚的总人口还要多，而且以购买力平价（PPP）计算，印尼目前的国内生产总值比澳大利亚高出30%以上。尽管学者们仍在争论印尼是否会崛起为一个大国，[4]但在印尼与

澳大利亚建交时，印尼就几乎注定要成为两国关系中更强大的那个伙伴。重要的是，澳大利亚本土与印尼之间仅相距240千米的海域，这意味着两国在安全上有着紧密的相互依存关系。不过，这种地缘关系也为未来的经济关系带来了更多的效率和潜力。

许多分析都集中在具体的关系问题上，如西巴布亚的局势，而近年来少有对双方更广泛关系的研究。由此，本章将评价两国关系的现状，并分析两国关系未来需要应对的重大挑战。第一节将考察政治与安全领域合作的进展情况，以及一些对此类合作构成挑战的关键的政治进展，包括“吹哨人”爱德华·斯诺登（Edward Snowden）未经授权披露机密材料而揭露的澳大利亚情报机构的行动。本节将首先概述两国关系的发展史，从而简要介绍背景。第二节将从社会文化和经济层面探讨问题背后的因果关系。第二节表明，两国人民之间缺乏相互了解和紧密关系，而贸易关系薄弱，再加上澳大利亚对各级小学、中学和高等教育以及有关亚洲的历史、文化、政治和语言等各领域的教育投资不足，使得这一问题雪上加霜。本章最后指出，两国的民选领导人在制定外交政策时都受到大众舆论的影响，因此，解决社会文化和贸易方面的问题对两国关系的长远未来至关重要。结语部分还探讨了这一分析对两国未来政策制定的主要意义。

政治与安全关系的发展

在当前澳大利亚和印尼关系还不稳定的时期，人们往往忽视的一点是，两国关系在最初的60年里虽然时断时续，但是为了合作和互利，还是相对稳定的。导致两国关系不稳定的重要事件包括1963—1966年的印马对抗，以及1999年东帝汶的全民公投及其随后脱离印尼而独立。由此，杰米·麦基描述了两国关系的四个不同阶段。[5]第一阶段是1945—1949年的印尼独立斗争。由于澳大利亚支持印尼的独立愿望，因此这一阶段两国关系是“热烈的”。在第二阶段，即1950—1966年，西伊里安问题、印马对抗以及两国领导人意识形态观点之间的两极分化——苏加诺总统是不结盟运动的领导人，而澳大利亚总理孟席斯（Menzies）是西方阵营的坚定支持者——导致两国关系恶化。这一时期澳大利亚的“白澳政策”也破坏了两国关系。在第三阶段，即1966—1998年苏哈托执政的漫长时期，两国关系有所改善，但在个别问题上偶有分歧，比如东帝汶问题。还有一个偶然事件：1986年4月大卫·詹金斯（David Jenkins）在《悉尼先驱晨报》上发表的一篇关于苏哈托家族的文章引发了纠纷，也激怒了苏哈托。然而，在后苏哈托时代（第四阶段），随着印尼从亚洲经济危机的重创中复苏，两国关系变得极不稳定。

印尼和澳大利亚关系的性质发生了历史性的变化，这从两国在与世界进行互动时寻求加强国家认同的过程中可以看出，并且不难理解。澳大利亚追求国家认同的过程，可以追溯到其作为大英帝国“殖民前哨”的时期，一直到其与一个新的“伟大而强大的朋友”[6]美国建立联盟的时期，以及近几十年来关于澳大利亚在多大程度上应该属于亚洲和“亚洲世纪”的更多讨论。[7]印尼的历史虽短，但是经历的变革更为剧烈，从摆脱荷兰获得独立并建立宪政民主，到在苏加诺统治下的“有领导的民主”时期倒向东方阵营，再到在苏哈托的“新秩序”时期转向西方阵营。此外，自1999年苏哈托下台以来，这个国家经历了迅速变革的“改革”时期，成了一个新兴的民主国家。

然而，两国在国际关系方面有一些基本的主题和观念并没有随着时间而改变。印尼有着强大的民族主义力量，并持续致力于不结盟运动；澳大利亚则一方面保持与美国密切的联盟关系，另一方面又认识到亚洲正在发展壮大这一地缘经济现实，于是寻求建设性地参与亚洲事务。[8]这些国家观念的转变可以为两国间稳定乃至更紧密的关系打下坚实的基础。对印尼来说，需要积极调整民族主义的态度，不那么狭隘和偏激，而是更加开放地迎接国际政治和经济的挑战。印尼还需要认识到，重视国内情况，才能执行更有力的外交政策。例如，巴布亚经济和人权状况的改善将使澳大利亚公众更加认可印尼在巴布亚的主权。[9]与此同时，正如理查德·伍尔科特（Richard Woolcott）所言：“……澳大利亚需要改变其民族心理，少关注我们在20世纪与英国、欧洲和美国的关系，多关注与我们生活在同一个地区的亚洲邻国。”[10]

尽管历史上澳大利亚公共领域有一些危言耸听的声音，[11]而印尼也有类似的杞人忧天的情绪，[12]但两国都没有对对方构成传统意义上的安全威胁。相反，澳大利亚学术界和政界逐渐认识到印尼作为抵御未来侵略的缓冲区的战略作用，更广泛地说，“与印尼的积极关系对澳大利亚的**整体**安全有着深远的作用”——这一观点清晰地体现在澳大利亚的《国家安全战略报告》和《亚洲世纪中的澳大利亚》白皮书中。[13]本着这一精神，澳大利亚和印尼于2006年谈判达成了《龙目条约》(2008年批准)，承诺两国支持对方的统一和领土完整，不以武力相威胁或使用武力。2012年9月签署的《防务合作协定》进一步加强了这一认识，用时任澳国防部长斯蒂芬·史密斯(Stephen Smith)的话来说，该协定提供了“根据《龙目条约》开展切实防务合作的正式框架”。[14]此外，2010年3月，两国关系被提升为“战略伙伴关系”。[15]

这些进展取得了一些成果，到2013年，双边防务合作已达到15年来的最高水平。例如：印尼和澳大利亚海军对海上共同边界进行了第三次协同海上巡逻；印尼首次参加澳大利亚举办的“漆黑”多国联合军演；[16]两国举行了联合维和演习(2013年5月)；[17]两国加强了搜救行动的协调性；[18]两国通过双边防务合作计划继续进行军官培训和英语培训。[19]在2004年灾难性的海啸发生后，澳大利亚军方与印尼军方一起开展了紧急救援工作，澳大利亚政府为此提供了超过10亿美元的援助。2012年，澳大利亚向印尼捐赠了4架C–130H“大力神”运输机，2013年4月，澳大利亚同意降价向印尼再出售5架该型号运输机。[20]两国已经就“可能的国防工业合作”进行了讨论，并且《简氏防务周刊》认为，除了澳大利亚出口的海军系统和军用电子设备外，两国可能还将联合开发巡逻艇。[21]至关重要的是，如果印尼继续崛起，那么在今后几十年间，其能力将发生范式转变，印尼不仅要参加联合演习，还要领导联合演习。

由于东南亚和泛印度–太平洋地区战略格局的改变，两国加强合作变得更加重要。未来这一格局将变得越来越不确定，因为诸如南海争端等问题持续存在，并且随之而来的大国竞争也在不断加剧。[22]因此，澳大利亚和印尼一直在努力避免这种竞争，而印尼大力支持澳大利亚加入东亚峰会（EAS），这对澳大利亚助益良多。虽然东亚峰会存在诸多局限性，但由18个成员国组成的这一组织目前已成为讨论广泛的安全问题的首脑级论坛。[23]此外，印尼是澳大利亚对东盟展开外交活动的关键，良好的关系将有利于两国在亚太经合组织、二十国集团和联合国的各论坛中开展多边外交。[24]

虽然印尼和澳大利亚的政治制度未臻完善，但印尼民主制度的加强已使得某些社会和政治价值观不断趋同。例如，印尼现在实行多党总统制，议会拥有强有力的制衡权，并且公民社会繁荣，媒体高度活跃。[25]同时，该国的政治精英——尤其在总统办公室、外交部和军队内[26]——也坚定地支持印尼作为民主国家的新身份。这种身份极大地影响了印尼外交政策的性质，也影响了其背后的政治和社会价值观。然而，正如艾弗里・普尔在第八章中所阐述的，根据三级博弈论，[27]民主体制和价值观的融合也带来了一些挑战，因为政治领导层现在必须考虑到更广泛的行为者和社会运动的利益和观点。

例如，议会中的许多不同政党代表了各种政治和意识形态观点。印尼的民族主义世俗政党包括专业集团党（Golkar）、印尼民主斗争党（Partai Demokrasi Indonesia Perjuangan, PDIP）、大印尼行动党（Partai Gerakan Indonesia Raya, Gerindra）和民主党（Partai Demokrat, PD）。民族主义宗教政党包括国家使命党（Partai Amanat Nasional, PAN）和民族觉醒党（Partai Kebangkitan Bangsa, PKB），而伊斯兰政党包括繁荣公正党（Partai Keadilan Sejahtera, PKS）、建设团结党（Partai Persatuan Pembangunan, PPP）和新月星党（Partai Bulan Bintang, PBB）。现在，总统在制定外交政策（包括印尼与澳大利亚的关系）时，必须考虑这些不同的观点，[28]而这种由少数政党组成的错综复杂的利益可以轻易地破坏或促成合理和最佳的外交决策。

印尼有许多宗教、社会、文化、经济和政治方面的自治组织，这些组织构成了印尼的公民社会，并影响了外交政策的实施。在这方面，政府定期与两个在印尼独立前就成立的有影响力的伊斯兰组织——伊斯兰教士联合会和穆罕默迪亚协商，重点关注与伊斯兰世界有关的问题。其他如智库这样的民间社会组织，也能够影响与外交政策问题（如双边关系）有关的观点。虽然印尼媒体现在在多方面享有与西方民主国家同等的自由，但仍有相当一部分印尼人对媒体的质量和中立性持严厉的批评态度。尽管如此，印尼媒体也反映出了各种观点，政府在处理雅加达与堪培拉关系的问题时也会予以考虑。例如，长期存在的民族主义意识使政府在与澳大利亚打交道时很难表现得比较宽厚。因此，印尼对窃听事件① 反应强烈，并持续了很长的时间，甚至在2013年11月还召回了驻澳大利亚大使。[29]

澳大利亚的国际关系同样受到国内政治以及自由党和工党的不同取向的影响。[30]例如，马利（Maley）认为，现任的阿博特（Abbot）联合政府对寻求庇护者的政策可以追溯到宝琳·汉森（Pauline Hanson）领导下排外的"一族党"（One Nation）的兴起。"一族党"成立于1997年，在1998年联邦选举期间进入鼎盛时期，在参议院获得了超过100万张选票，在众议院获得了8.43%的选票。[31]该党垮台后不久，时任总理约翰·霍华德（John Howard）利用非正常移民问题赢得了前"一族党"支持者的选票，这使得他在2001年的选举中获得连任。[32]托尼·阿博特（Tony Abbot）如法炮制，他承诺"拒绝难民船"，这让他的政党赢得了2013年的联邦选举。随后，他拒绝为印尼针对窃听案所提出的指控道歉，这部分是因为他受到了右翼选民观点的影响。[33]

毫无疑问，民主的巩固对印尼的利益和优先事项产生了影响，因为今天印尼在许多地区和全球事务上与澳大利亚是志同道合的伙伴。它们都关注不断加剧的战略竞争、环保运动（在陆克文和吉拉德政府时期）、促进宗教间对话、跨国犯罪和非正常移民（如"巴厘进程"）、促进民主与人权

---

① 2013年11月初，澳大利亚媒体根据斯诺登提供的文件披露，美国曾借助澳大利亚等盟友的外交机构放置监听设备，对包括印尼在内的多个国家实施监听，监听目标包括印尼总统苏西洛、副总统布迪约诺、前副总统卡拉、外交事务发言人、安全部长和信息部长等。——译者注

（如巴厘民主论坛）等问题，雅加达政府在伊朗等极度动荡的问题上也开展了积极和有建设性的外交。[34]当印尼政府要求澳大利亚代其询问美国是否有意在伊拉克接收一个营的印尼维和部队人员时，就可以看出两国存在一定的利益交集。尽管布什总统断然拒绝了这一提议，但雅加达的做法可以说明，澳大利亚与美国的联盟在某些方面也对印尼有利。[35]

雅加达还对澳大利亚全面支持美国与印尼建立更紧密的关系表示赞赏，而澳大利亚推行这一战略是因为印尼是一个崛起中的民主国家，并且是世界上最大的伊斯兰国家。[36]这些关系发展反映出了一个事实，即印尼实际上很难坚持其不结盟的官方政策。[37]尽管印尼也一直希望与中国建立更紧密的关系，[38]但只要印尼的民主认同使其价值观和利益向西方和其他民主大国靠拢，两国在安全领域的合作就很难取得进展。

印尼与澳大利亚在一系列非传统安全问题上的合作也日益加强。例如，澳大利亚认为与印尼在恐怖主义问题上的合作对于本国和世界人民的安全至关重要，而印尼也有类似的看法，并对恐怖主义行为与反政府和叛乱运动之间的关系表示担忧。[39]因此，在“9・11”恐怖袭击发生几个月后，澳大利亚空降特勤团（SAS）和印尼陆军特种部队（Kopassus）第88支队合作，共同提出了一份反恐谅解备忘录，并在2002年10月巴厘岛爆炸案发生后的几天内重申了这份备忘录。[40]

印尼和澳大利亚进一步加强了反恐合作，两国机构还在情报、国防、运输和边境安全、反恐融资、刑事司法、法律框架制定和执法等领域建立了“广泛的伙伴关系”。[41]在执法方面，一个重大的进展就是成立了雅加达执法合作中心（JCLEC）。澳大利亚联邦警察一直与印尼警察在该中心进行合作，开发和提供关于恐怖主义和跨国犯罪的集中执法培训。截至2012年，该中心已经开发了540门课程，培训了来自59个国家的1.3万多名官员。[42]印尼打击国内和国际恐怖主义威胁的能力有所增强：自2002年以来，印尼逮捕了800多名与恐怖主义有关的人员，其中600多人已被定罪。[43]澳大利亚通过机构间合作和援助继续向印尼提供全面支持（下文将予以讨论），这将进一步增强印尼今后应对这些挑战的能力。

尽管取得了这些积极的成就，但两国政治关系要充分发挥其潜力，还需要做更多的工作。在这方面，萨巴姆·西亚吉安（Sabam Siagian）和恩迪·巴尤尼（Endy Bayuni）认为，澳大利亚自己的努力没有得到雅加达的回报，雅加达对其与堪培拉的关系缺乏全面的政策，并且在间歇性的突发事件发生之前，它往往把澳大利亚的努力视为理所当然。[44]除了下文讨论的社会文化层面外，印尼对国家建设的关注、历史上对“北方安全”的关注，以及近年来大国间竞争的加剧——这些大国一直在争夺影响力，并与崛起中的印尼改善关系——都使这一问题变得更加突出。[45]尽管如此，澳大利亚在东帝汶问题上的作用（无论好坏）确实证明了澳大利亚对印尼的重要性，而随后也有迹象表明，雅加达开始在两国关系中发挥更积极的作用。

另一个问题涉及澳大利亚政治话语的性质。在霍华德政府时期，澳大利亚发布了一些极具挑衅性的声明，自称有权先发制人，对其他国家的恐怖主义分子发动打击，并要在印尼的领海内划定一个1000英里的海上识别区。[46]随后上台的工党政府也发布了类似的挑衅性声明，这些声明涉及的问题包括：吉拉德总理决定在东帝汶处理寻求庇护者；①后来的“巴布亚新几内亚解决方案”；贸易问题，包括禁止伐木和活牛出口；[47]美国海军陆战队进驻澳大利亚达尔文市；[48]澳大利亚外交部长鲍勃·卡尔（Bob Carr）关于西巴布亚激进分子被杀事件的评论；[49]以及总理陆克文的声明，即反对派“让难民船掉头”的言论可能导致“冲突”。[50]鉴于2013年澳大利亚举行了联邦大选，另一个挑战与一些印尼人的看法有关，即用印尼外交部网站的话来说，澳大利亚工党“倾向于更自由的姿态，对印尼持积极态度”。[51]

虽然社会文化方面的问题将在下一节中予以讨论，但澳大利亚对其北方邻国缺乏理解并且缺乏协商和尊重，导致了许多双边冲突以及本节提出的其他问题。因此，印尼的一名政府官员提到了澳大利亚将在东帝汶处理寻求庇护者的声明，他表示，澳大利亚政府应该知道，东帝汶在事先

① 2010年7月，吉拉德政府提出“东帝汶解决方案”，试图在东帝汶建立一个境外区域处理中心，对寻求庇护者进行审查。——译者注

没有与印尼协商的情况下不会同意这种安排。[52]鉴于这些问题，总统苏西洛·班邦·尤多约诺和外交部长马蒂·纳塔莱加瓦能够联合领导印尼，只是一个幸运的巧合，因为他们都是亲澳派，并积极寻求与澳大利亚发展更紧密的关系。[53]例如，在首届澳大利亚–印尼年度领导人会晤中，苏西洛总统宣称，朱莉娅·吉拉德总理已经说服他，美国海军陆战队驻扎在达尔文市并不会对印尼构成问题，一场外交争端由此平息。[54]

苏西洛总统的干预表明了加强对话和协商的好处。认识到这一点，雅加达和堪培拉还将澳大利亚–印尼外交部长和国防部长年度“2+2”会议制度化，同时提议举行法律和司法部长年度会议。[55]在第二次“2+2”会议上，印尼国防部长回顾了澳大利亚最近就其《2013年国防白皮书》进行的磋商，并作出相关承诺，将在印尼制定自己的白皮书时与澳大利亚进行磋商，随后于2013年11月派出了一个代表团前往堪培拉。[56]此外，2007—2012年，两国之间进行了130多次部长级访问。[57]印尼似乎也在为两国关系投入更多精力，最近的一次是2013年4月启动了澳大利亚–印尼高级委员会。[58]

尽管如此，两国关系的基础仍然薄弱。在“吹哨人”爱德华·斯诺登泄露了一系列澳大利亚信号局（前国防信号局）截获的情报后，这种脆弱性背后的原因显而易见。2013年10—11月，媒体广泛报道了澳大利亚驻亚洲使领馆收集情报的情况，特别是澳大利亚和美国在2007年巴厘岛联合国气候变化大会期间窃听印尼官员电话的事件。[59]随后，美国广播公司和《卫报》披露了外泄的情报，内容涉及苏西洛总统及其夫人以及几位印尼部长的电话长期遭到窃听。[60]虽然在前文提到的反恐合作中，印尼很可能已经接受过澳大利亚的情报并从中受益，但即便如此，澳大利亚政府也无法解释如何以“澳大利亚的安全”或“澳大利亚的国家利益”为由，窃听印尼总统夫人的电话。

2014年2月再爆丑闻，坐实了澳大利亚截取情报背后令人不安的潜在动机。泄露的文件显示，澳大利亚愿意与美国分享其与印尼的贸易争端的有关信息。印尼外交部长纳塔莱加瓦回应说：“令人难以置信……虾和澳大利亚的安全怎可相提并论？”[61]与此同时，澳大利亚总理托尼·阿博特就澳大利亚海军和海岸警卫队船只“无意间”进入印尼水域的消息公开道歉。[62]然而，先进的现代全球定位系统使人们对总理声明的真实性产生了怀疑，加上澳大利亚政府对其从印尼截获情报行为的定性，这些都未能使印尼满意。

鉴于这些事态的发展，印尼于2013年11月19日召回了驻澳大利亚大使，次日雅加达正式中止了与澳大利亚的军事和执法合作。[63]然而，事实上这些事件对双边合作的影响远不止于此，因为大多数印尼部委和机构都暂缓行动，静观事态发展，不再投入资源推动与堪培拉的合作。[64]澳大利亚关于非法移民的高度政治化和民粹主义的政策未能打破这个僵局，反而与非法移民问题“安全化”这一画蛇添足的做法相互影响。这些挑战背后的因果关系与两国之间薄弱的社会文化和贸易关系有关，这也是下一节的主题。与此同时，对于“窃听门”，雅加达政府有充分的理由表示愤怒，而印尼国内也群情激愤，发生了示威游行、焚烧澳大利亚和美国国旗以及要求驱逐澳大利亚外交官的事件，这些都使得印尼政府不愿过快改善两国关系。[65]

尽管如此，为了稳定两国关系，作出善意的姿态，雅加达又将印尼驻澳大使送回了堪培拉，前提是澳大利亚已经计划制定未来情报收集活动的行为准则，能够让印尼保全面子。[66]然而，此举很快遭到印尼国内的抵制。大使返澳受到了国会外交事务监督委员会（第一委员会）的批评，理由是政府此举并未征询该委员会的意见，违背了事先协商的原则。[67]关键是，2014年7月总统选举结束后，苏西洛总统的最后一届任期将于10月结束。参与对话的堪培拉和雅加达政界和学界人士普遍认为，新领导层不太可能会尽力改善——甚至是维持——与澳大利亚的关系。[68]

因果关系：看法、知识和贸易的作用

前面提到的趋同的政治和社会认同并不意味着总体性认同。[69]鉴于上一节所述的紧张局势存在众多的根源，要想获得总体性认同，还需两国政治精英的努力。还需要考虑到的是，当前两国之间缺乏相互理解，总体性认同的种子根本没有在社会上播撒。两国都清楚地认识到了这个问题：2010年，苏西洛总统在澳大利亚议会参众两院发表讲话时，贴切地阐述了相关的挑战：

> ……在我们的关系中，最持久的问题就是长期存在的陈旧的刻板印象——一种误导性的、简单化的精神丑化，把对方描绘得很糟。即使在有线电视和互联网时代，仍有澳大利亚人将印尼视为威权国家、军事独裁国家、伊斯兰极端主义的温床，甚至是一个扩张主义大国。另外，在印尼，仍有一些人患有“澳大利亚恐惧症”，他们相信“白澳”的观念仍然存在，澳大利亚对印尼怀有恶意，同情或支持我们国家的分裂分子。[70]

澳大利亚的政治言论和相关媒体报道的焦点，要么进一步加深了误解，要么未能消除误解。由此，2013年澳大利亚外交和贸易部发起的一项调查显示，多达53%的澳大利亚人认为印尼不是一个民主国家，70%的人认为巴厘岛不是印尼的一部分，72%的人认为印尼的立法是以“伊斯兰法典”为基础的。[71]尤为令人不安的是，另一项调查显示，54%的澳大利亚人认为“澳大利亚有理由担心印尼会构成军事威胁”，54%的人认为“印尼是伊斯兰恐怖主义的危险源之一”。[72]在2011年早些时候的一项调查中，只有5%的人表示“非常相信”“印尼会在世界上负责任地行事”。[73]在这种氛围下，陆克文总理指出联合政府“让难民船掉头”的言论可能导致冲突，并且提到了印马对抗，[74]这对澳大利亚人的印尼观造成的不良影响，比对印尼人的澳大利亚观造成的不良影响更严重。[75]

印尼人也很清楚澳大利亚人的态度，55%的印尼人认为“澳大利亚是一个对印尼持怀疑态度的国家”。[76]然而，尽管印尼人对澳大利亚持相对积极的看法，但仍有相当一部分人认为：澳大利亚“策划”了东帝汶的独立；西巴布亚的独立仍然是澳大利亚政府的重要议程；[77]“澳大利亚对印尼构成威胁”（31%）。[78]最糟糕的是，人们表达了强烈的愤怒：《雅加达邮报》

高级执行编辑在最近发表的一篇评论中指出，澳大利亚“被视为一个傲慢的邻国，对印尼有着强烈的优越感”。[79]正如苏西洛总统所说，“如果我们要达成更具韧性的伙伴关系”，就必须消除这种误解。[80]

如上一节所述，民主国家的外交政策受到社会观点的强烈影响。对加强两国关系来说，两国之间的不信任和缺乏理解已经产生了一些实际影响。例如，一名澳大利亚国防部高级官员指出，防务合作进程是在澳大利亚人可以接受的范围内推进的。[81]澳大利亚驻印尼大使馆通过在两国之间建立社会利益和人文联系，在应对此类挑战方面发挥了主导作用。这些活动包括邀请媒体编辑和记者进行互访，以及更加重视文化和艺术交流。[82]从更广泛的意义上讲，雅加达和堪培拉一直在共同努力促进旅游业发展，并在推广印尼不仅只有“巴厘岛”这一概念。[83]

澳大利亚外交和贸易部将上述许多建议汇集在一份名为《印尼国家战略报告》的文件中。尽管该文件强调了迄今为止双边关系取得的积极成就，但问题是，它没有切实的融资承诺作为支撑。[84]此外，自这一文件与《亚洲世纪中的澳大利亚》白皮书一起被自由党–国家党联盟政府“归档”后，澳大利亚在外交事务方面的两党合作水平明显下降了。[85]这些行动——即澳大利亚“收回”了关于亚洲的重要政策文件——让澳大利亚政府关于未来与亚洲国家进行交往和合作的承诺变得十分不明朗。

尽管作出了上述努力，但由于关于印尼和亚洲的教育越来越少，澳大利亚人对印尼仍存在误解和漠视，这将使双边关系面临更大的挑战。2011年，澳大利亚新南威尔士州只有87名12年级的学生学习印尼语，长此以往，到2018年，澳大利亚高中将不再有人学习印尼语。[86]高等教育部门也出现了类似的下降情况：2010年，只有不到1100名大学生学习印尼语；自2004年以来，已有6所大学终止了其印尼语课程。[87]在澳大利亚，亚洲语言教育的失败是反映澳大利亚与印尼和更广泛的亚洲国家交往中面临的主要的跨代挑战之一。在澳大利亚政府的某些部门里，关于这个问题的陈旧过时的观点仍然可见。例如，在2011年向澳大利亚政府官员做的一场关于“澳大利亚的交流合作”的演讲中，澳大利亚外交和贸易部的一位共同发言人兼高级官员强烈反对澳大利亚重新在高中推广亚洲语言。他表示："人人都知道，花钱请一个翻译就够了。"[88]

2002年，霍华德政府提前终止了"国家学校亚洲语言学习计划"（National Asian Languages and Studies in Schools Program），亚洲语言教育的情况也随之迅速恶化。[89]尽管此后政府高层发表了一系列宣言，包括2008年耗资6240万美元重新开展的"国家学校亚洲语言学习计划"（2012年结束）和辞藻华丽的《亚洲世纪中的澳大利亚》白皮书（2012年发布），[90]但亚洲语言课程的开课率和报名率仍未回升。问题是，澳大利亚政府在亚洲语言、文化和历史研究方面的财政支持越来越不足，这导致了相关教育能力的丧失。要扭转这一趋势，将需要大量和长期的再投资，并采取其他实际措施，如放宽对印尼合格教师的签证限制。[91]

除了语言教育外，在高中和大学阶段进行有关印尼和亚洲的通识教育也至关重要。[92]在这方面，2009年的一项研究发现，在维多利亚州，只有2%的高中毕业学年的学生接受了有关亚洲的历史课程。[93]

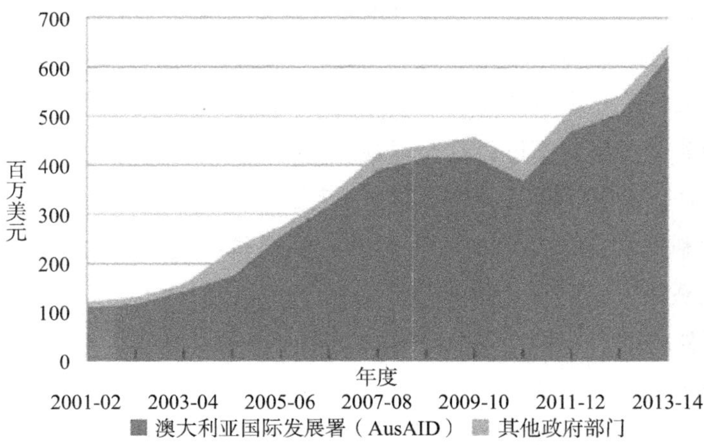

图10.1　2001—2002年度至2013—2014年度澳大利亚向印尼提供的官方发展援助[94]

此外，到2013年，每年只有100—150名澳大利亚学生在印尼学习；不过，在“前进亚洲”（AsiaBound）项目的帮助下，这一数字从2014年起每年增加到400名学生。[95]在这方面，雅加达还可以通过简化澳大利亚学生的签证制度来提供帮助。[96]虽然“前进亚洲”项目是一项非常积极的举措，但从某种意义上说，它是“本末倒置”的，因为澳大利亚学生不能熟练掌握印尼语，他们就无法充分利用他们在印尼（或其他地方）的时间。

澳大利亚广泛和长期的资助计划对上述问题起到了积极的改善作用。在2014—2015年度，预计将有525名印尼学生获得赴澳留学的奖学金。[97]此外，每年还有超过1.7万名印尼学生在澳大利亚学习。[98]2006—2009年，澳大利亚在印尼资助了近一半的校舍建设项目，并在2010年宣布再拨款5亿美元，用于新建2000所学校，由此将提供30万个入学名额。[99]除教育外，澳大利亚在过去五年中每年平均向印尼提供4.723亿美元的援助，并计划在2013—2014财政年度增加到6.468亿美元。[100]事实上，澳大利亚是印尼最大的援助国，澳大利亚目前向印尼提供的援助比其他任何国家都多。除了上述安全和警务领域的举措外，澳大利亚还利用这些援助帮助印尼增强了长期应对卫生、农业、治理、人道主义和灾害等方面问题的能力。[101]澳大利亚政府在援助印尼方面投入了大量资金，包括资助印尼学生到澳大利亚学习等，不过，具有讽刺意味的是，它完全忽视了对澳大利亚人民的教育，未能使国民了解印尼和更广泛的亚洲。

澳大利亚和印尼都应该成为对方的主要贸易伙伴。两国临近，这降低了运输成本，且两国在自然资源、投资机会和出口产品方面都具有互补性。[102]就印尼而言，持续的经济增长和合理的人口结构（包括相对年轻的劳动力）也加强了其贸易和投资的潜力与收益。[103]然而，雅加达和堪培拉双方都提出了一个关键问题，即扩大双边贸易的必要性：2012年，印尼仅是澳大利亚的第12大贸易伙伴。[104]此外，只有大约250家澳大利亚公司在印尼有业务。[105]然而，正如澳大利亚大使格雷格·莫里亚蒂（Greg Moriarty）所说，牢固的贸易关系为稳定和密切的长期关系奠定了重要基础；这是印尼和澳大利亚关系中所缺少的一个必要支柱。[106]贸易伙伴关系的加强也将自然地促进社会间的互动和了解。

通过启动东盟–澳大利亚–新西兰自由贸易区，双边贸易水平也将得到提高。该贸易区大大降低了关税，并将促进两国企业的稳定发展。澳大利亚和印尼还提议签署“印澳全面经济伙伴关系协定”（IA-CEPA），并于2013年3月举行了初步谈判。[107]这项协议的成功签署将促进两国提高贸易自由化程度，增加外国直接投资，以及更加广泛地加强经济合作。

尽管如此，进一步的挑战依然存在。印尼日益高涨的经济民族主义情绪，加上澳大利亚公司在开采资源方面多次引发争议，有可能破坏两国的长期投资承诺。[108]这些挑战使两国社会以及不同的政界人士和政府部门（他们的职责并不包括促进或推动国际、地区间和双边的相互理解）之间更加缺乏相互理解。印尼还需要在打击腐败方面保持进展，并改善本国的商业和投资环境，这样澳大利亚企业才会将其贸易和投资从其他目的地转至印尼。[109]

政策影响和前进方向

截至2013年10月，在苏西洛总统和纳塔莱加瓦外长的共同领导下，印尼和澳大利亚的关系发展获得了迄今为止最好的政治氛围。澳大利亚国际发展署（现隶属于澳大利亚外交和贸易部）、澳大利亚驻印尼大使馆以及两国的警察和国防部队所采取的审慎的政策和行动也助益良多。尽管如此，最近发生的澳大利亚侵犯印尼领土和间谍丑闻等事件表明，这些来之不易的成果不应被视为理所当然。精英阶层的动态往往是更广泛的社会观点的延伸，反之亦然。换言之，对于均为民主政体又在其他方面表现出重大的社会和政治差异的国家来说，由于这些社会利益相互关联，影响不断增加，国家之间的相互作用可能会变得复杂。因此，一个根本性的挑战在于找到一种有效的方法来改善关系框架，以便使不可避免的突发事件不会影响到政策的合理制定。

作为第一步，澳大利亚和印尼最近的政府更迭意味着，雅加达和堪培拉必须特别谨慎，避免发表可能造成冒犯、误解或被国内政治裹挟的言论。在这方面，鉴于两国精英之间的多层次对话不断增加，将其制度化是一个极为重要的进展。然而，两国需要做的工作还有很多，这包括改善澳大利亚各部门及其下属部门之间的协调关系。例如，最近发生的事件表明，一些情报人员在一项不恰当和被狭隘理解的命令下开展工作，而且为达目的不择手段。实际上，他们和他们的上级没有充分考虑到澳大利亚的软实力和道德权威为此要付出多方面的长期代价。因此，澳大利亚政府需要：（1）尽可能地通过问询或审查的方式改善机构间的协调和监督；（2）进一步修复与雅加达的关系。

与此同时，不必要的政治言论持续存在，它们被认为是对印尼的不尊重。加之澳大利亚未能就与印尼利益有关的问题进行磋商，这些都进一步说明，有必要继续重新调整澳大利亚政界和媒体在某些方面的看法和态度。根据《亚洲世纪中的澳大利亚》白皮书中赋予印尼的优先地位，澳大利亚领导人应该像对待中国、印度、韩国和日本那样，对印尼表现出同样的尊重和考虑。具体做法将涉及进行有关区域文化、外交和区域国际事务的强制性培训，培训对象至少包括政界人士、高级官员和澳大利亚驻印尼（无论是雅加达还是其他地方）使领馆的官员。考虑到还有其他可能发生时间冲突的活动，这种培训可以通过密集的短期课程或网络平台来进行，以便于培训对象获得更灵活和更高效的学习体验。

更加注重发展经济和社会文化领域的互动，也将在政治、安全和军事层面加强两国关系。这将需要在语言和更广泛的亚洲研究教育方面投入大量资金，按实际价值计算，这一投资超过了霍克和基廷政府所承诺的资金数目。作为一项临时措施，制定保证有关印尼和亚洲的新闻报道质量的特别计划，也将对更广泛的社会理解和认知产生积极影响。此类计划可在澳大利亚驻印尼大使馆最近安排的媒体访问的基础上开展，这些访问涵盖长期的交流和教育项目，后者包括重点关注与贸易和投资机会有关的教育项目。尽管如此，这些战略目标仍将需要数十年的努力，才能稳固强有力的双边关系；澳大利亚和印尼这两个民主政府将面临的挑战，是如何（在国内）获得实施这些战略的政治意愿。

如果印尼保持目前的崛起速度，那么澳大利亚将逐渐成为这一双边关系中较弱的伙伴。这反过来又将使澳大利亚更加依赖印尼的支持，以确保其经济、政治和安全利益——无论是双边利益，还是在其与东南亚和印度洋–太平洋地区更广泛的交往方面。尽管如此，正如本书其他章节所详述的那样，印尼目前的发展轨迹还很不明朗。导致国家的脆弱性的几个复杂因素仍然存在，包括种族和宗教分歧，以及如果未来政府未能履行职责（尤其是在经济领域），其合法性仍有可能迅速丧失。印尼安全环境的任何重大倒退都可能给澳大利亚带来严重的后果。因此，如果要为印尼的民主、善政、公平发展和稳定提供支持，澳大利亚的双边援助计划仍然至关重要。无论印尼未来的发展轨迹如何，现在都必须尽可能地巩固两国之间的关系。

注 释

1. 例如，参见《印尼与澳大利亚“过山车”式的关系》(RI-Australia's Roller Coaster Relation)，《雅加达邮报》2013年11月14日；以及艾伦·贝姆（Allan Behm）几天后的文章，参见艾伦·贝姆:《我们再次坐上了“印尼过山车”》(Off We Go Again on the Indonesia Rollercoaster)，《悉尼先驱晨报》2013年11月20日。这两篇文章都涉及最近的关系“骤跌”，即所谓的澳大利亚在印尼的窃听计划。

2. 科林·布朗（Colin Brown）:《“窃听丑闻”：澳大利亚–印尼关系的又一个挑战》(“Spying Scandal”: Another Challenge to the Australia-Indonesia Relationship?)，2013年11月7日，可访问：http://theconversation.com/spying-scandalanother-challenge-to-the-australia-indonesia-relationship-19909。

3. 杰米·麦基（Jamie Mackie）:《澳大利亚和印尼：当前问题与未来前景》(Australia and Indonesia: Current Problems, Future Prospects)，《洛伊研究所论文》2007年第19期，第44页。

4. 例如，以下文章提供了信息分析：唐纳德·K. 埃默森（Donald K. Emmerson)，《印尼正在崛起吗？这要看情况》(Is Indonesia Rising? It Depends)，载安东尼·雷德（Anthony Reid）主编《印尼崛起：亚洲第三巨人的重新定位》(*Indonesia Rising: The Repositioning of Asia's Third Giant*)，新加坡：东南亚研究所，2012，第77—92页。

5. 杰米·麦基:《澳大利亚和印尼：当前问题与未来前景》，第44页。

6. 澳大利亚前总理罗伯特·孟席斯曾说："但是，如果战争发生了——尽管我们尽全力维持和平——那么外交政策的任务就是确保我们与强大的朋友一起战斗。" 罗伯特·G. 孟席斯（Robert G. Menzies）:《太平洋政策》,《历史评估》，1970，第79—80页。

7. 格里高利·约翰·德索默（Gregory John de Somer）:《重新定义亚洲：澳大利亚外交政策和当代亚洲的区域主义》（*The Redefinition of Asia: Australian Foreign Policy and Contemporary Asian Regionalism*），未发表论文，新南威尔士大学澳大利亚国防学院分校，2003年2月。也见大卫·沃克（David Walker）和阿格涅斯卡·索博辛斯卡（Agnieszka Sobocinska）编《澳大利亚的亚洲：从"黄祸论"到亚洲世纪论》（*Australia's Asia: From Yellow Peril to Asian Century*），西澳大学出版社，2012。关于印尼的故事，见杰米·麦基（Jamie Mackie），同前引，第48—64页。另参见伊克拉尔·努萨·巴克蒂（Ikrar Nusa Bhakti）:《印尼–澳大利亚的关系动荡：1945—2013》（Pasang Surut Hubungan Indonesia Australia: 1945-2013），2013年11月22日，可访问：http://pustakadigitalindonesia.blogspot.com/2013/11/pasang-surut-hubungan-indonesia.html。

8. 虽然这是一个共同的政策主题，但实际上，美国和亚洲之间的相互推拉让人对澳大利亚作为亚洲邻国的形象心存疑虑，因为这种形象不存在持续性和一致性。参见阿列克修斯·杰马杜（Aleksius Jemadu）:《澳大利亚在亚太地区的政治和安全政策》（Kebijakan Politik dan Keamanan Australia di Kawasan Asia Pacific）,《社会科学与政治科学杂志》第10卷第2期，2006年11月，第144—145页。

9. 阿列克修斯·杰马杜:《澳大利亚在亚太地区的政治和安全政策》，第160页。

10. 理查德·伍尔科特（Richard Woolcott）:《亚洲世纪的印尼和澳大利亚》（Indonesia and Australia in the Asian Century）,《环球亚洲》2012年9月。

11. 关于这一问题的详细说明，见安东尼·伯克（Anthony Burke）:《对安全的恐惧：澳大利亚的入侵焦虑》（*Fear of Security: Australia's Invasion Anxiety*），墨尔本港：剑桥大学出版社，2008；埃默森:《印尼正在崛起吗？这要看情况》。

12. 苏利斯蒂扬托（Sulistiyanto）将这些恐惧称为"印尼解体综合征"，并认为这些恐惧出现在人们认为澳大利亚干预印尼内政的时候，例如在当时的东帝汶和巴布亚问题上，见普里扬布迪·苏利斯蒂扬托（Priyambudi Sulistiyanto）:《民主时代的印尼–澳大利亚关系：印尼方面的观点》（Indonesia-Australia Relations in the Era of Democracy: The View from the Indonesian Side）,《澳大利亚政治科学杂志》2010年第45卷第1期，第121页。

13. 着重之处为作者所加。《澳大利亚国家安全战略报告》（Australia's National Security Strategy），堪培拉：总理和内阁部，2013，第12页。《亚洲世纪中的澳大利亚》白皮书（Australia in the Asian Century: White Paper），堪培拉：澳大利亚联邦，2012，第25页。另见休·怀特（Hugh White）:《北方临危：印尼崛起对澳大利亚的意义》（Northern Exposure: What the Rise of Indonesia Means for Australia）,《月刊》2013年6月。

14. 斯蒂芬·史密斯（Stephen Smith）:《澳大利亚和印尼：战略合作伙伴》（Australia

and Indonesia: Strategic Partners）。澳大利亚国防部，http://www.minister.defence.gov.au/2012/09/04/minister-for-defence-australia-and-indonesia-strategic-partners/。由于澳大利亚支持东帝汶脱离印尼独立，雅加达政府在1999年单方面撤销了澳大利亚与印尼订立的条约。另见：《印尼和澳大利亚同意加强防务合作》（Indonesia, Australia Consent to Enhance Defence Cooperation），《印尼政府新闻》2013年4月4日。《澳大利亚–印尼年度领导人会议》（Australia-Indonesia Annual Leaders' Meeting），www.pm.gov.au/press-office/joint-communique。

15.《印尼国家简介》（Indonesia Country Brief），澳大利亚外交和贸易部，http://www.dfat.gov.au/geo/indonesia/ indonesia_brief.html。

16. 其他与会国家包括新加坡、泰国、新西兰和美国。《"漆黑2012"军事演习举行》（Exercise Pitch Black 12 Begins），澳大利亚国防部，http://www.defence.gov.au/defencenews/stories/ 2012/jul/0727.htm。

17.《澳大利亚与印尼军队参加"加鲁达–笑翠鸟"首次双边维和演习》（Australia and Indonesia Militaries Participate in the Inaugural Bilateral Peacekeeping Exercise, Garuda Kookaburra），澳大利亚国防部，http://news.defence.gov.au/2013/05/17/australia-and-indonesia-militaries-participate-in-the-inaugural-bilateral-peacekeeping-exercise-garuda-kookaburra/。

18. 国防部长、基础设施和运输部长以及内政部长：《联合媒体发布：加强澳大利亚–印尼搜救协调》（Joint Media Release–Strengthening Australia-Indonesia Search and Rescue Coordination），澳大利亚国防部，http://www.minister.defence.gov.au/2012/09/04/minister-for-defence-ministerfor-infrastructure-and-transport-and-minister-for-home-affairs-joint-mediarelease-strengthening-australia-indonesia-search-and-rescue-coordination/。

19.《国防部长完成对印尼的访问》（Defence Minister Completes Indonesia Visit），澳大利亚国防部，http://www.minister.defence.gov.au/2012/09/05/defence-minister-completes-indonesia-visit/。

20.《雅加达将购买更多"大力神"》（Jakarta to Buy More Hercules），《国际飞行》2013年8月6日。

21.《澳大利亚和印尼表示有意在国防工业领域展开合作》（Australia and Indonesia Signal Intent to Collaborate in Defence Industry），《简氏防务周刊》2012年9月5日。

22. 有关概述请参见克里斯托弗·罗伯茨（Christopher Roberts）：《东亚和东南亚区域主义的未来》（The Future of East and Southeast Asian Regionalism），载安德鲁·陈（Andrew Tan）编《东亚和东南亚：国际关系和安全前景》（*East and Southeast Asia: International Relations and Security Perspectives*），伦敦：劳特利奇出版社，2013。

23. 其成员国还包括印度、日本、韩国、新西兰和东盟所有（10个）成员国。

24. 拉默什·塔库尔（Ramesh Thakur）：《澳大利亚与印尼尽力靠近彼此》（Australia, Indonesia Moving as Close as Perceptions Allow），《日本时报》2013年5月2日。关于印尼在东盟中的重要性的深入分析，请参见克里斯托弗·B. 罗伯茨（Christopher B. Roberts）：

《东盟的区域主义：合作、价值观和制度化》（*ASEAN Regionalism: Cooperation, Values and Institutionalisation*），米尔顿公园：劳特利奇出版社，2012。

25. 有关印尼民主转型如何影响其政治价值观和外交政策的概述，参见罗伯茨：《东盟的区域主义：合作、价值观和制度化》，第102—126页；《国家弱点与政治价值观：东盟共同体的影响》（State Weakness and Political Values: Ramifications for the ASEAN Community），载拉尔夫·埃默斯（Ralf Emmers）编《东盟与东亚的制度化》，第11—26页。

26. 2006—2012年，克里斯托弗·罗伯茨到雅加达进行了7次实地考察。关于军事方面，另见约恩·多施（Jörn Dosch）：《东南亚政治的变化动态》（*The Changing Dynamics of Southeast Asian Politics*），伦敦：林恩·里纳出版社，2007，第39—40页。

27. 该理论指出，政治领导人必须参与国内和国际层面的政治博弈。在国内层面，一种自由的民主体制使政府在国内力量面前显得更加脆弱和敏感。在这一层面，政治精英参与了两种博弈：（1）他们寻求建立一个足够完善的权力联盟，为外交政策的特定方向服务；（2）他们为了维持或获得选民（包括压力集团等）的足够支持，通过特定的方式制定外交政策，以维护其权力。在国际层面，政府领导人参与第三种博弈，他们希望限制“对外交关系的有害影响”并满足“国内压力”，借此方式追求国家利益；因此，为了使国际行为体和国内支持者满意，外交政策行为受到二者间关系的制约。乔·D. 哈根（Joe D. Hagan）：《比较视角下的政治反对派与外交政策》（*Political Opposition and Foreign Policy in Comparative Perspective*），博尔德：林恩·里纳出版社，1993，第4—5页。另见约恩·多施：《东南亚政治的变化动态》，第21—22页。正如斯基德莫尔和哈德森所指出的，“外交决策者不仅是国家利益的代理人，还是政治动物，他们必须为自己如何在政府中生存而担心，更要考虑其国内外整体政治目标的可行性”。大卫·斯基德莫尔（David Skidmore）和瓦莱丽·M. 哈德森（Valerie M. Hudson）：《国家自治的局限性：社会团体和外交政策制定》（*The Limits to State Autonomy: Societal Groups and Foreign Policy Formulation*），博尔德：西部视点出版社，1993，第3页。

28. 普里扬布迪·苏利斯蒂扬托，同前引，第123页。

29. 例如，参见外交部长马蒂·纳塔莱加瓦在《与澳大利亚的关系“几乎不可修复”》（Hubungan dengan Australia “Nyaris Tak Bisa Diperbaiki”）中的强硬声明，2013年11月20日，http://www.bbc.co.uk/indonesia/berita_indonesia/2013/11/131120_martyaussieirreparable.shtml，以及《印尼外交部长：澳大利亚必须在印尼的朋友或敌人间作出选择》（Menlu RI: Australia Harus Tentukan Jadi Teman atau Lawan Indonesia），2014年2月17日，http://nasional.kompas.com/read/2014/02/17/1940137/Menlu.RI.Australia.Harus.Tentukan.Jadi.Teman.atau.Lawan.Indonesia。尽管窃听事件披露的内容足以激怒印尼政府并使其作出相应的回应，但其他人，如学者希克马汉托·朱瓦纳（Hikmahanto Juwana），则要求作出更强硬的回应，如驱逐澳大利亚和美国外交官，参见《驱逐澳大利亚和美国外交官！》（Expel Australian and US Diplomats!），《信德报》2013年11月20日，http://nasional.sindonews.com/read/808018/usir-diplomat-australia-

dan-as。

30. 关于澳大利亚国内和外交政策如何相互影响的有力讨论，以及霍华德政府对难民问题的反应及其对印尼–澳大利亚关系的影响，请参见马克·比森（Mark Beeson）:《澳大利亚外交政策中的问题》(Issues in Australian Foreign Policy),《澳大利亚政治与历史杂志》2002年第48卷第2期，第226—240页。

31. 威廉·马利（William Maley）:《狭隘的暴政》(The Tyranny of Parochialism),《雅加达邮报》2013年11月27日。

32. 同上。

33. 同上。

34. 例如，针对伊朗、美国和欧盟之间所谓有关核武器发展的僵局，印尼主动提出帮助调解。中岛艾伦（Ellen Nakashima）:《印尼主动提出调解同伊朗的谈判》(Indonesia Offers to Mediate Talks with Iran),《华盛顿邮报》2006年5月11日。

35. 亚历山大·唐纳（Alexander Downer）:《澳大利亚从亚洲撤退》(Australia Retreats from Asia),《亚联》2011年第3卷第4期，第2页。

36. 同上。美国和印尼此后就建立全面伙伴关系展开讨论，有可能就石油和天然气勘探、能源、林业、农业和自然资源问题，在更广泛的范围内达成六项协议。

37. 埃默森:《印尼正在崛起吗？这要看情况》，第65—68页。另见：瑞斯蒂娜·A. 苏普里扬托（Ristina A. Supriyanto）:《再平衡与印尼：美国在太平洋的存在将迫使雅加达作出选择》(Rebalancing and Indonesia: U.S. Pacific Presence Will Force Jakarta to Choose),《国际防务新闻》2013年7月8日。

38. 2005年4月的《建立战略伙伴关系》联合宣言体现了这一目标，并通过其他事态发展得到加强，包括2011年6月印尼和中国特种部队的首次联合演习。《印尼对外事务》(External Affairs, Indonesia)，简氏情报，2013。

39. 西德尼·琼斯（Sidney Jones）:《巴布亚“分离主义者”与圣战“恐怖分子”：印尼的政策困境》(Papuan “Separatists” Vs. Jihadi “Terrorists”: Indonesian Policy Dilemmas)，国际危机组织，http://www.crisisgroup.org/en/publication-type/speeches/2013/jones-papuan-separatists.aspx。

40.《澳大利亚和印尼同意进行联合调查》(Australia, Indonesia Agree to Joint Probe)，澳大利亚广播公司（ABC），2002年10月16日；伊恩·亨德森（Ian Henderson）和唐·格林利斯（Don Greenlees）:《梅加瓦蒂和霍华德总理制定关于恐怖主义的协议》(Megawati, PM Frame Pact on Terrorism),《澳大利亚人报》2002年2月7日。然而，由于担心侵犯人权，直到2005年，澳大利亚才解除了与印尼陆军特种部队进行联合训练和军事合作的禁令。彼得·阿尔福德（Peter Alford）:《印尼军队的反恐作用》(Anti-Terrorism Role for Indonesian Army)，同上，2010年10月19日。

41.《印尼国家简介》。

42.《印尼国家简介》。

43.《澳大利亚国家安全战略报告》，第12页。

44. 萨巴姆·西亚吉安（Sabam Siagian）和恩迪·巴尤尼（Endy Bayuni）:《印尼－澳大利亚关系——保持友好更重要》（RI-Australia Ties–It's More Important to Be Nice），《雅加达邮报》2012年11月14日。

45. 彼得·詹宁斯（Peter Jennings）:《印尼：优先事项、政治、观念和巴布亚》（Indonesia: Priorities, Politics, Perceptions and Papua），《战略家》，2013，www.aspistrategist.org.au。

46. 阿里·阿拉塔斯（Ali Alatas）:《不同的社会，共享的未来》（Different Societies, Shared Futures），《雅加达邮报》2006年7月6日。

47. 罗斯玛丽·伦蒂尼（Rosemarie Lentini）:《朱莉娅·吉拉德叫停对印尼的活牛出口》（Julia Gillard Halts Live Cattle Exports to Indonesia），《电讯报》2013年6月8日。参见《与庞大邻国共处的痛苦时光》（Sour Times with a Big Neighbour），《澳大利亚人报》。

48. 还有指控称，有人提议在圣诞岛部署美国无人机。马克·J. 瓦伦西亚（Mark J. Valencia）:《美国在本区域兴风作浪》（U.S. Pivot Making Waves in the Region），《海峡时报》2012年4月3日。

49. 迈克尔·巴赫拉德（Michael Bachelard）:《印尼因西巴布亚呼声而谴责澳外长卡尔》（Indonesia Rebukes Carr over West Papua Call），《世纪报》2012年8月30日。

50. 阿尔贝托·戈麦斯（Alberto Gomes）:《船只、牛肉和巴厘岛之外：重新评估澳大利亚与印尼的关系》（Beyond Boats, Beef, and Bali: Reassessing Australia's Relations with Indonesia），《对话》2013年7月3日。尽管朱莉·毕晓普（Julie Bishop）认为，如果澳大利亚将寻求庇护的船只强制遣送回印尼，印尼将与澳大利亚合作，但印尼副总统、外交部长和驻澳大利亚大使都公开表示，该政策是不可接受的。关于这个问题，副总统布迪约诺（Boediono）表示："对两个邻国来说，信任是最重要的。这是关键，要相互理解，要相互尊重。"莱诺·泰勒（Lenore Taylor）:《印尼就难民船问题与澳联盟党政府"将展开合作"》（Indonesia "Would Co-operate" with Coalition on Boats），《世纪报》2013年6月3日。乔治·罗伯茨（George Roberts）:《印尼拒绝澳联盟党政府的寻求庇护者政策》（Indonesia Rejects the Coalition's Asylum Seeker Policy），澳大利亚广播公司新闻，2013年6月14日。

51. "澳大利亚"，印尼外交部，http://www.kemlu.go.id/Pages/IFPDisplay.aspx?Name=BilateralCooperation&IDP=56&P=Bilateral&l=en。

52. 对印尼外交部的采访，雅加达，2013年2月。

53. 根据澳大利亚国立大学的印尼研究专家格雷格·费利（Greg Fealy）的说法，"苏西洛不断地（以澳大利亚的名义）给事态降温……当国会第一委员会似乎要结束对澳大利亚的大肆批评时，苏西洛发表了缓和的声明，并压制了某些事件的热度"；彼得·哈彻（Peter Hartcher）:《船战中的狗必须知道沉默的价值》（Dogs of Boat War Must Learn Value of Silence），《悉尼先驱晨报》2013年7月2日。

54. 阿卜杜勒·卡利克（Abdul Khalik）:《美军基地对印尼没有威胁》（U.S. Base No Threat to Indonesia）,《雅加达邮报》2011年11月21日。

55.《澳大利亚–印尼年度领导人会议》（Australia-Indonesia Annual Leaders' Meeting），澳大利亚联邦，www.pm.gov.au/press-office/joint-communique。

56. 詹宁斯:《印尼：优先事项、政治、观念和巴布亚》。印尼国防代表团会见了澳大利亚政府机构以及澳大利亚国立大学和澳大利亚战略政策研究所的学者和分析人士。

57.《印尼国家简介》。

58. 艾伦·杜邦（Alan Dupont）:《与印尼的关系更加紧密》（Indonesian Ties Much Tighter）,《澳大利亚人报》2013年4月8日。

59.《泄露的美国国家安全局报告披露了巴厘岛会议期间澳大利亚和美国的窃听活动》（Leaked NSA Report Reveals Australia-US Spying Operations during Bali Conference），澳大利亚广播公司新闻，2013年11月3日;《澳大利亚窃听报告在亚洲激起愤怒；中国、印尼要求澳就协助美国进行窃听活动的指控作出解释》（Australian Spying Report Stirs Anger in Asia; China, Indonesia Demand Explanations for Allegations of Aid in U.S. Spy Effort）,《华尔街日报》2013年11月2日。

60. 迈克尔·布里森登（Michael Brissenden）:《爱德华·斯诺登泄露的文件披露，澳大利亚窃听印尼总统苏西洛·班邦·尤多约诺》（Australia Spied on Indonesian President Susilo Bambang Yudhoyono, Leaked Edward Snowden Documents Revealed），澳大利亚广播公司新闻，2013年11月18日。

61. 卡特里奥纳·克罗夫特–库斯沃思（Catriona Croft-Cusworth）:《窃听纠纷：为什么印尼对堪培拉比对华盛顿更严厉》（Spying Row: Why Indonesia Is Tougher on Canberra than on Washington）,《口译者》2014年2月21日。

62. 布伦丹·尼科尔森（Brendan Nicholson）和彼得·阿尔福德（Peter Alford）:《退后，雅加达告诉澳大利亚》（Back Off, Jakarta Tells Australia）,《澳大利亚人报》2014年1月18日。

63.《雅加达并不急于修复与澳大利亚的关系：印尼驻澳大使在印澳关系改善前不会返回澳大利亚》（Jakarta in No Hurry to Fix Ties with Australia: Indonesian Ambassador Will Not Return to Australia until Relations Have Improved）,（新加坡）《今日报》2014年2月20日;《双周更新：印尼》（Biweekly Update: Indonesia），美国战略与国际问题研究中心:《第18街和K街拐角处的东南亚》第4卷第24期，2013年11月26日，第7页。

64. 与印尼大使馆的会谈，堪培拉，2014年3月。

65. 罗德·麦奎克（Rod McGuirk）:《窃听事件引发的愤怒暴露了印尼和澳大利亚之间脆弱而不平衡的关系》（Spying Furor Exposes Fragile and Uneven Relationship between Indonesia and Australia），2013年11月22日，http://www.nanaimodailynews.com/news/spying-furor-exposes-fragile-and-uneven-relationship-between-indonesia-and-australia-1.706283。

66.《尤多约诺恢复驻澳大使职务以恢复双边关系》（Yudhoyono Reinstates Australia Ambassador to Regain Bilateral Ties),《雅加达环球报》2014年5月20日。

67.《马蒂·纳塔莱加瓦因召回印尼驻澳大使而遭到批评》(Marty Natalegawa Criticised over Indonesian Ambassador's Return),《卫报》2014年6月4日。

68. 印尼政策界的一部分人士越来越相信，澳大利亚的领导层正期待着印尼下届政府的选举，但这将是一个错误。正如在与印尼决策者的讨论中所提出的那样，任何新总统都不会像苏西洛总统那样亲近澳大利亚。

69. 如果人们认为自己在某种程度上是同一群体的一部分，那人们便存在集体认同，同时这种认同会转化为一种正面形象的集合，这些正面形象会被投射到群体内的其他成员身上。詹姆斯·科顿 (James Cotton):《亚太地区的区域秩序和区域机制的多元决定》(Regional Order and the Over-determination of Regional Institutions in the Asia-Pacific)，在悉尼科技大学–瓜达拉哈拉大学研讨会上提交的论文，瓜达拉哈拉，2004年1月，第7页。

70. 苏西洛·班邦·尤多约诺:《印尼共和国总统的讲话》(Address by the President of the Republic of Indonesia)。堪培拉：澳大利亚联邦议会辩论，2010。在早些时候的一次会议上，前印尼驻澳大使S. 维尔约诺 (S. Wiryono) 也强调了双方公众无知的问题，但他补充说，这与官员之间相对更深入的理解形成了对比。S. 维尔约诺:《印尼视角：印尼、澳大利亚和地区》(An Indonesian View: Indonesia, Australia and the Region)，载约翰·蒙特里斯 (John Montries) 编《不同的社会，共享的未来：澳大利亚、印尼和地区》(*Different Societies, Shared Futures: Australia, Indonesia and the Region*)，印尼更新系列 (ISEAS)，2006。

71.《澳大利亚对印尼的态度》(Australian Attitudes towards Indonesia)。《新闻民调》(Newspoll)，堪培拉，2013。这份91页的报告是受澳大利亚外交和贸易部委托编写的。另见《澳大利亚刚刚摒弃了其对印尼的看法》(Australia Has Just Trashed the Perception of Indonesia),《独家新闻》2013年6月29日。

72. 亚历克斯·奥利弗 (Alex Oliver):《澳大利亚与世界：公众舆论与外交政策》(*Australia and the World: Public Opinion and Foreign Policy*),《洛伊研究所民意调查》，悉尼，2013，第12—13页。

73. 虽然41%的人认为他们可以"在一定程度上"相信印尼会在世界上采取负责任的行动，但这一比例低于中国、俄罗斯和埃及。此外，15%的受访者对这个问题的回答是"完全不相信"。费格斯·汉森 (Fergus Hanson):《澳大利亚与世界：公众舆论与外交政策》(*Australia and the World: Public Opinion and Foreign Policy*),《洛伊研究所民意调查》，悉尼，2011，第15—18页。

74. "对抗"是苏加诺总统在20世纪60年代提出的一项政策，主要是为了反对马来西亚联邦的建立。苏加诺将马来西亚联邦的建立视为"延续英国影响力的新殖民主义阴谋"。作为《五国联防协议》的成员国，澳大利亚军队也卷入了这场极度"受限"的冲突。罗伯茨:《东盟的区域主义：合作、价值观和制度化》，第35页。

75. 这些评论在互联网上受到了广泛反对。有一个例子是:"我们是一个主权国家，我们的政策不会被印尼这样的腐败国家所左右。如果他们想在澳大利亚试一试，美国会把他们打得屁滚尿流。”参见《澳大利亚刚刚摒弃了其对印尼的看法》。

76. 费格斯·汉森：《打破刻板印象：公众舆论和外交政策》（Shattering Stereotypes: Public Opinion and Foreign Policy），《洛伊研究所印尼民意调查》，悉尼：洛伊国际政策研究所，2012，第8页。

77. 同上，第26页；科尼利厄斯·普尔巴（Kornelius Purba）：《高人一等的做法不会打动印尼》（Patronising Approach Won't Impress Indonesia），《澳大利亚人报》2013年7月5日；詹宁斯：《印尼：优先事项、政治、观念和巴布亚》。在这个问题上，哈杰里扬托·Y. 托哈里（Hajrijanto Y. Thohari）表示："我一直对非政府组织以及澳大利亚和美国政府对巴布亚分离主义问题的反应持怀疑态度。一方面，这些政府表示支持印尼的统一，但另一方面，他们的非政府组织支持分离主义团体……谁知道（原文如此）各种政治伎俩都是在好的计划或设计下有意实施的，这样他们才能最终从中获益。"《澳大利亚政府及其非政府组织在应对巴布亚问题上相互勾结》（Australian Govt, Their NGOs Collude in Responding to Papua），安塔拉通讯社，2006年10月13日。

78. 然而，63%的人表示马来西亚构成了"威胁"。汉森：《打破刻板印象：公众舆论和外交政策》，第11页。

79. 普尔巴：《高人一等的做法不会打动印尼》。

80. 苏西洛：《印尼共和国总统的讲话》。

81. 对澳大利亚国防部的采访，堪培拉，2013年4月。

82. 一个例子涉及澳大利亚艺术导演访问印尼时的协调问题，这些艺术导演不知道当代艺术在雅加达有多大的活力。澳大利亚大使馆还把印尼记者和伊斯兰教领袖请到澳大利亚，澳大利亚记者也被送到印尼。

83. 为了增进民众对澳大利亚的认识并加强与澳大利亚的关系，还要采取更多措施。因为，洛伊研究所的民意调查表明，比起澳大利亚，印尼公众现在对美国更为热情，而且大多数印尼人不知道澳大利亚是为印尼提供最多援助的国家。汉森：《打破刻板印象：公众舆论和外交政策》，第11页。

84.《印尼国家战略》（Indonesia Country Strategy），载《亚洲世纪中的澳大利亚》（*Australia in the Asian Century*），堪培拉：外交和贸易部，2013。有关该战略的简要评估，参见米歇尔·福特（Michelle Ford）：《寻求承诺的印尼战略》（An Indonesia Strategy in Search of a Commitment），《澳大利亚人报》2013年7月10日。

85. 参见：http://asiancentury.dpmc.gov.au/white-paper，2014年7月10日访问。

86. 奥利维亚·卡布尔（Olivia Cable）：《印尼：澳大利亚通往亚洲世纪的门户》（Indonesia: Australia's Gateway into the Asia-Century）。澳大利亚国际事务研究所，http://www.aiia.asn.au/access-monthly-access/ma-issue-19。同时，2009年只有300名非华裔学生在12年级学习中文。詹妮·麦格雷戈（Jenny McGregor）：《亚洲世纪曙光中的澳大利亚学生》（Australian Students

in the Dark as Asia's Century Dawns)，《世纪报》2011年4月13日。

87. 大卫·T. 希尔（David T. Hill）：《关于印尼的知识正在我们最需要它的时候消亡》（Indonesian Knowledge Is Dying–Just When We Need It Most），2012年3月2日，http://theconversation.com/indonesian-knowledge-is-dying-just-when-we-need-it-most-5630。

88. 克里斯托弗·罗伯茨的演讲，澳大利亚国立大学国家安全学院，2011年3月。

89. 路易丝·米利根（Louise Milligan）：《政府削减3000万美元亚洲语言项目》（Government Drops $30m Asian Language Program），《澳大利亚人报》2002年5月3日。

90. 这包括4700万美元的"前进亚洲就学补助计划"（AsiaBound grants program），该计划与澳大利亚联盟党政府2012年6月发布的"反科伦坡计划"（reverse Colombo plan）非常相似。

91. 卡布尔：《印尼：澳大利亚通往亚洲世纪的门户》。

92. 20世纪90年代末开展了一系列教育缩减行动，此后，高等教育系统内目前只有少数几个专门的亚洲研究部门。

93. 麦格雷戈：《亚洲世纪曙光中的澳大利亚学生》。

94. "概述"（Overview），澳大利亚国际开发署网站，引自：http://www.ausaid.gov.au/countries/eastasia/indonesia/Pages/home.aspx。

95. 朱莉·毕晓普：《在澳大利亚–印尼对话活动上的演讲》（Address to Australia/Indonesia Dialogue），http://www.juliebishop.com.au/speeches/1223-address-to-australia-indonesia-dialogue. html。约翰·赫恩（John Hearn）：《寻求良好的印尼–澳大利亚关系》（Seeking Good RI-Australia Relations），《雅加达邮报》2010年5月1日。2013年7月，时任总理陆克文宣布了"前进亚洲"项目。至于新的联合政府是否会在2014年之后维持这笔资金，仍是一个悬而未决的问题。

96. 罗斯·塔普塞尔（Ross Tapsell）：《领导人之间的友谊未必能决定国家间的良好关系》（Friendship between Leaders Is Not Necessarily the Key to Good Relations）。同上，3月22日。

97.《印尼：2014年开始颁发的奖项信息》（Indonesia: Information for Awards Commencing in 2014）。澳大利亚国际开发署网站，http://www.ausaid.gov.au/australia-awards/documents/indonesia.pdf。

98.《印尼国家简介》。

99.《澳大利亚与印尼的教育合作伙伴关系（2011—2016）》[Australia's Education Partnership with Indonesia（2011-2016）]，澳大利亚国际开发署网站，http://www.ausaid.gov.au/countries/eastasia/indonesia/Pages/education-init1.aspx。

100. 根据澳大利亚国际开发署网站提供的数据进行计算，参见"资金"，澳大利亚国际开发署网站，引自：http://www.ausaid.gov.au/countries/eastasia/indonesia/Pages/home.aspx。

101. 同上。

102. 肖恩·麦古辛（Shaun McGushin）：《澳大利亚–印尼：更近的未来时刻》（Australia-

Indonesia: Time for a Closer Future),《蒙达克商业简报》2013年8月28日。

103. 除了支撑这种增长的丰富自然资源外，不断壮大的中产阶层（现在比澳大利亚的总人口还要多）也是印尼国内需求的主要来源，见《可能阻碍印尼繁荣的风险》(Risks That May Hinder Boom in Indonesia),《海峡时报》2013年1月15日，转载于《雅加达环球报》，http://www.thejakartaglobe.com/business/risks-that-may-hinder-boom-in-Indonesia/565796。印尼游客也是澳大利亚的另一个主要增长产业:《昆士兰旅游业将印尼作为贸易旅游的目标》(Queensland Tourism Targets Indonesia on Trade Tour),《米纳报告》2013年2月19日。关于印尼–澳大利亚贸易中言辞多于行动的趋势，见本杰明·富勒顿（Benjamin Fullarton):《与印尼关系中未开发的潜力》(Untapped Potential in Indonesian Relationship)，2013年11月25日，http://www.abc. net.au/news/2013-11-25/fullarton-indonesia/5111334。

104. 2012年10月至2013年3月在堪培拉和雅加达对政府官员和学者的采访。另见《澳大利亚–印尼：是时候在未来拉近关系了》(Australia-Indonesia: Time for a Closer Future)。

105. 尽管如此，澳大利亚的服务贸易在2007年至2010年平均每年增长22%。大卫·T. 希尔:《关于印尼的知识正在我们最需要它的时候消亡》。

106. 对格雷格·莫里亚蒂大使（Ambassador Greg Moriarty）的采访，雅加达，2013年1月21日。另见艾伦·奥克斯利（Alan Oxley):《船只后面隐藏着印尼崛起的力量》(Beyond the Boats Lies Indonesia's Rising Power),《金融评论》2013年7月2日。

107.《印尼–澳大利亚领导人会议联合公报》(Joint Communique: Indonesia-Australia Leaders' Meeting)。澳大利亚驻印尼大使馆，http://www.indonesia.embassy.gov.au/jakt/JC13_001.html。国际贸易合作总局的网站上有关于拟议的"印尼–澳大利亚全面经济伙伴关系协定"(Indonesia-Australia Comprehensive Economic Partnership Agreement) 的更多详情，参见《印尼–澳大利亚关系：通过〈印尼–澳大利亚全面经济伙伴关系协定〉促进全面贸易增长》[Hubungan Indonesia-Australia: Menuju Peningkatan Perdagangan yang Komprehensif Melalui Indonesia-Australia Comprehensive Economic Partnership Agreement（IA-CEPA）]，http://ditjenkpi.kemendag.go.id/website_kpi/index.php? module=news_detail&news_content_id=1091&detail=true。

108. 扎基尔·侯赛因（Zakir Hussain):《印尼政客打出"保护主义"牌》(Indonesia's Politicians Play "Protectionist" Card),《海峡时报》2012年7月4日。

109. 2012年，印尼的营商环境在185个国家中排名第128位（排名第1位的是"最佳营商国家"）。"营商便利指数"(Ease of Doing Business Index)，世界银行，http://data.worldbank.org/indicator/IC.BUS.EASE.XQ。

第十一章　中等强国时刻：印尼和澳大利亚合作的新基础？

［澳］马克·比森　［澳］威尔·李

“中等强国”的概念突然再度流行起来了。美国目前面临经济和战略问题，而中国影响国际体系的能力还有限，这说明目前正是大国以外的国家影响国际事务的机会。[1]事实上，有越来越多的著述聚焦这些国家所扮演的角色，这些国家既不是超级大国，也不是正在走向衰落，而是正在寻求在国际体系中发挥更重要的作用。澳大利亚一直处于这一过程的最前沿，但其近邻和下文的主要焦点——印尼——也逐渐被描述为一个地区性中等强国。同样重要的是，尽管印尼并不经常自称中等强国，但它在某些方面一直在尝试中等强国的外交路线。因此，现在正是好的时机，可以重新思考中等强国理论，分析其复苏的原因，并看看印尼是否符合中等强国的标准。

印尼前外交部长马蒂·纳塔莱加瓦表示，“在包括东盟和二十国集团在内的任何国际论坛上，印尼都愿意为民族国家之间的不同观点架设桥梁，并且展示印尼温和而坚定的观点”。他的话凸显出中等强国对多边合作的偏好，以及中等强国能发挥超级大国可能无法发挥的作用，尽管超级大国具有更明显的优势。[2]虽然对于中等强国的定义还没有完全一致的看法，但正如我们将要解释的那样，它在世界国家等级体系中的地位及其外交行为通常被认为是至关重要的——尤其是像澳大利亚和加拿大这样的国家，它们就使用了中等强国的话语和基本逻辑。这两个国家都是稳居世界前二十位的经济体，拥有强大的战略能力，并且积极参与多边外交活动。因此，首要的关键问题是，印尼是否具备中等强国理论所说的能力以及是否愿意发挥相应的作用。

在这方面，印尼尤其重要，因为它不仅和澳大利亚一样跻身于世界经济前二十位——很多人甚至预测它可能很快超越澳大利亚——而且它在国际社会中的地位越来越重要了。正如中等强国这个叫法一样，“中等”一词说明我们对其预期并没有那么高，[3]但暗示这些国家希望有更大的外交影响力。在这种背景下，中等强国的标签对印尼比对澳大利亚更重要：印尼不再那么忙着维持国内稳定，刚刚富裕起来，在国际上被公认为东南亚第一强国，已经开始呈现出更加突出的国际形象。[4]印尼从东南亚强国向具有更大国际影响力的大国转型的一个标志，是像澳大利亚一样成为二十国集团成员。因此，印尼与澳大利亚的关系是一个很有启发性的案例，可以研究印尼不断变化的外交政策重点以及那些可能使中等强国发挥更大国际影响力的因素。这是否会改变印尼与澳大利亚或者东南亚其他国家的关系，我们在下判断之前有必要回顾一下双边关系演变的历史背景。

我们的讨论将按照如下方式进行。首先，我们简略概述了中等强国理论及其主要假设。其次，我们简要介绍了印尼的体量、能力以及它发生的重要变化，这些变化促进观察家们将其视为一个新兴的中等强国。再次，我们特别考察了印尼与澳大利亚的关系，因为澳大利亚自诩为一个中等强国。印尼和澳大利亚的这种关系正好能够测试理论的有效性以及两个国家外交政策演变带来的实际影响。最后，我们更加全面地评估了中等强国外交在本地区的前景。我们认为，尽管包括印尼在内的一些域内国家将自己视为中等强国，但这是否能促使它们展开合作或建立更密切的关系还存在挑战，而最近印澳关系的恶化就是一个提醒。换言之，鉴于国家利益和敏感问题，在其他方面定位相似的国家之间的关系可能会继续泾渭分明、错综复杂。

中等强国理论与实践

中等强国相关的学术研究与印尼的关系越来越密切，这有两个原因。第一，印尼内部发生了很多变化，尤其是苏哈托倒台之后的民主化，这导致重新评估了印尼在国际体系中的整体影响。例如，雅加达一直站在建立“以规则为基础”的东盟的最前沿，提议建立一支东盟维和部队和一个很难接受违宪政府更迭的安全共同体。纳布斯–凯勒（Nabbs-Keller）把这种外交行动主义归因于印尼军民关系平衡的不断变化，因为军方正式退出了国内政坛。[5]众所周知，印尼对主权问题非常敏感，因此雅加达在多边机构中发挥突出作用的空间一直受到限制。不过，有迹象表明，由于印尼解决了东帝汶地位等问题，因此它或许可以发挥更重要的国际作用。这并非没有先例，知道这一点很重要。

例如，从20世纪80年代末到90年代初，印尼成功地进行了游说，成为不结盟运动的领导者，并且在制定亚太经合组织旨在大幅降低贸易关税的“茂物目标”方面发挥了作用。[6]毫无疑问，这些都是基于规则的行为，但雅加达最新一轮外交行动的重要意义在于，这是在民主化更加完善的背景下进行的。印尼成功的民主转型不仅本身是一项值得关注的成就，而且为其外交政策倡议带来了更高的可信度和合法性。这也意味着印尼与澳大利亚和加拿大等其他中等强国更为相似，而且它们之间存在合作的可能。

与印尼相关的中等强国问题突然受到广泛讨论，第二个原因是过去几十年来国际体系发生了重大变化，这让一些观察家相信“中等强国时刻”或许即将到来。[7]重要的是，要认识到中等强国理论已经经历了几个阶段。在不同时期，人们对这个概念的关注越来越高，这无疑反映了国际体系的结构性变化。冷战在几乎完全出人意料的情况下突然结束后，出现了第一波重要的有关中等强国的理论和评论，这并非巧合。分析和决策的关注点突然从地缘政治学转向地缘经济学，这似乎不仅确定了后冷战时代的特点，[8]也对国际关系学术研究中的一些最有影响力的假设的持续有效性提出了质疑。[9]毕竟，几十年来，国际关系理论的基础是国际体系的基本结构是两极体制。人们认为，由于当代武器系统的性质和不可调和的意识形态竞争，这个结构还不太可能改变。

然而，即使在富有挑战性的冷战战略环境中，东南亚国家也发挥了惊人的创造性作用。不结盟国家举行的万隆会议具有重要的象征意义，而东盟的成立是世界上一个不以行动独立著称的地区进行制度创新的重要且影响深远的表现。[10]不过，东盟基本上是防御性地应对一系列内外部（尤其是外部）安全挑战：其主要目的是加强当时还脆弱的主权，而不是在地区舞台上——更不要说在世界舞台上——扮演更重要、更具创造力和独立性的角色。[11]相比之下，中等强国通常被认为既拥有一定的物质力量和制度能力，又渴望独立开展政策创新和具有创造性的外交活动。尽管东盟国家符合一些中等强国的标准，但它们在解决国际问题和政策创新方面的贡献并未被注意到。相反，在其存在的大部分时间里，东盟一直专注于内部事务，并且受制于最低的共同政治标准以及维护地区团结的必要性。即使是东盟外交的高光时刻——柬埔寨危机的解决——在很大程度上也只是因为刚好符合了超级大国的利益。[12]

相比之下，人们对什么是高效的中等强国外交期望更高。在他们最近再次受到关注的具有开创性和影响力的关于中等强国的著作里，库珀（Cooper）等作者指出，中等强国“主要由其行为来定义”，特别是：

> 它们倾向于用多边方式解决国际问题，它们倾向于在国际争端中达成妥协立场，并且它们倾向于接受“国际好公民”的理念来指导外交活动。[13]

强调行为很重要也很有启发意义，因为这有助于克服对中等强国理论的一个主要批评——它可能过于宽泛，以至于失去了分析的意义——并且强调的是施动（agency）而不是结构。换言之，如果说中等强国概念是有用的，那是因为它注意到了国际体系中有着广泛相似性和固定地位的那些国家的一些重要行动。

这也就是说，尽管有些国家可能在经济、战略和政治权力方面具备相应的特征，但它们能否被视作中等强国，取决于它们采取特定行动的能力和意愿，这些行动使它们有别于禀赋相似的国家，也不同于传统上主导国际体系的大国。[14]在这方面，澳大利亚正是一个典型的中等强国，因此，有大量关于它的分析绝非偶然。[15]非常活跃的澳大利亚前外长加雷斯·埃文斯（Gareth Evans）写了一本书，提出了一种创新的“利基外交”（niche diplomacy）①，其已成为中等强国外交的理想标识。[16]毫无疑问，澳大利亚在这方面的表现令人钦佩，比如它对建立由农产品生产国组成的“凯恩斯集团”和举办亚太经合组织论坛作出了贡献。[17]

澳大利亚的例子也展示了可能影响中等强国的限制和制约因素，因此可以与印尼的情况作对比。值得注意且有些令人惊讶的是，印尼在外交政策选项上的限制可能比澳大利亚更少。几代澳大利亚外交政策官员首要考虑的问题都是国家安全。当然，印尼也关注国家安全，但它不依靠建立正式同盟关系的方式。澳大利亚的决策者认为，这种关系至少会迫使澳大利亚周期性地参与战争以兑现其战略承诺。诚然，印尼正在建立一系列制度化的战略关系，但这些关系要松散得多，承担的义务也要少得多。事实上，对东盟倡导构建的安全架构常见的批评之一就是其影响力不够。[18]相较而言，关于澳大利亚需要强调的一点是，它在战略层面没有可实施的独立选项，这不可避免地限制了前总理陆克文呼吁的“创新型”中等强国外交的作用范围。

因此，这些初步的理论评价和比较研究说明，中等强国是由它们以不同方式行事的潜力来定义的，而这些行为往往与许多传统国际关系理论不一致。即使假定的中等强国有时因为选择不做独立的施动者而未能达到理论上的预期，这一模型也可以为思考“不那么强大的”国家的特质，以及

---

① 又称“小众外交”“专长外交”，即将自身资源集中于某一特定优势领域以获取外交利益回报，尽量避免将有限的外交资源平均摊铺于各类问题之上。——译者注

可能使中等强国成为潜在盟友和合作伙伴的行为类型奠定良好的基础。然而，正如我们在澳大利亚的例子中所看到的，对该模型效用的评估及其所作的假设，需要仔细考察影响一国行为的不同情况。这一论断也同样适用于印尼。

印尼是中等强国吗？

根据能力而不是行为定义中等强国是有缺陷的。有太多国家都处于大国和正在走向衰落的国家之间，以此来划分中等强国，可能会变得毫无意义。尽管如此，必须强调的是，印尼最近——特别由于近期在亚洲金融危机后的经济发展——在国际“啄食顺序”（pecking order）① 中的排名提升相当快。休·怀特（Hugh White）认为，澳大利亚决策者必须认识到印尼的经济增长并作出相应调整，而不应该只盯着寻求避难者到来这样的“次要问题”。[19]印尼当前的国内生产总值排在世界第16位，介于韩国和荷兰之间，而这两个国家也是典型的能成为中等强国的国家。事实上，尤其是韩国，也开始在措辞上将自身定位为中等强国，以描述其在外交上不断作出的努力。[20]这一点值得强调，因为东亚地区还有一些潜在的中等强国，比如日本和泰国。如果有共同关心的问题，印尼就可能会与这些国家合作来推动解决这些问题。

印尼的中产阶级迅速扩大，以及在近十年来成功举行了一系列民主选举（其间政权在敌对政党之间和平易手），也说明印尼具备了一个名副其实的中等强国应有的内部政治结构和价值观。[21]毕竟，中等强国经常与支持“进步的”国际事业联系在一起，而它们稳定的民主体制保证了它们在此类议程中的行为规范。自称中等强国的都是民主国家，这为合作提供了基础，而这种合作可能会超越现有国际组织的某些限制，特别是主权所施

---

① 指群居动物中存在的社群等级：等级较高的动物有进食优先权，如果地位较低的动物先去进食，就会被地位较高的动物啄咬。——译者注

加的限制。印尼与东盟的关系就主要反映了这种可能，它们之间的关系已经变得越来越复杂。

印尼一直是东盟集团的领导者，并对其发展进程有重大影响。苏哈托担任总统期间，东盟符合印尼的利益：东盟主要关注的是加强国内统治，减少域内紧张局势，并赋予各类统治精英合法性——所有这些都适合苏哈托政权的目标。然而，以前被认为是东盟优势的共治、共识和妥协意愿，现在被视为行动的障碍。一些较发达的东盟成员国，比如印尼和菲律宾，对难以以东盟的名义发起行动感到越来越沮丧。[22]当印尼在政治和经济发展的早期阶段是一个威权国家时，褒贬不一的“东盟模式”或许还有用，但东盟看似正在成为一个印尼想要摆脱的组织。雅加达战略与国际研究中心执行主任里扎尔·苏克马（Rizal Sukma）呼吁，如果印尼不愿意继续屈服于东盟内威权国家的喜好，就应该欣然接受“后东盟”时代的外交政策。[23]

显然，印尼有可能加入多个正式的政治集团，甚至加入概念性框架组织——毕竟，印尼成为中等强国和下一个“金砖国家”的呼声越来越高。[24]就印尼而言，尤为重要的是，它不仅开始在各种多边组织中发挥中等强国那样更加重要的作用，而且开始使用中等强国的话语。例如，前总统苏西洛的国际关系顾问孙浩（Santo Darmosumarto）认为，印尼自认为是一个中等强国，这“使它能够在调解和构建小国与大国之间的关系方面发挥作用”。[25]印尼国内的政治辩论愈加激烈，加之外交政策越发娴熟，走出去的愿望越发强烈，这在许多方面使印尼与一些更保守的威权主义的东盟成员国产生了分歧。正如尤尔根·鲁兰德（Jurgen Rüland）所指出的，

> 印尼自诩为东盟的“标杆”，却被其他东盟成员国视为双重威胁：一是担心印尼在东盟内实行霸权主义，二是担心会动摇国内（特别是东盟中的非民主国家）的政权稳定。[26]

然而，对一些印尼的东盟伙伴国而言，印尼有望成为像澳大利亚那样的中等强国才是个麻烦。多年来，澳大利亚与印尼关系的特征一直都是政

治层面的误解和冲突，以及经济层面的缺乏融合。如果要考察印尼作为中等强国的意义，那么它与澳大利亚的关系就是一块重要的试金石。

不断发展的关系

澳大利亚与印尼之间的双边关系不仅对两个国家都越来越重要，还为我们理解中等强国之间的关系（无论它们是否以这种方式看待自己）提供了重要的视角。这部分反映了印尼作为该地区人口最多的国家和最大的伊斯兰国家，在该地区不断增长的经济和战略影响力。对于澳大利亚的决策者来说，特别是在2001年“9・11”事件和2002年巴厘岛爆炸案之后，他们主要担心的是印尼相对温和的伊斯兰教派别会变得激进。到目前为止，至少在外交政策领域，几乎还没有发生这种情况的迹象。澳大利亚与印尼之间的安全合作以及反恐行动的成功证明了两国关系的深化，尽管这也加深了人们对澳大利亚援助其脆弱邻国的令人遗憾的刻板印象。[27]无论如何，形势并不总是那么好，也不能保证两国关系会一直如此。

印尼作为一个独立国家的历史相对较短，一直以来都不太可能成为中等强国，记住这一点很重要。有抱负的中等强国虽然并不一定是民主体制，但民主体制显然为这些国家的外交实践增加了一定的合法性。[28]印尼多年来一直由苏哈托统治，澳大利亚决策者很难说服持怀疑态度的公众相信与苏哈托治下的印尼建立密切关系的好处。尽管如此，前总理保罗・基廷（Paul Keating）的“融入”亚洲政策的一个关键部分就是希望“以比以往任何时候都更加坚定和毫无保留的方式，与印尼携手共进”。[29]基廷的提议在1996年的选举中被否决，这说明很难将主要的外交动议变成国内公众所接受的政策。换言之，澳大利亚的例子清楚地说明，积极和有抱负的外交政策纲领与对外交事务几乎不感兴趣的公众之间可能存在脱节。

当然，现在最大的希望是，民主体制的印尼将成为一个可靠和令人满意的伙伴，特别是在其经济不断增长的情况下。虽然这可能最终会发生，但重要的是要记住，对澳大利亚的很多战略思想家而言，从一个颇为利己的现实政治角度来看，过去的印尼并非一无是处。虽然苏哈托政权在很多方面都很糟糕，但对澳大利亚的决策者而言，它有两大可取之处：可预测性与稳定性。几十年来，苏哈托维持了国内秩序，从而将混乱、不稳定的印尼（给澳大利亚）所带来的潜在威胁降至最低。印尼所构成的直接军事威胁本来就不严重，如果考虑到它的主要战略重点在国内，这种威胁甚至会大打折扣。基廷很务实地评价道："从战略角度而言，苏哈托对于澳大利亚来说是最好的人选；他给群岛带来了稳定，也让澳大利亚的国防预算降到了最低。"[30]

因此，从务实的政策角度来看，一个尚未得到回答的问题是——尽管澳大利亚越来越多地使用中等强国的概念——在苏哈托的威权统治下，澳大利亚与印尼关系中的某些方面是否实际上可能比现在更容易处理，因为现在的印尼可能会有更多的声音要求在界定双边关系方面拥有发言权。[31]令人痛心的是，澳大利亚在印尼收集情报一事的曝光表明，印尼更为自由的政治体制可能给双边关系带来潜在的困难。澳大利亚的"不慎举动"被印尼媒体广泛报道，使澳大利亚政府几乎没有外交回旋余地，而且很明显的是，澳大利亚政府在地区间谍活动中的核心地位也严重制约了其外交政策选项。[32]除了这些间谍指控，后苏哈托时代的印尼也更多地为其公民在国外的遭遇（例如，澳大利亚拘捕了身为难民船船长的印尼年轻人）发声。

从堪培拉的角度来看，印尼民主转型带来的负面影响是印尼的政策制定变得更加复杂。在民主体制下的印尼，更多的行为者和潜在的"投否决票者"参与了外交政策的构建，因此必然使决策更难预测。[33]印尼的威权主义并非一无是处，因为它与澳大利亚对亚洲的担忧相契合。不必陷入关于国家认同构建的相对晦涩的辩论中就可以认识到，当澳大利亚西方式的社会和政治属性与亚洲国家的某些属性摆在一起时，就可能导致摩擦的产生。这种紧张关系的焦点通常是人权问题，批评者认为，历届澳大利亚政府都刻意对此保持沉默。[34]有评论说，"国家利益"往往凌驾于道德准则。新上任的阿博特政府两头为难，它既要让印尼政府相信它重视双边关系，又要注意不要被次要问题带偏，比如西巴布亚独立运动人士的"煽情"。[35]

不过，印尼方面对国家利益的计算也同样复杂。[36]当印尼是一个威权国家时，这些差异并不总是被注意到或被认为很重要。但是，现在对澳大利亚的普遍看法以及发展双边关系的最好方式反映了印尼内部政治分歧加剧的基本现实。贺凯（Kai He）认为，不同强度的国际压力与和后苏哈托政权相关的合法性问题相结合，决定了国家在政策问题上的行为模式。[37]因此，像管理难民这样影响双边关系的关键问题反映了对可能的政策反应的不同观点。在这方面，东南亚国家和其他国家一样，也会根据情况为自己的权力斗争和争夺利益。[38]

利益冲突

对于印尼和澳大利亚，尤其是对澳大利亚来说，与其他国家的关系比两国之间的关系更重要。尽管大家都在谈论中等强国之间应该存在的共同点（如果它们不是真正团结一致的话），但实际情况却波澜不惊，并引发了国际体系究竟发生了多大变化的问题。虽然关于“金砖国家”崛起以及印尼可能成为“金砖第六国”的讨论方兴未艾，[39]但在现阶段，国际体系的很多方面看起来出奇地熟悉，而澳大利亚和印尼的外交政策继续反映了这一点。

尤其是对澳大利亚而言，其主要的经济和战略关系在别处。中国已经迅速成为澳大利亚的主要贸易伙伴，而美国仍然是其重要的安全保障国。事实上，与美国的关系主导了澳大利亚所有其他的外交政策关切，包括它如何发展与中国和该地区其他国家的关系。[40]最近在达尔文港驻军的决定是澳大利亚长期以来的战略政策的一部分，该政策将澳大利亚与西方国家绑在了一起。不出所料的是，这一形势变化不仅引起了中国的关注，[41]连印尼也对其家门口出现一个大型军事基地表示震惊，[42]虽然该军事基地的主要目的是遏制中国而不是印尼的影响力。需要强调的是，澳大利亚很多最重要的双边关系都仍然从属于与美国的关系，这也因此限制了澳大利亚的决策自主权。

对印尼而言，与其他国家和组织的关系也让两国关系复杂化。对印尼来说，主要的变量是东盟。东盟在历史上对所有东南亚国家都很重要，它们将东盟作为一种工具，以管理有时不太稳定的域内关系，加强国内统治，并在总体上提升整个东南亚地区的国际形象和重要性。[43]即使著名的“东盟共识”已经开始松动，而且该组织似乎越来越无法应对迅速变化的地区环境，但雅加达仍然非常重视东盟，将其作为实现外交抱负的工具。陆克文关于建立“亚太共同体”的提议遭到抛弃，其原因引用印尼国会外交事务委员会前主席特奥·桑布阿加（Theo Sambuaga）的话来说就是：“何必在亚太地区建立一个新的组织，而不是推动东盟的发展呢?”[44]

鉴于印尼的民主认同和“东盟模式”产生的路径依赖所带来的不同外交政策方向，可以得出的结论是，印尼当前的外交政策并未保持一致性。当受到威权主义更甚的邻国阻挠时，雅加达通过建立维和部队的方式，在以自由民主规范为基础的东盟安全共同体中倡导国际主义。然而，印尼以“国家利益”为由，不签署《东盟跨境雾霾污染协议》，反映出国内因素对外交政策的持续制约。[45]这使得澳大利亚这个日益重要的邻国在某些方面变得难以预测。这对推崇中等强国理论的人来说可能有些意外，但可以反映出“国家利益”的概念可能造成多大的差别，以及狭隘的关切会在多大程度上影响国家的优先事项。

还是“陌生的邻居”?

印尼和澳大利亚面临的一个问题是，人们通常认为国际关系中存在相对明确的“国家利益”概念。然而，无论是考虑具体的双边关系还是更广泛的国际作用，关于外交政策的内容及其最佳实施地点，国内都经常有激烈的争论。对澳大利亚来说，这种情况在霍华德执政时期尤为突出，当时总理霍华德和外长亚历山大·唐纳（Alexander Downer）明显倾向于双边而不是多边关系。[46]这一方面反映了对联合国等机构的作用和价值的高度质疑，另一方面也是霍华德政府对布什政府的高度战略忠诚和意识形态认同的延续。不过，即使承认当时是一段特别有争议的地缘政治时期，认为澳大利亚能够从其中等强国地位中获取特殊利益的想法从本质上看也是不可信的。

随后的政府延续了霍华德政府的政策，与美国建立了密切的战略关系，这一政策可能会再获阿博特政府的青睐。但是，即使我们可以期望澳大利亚采取更加独立的路线并确立其中等强国的地位，结果也是事与愿违的。澳大利亚成功获得联合国安理会临时席位，可能意味着它可以在世界上最重要的多国组织之一中投下重要的信任票，但这不太可能会使政策脱离既定的方案，而是仍会反映澳大利亚在战略甚至是观念上的依附关系。[47]澳大利亚将采取与美国或以色列等主要盟友不一致的立场的想法几乎是不可想象的。这些政策和态度的意义并不在于其内在价值，而是在于它们对独立的中等强国可能的行动的影响：因为澳大利亚的外交政策大部分都没有商量的余地，所以与印尼等国发展合作关系的前景比较渺茫。

事实上，有迹象表明，刚刚实行民主制度的印尼在关键问题上可能比澳大利亚更能采取独立的立场。在某种程度上，印尼很幸运，它不像菲律宾和越南等东盟成员国那样直接卷入与中国的领土争端。[48]但如前所述，这仅仅凸显了东盟成员国之间的区别，也让印尼对东盟的“威斯特伐利亚特征”越来越不满。印尼也没有像澳大利亚那样受到对美国的长期战略依赖的影响。虽然这在理论上赋予了印尼一些行动自由，但实际上，印尼也必须认真对待域内和域外大国的行动和偏好。[49]

即使我们发现澳大利亚和印尼之间有合作潜力巨大的地方，将主导权作为优先事项的政策和对主导权的期望仍会限制其发展。二十国集团是一个澳大利亚和印尼的决策者都愿意加入的新组织，它可能会把一些传统大国和其他“在体系中很重要的”的新兴经济体组织在一起。[50]席尔姆（Schirm）对二十国集团内部政治活动的分析表明，新的思维和结盟或许能够克服工业化国家与新兴经济体之间的分歧。如果这是真的，那么对澳大利亚–印尼合作是个好兆头。[51]两国在2011年联合召开了二十国集团发展工作组的“弹性发展”会议，其重点是“社会保护”，也展示了两国合作的可能性。同样，二十国集团提供了一个场所，特别是印尼可以借此摆脱在东盟中的受挫和束缚。但就二十国集团改革国际金融体系的表面理由而言，几乎没有改变什么，这反映出美国和华尔街的持续影响力，以及就所需的改革达成共识还困难重重。[52]正如澳大利亚官员也发现的那样，虽然在“大餐桌”上拥有一席之地并有机会发表自己的意见可能会令人满意，但这并不能保证他们的意见会被重视或发挥作用。[53]

还有其他一些新兴的多边组织可能会影响澳大利亚和印尼所在地区的发展。在某种程度上，澳大利亚在地区背景下所面临的风险比印尼更大。毕竟，印尼即使不是该地区最悠久的区域集团——东盟——事实上的领导者，也牢牢地嵌入其中。相比之下，澳大利亚可能是一个局外人，这使“本地区”的定义及其假定的成员国资格变得更加重要。[54]尽管澳大利亚放弃了陆克文的“亚太共同体”构想，但是东亚峰会的扩大基本上实现了相同的目标：不仅澳大利亚加入了，美国也加入了。

印尼对东亚峰会的政策——尤其是在保留华盛顿的外部平衡作用方面——与澳大利亚的政策非常相似，尽管名义上印尼主张独立的“自由和积极”的外交政策。事实上，堪培拉和雅加达都认为美国继续主导并参与巩固地区秩序会带来好处。无论如何，两国仍在努力协调行动以实现这一目标。可以说，雅加达更加看重的是华盛顿作为全球公共产品提供者的角色，但这一角色已日渐式微，而堪培拉更符合美国的战略重点。[55]这有助于解释休·怀特所说的澳大利亚对印尼的“战略矛盾心理”。[56]“战略矛盾心理”的概念说明了澳大利亚决策者历史上对其最直接和最重要的邻国的态度中的一些重要信息：无论印尼是强是弱，它都是很多澳大利亚人关注的对象。因此，尽管保罗·基廷最近呼吁与印尼建立更为密切的关系，[57]但不论是双边还是借助多边支持，合作的程度仍会有很大的限制。

结　语

尽管澳大利亚和印尼都有可能成为中等强国，但两国的优先事项和外交政策目标截然不同。当然，对了解两国独特历史的观察家而言，出现这种可能并不奇怪。现在有各种言论谈及两国政策“趋同”的可能，[58]并通常隐含在关于中等强国的讨论中，同样显而易见的是，当前澳大利亚和印尼制定政策的背景和形势仍然非常不同，尽管印尼正在进行民主转型。民主国家之间可能不会像它们与其他政权那样经常斗争，[59]但这并不一定是因为它们的领导者拥有一样的世界观。可以说，中等强国也是如此。事实上，令人惊讶的是，澳大利亚作为一个民主国家和拥有一定地位的中等强国，却保留了爱德华·勒特韦克（Edward Luttwak）所说的“盎格鲁–撒克逊人的好斗个性”。[60]换言之，澳大利亚参与了最近的每一场引人注目的战争，而印尼则按兵不动，这无法简单地从两国各自所处的国际环境中进行解读。相反，和其他任何国家一样，中等强国的外交政策继续体现出历史影响和当代影响的复杂性和不确定性的结合。所不同的是，中等强国实行这些外交政策的能力相对有限。同等地位和禀赋的国家可以进行合作，但它们是否会合作，更多的是施动而不是结构的表现。

在此背景下，对澳大利亚和印尼进行比较研究所得出一个最重要却有违直觉的推论是：尽管是澳大利亚历史上一直在倡导中等强国外交的优点和种种可能，但更适合施展中等强国外交的可能是印尼而不是澳大利亚。印尼不但迅速取得了中等强国地位所需的物质先决条件，而且不像澳大利亚那样受阻于自我强加的战略限制，这一战略会继续限制澳大利亚的外交政策方向。诚然，与东盟的关系仍然是印尼决策者的主要考虑因素，但有迹象表明，印尼正在开始摆脱这个领导力和影响力并没有达到它的许多支持者的预期的组织。当然，在域外发挥作用与在东盟内继续发挥作用可能会发生矛盾，但印尼越来越被视为一个能在东南亚之外发挥作用的国家，这表明印尼将成为检验中等强国外交理论和实践效用的一个重要案例。

注 释

1. 克里斯托弗·莱尼（Christopher Layne）:《这次是真的：单极和美式和平的终结》（This Time It's Real: The End of Unipolarity and the Pax Americana）,《国际研究季刊》2012年第56卷第1期，第203—213页；马克·比森（Mark Beeson）:《中国能领导吗?》（Can China lead?）,《第三世界季刊》2013年第34卷第2期，第235—252页。

2. Y. 赫尔马万等（Y. Hermawan, et al.）:《印尼在二十国集团中的角色：印尼会籍的背景、作用和目标》（*The Role of Indonesia in the G-20: Background, Role and Objectives of Indonesia's Membership*），2011，弗里德里希·艾伯特基金会，可访问：www.G-20.utoronto.ca/biblio/role-of-indonesia-2011.pdf，2012年12月15日访问。

3. C.E. 大卫（C.E. David）:《论"国际共同体"的可能性》（On the Possibility of "International Community"）,《国际研究评论》2009年第11卷第1期，第1—26页。

4. E.A. 拉克斯马纳（E.A. Laksmana）:《印尼不断提升的地区和全球形象：体量真的重要吗?》（Indonesia's Rising Regional and Global Profile: Does Size Really Matter?）,《当代东南亚》2011年第32卷第2期，第157—182页。

5. 格雷塔·纳布斯–凯勒（Greta Nabbs-Keller）:《改革印尼外交部：理念、组织和领导力》（Reforming Indonesia's Foreign Ministry: Ideas, Organization and Leadership）,《当代东南亚》2013年第35卷第1期，第56—82页。

6. 利奥·苏尔亚迪纳塔（Leo Suryadinata）:《苏哈托治下的印尼外交政策：渴望国际领导力》（*Indonesia's Foreign Policy under Suharto: Aspiring to International Leadership*），新加坡：时代学术出版社，1996。

7. 有关该文献的详情和国际体系的演变，参阅M. 比森（M. Beeson）和R. 希格特（R. Higgott）:《亚太政治架构的变化：澳大利亚的中等强国时刻来临?》（The Changing Architecture of Politics in the Asia-Pacific: Australia's Middle Power Moment?）,《亚太国际关系》2014年第14卷第2期，第215—237页。

8. E. 勒特韦克（E. Luttwak）:《从地缘政治到地缘经济》（From Geopolitics to Geo-economics）,《国家利益》1990年夏季号，第17—23页。

9. R.N. 勒伯（R.N. Lebow）:《持久的和平，冷战的终结，以及现实主义的失败》（The Long Peace, the End of the Cold War, and the Failure of Realism）,《国际组织》1994年第48卷第2期，第249—277页。

10. A. 阿查亚（A. Acharya）:《东南亚的形成：一个地区的国际关系》（*The Making of Southeast Asia: International Relations of a Region*）第二版，伊萨卡：康奈尔大学出版社，2012。

11. S. 纳林（S. Narine）:《诠释东盟：东南亚的区域主义》（*Explaining ASEAN: Regionalism*

in Southeast Asia），博尔德：林恩·里纳出版社，2002。

12. D.M. 琼斯（D.M. Jones）和M.L. 史密斯（M.L. Smith）:《东南亚安全议程发生变化：全球化、新恐怖活动和区域主义的幻象》（The Changing Security Agenda in Southeast Asia: Globalization, New Terror, and the Delusions of Regionalism），《冲突与恐怖主义研究》2001年第24期，第271—288页。

13. A.F. 库珀（A.F. Cooper）、R.A. 希格特（R.A. Higgott）和K.R. 诺萨尔（K.R. Nossal）:《重新定位中等强国：变化世界秩序中的澳大利亚和加拿大》（*Relocating Middle Powers: Australia and Canada in a Changing World Order*），维多利亚，卡尔顿：墨尔本大学出版社，1993，第19页。

14. 参阅比森和希格特:《亚太政治架构的变化：澳大利亚的中等强国时刻来临?》。

15. C. 昂格雷尔（C. Ungerer）:《澳大利亚外交政策中的中等强国概念》（The "Middle Power" Concept in Australian Foreign Policy），《澳大利亚政治和历史杂志》2007年第53卷第4期，第538—551页；A. 卡尔（A. Carr）:《澳大利亚是中等强国吗？一种系统化的影响分析方法》（Is Australia a Middle Power? A Systemic Impact Approach），《澳大利亚国际事务杂志》2014年第68卷第1期，第70—84页。

16. G. 埃文斯（G. Evans）和B. 格兰特（B. Grant）:《20世纪90年代澳大利亚的外交关系》（*Australia's Foreign Relations in the World of the 1990s*），维多利亚，卡尔顿：墨尔本大学出版社，1991。

17. R. 希格特（R. Higgott）和A. 库珀（A. Cooper）:《中等强国领导力与联盟的建立：澳大利亚、凯恩斯集团和乌拉圭回合》（Middle Power Leadership and Coalition Building: Australia, the Cairns Group, and the Uruguay Round），《国际组织》1990年第44卷第4期。

18. 汤泽武（T. Yuzawa）:《东盟地区论坛：挑战和前景》（The ASEAN Regional Forum: Challenges and Prospects），载M. 比森（M. Beeson）和R. 斯塔布斯（R. Stubbs）:《劳特利奇亚洲区域主义手册》（*The Routledge Handbook of Asian Regionalism*），伦敦：劳特利奇出版社，2012，第338—349页。

19. H. 怀特（H. White）:《印尼崛起对澳大利亚意味着什么》（What Indonesia's Rise Means for Australia），《月刊》第90期，2013年6月。

20. W. 金（W. Kim）:《东北亚安全环境下韩国的中等强国地位》（Korea as a Middle Power in the Northeast Asian Security Environment），载G.J. 伊肯伯里（G.J. Ikenberry）和C. 穆恩（C. Moon）编《美国和东北亚：争端、问题与"新秩序"》（*The United States and Northeast Asia: Debates, Issues, and New Order*），兰哈姆：罗曼和利特菲尔德出版社，2008，第123—141页。

21. 然而，需要注意的是，政治献金和腐败的严重问题依然存在，这不仅可能会使"良好"的政策难以有效执行，甚至连出台这些政策都会困难重重。参阅K. 布鲁克斯（K. Brooks）:《印尼会成为金砖国家吗？拖延政治改革会如何让雅加达停滞不前》（Is Indonesia

Bound for the BRICS? How Stalling Reform Could Hold Jakarta Back),《外交》2011年第90卷第6期，第109—118页。

22. J. 多施（J. Dosch）:《东盟不情愿地转向自由，促进民主之路布满荆棘》(ASEAN's Reluctant Liberal Turn and the Thorny Road to Democracy Promotion),《太平洋评论》2008年第21卷第4期，第527—545页。

23. R. 苏克马（R. Sukma）:《印尼需要“后东盟”外交政策》(Indonesia Needs a Post-ASEAN Foreign Policy),《雅加达邮报》2009年6月30日，可访问：http://www.thejakartapost.com/news/2009/06/30/indonesia-needs-a-postasean-foreign-policy.html（2013年12月1日访问）。

24. K. 瓦斯瓦尼（K. Vaswani）:《印尼应该成为金砖国家一员吗?》(Should Indonesia Be the I in the BRICS?)，BBC新闻，2013年3月27日，http://www.bbc.co.uk/news/business-21921593（2013年12月1日访问）。

25. 孙浩（S. Darmosumarto）:《印尼：一个新的“中等强国”》(Indonesia: A New “Middle Power”),《雅加达邮报》2009年10月30日，可访问：http://www.thejakartapost.com/news/2009/10/30/indonesia-a-new-middle-power039.html（2013年12月1日访问）。

26. J. 鲁兰德（J. Rüland）:《通过民主化加深东盟合作? 印尼的立法和外交政策制定》(Deepening ASEAN Cooperation through Democratization? The Indonesian Legislature and Foreign Policymaking),《亚太国际关系》2009年第9期，第379页。

27. R. 肖韦尔（R. Chauvel）:《澳大利亚和印尼：生活在不同的战略世界中》(Australia and Indonesia: Living in Different Strategic Worlds)，载D. 麦克道格尔（D. McDougall）和P. 谢尔曼（P. Shearman）编《“9·11”事件后的澳大利亚安全：新旧议程》(*Australian Security After 9/11: New and Old Agendas*)，汉普郡：阿什盖特出版社，2006，第145、159页。

28. T.L. 查普曼（T.L. Chapman）:《听众信仰与国际组织的合法性》(Audience Beliefs and International Organization Legitimacy),《国际组织》2009年第63卷第4期，第733—764页；R.B. 霍尔（R.B. Hall）《权力来源之一的道德权威》(Moral Authority as a Power Resource),《国际组织》1997年第51卷第4期，第591—622页。

29. R. 达尔林普尔（R. Dalrymple）:《大陆漂移：澳大利亚寻找地区认同》(*Continental Drift: Australia's Search for a Regional Identity*)，奥尔德肖特和伯灵顿：阿什盖特出版社，2003。

30. M. 博伊尔（M. Boyle）:《政策制定与实用主义：“新秩序”时期澳大利亚如何管理与印尼的安全合作》(Policy-making and Pragmatism: Australia's Management of Security Cooperation with Indonesia during the New Order Period)，博士学位论文，新南威尔士大学/澳大利亚国防学院，2002，第334页。

31. 印尼公开表达对澳大利亚涉嫌从事窃听活动的不满，就是一个备受关注的例子，这部分是因为印尼各利益群体感到强烈愤慨。参阅P. 阿尔福德（P. Alford）和B. 尼科尔森（B. Nicholson）:《愤怒的雅加达因窃听事件召回驻澳大使》(Furious Jakarta to Haul in Australian

Ambassador over Spying Claims)，《澳大利亚人报》2013年11月1日。

32. 菲利普·多林（Philip Dorling）：《美国间谍兵工厂前方的澳大利亚内陆站》（Australian Outback Station at Forefront of U.S. Spying Arsenal），《悉尼先驱晨报》2013年7月26日。

33. J. 鲁兰德：《通过民主化加深东盟合作？印尼的立法和外交政策制定》，第373—402页；P. 苏利斯蒂扬托（P. Sulistiyanto）：《民主时代的印尼–澳大利亚关系：印尼方面的观点》（Indonesia-Australia Relations in the Era of Democracy: The View from the Indonesian Side），《澳大利亚政治科学杂志》2010年第45卷第1期，第117—132页。

34. A. 伯克（A. Burke）：《共同体问题：澳大利亚认同与亚洲变化》（Questions of Community: Australian Identity and Asian Change），《澳大利亚政治科学杂志》2010年第45卷第1期，第80页。

35. G. 谢里丹（G. Sheridan）：《阿博特在印尼：大冒险开始》（Abbott in Indonesia: The Adventure Begins），《澳大利亚人报》2013年10月3日。

36. 有关国家利益的构建，参阅J. 韦尔德斯（J. Weldes）：《构建国家利益》（Constructing National Interests），《欧洲国际关系杂志》1996年第2卷第3期，第275—318页。

37. 贺凯（K. He）：《苏哈托之后的印尼外交政策：国际压力、民主化与政策变化》（Indonesia's Foreign Policy after Soeharto: International Pressure, Democratization, and Policy Change），《亚太国际关系》2008年第8卷第1期，第49页。

38. L. 琼斯（L. Jones）：《东南亚的民主化与外交政策：以东盟议会间缅甸问题核心小组为例》（Democratisation and Foreign Policy in Southeast Asia: The Case of the ASEAN Inter-Parliamentary Myanmar Caucus），《剑桥国际事务评论》2009年第22卷第3期，第391页。

39. K. 布鲁克斯：《印尼会成为金砖国家吗？拖延政治改革会如何让雅加达停滞不前》，第109—118页。

40. M. 比森（M. Beeson）：《澳大利亚能拯救世界吗？中等强国外交的局限性和可能性》（Can Australia Save the World? The Limits and Possibilities of Middle Power Diplomacy），《澳大利亚国际事务杂志》2011年第65卷第5期，第563—577页。

41. M. 桑斯伯里（M. Sainsbury）：《中国诘问下，斯蒂芬·史密斯为与美国的关系进行辩护》（Chinese Grilling has Stephen Smith on Defensive over U.S. ties），《澳大利亚人报》2012年6月7日。

42. S. 麦克唐纳（S. McDonald）、H. 布朗（H. Brown）：《中国和印尼警惕美国在达尔文部署军队》（China, Indonesia Wary of U.S. Troops in Darwin），ABC新闻，2011，可访问：http://www.abc.net.au/news/2011-11-17/china-indonesia-wary-of-us-troops-in-darwin/3675866（2012年12月15日访问）。

43. S. 纳林：《诠释东盟：东南亚的区域主义》。

44. F. 弗洛斯特（F. Frost）：《澳大利亚提议建立"亚太共同体"：问题与前景》（Australia's

Proposal for an “Asia Pacific Community”: Issues and Prospects），《议会图书馆研究论文》2009年第13期，可访问：http://www.aph.gov.au/binaries/library/pubs/rp/2009-10/10rp13.pdf（2013年12月1日访问）。

45. A. 阿查亚（A. Acharya）：《在东南亚建立安全共同体：东盟和地区秩序的问题》（*Constructing a Security Community in Southeast Asia: ASEAN and the Problem of Regional Order*）第二版，牛津和纽约：劳特利奇出版社，2009，第254、265页。

46. M. 韦斯利（M. Wesley）：《霍华德悖论：1996—2006年澳大利亚在亚洲的外交》（*The Howard Paradox: Australian Diplomacy in Asia 1996-2006*），悉尼：ABC出版社，2007。

47. G. 谢里丹：《对以色列的全力支持重新到位》（Unstinting Support for Israel Back in Place），《澳大利亚人报》2013年9月26日。

48. I. 斯托里（I. Storey）《东盟陷入内部纠纷》（ASEAN Is a House Divided），《华尔街日报》2012年6月14日。

49. D. 诺沃特尼（D. Novotny）：《徘徊在中美之间：精英的看法和印尼外交政策》（*Torn between America and China: Elite Perceptions and Indonesian Foreign Policy*），新加坡：东南亚研究所，2010。

50. S. 索德伯格（S. Soederberg）：《表征的政治与金融拜物教：以二十国集团峰会为例》（The Politics of Representation and Financial Fetishism: The Case of the G-20 Summits），《第三世界季刊》2010年第31卷第4期，第529页。

51. S. 席尔姆（S. Schirm）：《全球政治就是国内政治：解决二十国集团分歧的社会途径》（Global Politics Are Domestic Politics: A Societal Approach to Divergence in the G-20），《国际研究评论》2013年第39卷第3期，第685—706页。

52. M. 比森（M. Beeson）和S. 贝尔（S. Bell）：《二十国集团与国际经济治理：霸权主义、集体主义，还是兼而有之?》（The G-20 and International Economic Governance: Hegemony, Collectivism, or Both?），《全球治理》2009年第15卷第1期，第67—86页。

53. R.H. 维德（R.H. Wade）：《世界秩序涌现？二十国集团、世界银行和国际货币基金组织从多极化到多边主义》（Emerging World Order? From Multipolarity to Multilateralism in the G-20, the World Bank, and the IMF），《政治与社会》2011年第39卷第3期，第347—378页。

54. 参阅M. 比森（M. Beeson）：《美国霸权与区域主义：东亚的崛起和亚太的终结》（American Hegemony and Regionalism: The Rise of East Asia and the End of the Asia-Pacific），《地缘政治》2006年第11卷第4期，第541—560页；R. 希格特（R. Higgott）和K. 诺萨尔（K. Nossal）：《不合群进，不合群出：再论澳大利亚在亚洲的摇摆地位——答安妮·卡普琳》（Odd Man in, Odd Man out: Australia’s Liminal Position in Asia Revisited–A Reply to Ann Capling），《太平洋评论》2008年第21卷第5期，第623—634页。

55. M. 比森（M. Beeson）：《澳大利亚与美国的关系：争取更多独立的案例》（Australia’s Relationship with the United States: The Case for Greater Independence），《澳大利亚政治科学杂

志》2003年第38卷第3期，第387—405页。

56. H. 怀特（H. White）:《澳大利亚与印尼的新战略关系：一则忠告》(The New Australia-Indonesia Strategic Relationship: A Note of Caution)，载J. 蒙弗莱斯（J. Monfries）编《不同的社会，共同的未来：澳大利亚、印尼和地区》(*Different Societies, Shared Futures: Australia, Indonesia and the Region*)，新加坡：东南亚研究所，2006，第45页。

57. P.J. 基廷（P.J. Keating）:《新秩序下的亚洲：澳大利亚日渐式微的影响力》(*Asia in the New Order: Australia's Diminishing Sphere of Influence*)，基斯·默多克演讲会，维多利亚州立图书馆，2012年11月14日。

58. 曹峋（C. Xun）:《全球网络与国内政治合流：政策变化的网络诠释》(Global Networks and Domestic Policy Convergence: A Network Explanation of Policy Changes),《世界政治》2012年第64卷第3期，第375—425页。

59. B.M. 鲁塞特（B.M. Russett）:《抓住民主和平：后冷战世界的原则》(*Grasping the Democratic Peace: Principles for a Post-Cold War World*)，普林斯顿：普林斯顿大学出版社，1995。

60. E.N. 勒特韦克（E.N. Luttwak）:《中国兴起与战略的逻辑》(*The Rise of China vs. the Logic of Strategy*)，马萨诸塞州坎布里奇：贝尔纳普出版社，2012，第107页。

第十二章 东盟内部的重要双边关系：机遇与挑战

［新加坡］柳庸煜

引 言

作为“平等各国之首”（first among equals），印尼在处理东盟内部关系方面发挥了关键作用，从而塑造了自己的角色和身份，提高了其在区域内外的领导地位。本章探讨了印尼与三个重要的东盟邻国马来西亚、新加坡和越南之间的安全合作所面临的机遇和挑战。由于这三个国家在规模、经济发展、宗教、民族和加入东盟的时间等重要方面均存在差异，本章将考察印尼对这三个国家的政策，以有助于了解印尼将如何与东盟其他成员国交往。

印尼的主要外交政策目标之一是通过建立“东盟共同体”，在东盟中发挥更重要的领导作用。印尼与周边国家的双边关系也对其外交政策目标的实现产生了影响，这与印尼在促进东盟团结方面的突出作用相辅相成。风云人物——苏哈托、马哈蒂尔、李光耀——作为处理东南亚国家关系的最重要因素的时代早已远去，今天印尼与这三个国家的交往在很大程度上取决于三个因素：共同的历史经验、国内政治和战略考量。

印尼及其邻国在双边关系中面临的挑战不容小觑，但这也为双边合作提供了新的基础。因此，如果处理得当，在克服双边挑战的过程中，该地区的主要双边关系将得到加强，进而加深东盟的团结。此外，印尼的“千友零敌”政策，[1]加上各种双边和东盟机制，以及东盟共同体的区域主义项目，将对印尼与马来西亚、新加坡和越南的互动方式产生积极影响，反之亦然。

印尼－马来西亚关系

历史上，印尼与马来西亚的关系波动很大。苏加诺执政期间，双边关系受到严重制约。印尼采取了反殖民主义和帝国主义的立场。苏加诺有意成立“马菲印联盟”（马来亚、菲律宾和印尼组成的大马来亚联盟），以团结该地区的马来人，但马来西亚成立后，雅加达迅速对吉隆坡采取对抗政策，马菲印联盟很快便被放弃。苏加诺认为，新成立的马来西亚联邦是西方国家在该地区施加影响和干预的工具。这种怀疑也是苏加诺拒绝“东南亚联盟”（ASA）① 的主要原因，他认为该联盟是为西方帝国主义者的利益服务的。在经历了艰苦的独立斗争之后，印尼不会容忍任何外部势力对该地区进行干预。

苏哈托接替苏加诺后，两国的社会文化关系得以恢复。1972年，马来语和印尼语的拼写系统得到统一，这是两国关系恢复的一个标志。[2]在苏哈托的统治下，印尼的政治重心转向了国内的社会经济发展，并希望改善与周边国家的关系，以寻求稳定与和平的外部环境。因此，印尼结束了与马来西亚的对抗，并于1967年与泰国、新加坡、菲律宾和马来西亚（这五个东南亚国家都是非共产主义国家）一起成立了东南亚国家联盟，以此促进区域合作。此外，由于苏哈托持反共立场，印尼－马来西亚双边安全合作得以更容易地实现。

---

① 东南亚国家联盟（简称“东盟”）的前身，由泰国、马来亚（现马来西亚）、菲律宾于1961年7月31日成立，后因菲马领土争端和新加坡退出马来西亚联邦而瓦解。——译者注

这一时期，外部威胁认知的趋同和共同安全目标的确立是印尼和马来西亚深化双边安全合作的主要原因。尽管马来西亚在1974年与中华人民共和国建交，但吉隆坡与北京的关系并不友好。由于支持马来亚共产党，中国仍被视为马来西亚安全的主要威胁。[3]在苏哈托执政期间，印尼也对北京心存疑虑，并认为中国是其安全的主要威胁，因为中国支持印尼共产党。当中越爆发战争时，雅加达加强了与吉隆坡的安全合作。最初，合作仅限于边界联合委员会（JBC）。后来，双边合作扩展到其他领域，包括情报交流、联合演习、互派军官到军事院校学习等。1984年，两国对1972年的安全协议进行了修订，内容包括在印尼和马来西亚的共同边界地区开展海空联合巡逻。

敦拉萨（Tun Razak）总理调整了马来西亚的外交政策，将其重新定位为提倡中立，这也符合印尼希望该地区不受外部干预的愿望。随后，东盟在1971年提出了“和平、自由和中立区”（ZOPFAN）构想。在1975年印支三国成为共产主义国家后，东盟领导人于1976年在巴厘岛举行了第一次首脑会议，其间签署了《东南亚友好合作条约》和《巴厘宣言》。

如今，除了与东盟相关的论坛和会议外，双边关系还依赖于几个重要机制。其中最引人注目的高级别活动是两国领导人的年度磋商。2013年，两国领导人举行了第十次年度磋商，并签署了两份谅解备忘录，其中包括一项关于学生签证或居留许可以及高等教育项目签证的协议。[4]此外，两国还启动了双边合作会议联合委员会、边境总务委员会（GBC）、贸易投资联合委员会等其他双边机制（这里只提到其中几个），以加强互利合作。这里需要特别提到的是，作为两国军事和防务合作的双边合作论坛，边境总务委员会的会议每年在两国之间轮流举行。自1971年以来，两国会晤多达38次，这确保了两国军队之间的专业关系，同时使得两国在应对任何有争议的双边问题时都能作出适当反应。

近年来，双边安全合作，特别是海上巡逻和反恐活动方面的合作也有所进展。自2004年以来，马来西亚、新加坡和越南联合在马六甲海峡进行巡逻。该海峡是一条重要的海上航道，全球四分之一的贸易和近一半的石油运输都要经过这里。最初，三国均部署了多达7艘海军舰艇，并组建了一支安保特遣部队协同巡逻海峡，但并未实现联合巡逻。如今，由马六甲海峡海上巡逻队（MSSP）、“空中之眼”空中巡逻队和情报交流组（IEG）组成的马六甲海峡巡逻队（MSP）[5]代表了马六甲海峡沿岸的东南亚国家（印度尼西亚、马来西亚、新加坡和泰国）所采取的一系列切实可行的安全合作措施。根据这项安排，参与国进行了海空协同巡逻，同时在船只与监测和行动机构之间共享信息。国际海事局（IMB）的记录表明，海上安全状况有了显著改善：马六甲海峡的海盗袭击事件从2000年的112起下降到2009年的2起。[6]此外，双边贸易、投资和交流也有了显著增长。印尼是马来西亚在东盟的第三大贸易伙伴，2012年双边贸易额约200亿美元。同时，2012年，约230万名印尼游客到访马来西亚。

在相关领域扩大海上安全合作具有很大的潜力，合作的范围也远远超出了该地区。印尼和新加坡已于2012年7月签署了一项潜艇救援协议，这是在东南亚潜艇采购率提高的情况下采取的一项开创性举措。印尼和马来西亚未来可能会尝试签署类似的协议。此外，在日本和韩国的合作下，东南亚的海上安全合作可能会扩展到东北亚，因为两国都有兴趣维护海上通道的安全，以便进口石油和其他自然资源。

双边安全合作的另一个例子是通过国际法院裁决有争议的西巴丹岛（Sipadan）和利吉丹岛（Ligitan）的主权归属问题。最初，两国对于解决争端最合适的机构存在分歧，马来西亚倾向于国际法院，而印尼倾向于东盟高级理事会。最终，双方将争议提交到国际法院，国际法院在2002年裁定这两个岛屿都属于马来西亚。尽管在国内遭到强烈抗议，但印尼还是接受了这一裁决。

领土争端和海洋边界划定等双边争端为冲突埋下了种子，它们的存在阻碍了双边和区域合作。印尼同意将争端提交到国际法院，并接受国际法院的裁决，承认其具有约束力，这极大地消除了印尼与马来西亚合作中的一个关键障碍。它反映出“改革”过后，印尼的外交政策变得更加民主、稳妥和负责任。[7]但更重要的是，它也突出了印尼将东盟事务置于其外交政策的中心的愿望。印尼充分意识到，只有解决东盟成员国之间的重要争端，该地区才能朝着建设一个真正的“东盟共同体”的方向前进。同时，通过和平解决与马来西亚的争端，印尼也彰显了其领导能力。

然而，目前存在三个突出挑战，它们可能对双边关系和安全合作产生不利影响。尽管如此，这些问题并非不可克服，它们可以为双边合作提供新的基础。第一个挑战涉及海洋边界问题，以及安巴拉特海域（Ambalat Block）中油气资源丰富水域的紧张局势。2005年2月，马来西亚国家石油公司（向英荷壳牌石油公司）授予了苏拉威西海安巴拉特海域的石油和天然气勘探特许权。安巴拉特海域位于印马之间的重叠海域，此前印尼政府向几家不同的公司授予了类似的勘探特许权。印尼向马来西亚提出抗议后，双方迅速加强军备，尽管两国都在寻求外交解决方案。自那以后，两国卷入了一系列争端，经常发生军事对峙，并在外交信函中措辞激烈。2005年4月，马来西亚海军和印尼海军的舰艇在卡朗·乌纳朗（Karang Unarang）海岸附近进行演习时发生碰撞，显示出发生严重事件的危险性。马来西亚反对印尼的边界主张，并（在成功获得西巴丹岛和利吉丹岛的所有权后）坚持认为安巴拉特海域也在其管辖范围内。因为边界争端，2009年雅加达爆发了反马来西亚示威活动。

对海洋领土的不同主张凸显了两国之间潜在的冲突风险。安巴拉特海域争端不太可能在短期内得到解决，并且因为民族主义政客和军事机构拒绝采取和解措施，雅加达和吉隆坡的政治空间都受到严重限制。尤其是在西巴丹岛和利吉丹岛问题上败诉后，印尼不愿再走国际法院的程序。但是，如果两国领导人像他们的前任那样都表现出政治意愿和勇气，朝着解决问题的方向前进，那么将大大有助于清除双边安全合作中的主要障碍，消除双边关系紧张的潜在根源。

安巴拉特海域争端只涉及一个海域，因此不像西巴丹岛和利吉丹岛领土那么重要。尽管如此，在此案中，没有一方会成为明显的赢家，国际法院不会把争议海域全部判给某一方。这是因为，与实体领土的主权问题不同，公平公正原则是国际法院在对管辖权和海洋划界案件进行裁决时的指导准则。因此，对安巴拉特海域的划分不会出现不均，双方都将从清晰的划界中受益。这也意味着双边谈判有更大的空间来确定对该海域进行公平和公正的划界。

两国面临的另一个挑战涉及在马来西亚的印尼移民工人的权利和保障问题。马来西亚曾经发生印尼移民工人不幸遭到歧视和虐待的事件，主要涉及在非正规部门工作的没有专业技能（如从事家政工作）的印尼女工。据估计，1990年在西马来西亚有50多万名印尼工人，到1994年，总数已接近120万人。到20世纪末，在马来西亚从事合法工作的印尼人达到110万人，此外还有大约60万至80万名印尼非法劳工。[8]2009年，在发生了几起备受关注的虐待案件后，印尼政府暂时禁止其公民在马来西亚从事家政工作。

这些问题很快就会转化为民族自豪感问题，而且印尼人有一种根深蒂固的观念，即马来西亚经常不尊重印尼。事实上，印尼人普遍认为马来西亚人看不起他们，[9]而这些由来已久的负面看法很快就能爆发成反马来西亚的抗议活动。例如，2009年爆出印尼模特玛诺哈拉（Manohara）被其马来西亚籍丈夫吉兰丹州（Kelantan）王子虐待的消息后，公众反应激烈；印尼东南亚运动会组委会（INASOC）在2011年东南亚运动会上决定在决赛阶段取消女子足球比赛，从而引发争议。随着印尼在经济和政治上持续取得成功，印尼人民的自尊感越来越强，认为马来西亚经常不尊重印尼的这种观念可能会淡化。

最后一个挑战与雾霾问题有关，这是东南亚最重要的跨国环境问题。在加里曼丹岛（婆罗洲）诸省①和苏门答腊岛②，特别是廖内省（Riau），

① 加里曼丹岛隶属印尼、马来西亚和文莱三个国家。其中，印尼有5个省位于加里曼丹岛，包括西加里曼丹省、中加里曼丹省、南加里曼丹省、东加里曼丹省、北加里曼丹省。——译者注

② 苏门答腊岛现包括亚齐特区、北苏门答腊省、西苏门答腊省、廖内省、占碑省、南苏门答腊省、明古鲁省、楠榜省、邦加–勿里洞省、廖内群岛省。——译者注

几家农业公司的“烧芭”① 活动已成为一年一度的灾害。大火引起的烟雾蔓延到马来西亚，马来西亚要求印尼当局采取适当措施处理这一问题。20世纪90年代以来，马来西亚发生了几起严重的雾霾事件，造成了数千万美元的经济损失。1997年，印尼大火产生的烟雾持续了7个月，绵延近200万平方英里，波及了新加坡、马来西亚部分地区、泰国、菲律宾、澳大利亚（当然，还有印尼）。据估计，雾霾给商业和旅游业造成的经济损失超过90亿美元。2013年6月的几次空气污染事件尤为严重，马六甲、巴生港（Port Klang）和麻坡（Muar）等城市受雾霾影响最为严重。举个例子，2013年6月23日，柔佛州麻坡市的空气污染指数（API）飙升至746，导致麻坡市和礼让市（Ledang）宣布进入紧急状态，这两个城镇实际上都处于停摆状态。[10]

雾霾问题首次出现在20多年前。1995年，东盟成员国的环境部长批准了一项“东盟跨境污染合作计划”，设想印尼将提高其预防、监测和减少森林燃烧的能力。然而，该协议并没有改变这种局面。2002年6月，《东盟跨境雾霾污染协议》签署，其中包括有关监测、评估、预防、技术和科学合作、协调机制和沟通渠道等方面的规定。它还寻求建立一个区域协调中心，以便对印尼种植园主和农民造成的雾霾作出迅速反应。但是，“罪魁祸首”印尼尚未批准该协议。

正如印尼外交部长马蒂·纳塔莱加瓦所说，“（解决雾霾问题的）方法必须是合作和伙伴关系，而不是相互推卸责任”，[11]但如果要避免遭受邻国的指责和批评，印尼就必须采取更具体的行动。印尼是唯一尚未批准《东盟跨境雾霾污染协议》的东盟成员国。一旦该协议获得批准，就可在雾霾问题上推动双边及区域合作，为国家间合作提供新的机会。此外，印尼还应作出更大努力，加强对农业公司非法焚烧的监测和制裁，以减少并最终消除“烧芭”活动。

---

① “烧芭”是印尼传统的农耕方式，原指焚烧芭蕉树，现今是指在茂密的热带雨林中放一把火把植物覆盖地烧出一块空地以用于耕作，植物燃烧的灰烬则作为天然肥料。——译者注

尽管面临挑战，但印尼–马来西亚双边关系仍有望在不久的将来继续发展。2013年在文莱举行的东盟峰会上，东盟各国领导人根据本国环境部长的建议，同意采用跨境雾霾监测系统。在峰会期间，苏西洛总统和纳吉布总理同意支持一项联合东盟国家的计划，以抵制所谓的新加坡、澳大利亚和韩国对印尼和马来西亚实施的监视行动。在贸易关系方面，两国领导人都同意扩大贸易合作，从而将贸易额从2012年的230亿美元增加到2015年的300亿美元。

印尼–新加坡关系

马来西亚与印尼有着共同的种族和“马来兄弟情谊”的概念，而新加坡与印尼缺乏类似的文化和种族联系。一些作者认为，这种种族差异加上新加坡对进出印尼的贸易流量的控制，是导致20世纪50—60年代双边关系中充满不信任和怨恨的主要原因。[12]20世纪50年代，新加坡曾向参与“印尼共和国革命政府/全民斗争组织”（PRRI/Permesta）起义的叛乱分子提供援助，这加剧了印尼对新加坡在该地区角色的负面看法。如今，基于种族问题的双边误解的一个例子，涉及新加坡马来人在军队中的作用，以及他们对新加坡国防的承诺和忠诚。尽管新加坡国内关于这一问题的争论并没有针对印尼（也没有针对马来西亚），但印尼仍然认为新加坡意有所指。同样，新加坡人也特别关注有关印尼人仇华的报道。[13]

有两个因素在稳定和发展印尼与新加坡的关系方面发挥了重要作用。第一，印尼由苏加诺政权转变为苏哈托政权，这标志着两国关系发生了根本性转变。苏哈托与李光耀之间的正式互访和接触加深了他们的私人关系，推动了两国在政治、经济、军事和社会文化等领域的合作。[14]李光耀回忆道：“回顾过去，没有任何事件比印尼总统苏哈托的性格和观点对本地区的发展产生更深远的影响。”[15]正如新加坡另一位高级官员所说：“印尼和新加坡之间的良好关系主要得益于苏哈托总统和李光耀总理之间密切的个人关系。”[16]

第二，东盟的发展对改善双边关系起到了积极作用。作为东盟成员国，印尼和新加坡都能够比它们各自在更大程度上影响全球政治决策，并且都在与其他外部大国打交道时寻求相互支持。例如，新加坡支持印尼阻止欧洲共同体对石油和反式脂肪征税，因为这将对印尼的棕榈油出口产生不利影响。此外，东盟还为官员间的区域互动提供了一个重要平台。日益频繁的接触和非正式通信网络的建立有助于加强东盟成员国之间的相互了解。新加坡人现在明白，"建国五原则"是印尼的国家意识形态，并且印尼人强烈反对共产主义的复苏和宗教激进主义的兴起。两国国防部门之间的联系日益密切，这也促进了新加坡武装部队（SAF）与印尼武装部队（ABRI）之间的相互了解与合作。新加坡南洋理工大学拉惹勒南国际研究院院长德斯克（Desker）表示，自1983年以来，这种互动也使得双边防务关系发生了质的变化，使新加坡武装部队与印尼武装部队的互动从在高级政治和军事层面建立好感和信任，发展到在工作层面加强合作，促成了新加坡武装部队与印尼武装部队之间一系列两年一度的海空联合演习。[17]

尽管存在种族差异，但两国已成为东盟内部的重要伙伴，两国的共同利益高于任何分歧。两国关系建立在一些共同的利益和观点的基础上：都是非共产主义国家，都有共同关心的外部因素，国内都有相似的重要问题。所有这些因素都有助于两国寻求更有成效的合作手段。从意识形态上讲，印尼的"建国五原则"和新加坡"刚强勇猛的社会"（Rugged Society）[①] 的五项原则作为国家哲学，可以很容易地相互兼容。

新加坡已成为印尼的重要贸易伙伴。2010年，双边贸易额达到约700亿美元，并且新加坡一直是印尼最大的外国投资者。两国人民之间的交流也蓬勃发展，两国互为第一大游客来源地。2010年，近140万新加坡人访问了印度尼西亚，而同年有近260万印尼人访问了新加坡。作为东盟五个创始成员国之二，印尼和新加坡有着共同的目标，即深化区域一体化，并

---

① 参见1966年8月10日新加坡总理李光耀在皇后镇社区中心国庆日庆祝活动上的讲话：https://www.nas.gov.sg/archivesonline/data/pdfdoc/lky19660810.pdf。——译者注

在政治安全共同体、经济共同体和社会文化共同体三大支柱的基础上构建东盟共同体。两国深深地融入了东盟的机制性网络，该网络使东盟能够定期举行各级政府间的会议，广泛讨论各类问题。

印尼和新加坡最近还就划定海洋边界进行了合作，这带来了更大的经济合作。经过近四年的谈判，两国于2009年商定了新的海洋边界。两国早在20世纪70年代初已就其领海中段边界达成协议，但直到通过新商定的中间线在西段确立了新的边界，海洋划界工作才有了一些进展。划界协议将有望促进印尼和新加坡之间的经济关系，因为尼帕（Nipah）将被纳入巴淡岛（Batam）、民丹岛（Bintan）和卡里蒙群岛（Karimun）自由贸易区以及新柔廖（Sijori，即新加坡、马来西亚柔佛州和印尼廖内群岛）“增长三角”的开发中。新加坡还于2009年在巴淡岛开设了领事馆，以增进两国之间的经济关系与合作。在成功完成西段边界的划界后，两国已于2010年开始谈判，以确定樟宜（Changi）和巴淡岛之间的东段边界。

在安全合作方面，印尼武装部队和新加坡武装部队定期举行联合演习，并开展军官交流项目。双方还密切合作，通过共享情报打击恐怖主义，并在马六甲海峡开展联合巡逻。马六甲海峡之所以容易遭受恐怖主义袭击，是因为目标众多且海盗猖獗，2004年2月发生的“超级客轮14号”爆炸案就说明了这一点。[18]因此，海峡沿岸国家组建了国家海上监视和警务小组，并就“空中之眼”（Eye in the Sky）联合空中巡逻倡议等多边部署达成合作；此外，“紧追”（hot pursuit）[①] 协议提高了马六甲海峡的安全水平，2011年，马六甲海峡的重大海盗事件仅有三起。

双边合作的其他领域包括共同防止禽流感在爪哇的坦格朗（Tangerang）蔓延，以及根据“新加坡合作方案”培训约4000名印尼官员，以提高他们在港口管理、银行和金融等领域的技能和知识。2010年，李光耀总理和苏西洛总统签署了两份谅解备忘录。新加坡公共服务学院与印尼国家公共管

① 紧追权指沿海国家对违反该国法律并从该国管辖范围内的水域驶向公海的外国船舶进行追逐将其拿捕和交付审判的权利。——译者注

理学院（LAN）签署了关于公职人员能力建设的谅解备忘录，新加坡教育部与印尼教育和文化部签署了关于教育合作的谅解备忘录。两国领导人都赞成续签1988年新加坡社区发展、青年和体育部与印尼青年和体育部之间关于青年和体育合作的谅解备忘录。这些协议促进了两国政府官员和人民群众之间的交往互动，深化了双边关系。

两国改善合作的空间很大。正如印尼前驻新加坡大使赖斯·阿宾（Rais Abin）所言，新加坡可以随时为在印尼进行投资提供积极支持。[19]例如，在人力资源开发领域，深化合作将使印尼受益于新加坡的工业和技术进步。定期访问还可以使印尼人从新加坡的教育机构中获益。

两国之间还有几个悬而未决的问题。第一个问题是新加坡是否应该将廖内群岛的领空归还给印尼控制。由于印尼雷达系统的容量有限，该空域大约有十年都在新加坡的管控之下。2012年5月，新加坡宣布，只要得到国际民用航空组织的批准，它就准备将该空域归还给印尼控制。

第二，两国准备签署一项引渡协议，允许相互引渡犯罪嫌疑人，但没有成功。与新加坡签订引渡协议对印尼来说很重要，因为有指控称许多印尼的腐败分子逃到了新加坡，并将盗取的资产藏匿于这个邻国。印尼声称，由于没有引渡协议，逮捕藏匿在新加坡的腐败分子极其困难。

签订引渡协议的关键难点在于，新加坡希望达成一项交换性协议，即引渡协议和防务合作协议将同时签署，而印尼国会则希望在两项单独的协议中详细规定引渡和防务相关事宜。国会议长马尔祖基·阿里（Marzuki Ali）表示："我们（国会）不同意两国政府达成的防务合作协议（DCA）。这可能会给印尼造成损失，因为新加坡想在苏门答腊岛建立一个防御基地。"[20]2007年，两国政府签署了防务合作协议，但后来被印尼立法者废除，因为其中包含了一项条款，即印尼需允许新加坡武装部队在印尼领土进行演习，以换取遣返居住在新加坡的印尼经济罪犯。虽然两国之间存在一些分歧，但它们在引渡罪犯和深化防务交流方面的合作有着共同的利益。因此，两国今后应努力在这两个问题上开展合作，这样双方都将从双边合作中获得实质性利益。

第三，两国在东帝汶加入东盟问题上存在分歧。2011年东盟领导人务虚会议期间，新加坡总理李显龙意图推迟东帝汶加入东盟的申请，以免因此延缓东盟到2015年发展成为经济共同体的进程。印尼总统苏西洛与李显龙的看法不同，他积极推动东帝汶加入东盟。虽然两国之间存在分歧，但这个小问题不太可能对双边合作产生不利影响。无论如何，一个折中的办法可能是，东盟推迟批准东帝汶成为成员国，直到这个新独立的国家有足够的行政能力来履行东盟的一系列义务，特别是能够主办和主持东盟会议。

第四，与马来西亚类似，新加坡也受到了源自印尼的雾霾问题的困扰。2013年6月，这个城市国家的空气质量恶化到16年来的最低水平，污染物标准指数达到155，远高于100的健康范围。新加坡政府因此发出卫生警报，同时抗议印尼在解决这一问题上反应迟钝。

不过，上述四项挑战相对较小，两国都愿意在未来就这些问题开展双边合作。总的来说，两国的共同愿景和目标远远超过了任何可能导致它们分裂的问题。事实上，当两国领导人在2013年东盟峰会上会晤时，他们对双边关系的积极状态都表示满意，并重申了两国将进一步加强合作的承诺。2010年5月，两国在领导人务虚会议期间成立了7个工作组，从而提高了双边合作的质量和数量，并且两国今后可能还会继续开展这类合作。[21]

印尼－越南关系

印尼、马来西亚、新加坡、泰国和菲律宾是东盟的五个创始成员国，因而获得了更多各级官员相互交流的机会。五国也因此就东盟未来的愿景达成了广泛的共识。相比之下，越南与柬埔寨、老挝和缅甸一样，是较晚加入东盟的国家，它们直到1995年才正式加入东盟。因此，比起印（尼）马关系或者印（尼）新关系，印尼与越南的双边关系在共同价值观和目标方面的基础更为薄弱。

事实上，由于熟悉东盟规则和宗旨的时间较短，越南对东盟的看法似乎与五个创始成员国截然不同。笔者在此分享一下自己的切身感受：几年前笔者参加了在新加坡举行的东盟投资峰会，当时印支三国（越南、柬埔寨和老挝）的总理都参加了会议并在公共论坛上发表讲话，鼓励地区投资者选择本国进行投资，而五个东盟创始成员国的领导人则更加心系东盟，力促东盟成为地区投资的目的地。从中我认识到，后来加入的成员国将东盟主要视为发展本国社会经济的一种手段，而非一个有着共同身份、共同价值观和共同社会目标的有凝聚力的团体。盖茨（Gates）支持这一观点，并认为越南倾向于将东盟视为一种“加速经济改革、现代化和与这个充满活力的地区融合的手段”。[22]

越南加入东盟对越南和东盟的五个创始成员国来说都是一个双赢的局面。对越南来说，加入东盟代表着其在“革新开放”（Doi Moi）[①] 时代的新外交政策愿景的成功。对于五个东盟创始成员国来说，这是实现在东盟体制框架下团结所有东南亚国家的创始愿景的重要一步。加入东盟后不久，越南在推动其余三个东南亚国家（缅甸、老挝和柬埔寨）加入东盟方面也发挥了重要作用。

印尼和越南有着共同的历史经验，都是通过革命实现了独立，因此历来相互尊重。两国领导人都不时强调这一点。印尼对越南的政策一直是一种微妙的平衡行为，一方面坚持东盟的集体立场，另一方面又推进自己的愿望，劝诱越南不要与外部大国保持密切关系。在苏加诺时代，印尼与河内的关系十分密切，而它与西贡的关系则远非如此。苏加诺认为，越南共和国是美国的傀儡。当他决定将与河内方面的外交关系从领事级提升到大使级时，西贡方面决定关闭其驻印尼领事馆。直到1965年政变后苏加诺倒台，苏哈托上台，印尼才调整了对越南的外交政策。[23]尽管如此，苏哈托时期雅加达与河内一直保持着外交关系，而雅加达与西贡的关系却从未恢复。

越南在苏联的支持下入侵柬埔寨，这给印尼与越南的关系带来了挑

---

① 越南共产党于1986年12月在第六次全国代表大会上提出的政策。——译者注

战。尽管印尼容忍东盟在柬埔寨问题上的集体立场，批评越南侵犯国家主权并违背不干涉原则——这是“东盟模式”的一个核心原则——但印尼从未像其他东盟成员国（如新加坡和泰国）那样感受到越南的威胁。作为东盟在柬埔寨问题上的对话者，印尼主要担心这场冲突可能会使该地区分成两派：东盟中的海上国家和越南统治下的印支三国。印尼担心，东南亚分成两派后，共产主义国家可能会与非共产主义国家对抗，从而为外部大国的干预打开大门。1990年3月，苏哈托会见了马来西亚总理胡先翁（Hussein Onn），提出了所谓的“关丹声明”。该声明认为越南受到了中国的压力，因此它正在向苏联靠拢，而这将对地区稳定构成危险。因此，印尼表示愿意帮助越南人，并试图诱劝越南摆脱苏联的影响。然而，泰国和新加坡对柬埔寨冲突的战略评估存在分歧，它们抵制“关丹声明”，而该声明随后导致了东盟内部的不和。[24]

苏哈托执政期间，印尼和越南的关系深受雅加达对北京和东盟的政策的影响。印尼视越南为缓冲区，但也非常重视东盟，因此与其他东盟国家一道就柬埔寨问题提出了共同立场。[25]雅加达对越南的政策旨在将一个武器精良但贫穷的邻国转变为一个乐于合作和经济驱动型的东南亚国家。

印尼和越南之间存在潜在的合作机会和争端。首先，与新加坡和马来西亚不同，越南还不是印尼的主要贸易伙伴。越南总理阮晋勇2011年访问印尼时，与印尼总统苏西洛达成一致意见，同意将两国关系提升到战略伙伴关系的水平。总的来说，这意味着两国将展开更加紧密、更加制度化的职能合作与交流，也预示着两国关系未来的良好发展轨迹。例如，根据“战略伙伴关系行动计划”，到2015年，双边贸易将从20亿美元增加到50亿美元。

2012年，印尼外交部长马蒂·纳塔莱加瓦率领印尼代表团参加了首届印尼–越南联合委员会会议，该会议是2011年签署的《2012—2015年战略伙伴关系行动计划》的产物。会议旨在提供一个定期和系统化的机制，以便研究和评估两国在所有领域的双边合作，包括贸易和投资以及海事和防务问题。[26]随着越南航空公司新开通了胡志明市至雅加达的航线，双边互动的数量和质量都将进一步提升。

另一个潜在的合作领域就是海洋划界。虽然两国之间没有领土争端，但它们所主张的专属经济区（EEZ）确实存在重叠。2003年，两国政府签署了一项关于大陆架划界的协议，这是一座小小的里程碑。该协议确定了两个国家的大陆架将沿着1969年印尼与马来西亚大陆架协议的两个端点之间的假想直线进行划分。两国还同意在重叠的海洋边界地区开展联合巡逻，并已经进行了多次海上联合巡逻，以减少和消除非法捕捞和其他海上犯罪活动。

在两国的战略考量中，中国占有重要的地位，如何与中国打交道是两国可以进行合作的最重要的安全问题。与中国有直接领土争端的越南希望印尼站在自己一边，从而强化自己的主张，或者至少削弱中国在南沙群岛和西沙群岛争端中的相对实力和影响力。印尼在地区事务方面一向奉行不受外部势力干涉的政策，其关注中国在该地区日益增长的影响力，但不愿在与越南的合作中直接与中国抗衡。两国和其他东盟国家可以进行合作，就南海中被允许和被禁止的行为制定准则。2002年，东盟和中国签署了一份不具约束力的政治声明，即《南海各方行为宣言》（DOC，简称《宣言》）。然而，《宣言》基本未能阻止紧张局势升级，也没有阻止声索国加强对争议地区的主权要求。

2011年7月，各方最终通过了《落实〈南海各方行为宣言〉指导方针》（简称《指导方针》），并同意促进各方之间的对话与协商。《指导方针》补充了一点：每年向中国–东盟外长会报告《宣言》范围内达成共识的合作活动或项目的实施进展情况。

第一次讨论于2012年1月13日至15日在北京举行，并就成立海洋科学研究、环境保护、搜救和跨国犯罪四个专家委员会达成协议。事实证明，达成一项可执行的多方协议的最初愿望很难在现实中实现，而最终提出的《东盟关于南海区域性行为准则的建议要素》的初稿是“菲律宾工作草案”，但是严重缩水了，这说明东盟成员国之间存在相当大的内部分歧。[27] 例如，最终文件删除了“适用于海洋空间的国际法原则和规范，特别是关于和平利用和合作管理海洋的原则”和“有必要保护该地区免受任何形式的军事化和恐吓”的提法。

印尼在南沙群岛和西沙群岛问题上地位独特，因为它不是领土主张的直接当事方，但解决争端又关乎其切身的利益。和过去一样，它可以通过举办研讨会在缓解紧张局势方面发挥中介作用。更重要的是，它可以在东盟内部发挥领导作用，向作为争端当事方的东盟成员国施加压力，促使其达成协议。这样做不仅可以巩固东盟的团结，还将大大提高东盟对中国的谈判能力。

印尼和越南双边关系中的另一个潜在挑战在于地区一体化和社区建设的速度和程度。一方面，印尼是东盟成员国中最积极的推动建立一个更具凝聚力、更加一体化甚至更多地奉行干预主义的东盟的国家，无奈东盟发展成为一个地区共同体的步伐十分缓慢，尤其是在政治安全领域。另一方面，越南倾向于坚持传统的“东盟模式”准则，特别是不干涉和不干预原则，以及东盟不介入成员国之间尚未解决的双边争端的原则。[28]

在东盟内部关于设立东盟政府间人权委员会（AICHR）的谈判中，各国在区域规范以及区域一体化的程度和速度方面产生了分歧。2003年的《东盟协调一致第二宣言》（《第二巴厘宣言》）明确提出建立区域人权机制，这一机制随后在《东盟宪章》中得到了东盟国家领导人的批准。然而，各国在人权机制的确切任务和内容方面仍然存在分歧。一个阵营主要由越南和其他印度支那国家组成，它们认为没有太多必要建立这样一个机构，并且即便建立也不能给它太多权力。另一个阵营由印尼、菲律宾和泰国等国家组成，它们希望建立一个强有力的人权组织，有调查权和起诉权。最后，东盟成员国一致同意建立一个区域人权机制，该机制包含了自由的人权概念，包括个人的社会政治权利和自由，但几乎没有太大的实权。[29]

建立东盟政府间人权委员会的经验表明，上述两大阵营国家在东盟和区域一体化的愿景和未来发展方面存在严重分歧。印尼属于后者并代表后者，而越南属于前者。这种东盟内部的分歧和紧张局势可能会阻碍东盟在许多领域的进展，并使令人沮丧的折中方案在许多情况下成为最佳结果。

印尼和其他东盟创始成员国面临的挑战是，如何快速、深入地使柬老缅越四国接受东盟的共同愿景、规范和价值观。如果不能做到这一点，东盟的团结势必会被削弱，并对区域主义项目的进展产生不利影响。此外，这种内部分歧也会为外部势力影响东盟成员国之间的关系提供机会。

结 语

印尼与马来西亚、越南和新加坡这三个邻国的双边关系并非没有面临挑战。如果处理不当，这些问题可能导致相互不信任和猜疑，从而阻碍双边和区域合作。印尼正在崛起，并希望在东盟内确立自己的领导地位。在这样一个时代，这个问题可能会变得更加严重。然而，尽管面临种种挑战，各国仍应保持乐观。支持这一结果的原因有两个。第一，尽管崛起的印尼可能会变得更加自信，但迄今为止，其外交政策的总体方向和基调一直坚持自由和包容——与马来西亚关键的领土争端的解决表明了这一点——而且很可能在不久的将来延续下去。巩固印尼的民主治理是这一方面的关键，因为它将对其未来外交政策的自由取向产生重大影响。如果印尼的民主治理得到巩固，其日益增强的实力——也就是它对邻国的影响力——可以对印尼与其他东盟成员国的双边关系发展产生积极影响。印尼可以发挥其领导作用，推动东盟内部的自由政治议程，促进东盟内部在安全和领土争端方面的合作，并在保持东南亚的相对自治和免受大国的外部干预方面发挥重要作用。

第二，东盟的机制性网络将维持地区精英之间的接触和定期会晤，从而加深他们的相互了解和个人联系。这些联系将防止潜在的冲突成为现实，维护东南亚的和平与稳定。在20世纪90年代，东盟发生了一系列区域危机，从而证明了东盟是一个相当无效的行为体。但在那之后，东盟以共同体的形式，以《东盟宪章》为基础，成功地为自己制定了新的愿景。可以肯定的是，对于这些国家来说，“东盟共同体”中所提出的一些目标和目的过于雄心勃勃，而它们之间的认同和联系还尚不能达成深入和密切的合作。但是，东盟共同体计划为东盟成员国提供了未来几年可遵循的发展规划，因此，双边合作有望在今后缓慢但有效地加强。因此，印尼将在东盟的体制框架内展示其更强大的实力，其领导力也将随着与周边国家的双边合作而增强，这些预示着印尼将成功应对与邻国双边和多边关系中的挑战。

注 释

1. 伊尔法·普斯皮塔萨里（Irfa Puspitasari）:《印尼的新外交政策——“千友零敌”》（Indonesia’s New Foreign Policy– “Thousand Friends, Zero Enemies”),《印度防务研究与分析所问题简报》2012年8月23日，可访问：http://www.idsa.in/system/files/IB_ IndonesiaForeignPolicy.pdf。

2. 更多详细信息，参见利奥·苏尔亚迪纳塔（Leo Suryadinata）:《时代版马来语–印尼语同义词辨析词典：含英语释义》（*Times Comparative Dictionary of Malay-Indonesia Synonyms: with Definitions in English*），吉隆坡：时代版本出版社，1991。

3. 廖振扬（Joseph Chinyong Liow）:《印尼–马来西亚关系政治：一族两国》（*The Politics of Indonesia-Malaysia Relations: One Kin, Two Nations*），纽约：劳特利奇出版社，2004，第122页。

4.《印尼与马来西亚将针对反间谍和雾霾问题展开合作》（RI, M’sia to Work on Counterspying, Haze),《雅加达邮报》2013年12月20日，可访问：http://www.thejakartapost.com/news/2013/12/20/ri-m-sia-work-counterspying-haze.html（2014年1月3日访问）。

5. 更多详情，请访问新加坡国防部网站。网址是：http://oceansbeyondpiracy.org/matrix/activity/malacca-strait-patrols（2013年4月10日访问）。

6. 对于马六甲海峡海盗活动频率的变化趋势，参见吴素风（音译，Ada Suk Fung Ng）:《打击海盗的海上安全框架》（A Maritime Security Framework for Fighting Piracy),《运输与物流研究所工作论文》（*Institute of Transport and Logistics Studies Working Paper*），悉尼：悉尼大学，2011年11月，第2页。

7. 关于民主化对印尼外交政策影响的详细讨论，见约恩·多施（Jörn Dosch）:《东南亚政治的变化动态》（*The Changing Dynamics of Southeast Asian Politics*），博尔德与伦敦：林恩·里纳出版社，2007，第2章。

8. 印尼共和国外交部:《双边合作：马来西亚》（Bilateral Cooperation–Malaysia），网址：http://www.kemlu.go.id/Pages/IFPDisplay.aspx?Name=BilateralCooperation&IDP=196&P=Bilateral&l=en（2014年1月3日访问）。

9. 马歇尔·克拉克（Marshall Clark）:《印尼–马来西亚关系：文化遗产和“加鲁达与老

虎”的政治》，2012年8月28日，在澳大利亚国立大学未发表的会议论文，可访问：http://indonesiasynergy.files.word-press.com/2012/08/m_clark_2012_is_indonesiamalaysiarelation.pdf。

10.《马来西亚宣布麻坡和礼让进入紧急状态》(Malaysia Declares State of Emergency in Muar and Ledang)，亚洲新闻台，2013年6月23日（2013年6月23日访问）。

11.《印尼避开雾霾指责的博弈》(RI Dodges Haze Blame Game)，《雅加达邮报》2013年6月21日，第8页。

12. 更多详情请参见李泽良（音译，Terence Lee Chek Liang）:《解读“新秩序”时期印尼与新加坡的关系：以政权维持与外交政策为例》(Explaining Indonesia’s Relations with Singapore during the New Order Period: The Case of Regime Maintenance and Foreign Policy)，《南洋理工大学国防与战略研究院工作论文系列》2001年第10期。

13. 刘德顺（音译，Lau Teik Soon）、比尔维尔·辛格（Bilveer Singh）编《印尼–新加坡关系：问题与前景》(*Indonesia-Singapore Relations: Problems and Prospects*)，新加坡：新加坡国际事务研究所，1991，第100页。

14. 同上。

15. 李光耀1986年4月16日的演讲，引自李光耀:《解读“新秩序”时期印尼与新加坡的关系》(Explaining Indonesia’s Relations with Singapore during the New Order Period)，第12页。

16. 刘德顺、比尔维尔·辛格编《印尼–新加坡关系：问题与前景》，第101页。

17. 同上，第109页。

18.《东南亚的恐怖主义：威胁与应对》(Terrorism in Southeast Asia: The Threat and Response)，第8页。在南洋理工大学国防与战略研究院和美国国务院反恐协调处组织的国际会议上的报告，2006年4月12日至13日，新加坡。

19. 刘德顺、比尔维尔·辛格编《印尼–新加坡关系：问题与前景》，第99—100页。

20.《印尼在国际会议上强调与新加坡的引渡协议》(RI Highlights S’pore Extradition Treaty at Int’l Meeting)，《雅加达邮报》2013年10月23日，可访问：http://www.thejakartapost.com/news/2013/10/23/ri-highlights-s-pore-extradition-treaty-int-l-meeting.html（2014年1月7日访问）。

21. 七个工作组涉及以下问题:（1）巴淡岛、民丹岛和卡里蒙群岛（BBK）及其他经济特区（SEZs）;（2）投资;（3）旅游业;（4）空中互联互通;（5）劳动力;（6）农业企业;（7）反恐。欲了解更多详情，请访问新加坡外交部网站，http://www.mfa.gov.sg/content/mfa/overseasmission/jakarta/press_statements_speeches/2012/201203/press_201203131.html（2014年2月2日访问）。

22. 卡罗琳·L. 盖茨(Carolyn L. Gates):《越南经济转型以及与充满活力的东盟经济体的融合》(Vietnam’s Economic Transformation and Convergence with the Dynamic ASEAN Economies)，《比较经济研究》2000年第42卷第4期，第7页。

23. 陈氏玉蝶（音译，Trinh thi Ngoc-Diep）:《印尼对越南的外交政策》(*Indonesia’s*

Foreign Policy toward Vietnam），檀香山：夏威夷大学出版社，1995，第199—202页。

24. 德维·福尔图娜·安瓦尔（Dewi Fortuna Anwar），《东盟中的印尼：外交政策和区域主义》（*Indonesia in ASEAN: Foreign Policy and Regionalism*），新加坡：东南亚研究所，1994，第288页。

25. 恰当的分析，参阅陈氏玉蝶：《印尼对越南的外交政策》。

26. 唐纳德·韦瑟比（Donald Weatherbee），《透视全球：印尼–越南关系》（Global Insider: Indonesia-Vietnam Relations），《世界政治评论》2011年9月26日。

27. 卡莱尔·A. 塞耶（Carlyle A. Thayer），《东盟在南海的行为准则：共同体建设的试金石?》（ASEAN's Code of Conduct in the South China Sea: A Litmus Test for Community-Building?），《亚太杂志》第10卷第4期，2012年8月。

28. 关于东盟规范的详细讨论，见尤尔根·哈克（Jurgen Haacke）：《东盟的外交和安全文化：起源、发展和前景》（*ASEAN's Diplomatic and Security Culture: Origins, Development, and Prospects*），伦敦：劳特利奇柯曾出版社，2003。

29. 有关东盟政府间人权委员会成立的更多细节和解释，见玛丽亚·奥尔图奥斯特（Maria Ortuoste）和柳庸煜：《民主化、区域共同体建设与人权：以东盟政府间人权委员会为例》（Democratization, Regional Community-Building and Human Rights: The Case of the ASEAN Intergovernmental Commission on Human Rights），《太平洋评论》2014年第27卷第3期。

第十三章　印尼在东盟中的领导力：调解、施动与域外外交

［澳］克里斯托弗·B. 罗伯茨　［印尼］厄尔莉娜·韦德亚宁西

印尼一直被认为是东盟中的“天然领导者”或者“平等各国之首”。印尼的“领导”作用可以追溯到1967年东盟的成立。印马对抗的结束和印尼愿意加入东盟，对东盟的创立非常关键。这反过来又符合苏哈托总统将印尼描绘为有建设性的邻国的目标。[1]正如德维·福尔图娜·安瓦尔所说，东盟成立之后，“印尼的克制以及对地区合作的巨大贡献……使印尼赢得了其他成员国的尊重和承认，成为‘同侪之首’（a primus inter pares）”或“平等各国之首”。[2]然而，东盟的成立也被解释为是为了限制印尼在东南亚的霸权。因此，作为回应，苏哈托对东盟的政策也希望能打消地区伙伴的顾虑。[3]尽管1997—1998年的东亚金融危机和苏哈托总统“新秩序”政权的垮台让印尼有些自顾不暇，但现在政治稳定、经济增长以及民主价值观的巩固让印尼再次成为东盟中的积极领导者。

综合这些考量，本章评估了印尼在东盟中角色的演变，以及一个更加强大和繁荣的印尼对东盟未来的影响。虽然印尼的领导力还包括经济和社会文化方面，但本章只聚焦在政治和安全领域。分析分为三个小节：第一节考察雅加达作为危机和冲突的管理者与调解者的角色；第二节评估印尼在观念上的领导力的变化（即与规范和价值观有关的施动）；最后一节探讨印尼国际实力和威望的提升对东盟的影响。本章认为，印尼在调解冲突

和管理地区危机方面发挥了关键作用。如果没有印尼，东盟基本上是不存在的或至少是无足轻重的，因此本章所作的评估大部分是正面的。不过，本章也会特别指出，印尼的领导力存在一些明显的局限性，比如区域不团结和不稳定问题的持续挑战，本书的其他章节也对这些问题作了更详细的讨论。

印尼调解和管理东盟内部冲突

由于多种因素，印尼在东南亚和东盟的经济、政治和战略局势中拥有特殊的地位。从地理环境来看，印尼是一个广阔的群岛国家，从东至西延伸超过5350千米，包括了17508座岛屿（其中6000座有人居住）。[4]此外，印尼的地表面积达到190万平方千米，占东盟国家陆地总面积的42%以上。在东盟国家中，印尼的人口也不容小觑，2012年该国人口达到2.445亿，占东盟总人口的近40%。[5]重要的是，印尼是本地区劳动人口最年轻的国家之一，平均年龄为28.9岁，[6]这促进该国在2008年到2013年保持了平均5.5%的强劲经济增长率。[7]虽然印尼有东南亚人数最多的武装部队，[8]但其明智地将预算优先用于发展经济、卫生和教育。2011年，印尼的政府官方支出中只有0.67%拨给军方。[9]印尼在东盟中地位举足轻重，也是因为它拥有丰富的自然资源，包括石油、天然气以及橡胶和木材。[10]

考虑到这些因素，再加上东盟成立之前印马对抗造成的混乱，[11]最初的东盟成员国[12]都知道，如果没有印尼的参与，东盟不可能发挥或产生影响力。因此，为了加强印尼的参与度，成员国产生了一种务实的认识，即它们需要听从印尼，把印尼当作“天然领导者”和“平等各国之首”。[13]至关重要的是，这种认识还取决于印尼在外交事务中把东盟置于首位。这种双向相互依存的一个例子体现在印尼和其他东盟成员国都同意提供资金支持，将东盟秘书处设在雅加达。此外，印尼在几乎所有威胁地区稳定的冲突和危机中都发挥了重要作用。例如，1968年，因为传言马尼拉阴谋资助沙巴的分离分子叛乱（即“科雷吉多尔事件”），马来西亚与菲律宾的外交关系出现裂痕，印尼总统苏哈托在东盟部长级会议上出面干预，提议两国进入冷静期。[14]

在1979年至1991年的柬埔寨冲突期间，印尼再次发挥了调解者的作用。例如，印尼和马来西亚一起推动形成了1980年3月的“关丹声明”。这份和解声明借鉴了《和平、自由和中立区宣言》（ZOPFAN）的理念，并为进一步对话寻找共同立场。由此，它认可越南的安全顾虑，但也呼吁结束苏联在越南的影响。[15]虽然该声明是在东盟正式框架之外形成的，但其主要关切和原则在1980年6月东盟部长级会议发表的“联合公报”中得到了重申。[16]当其他解决这场危机的努力（例如马来西亚的“5+2方案”[17]）都失败时，印尼派遣其军事首长直接与河内谈判，而且东盟后来指派印尼作为这些谈判的官方对话者。[18]印尼的自我定位是温和路线执行者，因此能够取得越南的信任，并促成河内和东盟同意举行两次非正式会谈。[19]虽然这些会谈期间的谈判没有取得进展，但由印尼主持的巴黎会议对柬埔寨问题作出的决议得到了东盟和在其中发挥了领导作用的印尼所建立的多边框架的大力支持。[20]

此后，1997年的亚洲金融危机沉重打击了印尼的经济，苏哈托的“新秩序”威权统治随即瓦解。这场国内动荡让印尼无暇顾及领导东盟，根据里扎尔·苏克马的说法，它使“东盟失去了目标感”。[21]不过，印尼随后的民主改革获得了成功，这意味着到21世纪初时，它能够以一种新的方式恢复对东盟的领导。如下一节所述，印尼实现民主之后的外交政策在人权和人类安全问题上表现得更加积极。在民主化的过程中，印尼也更愿意参与其他东盟国家的内政。正如印尼外交部东盟合作司总司长所说：“我相信在这个问题上（不干涉）我们现在更开放了……由于民主化进程，印尼更加开放、更加灵活。”[22]

这种“开放”的一个典型例子发生在2008年缅甸遭到“纳尔吉斯”热带风暴重创之后。据估计，风暴造成了12万到20万人死亡，另有80万人流离失所。尽管缅甸军政府无力应对这样严重的自然灾害，但他们最初拒绝国际救援人员进入受灾的伊洛瓦底江三角区，结果造成无数人丧生。为了劝说军政府转变立场，除了东盟秘书长素林·比素万（Surin Pitsuwan）递过去的“外交胡萝卜”，印尼还挥起了“外交大棒”。例如，据一位驻新加坡大使回忆，在东盟部长级会议上，印尼外长

> 将身体探过桌子，问缅甸外交部长，他认为加入东盟对缅甸意味着什么，并且在当时那种环境下，就东盟的内部团结、国际形象及其各成员国未来的共同愿景而言，缅甸的加入对东盟又意味着什么。[23]

印尼外长想要当着其他东盟外长的面质疑缅甸继续保留东盟成员国资格的意义，在字里行间表达了一定程度的不满。此外，在点明了危机与缅甸的利害关系之后，东盟国家的外长们解释道：“这场危机给了内比都一个最后的机会，让东盟在促进缅甸军方与国际社会的关系方面发挥作用。”[24]由此，在印尼和东盟的联合行动下，缅甸同意接受国际援助，允许援救人员进入缅甸。随后的援助一定程度上得益于三方核心小组（TCG）的成立，而印尼在其中继续发挥了领导作用，三方核心小组的七名官员中有三名就是印尼人。[25]此外，印尼是最早向缅甸提供援助的国家之一，援助金额仅次于泰国和新加坡。[26]

泰国和柬埔寨因柏威夏寺附近领土的争端发生的武装冲突也给了印尼发挥领导力的机会。2011年初泰柬爆发敌对行动后，印尼外长马蒂·纳塔莱加瓦立即前往两国并与其领导人协商，还参加了联合国安理会的一次会议。会后，安理会发言人表示，该问题最好交由时任东盟轮值主席国的印尼来处理。[27]印尼随后于2011年2月22日在雅加达召开了东盟外长级非正式会议（IAMM）。会议期间，冲突双方同意接受印尼军方和文职观察员在边境线上监督停火协议。然而，经过旷日持久的谈判，泰国没有同意该协议最终划定的职权范围。[28]双方随后回到国际法院，在2013年4月15日到19日提出了各自的观点。2013年11月11日，国际法院一致同意裁定属于柬埔寨的领土包含该寺庙所在的整个岬角地区，面积约1平方千米。[29]

因此，在没有任何具有约束力的冲突解决机制的情况下，如果没有国际机构的帮助，不论是印尼还是东盟，都无法解决争端。尽管如此，双方最近一次的敌对行动发生在2011年2月，可见国际法院以及印尼和东盟的联合施压很可能起了作用。

根据总统办公室的一名高级官员亚扬·穆利亚纳（Yayan Mulyana）博士的说法，印尼说服其他国家克服分歧的能力使人们认识到，印尼是东盟至关重要的“共识建设者”。[30]因此，虽然印尼在南海主权争端问题上不是正式的声索方，但它一直在积极调解各声索方——马来西亚、文莱、菲律宾、越南和中国之间的紧张关系。印尼作为调解者和共识建设者的最近的一个例子，是2012年印尼外交部长马蒂·纳塔莱加瓦开展的外交活动。在2012年7月的东盟部长级会议上，时任东盟轮值主席国柬埔寨的外交部长贺南洪（Hor Namhong）拒绝以成员国名义发表联合公报，导致紧张局势迅速升级。尽管反对意见的关键点在于菲律宾和越南坚持要求在公报中提及中国最近的强硬立场，[31]但关于贺南洪在讨论期间同时与北京进行磋商的消息被披露，使一些东盟国家非常不满。[32]

东盟之前从未有过未能发表联合公报的情况。印尼外长纳塔莱加瓦在谈到这一事件的严重性时说:“我认为，如果我们不能就南海问题达成一项共同声明，这是完全不负责任的。”[33]为了化解僵局，纳塔莱加瓦随后访问了柬埔寨、越南和菲律宾，在不到72小时内与三国领导人举行了会谈。基于这些会谈，纳塔莱加瓦亲自起草了“六项原则”，于2012年7月公布。当时，东盟各成员国都表示赞同“东盟关于南海问题共同立场的‘六项原则’”，特别是承诺将落实《南海各方行为宣言》，并“早日制定‘南海行为准则’”。虽然这个结果离解决争端还很远，但印尼在缓解紧张局势方面再次发挥了重要作用。不过，雅加达非常清楚还有很多工作要做。就像其外长所说:

继部长级会议和穿梭外交之后，我们现在关注的是如何保持制定“南海行为准则”的势头。我们已就主要内容达成了一致，现在我们要做的是将其细化，并确保这一进程顺利推进。[34]

1990年以来，印尼就“南海行为准则”提出了若干构想。除了“六项原则”，这些构想还包括在纽约举行的东盟部长级非正式会议上提出的“南海行为准则”草案（2012年9月27日），以及在泰国华欣（Hua Hin）举行的东盟部长级务虚会议（2013年8月13—14日）和在北京举行的东盟-中国外长特别会议（2013年8月29日）上提出的“3+1方案”。“3+1方案”涉及“南海行为准则”的目标：（1）增进信任与信心；（2）预防冲突；（3）管控冲突。“+1”的目标涉及为和平创造有利条件，包括“早期收获项目”，如建立和维护通信热线以及制定搜救方案。[35]

东盟的工作方法——包括先达成共识、再进行决策的做法以及互不干涉内政的原则——阻碍了印尼发挥领导力。例如，在撰写本章时，南海声索国之间的紧张局势迅速升级，因此印尼提议举行东盟外长特别会议。然而，由于必须先达成共识，但有一个成员国表示反对，因此会议未能举行。从雅加达的角度来看，这次会议将为越南和菲律宾提供一个改革东盟的重要机会，两国希望东盟能向世界其他国家传递共识。[36]然而，这种地区不团结促使菲律宾决定绕过东盟开展外交，并诉诸海牙常设仲裁法院解决与中国在南海的争端。

尽管如此，印尼愿意继续在调停争端或危机方面发挥积极作用，这仍会有助于地区事务的解决，因为东盟不能指望柬埔寨、老挝、缅甸或文莱等较弱的国家担当这一角色。正如王碧君（Pek Koon Heng）所言：“这就像飞行的大雁。领头的大雁飞在前面，其他的大雁跟在后面。因此，这是一个其他大雁飞得有多快或者飞得有多慢的问题，东盟的决策过程和这很像。我认为，东盟中较强的成员国总会帮助较弱的成员国。”[37]然而，东盟时常需要印尼的“特别外交”（ad hoc diplomacy），这说明东盟还没有一套解决争端或危机的有效机制。虽然东盟高级理事会和《东盟宪章》商定了一些解决争端的条款，[38]但此类争端的解决需要争端各方主动求助，而且结果没有约束力。另外，由于各方对东盟秘书处和（或）其他东盟成员国妥善解决争端仍然信心不足，这种机制被进一步削弱。因此，印尼的领导力通常只限于缓解争端，而不是解决争端。

印尼推动制度和规范变革

东盟成立以来，印尼还积极引领和创建东盟的规范和制度。早在缔结《东南亚友好合作条约》和《巴厘第一宣言》时，印尼就发挥了这样的作用。然而，在东亚金融危机（1997—1998）和苏哈托总统的“新秩序”威权统治垮台后，印尼才开始了实质性的民主改革进程（可参见艾弗里·普尔所写的第八章），其对印尼的认同、规范以及相关外交政策都有积极影响。[39]因此，实现民主之后的印尼以截然不同的角度看待前述问题以及大量新出现的非传统安全挑战，这有助于雅加达重新评估该地区的规范和制度的效用。例如，从印尼前外交部公共外交司司长（现任印尼驻洛杉矶总领事馆总领事）乌马尔·哈迪（Umar Hadi）的角度来看，“东盟模式”代表了“在特定时间解决特定问题的方法，但今天我们需要反思这种解决方案是否仍然有效，或者是否还能用于另外一组问题”。[40]

因此，印尼外长起草了一份题为“建立东盟安全共同体”的政策文件。根据该文件，东盟应致力于建立本地区秩序，东盟成员国依此“对和平变革抱有真实的期望”，并“不将使用武力作为解决问题的手段”。[41] 2003年10月，东盟所有成员国通过《第二巴厘宣言》对该文件的核心原则表示认可。[42]《第二巴厘宣言》还为创建“经济共同体”和“社会文化共同体”的愿景作了补充。为了重塑地区秩序，该文件宣布，“东盟的政治和安全合作”水平需要“提升到更高的层面”，还提到了“解决冲突”和“冲突之后的和平建设”。[43]虽然《第二巴厘宣言》得到了广泛的国际关注，但承载了印尼全部变革愿景的却是其“安全共同体行动计划草案”。该文件包含了实现安全共同体的75项具体措施，包括建立地区人权委员会和地区维和部队（应急安排）。本章后面会解释，为什么草案里一些更重要的内容被修改或者被完全删除了。尽管如此，早期的《第二巴厘宣言》和后来的《万象行动计划》都写明了会作出重大的规范性改革，包括对“人权”和“民主环境”问题的改革。

2007年的《东盟宪章》(简称《宪章》)是这些谈判的主要成果。《宪章》的显著成就是赋予了东盟法律人格，并通过要求制定相应的国内法律，将东盟成员国约束在更正式的地区治理框架中，尤其是在经济方面。在这方面，值得注意的是，即使没有完全达成共识（例如“东盟减X”原则①），东盟也会同意采取某些经济举措，以及加强经济领域内解决冲突的程序。然而，虽然《宪章》提到了民主和人权等原则，但也包含了许多相互矛盾的条款，比如重申东盟长期奉行不干涉原则，以及在政治安全领域继续以协商一致为基础进行决策。此外,《宪章》没有就“争端解决机制”或“冲突解决”作出任何具有约束力的承诺。因此，时任新加坡南洋理工大学拉惹勒南国际研究院院长的巴里·德斯克（Barry Desker）大使表示,“《宪章》令人失望，因为它只是把现有的规范变成了条文，而东盟依然还是一个政府间组织”。[44]

与“纳尔吉斯”热带风暴之后的外交活动一样，印尼也愿意在人类安全和（或）人权问题上有所作为。虽然印尼关于设立人权委员会的提议最初遭到拒绝，但东盟在2007年7月宣布其成员国已同意设立当时名为“人权机构”的组织，其具体架构和宗旨将在《东盟宪章》中予以阐述。[45]《东盟宪章》在11月的新加坡峰会上出台，然而在此之前东盟成员国仍无法就人权机构最终的“职权范围”达成一致。尽管如此，在印尼的坚持下，最终于2009年10月确定了现在被称为“东盟政府间人权委员会”（AICHR）的组织的职权范围。在印尼的领导下，东盟制定了东盟政府间人权委员会项目在2012—2015年的正式时间表，以推进《东盟宪章》的目标。[46]东盟政府间人权委员会成立以来，东盟还与东盟妇女和儿童权利促

---

① 即如果少数几个成员国表示将不履行某项经济决策所规定的具体行动，但又并不反对该项决策，那么该项决策可以作为东盟的集体决定予以通过，并由其他支持该决策的成员国先行付诸实施。——译者注

进与保护委员会（ACWC）进行了几轮对话，以协调本地区促进人权发展的进程。[47]

尽管取得了这些成就，但东盟政府间人权委员会成立的目的是“促进”而不是“保护”人权，因此它无权调查任何侵犯人权的事件。[48]该委员会成立之后，东盟还发布了《东盟人权宣言》。这表明了一些东盟国家对促进与保护人权的坚定承诺。[49]然而，东盟对人权的保护和印尼在这方面的领导力仍然存在一些明显的局限。例如，2014年“自由之家”（Freedom House）从“政治权力”与“公民自由”方面综合考量，没有将任何一个东盟国家列为“自由”国家。印尼在“政治权力”方面表现较好，得2分（1分最好），而在“公民自由”方面表现较差，得4分。[50]不过，“自由之家”对印尼“政治自由”方面的积极评价，有助于说明为什么雅加达一直在发挥民主国家应有的作用。

印尼巩固了更加健全的治理机制，包括其外交政策，这意味着，如果缅甸等其他东盟成员国在担任轮值主席国时领导不力，那么印尼现在也更有能力介入并发挥领导作用。印尼在民主化方面取得的广泛成功也为缅甸等其他国家树立了榜样，激励它们进行改革，这一过程被称为“时代精神效应”。[51]因此，印尼也一直在谨慎地推进政治改革，在这个过程中，它一方面接待了缅甸总统顾问团的访问，另一方面也派出军方改革家［比如阿古斯·维乔约（Agus Wijoyo）］分享印尼的民主转型经验。在这方面，一些非东盟国家表示有意协助缅甸作好担任东盟轮值主席国的准备。例如，德国与印尼合作，在印尼和缅甸举办了几次研讨会，帮助缅甸官员学习印尼在担任轮值主席国方面的经验。[52]此外，在2013年文莱担任东盟轮值主席国期间，也有两名缅甸官员到文莱实习。[53]印尼发挥了“创意设计师”的作用，使东盟成为一个更具活力的组织，能够适应或至少缓解许多域内和域外的挑战。

虽然已取得上述成就，但雅加达一直还在多元化的战略、政治、经济、社会文化环境中发挥着作用。正因为如此，过去十年中，印尼的“领袖做派”让它在得到赞同和执行方案方面遇到了一些困难。例如，印尼试图重新设计东盟的架构和宗旨，从而建立一个安全共同体，但遭到了相当大的反对。一些东盟精英认为，雅加达在这方面的外交只是为了加强印尼在东盟内的权力和领导力，而东盟秘书处的部分人则认为，印尼正在寻找“借口——通过要求就一些雅加达明知道其他成员国会拒绝的事情达成一致——从而离开东盟”。关于“执行”问题，问题在于只有30%的东盟协议得到了落实，而印尼想解决这一问题的努力也遇到了阻力。几位其他东盟国家的外交部发言人横加抱怨，称印尼的倡议太草率而且是以极其“非东盟的方式”强加的。[54]

不过，印尼一直在坚持。此外，根据2009年东盟发布的《政治安全共同体蓝图》，印尼就建立东盟和平与和解研究院（AIPR）进行游说，该研究院也于2012年11月在金边峰会上成立。按照印尼外长的说法，“该研究院将不包括军方人员，人员来源只限于东盟成员国的机构”。[55]东盟和平与和解研究院已完成对理事会和顾问委员会的提名，最近印尼于2014年4月21日在巴厘岛召开了东盟和平与和解研究院理事会第二次会议。[56]东盟和平与和解研究院的建立可以被视为非政府机构融入和参与东盟机制的另一个切入点。由于本地区潜在的高强度冲突，东盟和平与和解研究院预计将开展研究工作和能带来切实的“直接成果”的活动，比如调解和培训活动。[57]尽管如此，除了建立信任措施之外，还需要几十年才能取得实质性进展，因为这必须要等到东盟所有成员国巩固了民主治理之后。

2013年文莱担任轮值主席国期间，印尼还提出了另外四项倡议。第一，在2013年4月举行的第22届东盟峰会上，印尼总统苏西洛提出了东盟的发展目标，其中包括到2030年将东盟的GDP总和翻倍，从2.2万亿美元增加到4.4万亿美元。第二，他承诺到2030年将东盟国家生活在贫困线以下人口的比例减半，从18.6%降为9.3%。印尼外长纳塔莱加瓦还提出了另一项倡议，涉及“后2015年东盟共同体愿景”。该愿景涉及四条战线上的行动：巩固东盟共同体；增强地区领导力；推进全球议题的解决；促进地区繁荣。[58]第三和第四项倡议是关于前面提到的“3+1方案”和“早期收获项目”，[59]而最终的想法就是签署一个“印太条约”。然而，文莱在推动印尼对东盟的全球愿景方面似乎也缺乏热情。因此，文莱在担任东盟轮值主席国期间并没有组织东盟与有核国家就后者签署《东南亚无核武器区条约》议定书问题举行会议；这也导致有核国家推迟签署该议定书。[60]

印尼崛起与东盟之间的全球联系

印尼的规模和经济增长速度意味着它越来越适合在更广泛的“印太”地区代表东盟的利益，苏西洛总统在二十国集团论坛上的外交就是一个例子。苏西洛总统被推选出来与利比亚总统埃伦·约翰逊·瑟利夫和英国首相戴维·卡梅伦共同担任“2015年后发展议程高级别名人小组”的主席。该小组有27名成员，他们受联合国秘书长潘基文的委托，就2015年之后（2015年是联合国《千年发展目标》的目标完成时间）的全球发展框架提供咨询意见。该小组于2013年5月21日提交了报告。[61]其中，雅加达一直希望代表东盟和发展中国家的利益。[62]不过，印尼更愿意看到非二十国集团国家（包括其他东盟成员国）参与二十国集团的国际活动，以避免出现以邻为壑的局面。[63] 2013年，当印尼担任亚太经合组织轮值主席国时，它又有了一次提升形象和为东盟谋求利益的机会。

与此同时，签署“印太条约”的提议旨在通过在更广泛的“印太”地区巩固和推广东盟关于和平解决争端和不使用武力的准则，从而维护东盟的中心地位。如果能实现这一目标，其主要成果将是：从目前的“信任赤字”转变为“战略信任的蓄水池”；关于和平解决争端的承诺；有能力对地缘政治变化作出适当反应。鉴于最近战略竞争和紧张局势的加剧，印尼认为，东盟在2015年以后将需要以条约为基础，对东南亚和更广泛的“印太”地区作出有更多法律约束力的部署。[64]“印太条约”提议符合印尼外长纳塔莱加瓦建立“动态平衡”的愿景，即扩大后的“地区架构”将包括更多的中等强国和大国，比如澳大利亚、韩国、日本、印度、俄罗斯和美国。纳塔莱加瓦2010年在美国外交关系协会的一次演讲中表示，“动态平衡”

并不是一个传统的均势局面，即本地区没有一个国家占据绝对优势，而是更有整体性、更加乐观积极的意思，我们不希望我们的地区由一个国家主宰，不论是哪个国家，我们希望看到包容性，看到更多的国家……以及能够参与多方面事务——不仅是安全方面，还有政治、环境、经济、社会文化等方面——的国家。[65]

因此，虽然“动态平衡”的愿景切实地承认了实力的作用，[66]但它认为可以通过多方面束缚（multi-sectoral enmeshment）[①] 的方式——即复杂的相互依赖关系以及“印太条约”的规范性约束——加强地区秩序。此外，地区大国之间的战略竞争加剧，以及经济持续不稳定、资源日益匮乏等问题，都给这些愿景能否实现打上了大大的问号。用马克·比森（Mark Beeson）的话说，“东盟的长期和平”可能“与东盟本身所做的任何事情一样，也要归功于国家间冲突的明显减少，由于这种可能性一直存在，情况就更是如此了。[67]

尽管如此，印尼在东亚峰会的建立过程中也发挥了至关重要的作用，并推动其初始成员国吸纳了澳大利亚、新西兰、印度，后于2011年吸纳了美国和俄罗斯。[②]

根据《东南亚友好合作条约》背后的一些动机，印尼帮助说服澳大利亚和美国等国家，将加入《东南亚友好合作条约》作为它们加入东亚峰会的先决条件。在域外层面，印尼也是巩固东盟规范和原则（包括《东南亚友好合作条约》提倡的规范和原则）的主要推手。反过来，印尼的领导力和参与也是美国愿意参加峰会的一个主要因素。印尼的崛起，再加上它的

① 束缚或网住（enmeshment）是一种国家间战略，意思是将对手纳入制度性框架，形成制度性和规范性约束。——译者注

② 1997年亚洲金融危机之后，东盟十国和中日韩三国建立了“10+3”合作机制。2005年，东盟在“10+3”之外又平行建立了东亚峰会，新增了澳大利亚、新西兰和印度三个成员国。2011年，美国和俄罗斯加入东亚峰会，东亚峰会机制由此扩大至“10+8”。——译者注

人口、地理位置以及在东盟中所发挥的历史作用，使得美国、中国、印度越来越多地把加强与雅加达的关系视作“巨大的收获”。因此，它们在军事、安全、政治和经济领域投入了大量时间和资源。[68]例如，2010年9月中国与印尼正式建立了国防工业合作关系，两个月后，美国与雅加达在军务方面建立了全面伙伴关系。在经济上，印尼也是美国和中国的一个重要的新兴市场。2013年，印尼与中国签署了经贸合作五年发展规划，旨在到2015年将印尼与中国的双边贸易额增加到800亿美元。[69]

雅加达在国外的民主形象的巩固，进一步加强了印尼与澳大利亚、美国等非东盟国家的关系。除了扫清与印尼陆军特种部队等军事组织合作或出售杀伤性武器的障碍，印尼当前的形象和作用也加强了东盟的形象。例如，时任美国国务卿希拉里·克林顿（Hillary Clinton）赞扬了印尼代表东盟国家在南海安全合作方面所作的努力，并表示“这种团结的表现对我们来说很重要”。[70]美国在缅甸的民主化进程等问题上也寻求印尼的帮助。这些发展奠定了印尼在东盟与非东盟行为体之间充当中间人的地位和合法性，印尼的这一作用在“纳尔吉斯”热带风暴之后体现得非常明显。

鉴于上述因素，《亚洲世纪中的澳大利亚》白皮书编写委员会的负责人肯尼思·亨利（Kenneth Henry）宣称，印尼是他在筹备期间第一个咨询的国家。[71]此外，在澳大利亚的这份白皮书中，澳大利亚把印尼列为继中国和印度之后最重要的地区伙伴。[72]正如罗伯茨和哈比尔在本书第十章中所指出的，印尼也是澳大利亚在东盟外交活动的重要媒介。这种作用也被中国等其他国家认可。[73]

印尼在东南亚之外的影响力不断增强，一些分析家把印尼描述成一个具有“韧性”和“灵活性”的支点国家，能够根据不断变化的战略需要来重新定位自身，即“具备在潜在的伙伴中进行斡旋的灵活性”。[74]这种能力因其长期奉行“不结盟”政策（“自由和积极”的外交政策）及其不结盟运动创始成员国的地位而得到加强。[75]作为伊斯兰会议组织（OIC）、亚太经合组织、亚欧会议（ASEM）和二十国集团的成员国，印尼的影响力和发言权也受到这些身份的影响。尽管如此，印尼仍需要进一步制定关于如何在实践中实现这种（动态）平衡的政策。中美博弈使这一挑战十分复杂，[76]因此，印尼要想成功处理与大国的关系以及大国与东盟的互动关系，就必须从东盟全局出发，而不是考虑东盟各国的经济和安全利益。然而，根据本章概述的事态发展来看，东盟的团结正变得越来越难以实现。

印尼日益提升的国际形象及其行动主义所产生的某些负面影响，也会加剧这种地区团结所面临的挑战。例如，在东盟的某些精英群体中，一个越来越受到关注的观点是，雅加达宁可“自己单干”，并且“为的是自己的利益，而不是东盟的利益”。[77]只要东盟内部继续存在不信任或对冲突风险的担忧，这样的看法就不可避免。在一项有来自东盟各国的100名参与者参与的精英级调查中，只有40.2%的受访者表示，他们相信东南亚的其他国家是“好邻居”。有趣的是，在另一项针对819名东盟国家公民的社区级调查中，只有37.5%的人对同一问题表达了赞同，而108名印尼参与者中只有26.5%的人表示他们可以信任邻国。[78]信任危机加剧的原因有历史矛盾（如印马对抗）、种族冲突（如新加坡被视为“华人国家”）、宗教分歧（印尼国内以及马来西亚和泰国等东盟国家之间），以及包括领土问题（如安巴拉特海域、利吉丹岛、西巴丹岛问题）在内的更近一些的造成紧张局势的根源。[79]

东盟内部和泛“印太”地区的信任赤字与相互竞争的战略联盟、[80]相互冲突的认同和（或）不同的政治价值观息息相关。[81]这些多方面的因素阻碍了东盟的发展和印尼的领导力。因此，雅加达的精英阶层变得越来越失望，这导致了对“后东盟外交政策”[82]的呼吁——详见陈思诚所写的第十四章。这种观点有时会在印尼的领导层中得到支持。例如，当新加坡在1999年的东盟非正式峰会上反对印尼关于接纳东帝汶为东盟成员国的提议时，阿卜都拉赫曼·瓦希德［即古斯·杜尔（Gus Dur）］总统后来建议用以印尼、马来西亚、菲律宾为核心的“西太平洋论坛”取代东盟。[83]虽然这在当时是一个相对孤立的观点，但这样的呼吁在印尼议会和其他政治精英阶层中越来越普遍。围绕印尼移民工人待遇问题的持续性外交斗争（特别是与新加坡和马来西亚）也强化了这些观点。在这样的背景下，印尼的民族主义最近很容易一点即燃。

结 语

作为危机管理者和争端调解者，印尼在东盟中发挥了重要作用。它提出了促进东盟发展的新观点，也增强了东盟的全球影响力。印尼的这两种角色对自身和东盟都有积极的影响，有时也有消极的影响。雅加达作为调解者的作用经常有助于解决或者至少缓解了东盟的问题，但这也表明，东盟还没有形成有效的争端或危机解决机制。同时，如果东盟要成为一个能更有效地保护东盟成员国公民的协调和决策机构，那么印尼作为创意创造者的角色将有利于东盟的发展。虽然在这方面还有很多工作要做，但本章提供了几个例子，说明印尼已经取得了切实的进展——例如，应对“纳尔吉斯”热带风暴，解决柏威夏寺冲突事件，以及印尼在东盟的制度建设方面发挥的领导作用。

印尼的崛起也为其他东盟国家树立了榜样。它不仅提高了东盟的国际影响力，也增加了在国际论坛上促进东盟利益的机会。尽管如此，印尼在东盟内外还可以发挥更大的作用。例如，印尼应制定正式的结构性计划，确保其在二十国集团议程中具有更好的协调性和连续性。为此，印尼应该在东盟与二十国集团之间的往来（包括印尼、东盟轮值主席国和东盟秘书长）的战略协调中发挥更强的领导力。不过，在可预见的未来，这种领导力会面临更多挑战。首先，难以预测印尼新任总统佐科·维多多（佐科维）将给予东盟的优先级定位。例如，哈比比总统和瓦希德总统都没有将印尼与东盟的关系最大化。与此同时，虽然梅加瓦蒂总统提出了安全共同体倡议，但印尼在其任内的东盟政策差强人意。其次，印尼还饱受国内问题的困扰，比如宗教不宽容、腐败以及巴布亚问题。如果印尼想加强其在东盟中的领导力以及扩大东盟的国际影响力，就需要解决自己的国内问题，尤其是巴布亚问题。只有这样做，才能使印尼的民主模式具有实质性和合法性。

尽管印尼对东盟有益，但东盟内有部分国家对印尼在东盟内的领导力——甚至被称为印尼在东盟内的霸权——感到不满或与印尼展开竞争，而在印尼巩固了其民主体制之后，也有其他国家一直反对印尼的新型领导模式。在危及主权和政权安全的一些提议上，比如设立人权机构、建立维和部队、改变决策制度、建立正式的冲突解决机制，这种反对尤其强烈。此外，将愿景变为现实还有很大的困难，因为大家不喜欢有法律约束力的制度。这是因为东盟各国的政治体制不一样。如果其他国家也效仿印尼，以及最近的缅甸，朝着巩固民主的方向前进，那么信任赤字和相互对立的战略联盟所带来的挑战将更容易得到解决。随着印尼巩固了民主制度，并由此修复了与美国的关系，这种形势是十分明显的。在这种背景下，尽管从收益上来说，印尼保持自身与东盟的“动态平衡”是最优选项，但如果某个大国的行为并不符合印尼的认同和价值观，那么印尼的政策就会落空。

尽管存在这些需要注意的问题，但印尼和东盟仍有很多机会，比如印尼将继续成为二十国集团的成员国；一些较弱的东盟国家愿意保持开放，与印尼协作，并向印尼学习（比如缅甸）；以及如果印尼的经济持续增长，会给东盟带来多方面的好处。正如本书前面一些章节所揭示的那样，印尼的持续崛起面临着许多不确定因素。尽管如此，不论印尼是发展还是衰退，有一点是可以确定的：东盟的未来与印尼的未来密不可分。因此，尽一切可能帮助印尼保持增长和稳定，同时努力确保印尼继续参与东南亚事务，符合所有东盟国家的利益。让印尼继续积极参与东南亚事务，需要的不仅仅是面子上的口头支持；相反，其他东盟国家不应只看中与大国的短期政治和经济利益，而应与印尼积极合作，就东南亚目前面临的日益严重的经济、政治和安全问题发出共同和一致的外交声音。

注　释

1. 安东尼・L. 史密斯（Anthony L. Smith）:《第9届东盟峰会：加强地区凝聚力，发展对外联系》（ASEAN’s Ninth Summit: Solidifying Regional Cohesion, Advancing External Linkage），

《当代东南亚》第3卷第26期，2004年12月，第419页。

2. 德维·福尔图娜·安瓦尔（Dewi Fortuna Anwar）:《东盟与印尼：一些思索》（ASEAN and Indonesia: Some Reflections）,《亚洲政治科学杂志》1997年第5卷第1期，第33页。

3. 东盟的发展旨在加强不受外界影响的韧性，印尼在这方面起到了积极的作用。拉尔夫·埃默斯（Ralf Emmers）:《东盟及东盟地区论坛的合作安全与均势》（*Cooperative Security and the Balance of Power in ASEAN and the ARF*），伦敦：劳特利奇柯曾出版社，2003，第62—63页。

4. “印度尼西亚”，中情局世界各国概况，2014，https://www.cia.gov/library/publications/the-world-factbook/geos/id.html（2014年1月18日访问）。

5. “印尼与东盟经济简报”（Indonesia and ASEAN Economic Fact Sheets），澳大利亚外交和贸易部，2013，www.dfat.gov.au（2013年10月15日访问）。

6. “印度尼西亚”，中情局世界各国概况，2014。

7. “印尼经济简报”（Indonesia Economic Fact Sheet），澳大利亚外交和贸易部，2013，www.dfat.gov.au（2013年10月15日访问）。

8. “武装力量人员总数”（Armed Forces Personnel, Total），世界银行，2013，http://data.worldbank.org/indicator/MS.MIL.TOTL.P1（2013年12月15日访问）。

9. “军费开支（GDP占比）”[Military Expenditure（% of GDP）]，2013年联合国数据，http://data.un.org（2013年12月14日访问）。

10. “印度尼西亚”，中情局世界各国概况，2014。

11. 参阅苏·汤普森（Sue Thompson）撰写的本书第二章，以及克里斯托弗·B. 罗伯茨（Christopher B. Roberts）:《东盟的区域主义：合作、价值观和制度化》（*ASEAN Regionalism: Cooperation, Values and Institutionalisation*），米尔顿公园：劳特利奇出版社，2012，第40—44页。

12. 它们是新加坡、马来西亚、泰国、菲律宾和印度尼西亚。

13. 有关印尼的历史作用的详细评论，参阅安东尼·L. 史密斯（Anthony L. Smith）:《战略向心性：印尼在东盟中的角色变化》（*Strategic Centrality: Indonesia's Changing Role in ASEAN*），东南亚研究所，2000。

14. 拉尔夫·埃默斯:《东盟及东盟地区论坛的合作安全与均势》，第16页。

15. 贾斯特斯·M. 范德克罗夫（Justus M. van der Kroef）:《东盟、河内以及柬埔寨冲突：“关丹声明”和“第三方案”之间》（ASEAN, Hanoi, and the Kampuchean Conflict: Between “Kuantan” and a “Third Alternative”）,《亚洲调查》1981年第21卷第5期，第516页。

16.《第13届东盟部长级会议联合公报（吉隆坡）》[Joint Communique of the Thirteenth ASEAN Ministerial Meeting（Kuala Lumpur）]，东盟秘书处，1980，http://www.aseansec.org/3679.htm（2007年4月16日）。

17. 阿米塔夫·阿查亚（Amitav Acharya）:《在东南亚建立安全共同体：东盟和地区秩

序的问题》(*Constructing a Security Community in Southeast Asia: ASEAN and the Problem of Regional Order*)第二版，伦敦：劳特利奇出版社，2009，第88页；迈克尔·莱弗（Michael Leifer）:《东盟和东南亚的安全》(*ASEAN and the Security of Southeast Asia*)，伦敦：劳特利奇出版社，1989，第127页。

18. 肖恩·纳林（Shaun Narine）:《诠释东盟：东南亚的区域主义》(*Explaining ASEAN: Regionalism in Southeast Asia*)，科罗拉多州博尔德：林恩·里纳出版社，2002，第52页。

19. 范德克罗夫:《东盟、河内以及柬埔寨冲突："关丹声明"和"第三方案"之间》，第528页。

20. 尤尔根·鲁兰德（Jürgen Rüland）:《东南亚区域主义和全球治理》(Southeast Asian Regionalism and Global Governance)，《当代东南亚：国际与战略事务杂志》2011年第33卷第1期，第84页。

21. 罗伯茨:《东盟的区域主义：合作、价值观与制度化》，第119页。

22. 阿查亚:《在东南亚建立安全共同体：东盟和地区秩序的问题》，第254页。

23. 克里斯托弗·罗伯茨与驻新加坡大使之间的电子邮件，2009年1月。

24. 尤尔根·哈克（Jurgen Haacke）:《东盟和缅甸的政治变化：迈向地区倡议》(ASEAN and Political Change in Myanmar: Towards a Regional Initiative)，《当代东南亚》2008年第30卷第3期，第371页。

25. 东盟:《制定新路线》(*Charting a New Course*)，雅加达：东盟秘书处，2010，第31页。

26. 东盟:《东盟调解者在缅甸的故事：行动中的共情》(*The Story of the ASEAN-led Coordinator in Myanmar: Compassion in Action*)，雅加达：东盟秘书处，2010，第31页。印尼向缅甸提供了180万美元的资金，而新加坡援缅563.49万美元，泰国援缅2971.3688万美元。东盟:《制定新路线》，第31页。

27.《东盟特使寻求结束泰柬冲突》(ASEAN Envoy Seeks to End Thai-Cambodia Clashes)，美国之音，2011年2月7日。

28. 乔纳森·普伦蒂塞（Jonathan Prentice）:《分析：等待印尼人》(Analysis: Waiting for the Indonesians)，《金边邮报》2012年3月21日。

29. 国际法院在2013年11月11日作出的最终判决只是确定了寺庙所在地那块岬角的归属，而4.3平方千米的更大区域的归属问题则留给柬埔寨和泰国双方通过谈判来解决。因此，国际法院指示争议双方通过和谈解决这一遗留问题。参阅陈慧仪（音译，Hui Yee Tan）:《分析：柏威夏寺裁决推动柬泰关系》(Analysis: Vihear Verdict Boosts Thai-Cambodia Relations)，《海峡时报》2013年11月13日；《国际法院的判决可能导致针对泰国政府的抗议愈演愈烈》(ICJ Ruling Likely to Lead to Intensified and Disruptive Opposition Protests against Thai Government)，《埃信华迈环球透视每日分析》2013年11月12日。

30. 亚扬·穆利亚纳（Yayan Mulyana）博士的演讲，澳大利亚国立大学国家安全学院研讨会："印尼的崛起：权力、领导力和亚洲安全"（Indonesia's Ascent: Power, Leadership and Asia's Security），雅加达，2013年1月23日。

31. 唐纳德·K. 埃默森（Donald K. Emmerson）：《东盟在金边受挫》（ASEAN Stumbles in Phnom Penh），《亚太环通》2012年7月19日。

32. 关于柬埔寨与中国的沟通，参阅《柬埔寨的外交关系：光彩不再》（Cambodia's Foreign Relations: Losing the Limelight），《经济学人》2012年7月17日。此外，柬埔寨财政大臣公开表示柬埔寨在经济上受惠于中国，中国"感谢柬埔寨作为东盟主席国，在保持中国与东盟之间良好合作方面所发挥的作用"。《文莱谨慎寻求有约束力的准则以解决南海争端》（Brunei Carefully Pursues Binding Code to Settle South China Sea Dispute），《埃信华迈环球透视每日分析》2013年4月3日。在2013年4月的实地考察期间，柬埔寨的政治精英进一步确认了这些情况。

33.《东盟在南海问题上很难协调一致》（ASEAN Struggles for Unity over South China Sea），法新社，2012年7月12日。

34. 同上。

35.《东盟与中国第一轮高级官员会议讨论了"南海行为准则"和印尼的"3+1方案"》[The First Senior Officials' Meeting between ASEAN and the People's Republic of China（PRC）Discusses COC and Indonesia Formula 3 in 1]，印尼外交部，2014，www.kemlu.go.id（2014年7月2日访问）。

36. 届时，会议还将向泰国提供讨论该国最近的事态发展的机会，并向东盟提供通过部长级会谈为东盟制定在此方面的未来规划的机会。

37. 索法·索恩（Sophat Soeung）：《峰会召开之际，东盟面临领导力考验》（As Summit Opens, ASEAN Faces Test of Leadership）（2012年12月27日引用），可访问：http://www.voacambodia.com/content/as-summit-opens-asean-faces-test-of-leadership-145000845/1356。

38. 例如，《东盟宪章》第23条规定："争议方可以要求东盟主席或东盟秘书长在职权范围内提供帮助、调解或调停。"东盟：《东盟宪章》，雅加达：印尼外交部东盟合作总局，2009，第23页。

39. 规范指具有特定身份的行为者的适当行为标准。

40. 克里斯托弗·B. 罗伯茨：《东亚和东南亚区域主义的未来》（The Future of East and Southeast Asian Regionalism），参见安德鲁·陈（Andrew Tan）编《东亚和东南亚：国际关系与安全前景》（*East and Southeast Asia: International Relations and Security Perspectives*），伦敦：劳特利奇出版社，2013，第286页。

41. 罗伯茨：《东盟的区域主义：合作、价值观和制度化》，第3页。

42.《东盟协调一致第二宣言》（第二巴厘宣言）[（Declaration of ASEAN Concord II（Bali Concord II）]，东盟秘书处，2003，http://www.aseansec.org/15159.htm（2003年10月14日访问）。

43. 同上。

44. 巴里·德斯克（Barry Desker）:《〈东盟宪章〉的不足在哪儿》（Where the ASEAN Charter Comes Up Short）,《海峡时报》2008年7月18日。

45.《东盟克服阻力，即将设立地区人权委员会》（ASEAN Overcomes Resistance, Will Set Up Regional Human Rights Commission）,《美联社新闻专线》2007年7月30日；吉姆·戈麦斯（Jim Gomez）:《东盟同意设立人权委员会》（ASEAN Agrees to Human Rights Commission），伊洛瓦底新闻网，2007，www.irrawaddy.org（2007年7月30日访问）。

46. 古斯蒂·阿贡·韦萨卡·普查（Gusti Agung Wesaka Puja）:《发展同对话伙伴的合作》（Developing Cooperation with Dialogue Partners），在印尼共和国外交部培训与教育中心提交的论文，2012年10月13日。

47. 同上。

48. 肖恩·纳林:《21世纪的东盟：一种持怀疑态度的评论》（ASEAN in the Twenty-first Century: A Sceptical Review）,《剑桥国际事务评论》2009年第22卷第3期，第370页;《东盟的"人权"委员会：未有良好开端》（ASEAN's "Human-Rights" Council: Not Off to a Great Start）,《华尔街日报》2009年10月25日。

49. 穆罕默德·扎卡里亚·阿尔·安肖里（Mohamad Zakaria Al Anshori）:《东盟面临挑战下，印尼如何发挥领导力》（RI Leadership amid ASEAN's Challenges），可访问：http://www.thejakartapost.com/news/2012/11/29/ri-leadership-amid-asean-s-challenges.html（2014年6月3日访问）。

50.《2014年世界的自由》（2014 Freedom in the World），自由之家，可访问：http://www.freedom-house.org/report-types/freedom-world#.U8S5bfmSwwo。

51. 在民主语境下，时代精神效应（zeitgeist effect）表明，一个国家的民主转型越是成功，就越有可能向周边国家传播民主。迪塞姆伯·格林（December Green）和劳拉·吕赫尔曼（Laura Luehrmann）:《第三世界的比较政治学：概念与案例相结合》（*Comparative Politics in the Third World: Linking Concepts and Cases*），博尔德：林恩·里纳出版社，2007，第187—224页。

52.《德国支持缅甸在2014年努力应对担任东盟主席国的挑战》（Germany Supports Myanmar in Its Efforts to Meet the Challenges of Chairing ASEAN in 2014），德国大使馆，2013，http://www.rangun.diplo.de/Vertretung/rangun/en/03-aussen-und-EU-politik/bilaterale-beziehungen/ASEAN-Seite.html（2014年5月21日访问）。

53.《缅甸加强外交官能力建设，以胜任东盟主席国职责》（Capacity Enhancement of Myanmar Diplomats toward ASEAN Chairmanship），世川泛亚基金会，2012，http://www.spf.org/spaf/projects/project_8172.html（2014年2月12日访问）。

54. 罗伯茨:《东盟的区域主义：合作、价值观和制度化》，第121页。

55. 丽娜·亚历山德拉（Lina Alexandra）:《在东盟内部架起和平与和解的桥梁》（Bridging Peace and Reconciliation in ASEAN）（2011年6月11日引用），可访问：http://www.

thejakartapost.com/news/2011/05/31/bringing-peace-and-reconciliation-asean.html。

56. 东盟和平与和解研究所管理委员会第二次会议的记录摘要，2014年4月21日，巴厘。

57. 亚历山德拉：《在东盟内部架起和平与和解的桥梁》。

58.《东盟外交部长务虚会议讨论的要点》(Highlights of Discussion of the ASEAN Foreign Ministers' Retreat)，2013年8月13—14日，华欣，泰国，第3页。

59. 同上。

60. 缅甸担任东盟轮值主席国期间，于2014年7月重新召开了《东南亚无核武器区条约》执行委员会工作小组的会议。

61.《印太友好合作条约》提案于2013年5月16日在华盛顿特区战略与国际研究中心(CSIS)召开的印尼专题会议上被宣布，但首次被正式记录是在2013年10月9日在斯里巴加湾举行的第23届东盟峰会的主席声明中。

62. 温弗里德·威克(Winfried Weck)：《东盟与二十国集团：印尼的外交政策视角》(ASEAN and G20–Indonesia's Foreign Policy Perspectives)，《康拉德·阿登纳基金会国际报告》2011年第2期，第22—35页。

63. 同上，第34页。

64.《印尼外交部长接受荣誉博士学位》(Indonesian Foreign Minister Receives Honorary Doctorate Degree)，印尼共和国驻堪培拉大使馆，2013年8月29日。

65.《与印尼共和国外交部长马蒂·纳塔莱加瓦的会谈》(A Conversation with Marty Natalegawa, Minister of Foreign Affairs, Republic of Indonesia)，美国外交关系协会，2010，http://www.cfr.org/indonesia/conversation-marty-natalegawa-minister-foreign-affairs-republic-indonesia/p22984(2013年8月22日访问)。

66. 里扎尔·苏克马(Rizal Sukma)：《印太地区的友好与合作：一纸条约能助力吗?》(Friendship and Cooperation in the Indo-Pacific: Will a Treaty Help?)，《雅加达邮报》2013年5月28日。

67. 马克·比森(Mark Beeson)：《东亚的主导权转移了？中美权力的变化》(Hegemonic Transition in East Asia? The Dynamics of Chinese and American Power)，《国际研究评论》2009年第35期，第339页。也可参阅罗伯茨：《东盟的区域主义：合作、价值观和制度化》。

68. 布拉德·尼尔森(Brad Nelson)：《印尼能领导东盟吗?》(Can Indonesia Lead ASEAN ?)，《外交官》2013年12月5日。

69.《印尼对外事务》(External Affairs, Indonesia)，简氏情报，2013。

70. 伊斯米拉·卢特菲亚(Ismira Lutfia)：《克林顿支持印尼在东盟发挥作用》(Clinton Applauds Indonesia's ASEAN Role)，《雅加达邮报》2012年9月4日。

71. 肯尼思·亨利(Kenneth Henry)：《亚洲世纪中的澳大利亚白皮书》(Australia in the Asian Century White Paper)，由澳大利亚国民银行赞助的演讲，悉尼，2012年10月22日。

72.《亚洲世纪中的澳大利亚》白皮书(Australia in the Asian Century: White Paper)，堪

培拉：澳大利亚联邦，2012。

73. 印尼外交部官员与中国大使馆政务参赞的会谈，2013年2月20日。

74. 伊拉尔·努萨·巴克蒂（Irar Nusa Bhakti）和玲·C. 陈（音译，Leng C. Tan）:《2014年总统候选人的提醒事项：韧性》（"Presidential Hopefuls" Checklist 2014: Resilience）,《雅加达邮报》2012年11月12日。

75. 有关印尼在不结盟运动中的作用以及不结盟国家在联合国大会中所持续发挥的作用，最新的阐述参阅克里斯托弗·B. 罗伯茨:《东盟的缅甸危机：寻求安全共同体的挑战》（*ASEAN's Myanmar Crisis: Challenges to the Pursuit of a Security Community*），新加坡：东南亚研究所，2010，第150—151页。

76. 唐纳德·E. 韦瑟比（Donald E. Weatherbee）:《东南亚和东盟：原地踏步》（Southeast Asia and ASEAN: Running in Place）,《东南亚事务》2012年卷，第4—5页。

77. 卢克·亨特（Luke Hunt）:《印尼利用了东盟的分歧》（Indonesia Capitalizes on ASEAN Divisions）（2013年1月2日引用），可访问：http://thediplomat.com/asean-beat/2012/07/25/indonesia-capitalizes-on-asean-divisions/。邓秀岷（Tang Siew Mun）和拉尔夫·埃默斯（Ralf Emmers）也持类似的看法。对马来西亚战略与国际研究所外交政策和安全研究室主任邓秀岷的采访，吉隆坡，2011年3月4日。对新加坡南洋理工大学拉惹勒南国际研究院副教授拉尔夫·埃默斯博士的采访，新加坡，2011年3月15日。

78. 罗伯茨:《东盟的区域主义：合作、价值观和制度化》，第155—166页。

79. 同上，第74—87页。

80. 在这方面，前文提到的调查还显示，印尼在东盟内外的领导力进一步受到战略联盟的多样性的挑战。其中，四个东盟成员国的政治和学术精英将中国列为本国最重要的三个战略盟友之一，而其他三个国家出于同样的目的选择了美国。同上，第163页。

81. 克里斯托弗·B. 罗伯茨:《国家弱点与政治价值观：东盟共同体的后果》（State Weakness and Political Values: Ramifications for the ASEAN Community），载拉尔夫·埃默斯编《东盟与东亚的制度化》，米尔顿公园：劳特利奇出版社，2012，第11—26页。

82.《后八国集团世界的"后东盟"外交政策》（A Post-ASEAN Foreign Policy for a Post-G8 World）,《雅加达邮报》2009年10月5日；巴温·差差瓦尔邦汶（Pavin Chachavalpongpun）:《印尼推动人权难获东盟支持》（Indonesia to Boost Human Rights, Doubts Support from ASEAN），《国家》2011年1月19日。

83. 瓦希德在印尼驻新加坡大使馆发表演讲时首倡此议，该构想随后被不断重复，并升级为与澳大利亚等其他太平洋国家的正式讨论。约翰·麦克贝思（John McBeth）:《印尼：瓦希德和苏加诺的黄金》（Indonesia–Wahid and Sukarno's Gold）,《远东经济评论》2000年12月14日；阿米特·巴鲁阿（Amit Baruah）:《澳大利亚支持西太平洋论坛》（Australia Backs W. Pacific Forum）,《印度人报》2000年12月9日。

第十四章　大国中的印尼：东盟对印尼还重要吗?

［新加坡］陈思诚

引　言

如果成员国不能在东盟内解决它们的问题，那么把维护东盟作为（印尼）外交政策的基石的意义何在？[1]

如果其他东盟国家不像印尼这样对东盟充满热情和责任感，那么我们确实是时候就“后东盟”外交政策的优点展开另一番讨论了。除了对东盟的失败感到不满和苦恼之外，我们还有许多其他的重要外交政策议程需要处理。[2]

我们对东盟的参与不是可有可无的。我们希望与东盟国家和其他国家建立关系。重要的是，我们必须确保与自己的邻国建立良好的关系，然后再与该地区以外的国家开展新的合作。[3]

必须承认，我听到有人发出了这样的担心：因为印尼加入了一个新组织，有了一个新家，即二十国集团，它将不再把东盟作

> 为它的大本营了……自从印尼加入二十国集团，它就不再认为东盟很重要。这种说法是不正确的。东盟非常重要。[4]

最近，在印尼的战略圈内，大家有了一种越来越强烈的看法——并因此感到沮丧——东盟长期以来一直是印尼外交政策的基石，但它阻碍了印尼从地区强国成长为全球事务的主要参与者。柬埔寨和泰国之间的边界争端导致在2011年爆发了暴力事件，以及2012年7月在金边举行的年度部长级会议上，东盟首次未能发表联合公报，诸如此类的事件都削弱了东盟的内部凝聚力，阻碍了该组织的发展，使得其难以在2015年之前建成“政治安全共同体”。[5]印尼一直义无反顾地（有时徒劳无功）在冲突各方之间进行调解，努力挽回东盟的声誉。然而，这些行动却导致一些印尼人质疑本国长期奉行的地区政策的可行性，尤其是当发现雅加达作为东盟实际领导者的地位似乎不再被所有东盟成员国接受时，而且事实确是如此。与此同时，印尼正受到世界上最具经济和外交影响力的大国的追捧和接纳，这让印尼更加感受到，其他东盟国家既不会承认其地区领导力，也不会赞赏其对地区冲突管理作出的贡献。

鉴于一些印尼战略思想家暗示，印尼的外交政策将不再受对东盟的长期承诺的约束——东盟表面上在印尼的域内关系乃至某些方面的外部关系中发挥了重要作用——那么实际上苏西洛·班邦·尤多约诺总统对域外尤其是对大国的外交政策是什么？印尼外交部长马蒂·纳塔莱加瓦提出的“动态平衡”概念，到底是对雅加达与主要大国关系的构想（对我们的研究而言，是一个“后东盟”构想），还是与更加明朗的前景不谋而合？最后，东盟在历史上对印尼的外交关系有何影响？在可预见的未来里，东盟的影响（如果有的话）会有多大？

本章认为，无论出于何种意图和目的，东盟都将与印尼追求其国家利益的过程息息相关，原因有三。第一，印尼倾向于在战略上对冲东南亚以外的大国和地区强国（这是印尼和其他东盟创始成员国创建东盟的部分目的），这表明东盟仍然有助于印尼实现其外交政策目标。在当今的地区安全环境下，中国快速增长的实力和影响力以及美国对亚洲的“再平衡”，都迫使东亚国家采取相抗衡的外交政策。可以说，印尼和东盟比以往任何时候都更需要对方，以确保它们所共有的对冲能力不受影响。[6]第二个原因源自第一个原因：东亚不断变化的区域架构仍将对印尼十分有益，这种区域架构由东盟及其对话伙伴国建立和维护，以促进外部大国和全球行为者的参与。第三，尽管东盟及其区域机制的“生态系统”[7]对印尼来说可能仍很重要，但与其他东盟国家一样，东盟的区域主义从来都不是印尼外交工具中的唯一选择。作为印尼外交政策的基石，东盟迄今为止发挥着重要作用，但它绝不是印尼确保自身安全的唯一平台。在笔者阐述这些论点之前，先来看看印尼当代的崛起、国内发展以及它们对印尼外交政策的影响。

印尼崛起：国内外挑战

最近，学者们对印尼的前景赞不绝口——在近期出版的一本关于印尼的文集中，印尼被称为“亚洲第三大国”[8]——认为其是一个正在崛起的经济和外交强国。[9]印尼是二十国集团里唯一一个东南亚国家，是新兴经济巨头“金砖六国”（BRIICS）的成员，[10]也是不结盟运动的长期领导者，更自诩为世界上穆斯林人口最多的国家。由此看来，印尼似乎位列翘楚，在亚洲乃至在全世界都占有重要地位。[11]正如一位分析人士所观察到的那样，印尼不仅决心在地区内发挥领导作用，而且渴望“在全球问题上越来越有发言权”。[12]这伴随着该国在后苏哈托时代的民主转型——从很多方面来看，这是一个艰难的过程。[13]印尼的转型及其历史上的领导地位，使各主要大国和地区强国都意识到，印尼受到世界上最强大和最有权势的国家的追捧和欢迎是当之无愧的。正如一位印尼内部人士所言：“印尼积极的外交政策是以供给为导向的，国内舆论要求雅加达挺身而出，在本地区乃至其他地区都受到重视；它也是以需求为导向的，因为印尼的合作伙伴要求印尼承担更大的地区甚至全球责任。”[14]尽管印尼仍然渴望将自己定位为东盟国家的代言人和二十国集团内的发展中国家的代表，[15]但在目前，东盟其他成员国考虑到其中一些国家长期以来的相互不信任，[16]并不认为印尼能够在二十国集团中代表它们的利益。

尽管如此，印尼逐渐认识到自身的重要性，因此开始推行一位专家所称的“信任外交”，这体现为印尼在东盟中发挥更大的作用，加强与大国的合作，积极利用多边外交，并将和平与民主视为值得追求和提倡的价值观。[17]雅加达拓展了视野，充分认识到自身在东南亚以外地区的地位和作用，这样的例子比比皆是，其中不乏纳塔莱加瓦呼吁各国更广泛地了解印尼所在的地区——尤其是“印太”地区——以及签订“印太友好合作条约”。与《东南亚友好合作条约》一样，“印太友好合作条约”应该成为拟议中的“印太”地区国家间的行为准则。[18]事实上，印尼在环印度洋区域合作联盟（IOR-ARC）中发挥着主导作用，因此，一位分析人士认为，“要把握印尼与该地区主要大国关系的动态，不应局限于东南亚这一地缘政治范畴”。[19]

与此同时，印尼长期以来作为东盟“平等各国之首”的地位日益受挫，这是因为一些东盟成员国态度顽固，阻碍了印尼和其他国家为深化区域一体化和加强机构凝聚力所作出的努力。这导致印尼的一些主要政策智囊团和政治专家公开谴责其他东盟国家，用一位知名学者的话来说，它们“不像印尼这样对东盟充满热情和责任感”，并敦促印尼领导人为印尼制定“后东盟”外交政策。[20]例如，林绵基（Jusuf Wanandi）提出了以下观点（他可能是当今印尼最具影响力的政策专家）：

> 如果东盟不能超越以老挝或缅甸来划定的最低共同标准，印尼可能会寻求脱离东盟。在过去40年中，印尼过于依赖东盟，将东盟作为其外交政策的工具，这限制了印尼的行动自由，也使印尼无法借助其他手段实施其自由和独立的外交政策。在东盟成立的头几十年，这是正确的，使印尼重获邻国的信任。印尼已经做到了这一点。[21]

林绵基等印尼政策精英对本国的地区抱负受到限制感到沮丧，因为这种抱负常常被束缚在一个分裂而低效的东盟中。20世纪80年代，迈克尔·莱弗（Michael Leifer）在评论印尼的区域构想与其作为“区域旁观者”的有限角色之间的反差时写道，印尼对“无法在该地区发挥影响力（这一点尤其因为个别成员国在外交政策上各自为政而加剧）”感到沮丧，这导致苏哈托总统“对东盟的有限进展表示失望”。[22]事实上，苏哈托强调东盟的区域主义是印尼外交政策名义上的基石，这一说法引起了一些印尼人的愤怒，因为这明显阻碍了印尼在全球发挥更大的作用。正如德维·福尔图娜·安瓦尔所说：

> 苏哈托的外交政策更加务实和低调，旨在确保印尼能够在一个安全稳定的区域环境中发展，同时也以进入其他市场、获得外国投资和技术援助的方式获得国际支持。苏哈托的重点在东南亚，以及印尼与美国、日本和主要欧洲国家的关系上。尽管如此，他还是在国内受到了批评，因为他违背了印尼《1945年宪法》序言的精神，没有在促进世界和平方面发挥积极作用。[23]

无论印尼对东盟的批评有多么中肯，它们都显然不是出自一个致力于东盟区域主义的模范国家。尤其是在东盟内部的经济合作和一体化方面，印尼强劲的经济表现没能缓解国内对更先进的一体化形式对印尼的影响的担忧。正如一位分析师在2011年所说的那样：“印尼对建立共同市场哪怕是最小的努力都特别谨慎。即使在今天，人们仍担心国内市场可能充斥着廉价的进口商品。”[24]可以说，鉴于印尼经济最近面临的困难，这一问题已经恶化。[25]东盟自身在组建东盟经济共同体（AEC）方面进展缓慢——东盟前秘书长素林·比素万承认，鉴于仍然存在诸多制约因素和障碍，东盟到2015年建立东盟经济共同体的目标可能遥不可及[26]——这可以说是东盟各经济体（包括印尼）集体焦虑的结果，各国担心东盟内部的廉价劳动力甚至更廉价的商品流向国内市场和本土产业所带来的风险。

对印尼而言，“东盟–中国自由贸易协定”在应对中国廉价商品进入印尼市场的问题上尤其具有挑战性。印尼政府2011年进行的一项调查显示，自2010年1月“东盟–中国自由贸易协定”生效以来，据报道，中国在印尼“倾销”了近40种不同的产品。对此，印尼经济事务协调部长哈达·拉查萨（Hatta Radjasa）坚持认为，如果中国继续其“不公平”的贸易活动，可能需要重新评估该自贸协定。[27]然而，尽管有理由对此表示担忧，但现实是，印尼尚未取消国内劳动法和贸易限制——所谓的“边境后”壁垒——这些阻碍了东盟经济共同体的形成。[28]可以肯定的是，印尼并不是唯一一个应该受到谴责的东盟国家，东盟国家的矛盾态度阻碍了东盟发展为区域共同体的进程。更重要的是，当印尼在经济领域的行动与其东盟“同侪之首”的地位本身一样，都意味着它难以履行对区域一体化的承诺时，它们也表明，印尼成为全球事务参与者的愿望不太可能在短期内实现。

讽刺的是，今天使印尼成为世界上一个引人注目的模范国家的那些因素——即它融合了伊斯兰教、民主和现代性——正使印尼领导人在制定和实施其外交政策时感到棘手。正如一名分析人士所指出的那样，今天印尼的外交决策不再是雅加达的外交政策机构的专属特权，而是越来越多地受到社会大众、政党和宗教团体的意见（无论雅加达是否乐于接纳）的影响。[29]正如约恩·多施（Jörn Dosch）所指出的那样，这种情况与20世纪80年代截然不同，当时印尼政府可能不会因为国内参与者的利益而伤神。然而，1999年苏哈托突然下台后，印尼实现了民主化，政策过程已经“开放到了一定程度，行政部门之外的团体可以（对印尼政府）施压，迫使其在外交事务中更加重视人权与环境问题，并阻止或显著改变了政府对他国的举措”。[30]正如迈克尔·莱弗在1983年所指出的那样，“他们努力谨慎地参与国际事务，因为这些问题可能被用来推进穆斯林团体提出的主张，或者提高伊斯兰教在共和国的政治地位”。[31]然而，正如人们经常看到的那样，伊斯兰极端分子在印尼的势力逐渐壮大，这损害了印尼宗教宽容的传统声誉，并且人们普遍认为，尽管印尼是世界上最大的穆斯林占多数的国家，但它处于伊斯兰世界的边缘。[32]正是这种担忧，使寄托在印尼身上的希望——印尼是一个伊斯兰教、民主和现代性可以携手并进的国家，在全球面临伊斯兰极端主义和恐怖主义威胁的背景下，印尼可以成为伊斯兰教的另一副面孔——岌岌可危。[33]

在这种矛盾的背景下，印尼一些最著名的战略思想家对“后东盟”外交政策的热情并不一定会得到印尼外交部内部人士或实际上是印尼政府行政部门的认同。可以说，对印尼而言，重要的不仅是工具性的原因，还有同样重要的理念性的原因，尤其是印尼作为东盟创始成员国的作用。[34]诚然，2014年7月中旬的总统选举可能成为后苏西洛时代印尼外交政策的决定性时刻。也就是说，正如梅德亚塔马·苏尔约迪宁格拉特（Meidyatama Suryodiningrat）所指出的那样，目前的总统候选人缺乏外交政策方面的资历，他们中没有一人表现出“苏西洛在任十年间对全球事务所表现出的敏锐和战略上的老练”。[35]如果是这样的话，除非印尼努力发挥重要的全球作用所面临的挑战出现了意外的进展和变化，否则目前看来根本谈不上“后东盟”外交政策。正如下文将要强调的那样，重要的不仅是东盟及其区域性附属框架和机制一直关乎印尼的安全目标，同样重要的是，印尼坚持多种外交选择——其中东盟是一个重要的选择，但不是唯一的选择——来实现其外交政策目标。

“再平衡”时期对冲的重要性

第一，印尼将继续对冲大国，特别是中国和美国。雅加达长期以来一直关心的是，其地区环境应尽可能保持安全和稳定——简言之，最适合促进一个“独立、自主、公正和繁荣”[36]（或者还可以加上民主）的印尼发展的条件——这一点从根本上没有改变。印尼外交部长马蒂·纳塔莱加瓦提出的敦促亚洲大国和平共处的“动态平衡”概念，[37]是对这一长期愿望的最新表述。作为当代民主转型的结果，印尼长期坚持战略对冲政策，而它也没有转变为追随或者制衡某些大国的显性政策。[38]里扎尔·苏克马称，印尼在与澳大利亚、印度、日本和韩国等域外国家建立战略伙伴关系方面的主要工作“清楚地表明，雅加达希望看到新的地区秩序不完全由美国和中国主导”。[39]

另外，莱昂纳德·塞巴斯蒂安（Leonard Sebastian）认为，“印尼不希望与美国或中国主导的安全网络捆绑在一起。它想要一个独立的中等强国角色，在地区和全球范围内维护自己的地位”。[40]对雅加达而言，真正的风险是将地区问题完全归咎于中国的崛起或美国的“再平衡”。正如一位分析人士所言，“中国和地区均势的大局需要其他国家的具体情况以及它们很多不同的故事加以补充”。[41]这意味着，尽管印尼在后苏哈托时代实现了民主转型，但印尼长期以来所奉行的“自由和积极”的外交政策（最早由副总统穆罕默德·哈达在1948年9月的一次演讲中提出，最初旨在缓和国内世俗民族主义和宗教民族主义之间持续的紧张关系[42]）的目标，将继续指导该国处理对外关系的方式。

雅加达坚定地认为，东南亚的地区秩序最好留给该地区各国自己管理。正如印尼前外交部长亚当·马利克（Adam Malik）在1971年指出的那样，

> 东南亚国家应自觉作出努力，争取有一天东南亚国家自己将承担地区安全的主要责任。不是通过大国联盟，不是通过建立相互竞争的军事条约或军火库，而是通过加强它们各自的耐力，通过与其他对世界事务有共同看法的国家进行有效的区域合作。[43]

换句话说，区域安全要通过东盟内部的合作来实现，而不是依靠外部力量。同时，实现这种区域安全的方法——“区域事，区域办”，正如口号所说的那样[44]——一方面始终受制于东南亚各国的竞争偏好，另一方面受制于国家的能力。[45]

然而，与其他东南亚国家一样，印尼对区域自治的渴望并不妨碍它在必要时与某些外部大国建立双边安全关系。在这方面，印尼自1951年以来

一直寻求与美国建立安全关系，但华盛顿在20世纪90年代的大部分时间里暂停了对印尼的“国际军事教育与培训”（IMET）计划，直到2005年，以抗议印尼军方侵犯人权的行为。[46]而且，自20世纪90年代起，印尼也寻求与澳大利亚建立安全关系。虽然雅加达曾担心中国在政治和意识形态上会对印尼华裔产生影响，导致其与中国的历史关系变得复杂——事实上，在后印马对抗时代，通过东盟实现地区和解的计划可以说被印尼视为未来防范中国的屏障[47]——但两国关系自1998年以来已有显著改善（尽管印尼在1990年就与中国实现了关系正常化）。[48]虽然印尼排斥集体防御体系，但也积极参与了更广泛的区域安全部署，如成员国包括外部大国的东盟地区论坛（ARF）。正如苏克马所说，印尼支持东盟地区论坛，表明它愿意在区域事务中照顾域外大国正当的安全利益。[49]

因此，可以理解的是，印尼在2005年反对建立仅由“东盟+3”成员国（即东盟成员国与中国、日本和韩国）组成的东亚共同体的想法并不令人意外。在这一点上，印尼与日本一样，担心中国在“东盟+3”中的主导地位并不能确保东亚地区的稳定秩序，更不用说尚在酝酿中的东亚共同体了。[50]相反，印尼主张举行更具包容性的东亚峰会，让东盟及其八个主要亚太伙伴（中国、美国、日本、印度、俄罗斯、澳大利亚、韩国和新西兰）的领导人齐聚一堂，凸显其与大国和地区强国合作的愿望，并且——最重要的是——通过东盟实现这一愿望。[51]这一切都表明，印尼不希望看到东南亚地区成为大国竞争的舞台，更不用说印尼群岛了。印尼也不会试图通过站边中国或美国来影响地区的力量平衡。

与大国交往的框架

第二，东盟及其更广泛的机构体系可能仍然影响着印尼与大国的密切关系。印尼的崛起及其对东盟缺乏凝聚力和进展缓慢的持续不满，导致部分印尼人再度呼吁制定“后东盟”外交政策。这种呼吁进一步得到了某些澳大利亚人的支持，他们提议建立一个包括印尼在内的地区强国联盟，可以说是将东盟边缘化（虽然没有排斥它）。[52]即便如此，东盟对印尼仍然至关重要，尤其是东盟作为一个便利的制度性平台，可以让地区强国定期与东盟进行积极对话，参与东盟领导下更广泛的地区活动，如东亚峰会、“东盟+3”、东盟国防部长扩大会议以及东盟地区论坛——可以说，由于相关性减弱，参与东盟地区论坛的国家没那么多。[53]2012年9月，在纽约举行的一份新的关于印尼政策的期刊的创刊会上，苏西洛总统竭力强调了以东盟为基础的区域架构所取得的显著成就：

> ……为了进一步巩固亚太地区的稳定与繁荣，必须建立一个有利于和平的区域架构。我们东盟国家一直在利用东盟几十年来发展起来的各种机制，构建这一区域架构。这其中包括东盟与其各对话伙伴国之间的“东盟+”机制，比如汇集了东盟十国和东北亚地区较为发达的经济体（中日韩）的“东盟+3”机制。东盟网络建设的一个新高潮是东亚峰会的扩大，东亚峰会现已不仅包括东盟成员国及其东北亚伙伴，以及澳大利亚、印度和新西兰，还包括两个太平洋大国——俄罗斯和美国。[54]

与澳大利亚在2008年提出的修改和精简区域架构的建议以及日本在2009年提出的在东亚建立类似欧盟的机构的建议不同，[55]印尼一直依赖于——事实上，也作出了重要贡献——各种专门组织的区域活动，这些活动旨在提供“会面场所”，[56]让大国和地区国家可以根据东盟的方式展开互动。[57]雅加达认为，一个为东亚服务的单一机构可能会让整个地区受到大国的过度影响，而“一个更松散和更多元化的体系……将不会受到一个或多个大国的支配，因此将继续让东盟发挥‘召集人’的关键作用”。[58]正如德维·福尔图娜·安瓦尔所说：

> 东盟被视为处理（成员国）与大国关系不可或缺的组织。雅加达的决策者们认为，东盟应该雄心勃勃地将其行为准则推广到

> 本地区以外的国家，避免使用武力解决冲突，而且东盟应该成为东亚地区架构倡议的主要推动力。[59]

至关重要的是，东盟的批评者认为，东盟生态混乱，区域性体系相对低效，这不仅体现在印尼和其他东盟国家建立制度性的制衡平台的方式上，还同样体现在让地区强国能够管理并有望解决其共同安全困境的中立空间中。批评人士认为这是一种浪费性的"机制过剩"，但东盟认为它提供了一个多样化的渠道，如果存在争议的国家之间的谈判在任何一种制度性平台中陷入僵局，都可以选择通过东盟渠道继续商议。[60]印尼对东盟在区域架构中的中心地位持有坚定立场，这同样源于上一节所强调的一个问题，即印尼担心，与冷战时期东亚可谓沦为了苏美对抗的地缘政治前线一样，如果主要从中美竞争或合作的角度来看待该地区，那么当代的东亚可能会遭遇同样的命运。正如一位分析人士所指出的："从雅加达的角度来看，华盛顿对印尼和东盟的重视不应该仅仅是中国崛起的副产品，而应该是基于印尼和这个次区域的内在价值。"[61]

值得注意的是，尽管东盟存在种种缺陷，但它仍然得到了主要大国和地区强国的支持。这些国家将东亚峰会等基于东盟的机制看作区域对话和互动的有益框架，尽管大家不断抱怨其效率不高。这种区域合作框架可能起到的作用，就是使印尼能够追求并实现其"动态平衡"的目标。的确，印尼最近为防止东盟的团结破裂所作的努力无疑令雅加达备受挫折，但这也凸显出印尼准备付出巨大的努力来挽救陷入困境的东盟。2012年7月在金边举行的东盟外长年度会议上，东盟成员国之间出现了明显的不和谐，并由此产生了六点"共识"。鉴于此，马蒂·纳塔莱加瓦匆忙进行了穿梭外交，加上他和其他外长在2012年11月举行的东盟峰会上所作的工作，[62]这些都凸显出东盟对印尼的重要性。

在"金边事件"之前，当柬埔寨和泰国于2011年2月在柬泰边境附近的柏威夏寺周围爆发冲突时，印尼也曾担任调解者，随后又同意担任（停火）监督者。[63]这些努力表明，在可预见的未来，苏西洛政府将仍然致力于东盟事务，而这与雅加达的一些政策专家的建议相悖。[64]印尼领导人似乎认为，尽管印尼的实力和影响力不断增长，但如果没有一个强大而团结的东盟，印尼就难以成为真正的中等强国。正如一位分析人士所指出的那样："一个动荡而虚弱的东盟将出现真空状态，导致大国冲突，从而使印尼变得孤立无援、不堪一击。"[65]

如果莱昂纳德·塞巴斯蒂安的观点是正确的，印尼的确希望在国际事务中扮演与其日益增长的实力和影响力相当的"中等强国角色"，[66]那么雅加达就会将东盟及其更广泛的区域性机构视为印尼实现中等强国抱负的现成平台。中等强国往往依赖多边外交来实现其外交政策目标，[67]印尼基本上不会偏离这一模式。

印尼实现安全的多种途径

第三，印尼的外交政策从来都不是只以东盟为中心，而排除了其他途径和支柱。前文中提到的两个点——继续保持印尼的战略对冲以及与大国交往时基于东盟的框架和机制——表明，对"后东盟"外交政策的呼吁虽然有助于阐明印尼的战略利益和实现其利益的可取方式，但相当具有误导性，因为严格来说，印尼的外交政策根本从来没有以东盟为中心。可以肯定的是，长期以来，人们普遍认为东盟在印尼外交政策中处于中心地位。对此，林绵基认为，印尼不必再只依靠东盟，而应在未来"在忠于和声援东盟的基础上追求自己的国家利益"。[68]我们可以把他的论点理解为，与其说是呼吁实行"后东盟"外交政策，不如说是对印尼一贯奉行的外交政策的含蓄肯定，即合理运用外交手段和安全战略，而东盟区域主义只是其中之一。

具有讽刺意味的是，这种依靠多种途径的务实做法在东盟内部是最为正当的。长期以来，东盟作为一个外交共同体，其最成功的地方就在于成员国遵守互不干涉原则，从而实现了确保它们尊重彼此主权的有限目标。换言之，这个组织存在的理由，按照极简原则的定义，就是成员国根据印尼提出的“国家复原力”（national resilience / ketahanan nasional）这一模糊构想，有效、合法地运用各自的手段——只要它们的行动不损害其他成员国的国家安全和主权。从这个意义上来说，1967年东盟的成立是由于印尼向其他创始成员国保证，它们能够在不受印尼干涉的情况下以自己的方式实现外交政策目标，并且每个国家都能有效地处理好本国事务。[69]由于东盟的区域主义被成员国视为一种防止其首选战略失败的保险政策，因此大多数东盟成员国采取了自助、与美国结盟、建立集体防御机制（如签订《五国联防协议》）和求助国际机构（如联合国）等多种方式，以保障国家安全。[70]

与其他东盟成员国一样，印尼长期以来一直依靠单边、双边和多边战略的“组合拳”来保障自身安全，并尽量避免将所有鸡蛋都放在一个“地区篮子”里。诚然，印尼对国际法院将利吉丹岛和西巴丹岛判给马来西亚的裁决一直耿耿于怀，这引发了雅加达是否会再次利用国际法院或其他国际法庭来解决其领土争端的疑问。[71]可以说，如果印尼过去的所作所为是以东盟为中心，那么印尼要实现更有抱负和更为广泛的国际主义，缺的是实力而不是动力。正因如此，范德克罗夫（van der Kroef）等评论人士认为，对雅加达而言，印尼在东盟中的席位已经无足轻重。[72]唐纳德·麦克劳德（Donald McCloud）进一步指出，从历史上看，印尼在该地区的活动并没有反映出任何“（印尼本能够）利用东盟来掌控更广泛地区的宏伟计划”。[73]关于东盟是否是印尼外交政策的重点，学界看法不一，这意味着，尽管印尼自己的政治话语中提到了东盟在雅加达的地区事务中的中心地位，但它可能通过一系列战略来推进——或者至少是试图这样做——其外交政策目标，而东盟只是其中的一种战略。的确，东盟在过去和现在对印尼都很重要，但这种重要性并非是独特和明确的，正如当代关于“后东盟”外交政策形式的辩论中印尼无意中试图描绘的那样。

结语：印尼推动了地区发展，还是受地区所累？[74]

本章就当代印尼在自身崛起过程中与大国的交往提出了三点相互关联的看法。第一，印尼长期以来对其区域环境应尽可能保持安全和稳定的关切并没有改变。这使得印尼不太可能改变其对中国和美国的战略对冲的传统依赖。第二，据观察，当代印尼在崛起的同时，也一直对东盟缺乏凝聚力和进步感到沮丧。与此同时，不可否认的是，东盟及其更广泛的区域合作框架仍然是支持印尼与大国交往的有效方式。尽管印尼长期以来一直忍受着与其他东盟国家打交道时的挫败感——在雅加达看来，这些国家对东盟投入不足——且东盟有着明显的缺陷，但要以区域方式应对区域挑战，东盟仍然是最适合的一种方案，这是印尼尚未放弃的一个尚未实现的愿望。第三，有人认为，尽管印尼代表东盟进行了不懈的宣传，但雅加达的外交政策依赖于一系列战略，其中东盟区域主义发挥了关键作用，但它绝不是唯一的方式，也不是最关键的方式。在这方面，虽然印尼作为地区强国得到了大国的大力追捧，建立了新的自豪感，因此最近关于“后东盟”外交政策的呼吁是完全可以理解的，但如果说印尼的外交政策一直主要致力于东盟事务，那就是一种误导。

注　释

1. 哈山努丁大学（望加锡）教授安迪·洛洛（Andi Lolo）语，引自莉莲·布迪安托（Lilian Budianto）:《专家说，要么从东盟获益，要么离开东盟》（Benifit from ASEAN or Leave It, Experts Say），《雅加达邮报》2010年2月24日（引用日期：2014年1月23日），可访问：http://www.thejakartapost.com/news/2010/02/24/benefit-from%C2%A0asean-or-leave-it-experts-say%C2%A0.html。

2. 里扎尔·苏克马（Rizal Sukma）:《洞察：不团结，就没有向心力》（Insight: Without Unity, No Centrality），《雅加达邮报》2012年7月17日。另见里扎尔·苏克马:《印尼需要“后东盟”外交政策》（Indonesia Needs a Post-ASEAN Foreign Policy），《雅加达邮报》2009年6月30日；里扎尔·苏克马:《后八国集团世界的“后东盟”外交政策》（A Post-

ASEAN Foreign Policy for a Post-G8 World),《雅加达邮报》2009年10月5日；林绵基（Jusuf Wanandi):《印尼的外交政策与东盟的意义》(Indonesia's Foreign Policy and the Meaning of ASEAN),《亚太环通》第27期，2008年5月15日。

3. 印尼外交部东盟事务总干事周浩黎（Djauhari Oratmangun）语，引自布迪安托:《专家说，要么从东盟获益，要么离开东盟》，同前引。

4. 印尼总统苏西洛·班邦·尤多约诺语，引自《总统表示，印尼永远不会离开东盟》(President: RI Will Never Leave ASEAN)，安塔拉通讯社，2009年10月26日（引用日期：2014年1月3日），可访问：http://www.antaranews.com/en/news/1256525105/president-ri-will-never-leave-asean。

5. 2013年11月，国际法院裁定柬埔寨在与泰国边界附近的柏威夏寺周围土地的领土争端中部分胜诉。托马斯·富勒（Thomas Fuller):《国际法院对柬泰寺庙争端作出裁决》(U.N. Court Rules for Cambodia in Temple Dispute with Thailand),《纽约时报》2013年11月11日（引用日期：2014年1月6日），可访问：http://www.nytimes.com/2013/11/12/world/asia/un-court-rules-for-cambodia-in-temple-dispute-with- thailand.html?_r=0。关于2012年7月举行的东盟部长级会议，见唐·埃默森（Don Emmerson):《东盟在金边受挫》(ASEAN Stumbles in Phnom Penh),《亚太环通》第45期，2012年7月19日。

6. 正如彭佩尔所指出的，定义东亚地区的既不是权力制衡，也不是大国协调。T.J. 彭佩尔（T.J. Pempel):《软平衡、对冲和制度达尔文主义：经济安全关系和东亚区域主义》(Soft Balancing, Hedging, and Institutional Darwinism: The Economic-Security Nexus and East Asian Regionalism),《东亚研究杂志》第10卷第2期（2010年5月至8月），第209—238页。另见陈思诚（See Seng Tan):《在“再平衡”时代推进中美关系：东盟的“中等强国”外交》(Facilitating China-U.S. Relations in the Age of Rebalancing: ASEAN's “Middle Power” Diplomacy),《东亚研究所“中等国家外交倡议项目”工作论文》第1期，首尔：东亚研究所，2013年10月。

7. 该术语源自彭佩尔的文章，同上。

8. 安东尼·雷德（Anthony Reid）主编《印尼崛起：亚洲第三大国的重新定位》(*Indonesia Rising: The Repositioning of Asia's Third Giant*)，新加坡：东南亚研究所，2012。

9. 孙浩（Santo Darmosumarto):《印尼：一个新的“中等强国”》(Indonesia: A New “Middle Power”),《雅加达邮报》2012年11月11日；理查德·多布斯（Richard Dobbs）、弗雷泽·汤普森（Fraser Thompson）和阿里夫·布迪曼（Arief Budiman):《相信印尼奇迹的五个理由：为什么这个神奇的群岛有望成为世界第七大经济体》(5 Reasons to Believe in the Indonesian Miracle: Why This Amazing Archipelago Is on Track to Be the World's Seventh Largest Economy),《外交政策》2012年9月21日（引用日期：2014年1月12日），可访问：http://www.foreign-policy.com/articles/2012/09/21/5_reasons_to_believe_in_the_indonesian_miracle?page=full;《每个人的朋友：印尼应该有个更好的形象》(Everybody's Friend: Indonesia Deserves

a Better Image),《经济学人》2009年9月11日；休·怀特（Hugh White）:《印尼崛起是我们错过的重要故事》(Indonesia's Rise Is the Big Story We're Missing),《世纪报》2012年5月29日。

10. 金砖六国包括巴西、俄罗斯、印度和中国——最初的金砖四国经济体——以及最新加入的南非和印尼。伊娃·佩雷拉（Eva Pereira）:《世界银行：金砖六国的崛起是新世界经济秩序的预兆》(World Bank: The Rise of the BRIICS A Harbinger of a New World Economic Order),《福布斯》2011年5月17日（引用日期：2014年1月6日），可访问：http://www.forbes.com/sites/evapereira/2011/05/17/world-bank-the-rise-of-the-briics-a-harbinger- of-a-new-world-economic-order/。

11. 如前所述，印尼的经济增长可能会引起投资者的兴趣，然而，印尼面向全球的外交政策和作为国际共识构建者的角色常常被分析人员忽视。德维·福尔图娜·安瓦尔（Dewi Fortuna Anwar）:《印尼：在世界舞台上构建规范和共识》(Indonesia: Building Norms and Consensus on the World Stage),《环球亚洲》2013年第8卷第4期。

12. 艾弗里·普尔（Avery Poole）:《"民主"进程？印尼外交决策的变化与延续》(A "Democratic" Process? Change and Continuity in Foreign Policymaking in Indonesia)，为澳大利亚政治科学协会2013年年度会议撰写，第2页。

13. 例如，见爱德华·阿斯皮纳尔（Edward Aspinall）和马库斯·米茨纳（Marcus Mietzner）编《印尼的民主化问题：选举、制度和社会》(*Problems of Democratisation in Indonesia: Elections, Institutions and Society*)，新加坡：东南亚研究所，2012。

14. 德维·福尔图娜·安瓦尔:《印尼对外交政策的谨慎考虑》(Indonesia's Wary Thinking on Foreign Policy),《欧洲世界》2013年6月1日（引用日期：2014年1月3日），可访问：http://europesworld.org/2013/06/01/indonesias-wary-thinking-on-foreign-policy/#.UsYcxY_2NMs。

15. 温弗里德·威克（Winfried Weck）:《东盟与二十国集团——印尼的外交政策视角》(ASEAN and G-20–Indonesia's Foreign Policy Perspectives),《康拉德·阿登纳基金会国际报告》2011年第2期，第22页。

16. 正如约恩·多施（Jörn Dosch）所指出的："并非所有东盟成员国都相互信任，因为存在强烈的民族主义意识。"引自《东盟经济共同体现状》(The Reality of the State of the ASEAN Economic Community)，蒙纳士大学马来西亚分校网站，无日期（引用日期：2014年1月5日），可访问：https://www.monash.edu.my/research/researchers-say/the-reality-of-the-state-of-the-asean-economic-community。

17. 姜志达在《印尼苏西洛政府的"自信"外交》(《国际问题研究》2012年第6期）中讨论了这些因素，引用日期：2014年1月2日，可访问：http://www.ciis.org.cn/english/2012-12/31/content_5638110.htm。

18.《印尼对印太地区的看法》(An Indonesian Perspective on the Indo-Pacific)，印尼外交部长马蒂·M. 纳塔莱加瓦阁下在印尼问题会议上的主旨演讲，华盛顿特区，2013年5月16

日，第4页。

19. 维班舒·谢卡尔（Vibhanshu Shekhar）:《崛起的印尼和印太世界》（Rising Indonesia and Indo-Pacific World），印度世界事务理事会问题简报，2012年9月26日，第2页。

20. 里扎尔·苏克马:《洞察：不团结，就没有向心力》,《雅加达邮报》2012年7月17日。另见里扎尔·苏克马:《印尼需要“后东盟”外交政策》,《雅加达邮报》2009年6月30日；里扎尔·苏克马:《后八国集团世界的“后东盟”外交政策》,《雅加达邮报》2009年10月5日；以及林绵基:《印尼的外交政策与东盟的意义》。

21. 林绵基:《印尼的外交政策与东盟的意义》。

22. 迈克尔·莱弗（Michael Leifer），引自德维·福尔图娜·安瓦尔:《东盟中的印尼：外交政策和区域主义》（*Indonesia in ASEAN: Foreign Policy and Regionalism*），新加坡：东南亚研究所，1994，第9页。

23. 安瓦尔:《印尼对外交政策的谨慎考虑》。

24. 威克:《东盟与二十国集团——印尼的外交政策视角》，第24页。

25. 正如斯蒂芬·诺里斯（Stephen Norris）所指出的那样，随着2014年全国选举的举行，决策者不太可能作出使经济重回正轨所需的严厉的财政和监管决策。斯蒂芬·诺里斯:《勉强应付：印尼经济前景》（Just Getting By: The Outlook for Indonesia's Economy）,《环球亚洲》2013年第8卷第4期。

26. 杨·拉扎利·卡西姆（Yang Razali Kassim）:《东盟共同体：对2015年愿景失去把握?》（ASEAN Community: Losing Grip over Vision 2015?）,《拉惹勒南国际研究院评论》2011年第87期，2011年6月2日（引用日期：2014年1月6日），可访问：http://www.rsis.edu.sg/publications/Perspective/RSIS0872011.pdf。

27. 埃丝特·桑博（Esther Samboh）:《中国商品损害本土生产者》（Chinese Goods Hurt Local Producers）,《雅加达邮报》2011年4月12日（引用日期：2014年1月5日），可访问：http://www.thejakartapost.com/news/2011/04/12/chinese-goods-hurt-local-producers.html。

28. 见玛丽亚·莫妮卡·维哈尔查（Maria Monica Wihardja）:《亚洲的第二代改革》（Second-Generation Reform in Asia）,《东亚论坛》2011年8月18日（引用日期：2014年1月6日），可访问：http://www.eastasiaforum.org/2011/08/18/second-generation-reforms-the-key-to-deeper-regional-cooperation/；以及《分针：中国纺织业正在走向海外，但政治阻碍了印尼充分获益》（Splitting Stitches: China's Textile Industry is Moving Abroad, but Politics Prevent Indonesia from Fully Reaping the Benefits）,《中国经济评论》2011年5月1日（引用日期：2014年1月5日），可访问：http://www.chinaeconomicreview.com/content/splitting-stitches。

29. 伊斯·金达尔萨（Iis Gindarsah）:《印尼的民主政治与外交政策制定：以2007—2008年伊朗核问题为例》（Indonesia's Democratic Politics and Foreign Policy-Making: A Case Study of Iranian Nuclear Issue, 2007-2008）,《拉惹勒南国际研究院工作论文》第236号，2012年4月19日，第2页。

30. 约恩·多施（Jörn Dosch）:《民主化对印尼、泰国和菲律宾外交政策制定的影响》（The Impact of Democratization on the Making of Foreign Policy in Indonesia, Thailand and the Philippines）,《当代东南亚事务》2006年第5卷，第48页。

31. 迈克尔·莱弗:《印尼的外交政策》（*Indonesia's Foreign Policy*），伦敦：艾伦与昂温出版社，1983，第16页。

32. 赛义德·法里德·阿拉塔斯（Syed Farid Alatas）:《宗教不宽容是否在印尼成为主流？》（Is Religious Intolerance Going Mainstream in Indonesia?）,《环球亚洲》2013年第8卷第4期；乔拉·伊利拉兹（Giora Eliraz）:《印尼的伊斯兰教：现代主义、激进主义和中东维度》（*Islam in Indonesia: Modernism, Radicalism, and the Middle East Dimension*），布莱顿：萨塞克斯学术出版社，2004，第7页。

33. 德维·福尔图娜·安瓦尔:《印尼的外交政策、伊斯兰教与民主》（Foreign Policy, Islam and Democracy in Indonesia）,《印尼社会科学和人文杂志》2010年第3卷，第37页。

34. 正如一位分析人士所观察到的,"对印尼来说,'东盟团结高于一切'的概念可能会抑制其对独立外交政策进程的渴望。印尼对东盟的承诺一直迫使它在外交政策上作出妥协。然而，在印尼最需要东盟的时候，比如在利吉丹岛和西巴丹岛问题上，东盟却未能为其提供有效的争端解决机制。领土争端反而被提交给国际法院审理。尽管如此，作为东盟的创始成员国之一和促进东盟团结的关键国家，印尼如果做出任何离开东盟的举动，就会引起对其理想主义性质的强烈反对。因此，印尼的另一个相关外交政策的优先事项是，如何在不损害其对东盟承诺的情况下实现印尼自身的外交政策议程"。埃米尔扎·阿迪·夏伊伦德拉（Emirza Adi Syailendra）:《印尼外交政策展望：2013年及以后的挑战》（Indonesia's Foreign Policy Outlook: Challenges of 2013 and Beyond）,《拉惹勒南国际研究院评论》2013年第19号，2013年2月4日（引用日期：2014年1月3日），可访问：http://www.rsis.edu.sg/publications/Perspective/RSIS0192013.pdf。

35. 梅德亚塔马·苏尔约迪宁拉特（Meidyatama Suryodiningrat）:《准备后苏西洛时代的外交政策》（Preparing a Post-SBY Foreign Policy）,《雅加达邮报》2014年1月6日（引用时间：2014年1月6日），可访问:《亚洲新闻联盟》2014年1月6日，http://www.asianewsnet.net/Preparing-a-post-SBY-foreign-policy—55778.html。

36. 穆罕默德·哈达（Mohammad Hatta）:《印尼的外交政策》（Indonesia's Foreign Policy）,《外交事务》1953年4月。

37.《亚太地区的"动态平衡"：对印尼外交部长马蒂·纳塔莱加瓦的采访》（"Dynamic Equilibrium" in the Asia Pacific: Interview with Marty Natalegawa, Indonesia's Foreign Affairs Minister），澳洲网，2012年2月23日（引用日期：2014年3月1日），可访问：http://australianetwork.com/focus/s3440427.htm。

38. 见吴翠琳（Evelyn Goh）:《大国和东南亚等级秩序：区域安全战略分析》（Great Powers and Hierarchical Order in Southeast Asia: Analyzing Regional Security Strategies）,《国际

安全》2007/2008年第32卷第3期，第113—157页；李政石（音译，Jeongseok Lee）:《对冲不确定的未来：东亚次等强国对崛起的中国的反应》(Hedging against Uncertain Future: The Response of East Asian Secondary Powers to Rising China)，为国际政治科学协会第二十二届世界政治科学大会准备的论文，马德里，西班牙，2012年7月8日至12日。

39. 里扎尔·苏克马:《东南亚地区安全秩序：印尼视角》(Regional Security Order in Southeast Asia: An Indonesian View)，在亚太圆桌会议（APR）上发表的论文，2012年5月28日至30日，第5页。

40. 莱昂纳德·塞巴斯蒂安（Leonard Sebastian）:《印尼的区域外交：维持东盟凝聚力势在必行》(Indonesia's Regional Diplomacy: Imperative to Maintain ASEAN Cohesion)，《拉惹勒南国际研究院评论》2012年第132期，2012年7月23日。

41. 德维·福尔图娜·安瓦尔:《信息混杂的问题：印尼内部人士对印尼–澳大利亚关系的看法》(A Problem of Mixed Messages: An Indonesian Insider's View of the Australian Relationship)，《2012年亚联论文集》第4卷第6期（2012年8月），第3页。

42. 见安纳·阿贡·班玉·佩尔维塔（Anak Agung Bany Perwita）:《印尼和伊斯兰世界：苏哈托及其后外交政策中的伊斯兰教和世俗主义》(*Indonesia and the Muslim World: Islam and Secularism in the Foreign Policy of Soeharto and Beyond*)，哥本哈根：北欧亚洲研究所出版社，2007；以及里扎尔·苏克马:《印尼外交政策中的伊斯兰教》(*Islam in Indonesia's Foreign Policy*)，伦敦：劳特利奇柯曾出版社，2003。

43. 引自迈克尔·莱弗:《印尼的外交政策》，第148—149页。

44. 迈克尔·莱弗:《地区问题的地区解决方案?》(Regional Solutions to Regional Problems?)，载杰拉德·西格尔（Gerald Segal）和大卫·S.G. 古德曼（David S.G. Goodman）编《亚太地区走向复苏》(*Towards Recovery in Pacific Asia*)，伦敦：劳特利奇出版社，2000，第108—118页。

45. 里扎尔·苏克马:《印尼与区域安全：寻求合作安全》(Indonesia and Regional Security: The Quest for Cooperative Security)，载陈思诚和阿米塔夫·阿查亚（Amitav Acharya）编《亚太安全合作：国家利益和区域秩序》(*Asia-Pacific Security Cooperation: National Interests and Regional Order*)，纽约州阿蒙克：M.E.夏普出版社，2004，第71页。

46. 法比奥拉·德西·尤尼查查（Fabiola Desy Unidjaja）:《印尼期待恢复国际军事教育与训练计划》(Indonesia Looks Forward to Reinstatement of IMET Program)，《雅加达邮报》2002年11月30日。

47. 伯纳德·K. 戈登（Bernard K. Gordon）和谢尔顿·W. 西蒙（Sheldon W. Simon）等学者强调了这一点。

48. 里扎尔·苏克马:《印尼–中国关系：重新接触的政治》(Indonesia-China Relations: The Politics of Re-Engagement)，《亚洲调查》2009年第49卷第4期，第591—608页。

49. 里扎尔·苏克马:《印尼与区域安全：寻求合作安全》，同前引，第72页。

50. 理查德・J. 萨缪尔斯（Richard J. Samuels）:《保卫日本：东京大战略与东亚的未来》（*Securing Japan: Tokyo's Grand Strategy and the Future of East Asia*），纽约州伊萨卡：康奈尔大学出版社，2007，第166页。

51. 安瓦尔:《印尼对外交政策的谨慎考虑》。

52. 这里指的是亚洲强国协商的想法，该想法据说是在2009年12月的悉尼会议上由迈克尔・韦斯利（Michael Wesley）等澳大利亚安全领域知名专家提出的。该会议旨在向来自亚洲地区的政策实施者与专家介绍陆克文的“亚太共同体”倡议，并征求参会者的反馈。有关陆克文的提议及其对亚太地区影响的最新分析，参见陈思诚:《莱弗的担忧：对当今东南亚区域秩序和安全的思考》(Spectres of Leifer: Insights on Regional Order and Security for Southeast Asia Today),《当代东南亚》2012年第34卷第3期，第316页。

53. 拉尔夫・埃默斯（Ralf Emmers）和陈思诚:《东盟地区论坛和预防性外交：注定要失败?》(The ASEAN Regional Forum and Preventive Diplomacy: Built to Fail?),《亚洲安全》2011年第7卷第1期，第44—60页。

54. 印尼共和国总统苏西洛・班邦・尤多约诺阁下在《战略评论杂志》(*Strategic Review Journal*) 创刊会上的主旨演讲，纽约，2012年9月26日，第4页。

55. 陈思诚:《战争中的愿景？：区域结构辩论中的东亚峰会》(Visions at War?: EAS in the Regional Architecture Debate),《海峡时报》2011年11月12日。

56. 该术语出自吴翠琳和阿米塔夫・阿查亚:《东盟地区论坛与中美关系：中美立场比较》（The ASEAN Regional Forum and US-China Relations: Comparing Chinese and American Positions），发表于第五届中国–东盟研究院东亚区域主义与共同体建设圆桌会议（*Fifth China-ASEAN Research Institutes Roundtable on Regionalism and Community Building in East Asia*），香港大学，2002。

57. 陈思诚:《在“再平衡”时代推进中美关系：东盟的“中等强国”外交》。

58. 安瓦尔:《印尼对外交政策的谨慎考虑》。

59. 同上。

60. 这一观点也在车维德（Victor D. Cha）的《复杂拼凑：作为亚洲区域架构一部分的美国盟国》(Complex Patchworks: U.S. Alliances as Part of Asia's Regional Architecture）一文中提出,《亚洲政策》第11期（2011年1月），第27—50页。

61. 德维・福尔图娜・安瓦尔:《有关美国对亚洲“再平衡”的印尼视角》(An Indonesian Perspective on the U.S. Rebalancing Effort towards Asia),《国家亚洲研究局（NBR）评论》，2013年2月26日，第3页。

62. 唐纳德・K. 埃默森(Donald K. Emmerson):《“六点”之外：印尼将走多远?》(Beyond the Six Points: How Far Will Indonesia Go?),《东亚论坛》2011年7月29日（引用日期：2013年1月17日），可访问：http://www.eastasiaforum.org/2012/07/29/beyond-the-six-points-how-far-will-indonesia-go/；唐・埃默森（Don Emmerson）:《东盟在金边受挫》。

63. 见国际危机组织：《实现和平：东盟与泰柬边境冲突》（Waging Peace: ASEAN and the Thai-Cambodian Border Conflict），《危机组织亚洲报告》第215号，2011年12月6日。

64. 这一点在姜志达的文章中得到强调，见姜志达：《印尼苏西洛政府的“自信外交”》。

65. 塞巴斯蒂安：《印尼的区域外交：维持东盟凝聚力势在必行》。

66. 同上。

67. 学界普遍认为，中等强国外交与利用多边机构和倡议实现其目标之间存在联系。见李淑钟（Sook Jong Lee）：《作为新兴中等强国的韩国：寻求复杂外交》（South Korea as a New Middle Power: Seeking Complex Diplomacy），东亚研究所亚洲安全倡议工作论文，首尔：东亚研究所，2012年9月；马克·比森（Mark Beeson）：《澳大利亚能拯救世界吗？中等强国外交的局限性和可能性》（Can Australia Save the World? The Limits and Possibilities of Middle Power Diplomacy），《澳大利亚国际事务杂志》2011年第65卷第5期，第563—577页。

68. 林绵基：《印尼的外交政策与东盟的意义》。

69. 见陈思诚：《放牧猫群：劝说在东南亚国家联盟（东盟）政治变革与延续中的作用》[Herding Cats: The Role of Persuasion in Political Change and Continuity in the Association of Southeast Asian Nations（ASEAN）]，《亚太国际关系》2013年第13卷第2期，第233—265页。

70. 见穆提亚·阿拉加帕（Muthiah Alagappa）编《亚洲安全实践：物质和观念影响》（*Asian Security Practice: Material and Ideational Influences*），加利福尼亚州斯坦福：斯坦福大学出版社，1998；以及穆提亚·阿拉加帕编《亚洲安全秩序：工具性和规范性特征》（*Asian Security Order: Instrumental and Normative Features*），加利福尼亚州斯坦福：斯坦福大学出版社，2003。

71. 唐纳德·韦瑟比（Donald Weatherbee）：《东南亚的国际关系：争取自治的斗争》（*International Relations in Southeast Asia: The Struggle for Autonomy*）第二版，马里兰州拉纳姆：罗曼和利特菲尔德出版社，2009，第39—40页。

72. 贾斯特斯·玛丽亚·范德克罗夫（Justus Maria van der Kroef）：《苏加诺时代之后的印尼》（*Indonesia after Sukarno*），温哥华：不列颠哥伦比亚大学出版社，1971。

73. 唐纳德·G. 麦克劳德（Donald G. McCloud）：《东南亚的制度与进程：一个地区的演变》（*System and Process in Southeast Asia: The Evolution of a Region*），科罗拉多州博尔德：西部视点出版社，1986。

74. 这个短语借用了迈克尔·莱弗在其关于新加坡外交政策的书的第五章中使用的标题“推动地区发展，还是受地区所累？”。参见迈克尔·莱弗：《新加坡的外交政策：应对脆弱性》（*Singapore's Foreign Policy: Coping with Vulnerability*），伦敦：劳特利奇出版社，2000。

第十五章　超越“群岛观”：海洋法、海洋安全和大国

［新加坡］莱昂纳德·C. 塞巴斯蒂安　［新加坡］里斯蒂安·阿特里安迪·苏布里扬托　［印尼］梅德·安迪·阿尔萨纳*

引　言

作为东南亚的“关键国家”，[1]印尼寻求利用海洋外交构建合作性的区域关系，以期达到两个目标：一是确保安全形势乐观；二是通过积极解决其边界争端，展示其调解该地区国家间边界争端的领导力。

印尼对其边界争端的管控是在管理区域秩序时使用预防性外交（preventive diplomacy）处理已经或可能升级为军事冲突的问题的一个经典案例。这种做法大大加强了印尼所主张的地区领导力。

本章分析了当大国不断强势地出现在东亚和东南亚航道上时，崛起的印尼如何重新考虑其领海的安全。一方面，对印尼海洋安全的许多分析往往是从“群岛观”（Wawasan Nusantara）的角度来入手的，其间不断强调国家统一和领土完整的重要性。另一方面，该地区目前的地缘政治形势以亚洲和其他地区的海洋强国的崛起为特征，这使得印尼的“群岛海道”（ASLs）及其相关的海上要冲——马六甲海峡、巽他海峡、龙目海峡、望加锡海峡——变得非常关键，并因此对其战略规划者来说至关重要。群岛

海道不仅对全球海运贸易至关重要，而且比前几十年更为重要，并正在成为海权角力的热点。因此，面对潜在的外部海上威胁，印尼别无选择，只能采取渐进的措施，重新调整其在外交、法律与安全方面的重点。这是一个需要解决的根本性问题，因为它将规划和影响印尼的崛起之路。

我们所进行的这项研究之所以重要，有如下几点原因。第一，很多著述都描述了印尼的内向型战略心理，而很少关注印尼的外向型发展方向。随着中国和印度的崛起，再加上美国"重返亚洲"，意欲加强其作为亚洲主要战略行动者的地位，以及复兴的日本不甘心在安全问题上沦为被动的参与者，印尼的地缘政治谋划变得更加复杂，尤其是在海洋领域。我们的研究将率先尝试描述后苏哈托时代印尼的海洋战略环境。

第二，我们的研究会批判性地剖析"群岛观"的概念，特别要看其是否适用于印尼的外部海洋环境。我们的观点是，"群岛观"虽然象征了印尼统一国家的身份，但它不能为印尼在当前主要海洋大国竞争的地缘政治环境中提供任何指导。

第三，本章从地缘政治角度探讨印尼的各种海洋安全概念以及与海洋安全相关的其他概念。其中包括"群岛观""国家复原力"（National Resilience）的概念以及"自由和积极"的外交政策方针。

第四，我们会讨论印尼对群岛海道和海上要冲的看法。鉴于海洋战略环境的日益严峻，我们会思忖印尼可能会如何划定其东西向的群岛海道（特别是从它们带来的机遇和脆弱性方面）。

第五，本章根据该地区存在的主要大国及其在海上对印尼的群岛海道和要冲的安全产生的影响，介绍了印尼"群岛观"之外的海洋战略环境。在结语部分，我们对印尼如何努力塑造、影响并适应当前的战略环境（印尼的领海权与大国的利益的关系日益密切）的问题给出我们的思考。

"群岛观"：概念的演变

印尼人经常称他们的群岛处于印度洋与太平洋之间、亚洲与大洋洲之间的“十字路口”（posisi silang），[2]强调地缘位置不仅要从实际的位置来看，还要从地位、实力和抱负来看。印尼的地缘政治取决于其国家认同和国家抱负。例如，群岛国家的特性使印尼成为一个海洋国家，但远不是一个航海大国。根据“群岛观”，印尼的自我认同建立在领土完整之上，其疆域“从沙璜（Sabang）延伸到马老奇（Merauke）”。[3]

“群岛观”的内核是对国家安全的执着，这是因为人们普遍认为印尼总是容易受到采取分而治之战略的强国的伤害。这在关于“群岛观”概念的阐述中尤为明显，这一概念包含以下几个方面：对国家分裂威胁的普遍担忧，以及由此产生的对统一的重视；发展经济的需求，尤其是在欠发达的省份；经济民族主义；政治稳定和国境神圣不可侵犯；最后，印尼重视《联合国海洋法公约》，视之为保障“群岛观”的手段。

《联合国海洋法公约》在认同印尼的“群岛国家”观念的同时，还认同印尼国家观的关键要素，即领土和国家统一的概念，这一在1957年首次提出的概念将印尼视为一个陆地与水域不可分割的联合体。更重要的是，领海延伸至12海里以及保留了国际海上航线的群岛海道概念，使印尼对其群岛水域的开发、使用和安全保障有了更大的控制权。[4]

除去新独立的东帝汶，现在包含了印尼共和国的群岛基本上是依据荷兰殖民时期的边界人为划定的，尽管印尼目前宣称它是一个单独的统一实体。该群岛上的古代帝国，比如三佛齐王国（Srivijay）和满者伯夷王国（Majapahit），曾分别于7世纪和15世纪统治群岛的部分地区，它们的核心控制区都是单一的岛屿，分别是苏门答腊岛和爪哇岛。它们对其他岛屿上的小王国的控制是松散的，是基于“曼陀罗”（同心圆）概念的宗主权，给予每个领主半自治权。在海上和陆地上都没有绝对的实力，在这样的地理环境中，大规模的征服和直接控制是非常困难的。因此，统治往往是非常分散、薄弱的，尤其是在王国的边境地区。不过，这些王国还是产生了持久的影响，其遗产成为岛民们共同传承的历史。以满者伯夷王国为例，爪哇王子的故事、王朝的宿敌和传说以及文化都为远离王国核心统治区的岛民们所传扬。16—17世纪欧洲人到来时，群岛在商业和作战方面已经结成了一体。

不过，正是欧洲人让原本身处异地的岛民们加深并巩固了同为一个集体的概念。此外，荷兰人取代了西班牙人和葡萄牙人，以海权来统治这个庞大的群岛，并防止本土海洋政权的出现。凭借制海权，荷兰人认识到这片领海是其新的荷属东印度地区不可分割的生命线。因此，当澳大利亚人在19世纪末北上寻找珍珠贝时，他们与当地村民和头人发生了直接的冲突，因为当地人声称从珊瑚礁上采集珍珠贝的权利历来属于他们。[5]荷兰殖民政府在了解到这个问题之后，立即禁止外国人在其领海内采集贝类。

第一次世界大战之后，出于安全原因，荷兰殖民政府试图通过1935年的《领海与海域法令》（1939年修订）更为精确地界定其海洋领土。该法令确立了一项重要原则，即荷属东印度群岛的领海由每个独立岛屿的低潮线向外延伸3海里来划定，这就意味着组成殖民地的这些岛屿之间的几乎所有海域都具有“国际水域”或公海的地位。[6]

这一情况直到1945年印尼宣布独立后才发生改变。然而，新独立的印尼还很脆弱，它要同许多分离主义叛乱和外国人侵作斗争。此外，它在20世纪50年代和60年代还要应对主要来自日本渔民在印尼水域进行的掠夺性非法捕捞。用哈斯吉姆·查拉尔（Hasjim Djalal）的话来说，印尼各岛屿之间的小片公海能够让外国军舰和潜艇横穿群岛而不受限制。这些国家经常在此进行从海岸上就能看见的演习，引发印尼“国内的恐慌和政治骚乱”，[7]因此造成了国家安全问题。另外，印尼的后殖民经验也表明，当国内发生分离主义运动时，岛屿之间无人看守的公海很可能是那些组织接受秘密外援的渠道。从经济角度来看，主要由人工捕捞组成的印尼海洋工业也受到了外国渔民掠夺印尼海洋资源的无端破坏。然而，最让印尼颜面扫地的是，政府无法阻止荷兰军舰大摇大摆地穿越爪哇海，直抵当时被称为“荷属新几内亚”的西伊里安。

20世纪50年代末，印尼国内的所有政党和组织达成一致，认为必须更好地控制印尼群岛的海域。解决方案是沿着印尼最外围的岛屿划定基线，再沿着这些基线宣称12海里的领海界限。1957年12月13日，印尼宣布这些基线内的所有水域都是“国内或国家水域”，并被视为印尼国家“不可分割的部分”。在这些水域，外国船只，不论是民用还是军用，都只被称为“无害通过”（innocent passage）①。

根据这个声明的部分内容，印尼创立了“群岛观”。“群岛观”本质上是一个政治概念，把地理分散、社会文化多样的岛屿链绑定在一起，成为一个统一的群岛。一方面，这个概念反映了一种对任何可能在印尼国内鼓动、煽动、协助或支持分离分子的国内外政党的近乎偏执的深层次担忧。另一方面，它表明印尼敏锐地意识到其领海权的脆弱性。[8]因此，“群岛观”重新定义了印尼对其领海权的看法。它在管理内部水域（领海和群岛水域）方面创造了一种权利（entitlement）[9]和所有权（ownership）意识，同时为雅加达统一不同的群岛提供了必要的政治合法性。

美国和英国等海洋强国对该声明的反应迅速而坚决。印尼被指责违反了航行自由与过境自由的神圣原则，即任何一个实体都不能“拥有”被视为全球公域的海洋，这反映了“格劳修斯传统”（Grotian tradition）。尽管如此，雅加达还是开辟了一条孤独的道路，开始了长达25年的争取群岛国家地位的斗争。在那些年里，印尼外交官游说国际社会，经常在谈判中与大国抗争，坚持认为印尼作为一个群岛应该得到国际法赋予的特殊权利。1982年12月，游说努力终于取得成果，《联合国海洋法公约》第四部分中专门涉及群岛国家独特需求的特殊条款生效。[10]根据第四部分，印尼有权沿着群岛划定基线，但在此过程中，应与受其影响的邻国协商，并为从印尼水域正常通行的船只划定海上航道。基线圈定的水域将成为印尼拥有完全主权的群岛水域，但印尼要为正常通行的外国船只划定“群岛海道”。

群岛海道、海洋边界和海上要冲

印尼等群岛国家有权划定群岛基线，群岛基线的各段连接国家外围岛

---

① 即外国船舶享有无害通过一国领海的自由。——译者注

屿的最外缘各点。如此一来，整个国家都被一个基线系统所包围，而基线系统内的水域被称为群岛水域，属于国家所有。有了这个系统，领海的宽度不再是从每座岛屿的海岸开始测量，而是从群岛基线开始测量。

群岛水域属于国家主权范围，无论岛屿之间的距离有多宽。[11]例如，在印尼这个案例中，爪哇岛与加里曼丹岛之间不再有公海。换言之，原先部分属于公海、用于国际航行的海域，现在专属于印尼，成为其群岛水域的一部分。这种解释对原来在群岛水域享有航行自由的国家不利。为此，印尼有必要划定群岛海道。群岛海道是一个国家在换取群岛国家地位和能够对群岛水域行使主权时的权宜之举。这是沿海国家与其他海洋国家或海运国之间的妥协，沿海国家不断加强对其邻近海域的海洋管辖权，而其他海洋国家或海运国坚持保留其历史上的自由航海权。[12]

印尼确认群岛海道的概念适用于其领海，因为印尼群岛位于印度洋与太平洋之间的主要航线上。在印尼水域划出群岛海道，也将使政府能够集中精力为航行提供安全保障（特别是为外国船只）。此外，在《联合国海洋法公约》颁布后，群岛海道还将使政府能够阻止外国船只从其以往正常用于航行的航道上通行。从印尼的视角来看，如果船只仍然可以继续随意通行，那就意味着对作为群岛国家的自己的安全问题考虑不周。外国民用或军用船只可以继续在被印尼视为对国家安保和安全很敏感的水域航行，例如靠近印尼的人口稠密区和主要经济中心的爪哇海。

印尼的安全官员倾向于把群岛海道的划定视为一个不利因素，因为这为外国进入和穿越印尼领土打开了方便之门，而这被认为可能会危及国家安全。印尼在这一问题上的研究也强调应当设置东西向（包括穿越爪哇海）的群岛海道，并引用了历史方面的原因，指出爪哇海一直是外国商船在爪哇进行贸易和通行的国际航道。然而，也有印尼学者警告说，任何划定东西向群岛海道的尝试都可能给印尼带来一系列新的挑战。第一，即使印尼划定了这些群岛海道，也不能保证其方案具有法律约束力并被视为“完全划定”。划定一条新的群岛海道而没有得到包括国际海事组织（IMO）和海运国在内的国际海事界的完全承认，等同于写了一张空头支票——该论点将在下一节作出进一步解释。第二，由于美国、英国和澳大利亚等海运国对《联合国海洋法公约》第53条第4款“用作（通过群岛水域或其上空的）国际航行或飞越的航道的所有正常通道”有各自不同的解释，因此精确划定东西向群岛海道的位置还存在技术性问题。如果要顾及所有海运国的群岛海道方案，将产生“意大利面碗”（spaghetti bowl）现象①，使所有穿越群岛水域的通道都成为正常的通行线路。[13]第三，从战略角度来看，东西向的群岛海道会让船只经过人口稠密的沿海地区（比如爪哇岛北部和加里曼丹岛南部）的水域。任何载有危险或有毒货物的船只发生事故，都会对这些海岸线沿线的居民造成恶劣的环境影响以及严重的经济和社会影响。基于这些原因，尽管海运国多次提出吁请，但雅加达仍然坚持其立场，表示尚未准备划定东西向的群岛海道。[14]

尽管如此，外交政策界对东西向群岛海道有另外一种看法。哈斯吉姆·查拉尔的观点是，设置东西向群岛海道的计划主要是印尼保障其自身利益的一项提议，《联合国海洋法公约》对如何设置这些群岛海道有详细的规定，而印尼就是依据这些规定设立了南北向群岛海道。查拉尔博士进一步指出，印尼需要划定东西向群岛航道，以承受航运和其他海上运输的冲击，或应对船只任意通过现有航道，从而危及其“海上走廊”的安保和安全的后果。[15]

如何划定东西向群岛海道

群岛海道的划定受《联合国海洋法公约》第53条的约束。该条款没有要求群岛国家划定群岛海道，[16]但如果一个国家要这么做，则划定的海道必须包括用于国际航行的所有正常通道。[17]该条款还规定，适用于群岛海道的通行制度为群岛海道通过权（ASLP），其允许过境船只正常航行，以

① 指在双边自由贸易协定和区域贸易协定下，各个协议具有不同的优惠待遇和原产地规则，就像碗里的意大利面条一样纠缠在一起。——译者注

便“在公海或专属经济区的一部分和公海或专属经济区的另一部分之间继续不停、迅速和无障碍地过境”。[18]划定群岛海道的一个重要细则是，如果沿海国家没有划定自己的群岛海道，那么“可通过正常用于国际航行的航道，行使群岛海道通过权”。[19]显然，群岛海道通过权的正常使用范围和国际航行范围有待进一步阐明。《联合国海洋法公约》没有就如何界定这些通道作出明确和具体的规定。这种不确定性导致了群岛海道使用上的模棱两可，因为各国可以选择符合自己利益的不同解释。

印尼在签署了《联合国海洋法公约》之后立即在其群岛水域行使群岛海道通过权，最终于1995年在芝沙鲁亚（Cisarua）召开了全国工作小组会议。会议成员设法就1991年在印尼海军战略论坛上提出的三条南北向的群岛海道的提案达成了一致。[20]据普斯皮塔瓦蒂（Puspitawati）的介绍，这一提案于1996年在国际海事组织海上安全委员会第67次会议上被提交给国际海事组织。[21]三个相关机构和22个国家作出了回应，大部分国家对缺少东西向群岛海道发表了意见。为此，提案被重新审议，但印尼并未就东西向群岛海道问题作出回应。在伦敦举行的海上安全委员会第69次会议上，印尼保持了其最初的立场，仅划定了三条南北向的群岛海道，这三条群岛海道于1998年5月19日获得了国际海事组织的批准。不过，印尼的立场只能算是“部分划定”，因为它在划定时没有包含用于正常国际航行的所有通行线路，特别是没有划定东西向的群岛海道。[22]

印尼在最初提交的关于群岛海道的文件里并没有专门提到“部分划定”，但由于不包括东西向的群岛海道，国际海事组织就将其视为“部分划定”。在提交前与其他海运国进行商议期间，澳大利亚和美国明确提出了印尼在其提交给国际海事组织的文件中可以考虑的东西向群岛海道。但是，印尼并没有将关于东西向群岛海道的提议纳入提交文件。澳大利亚和美国提出这一建议的动机是它们关注将“无害通过”原则适用于东西向群岛海道。[23]

为了制定适用于群岛海道的详细规则，印尼、澳大利亚和美国首先就被称为“19条规则”的几点达成了非正式协议。“19条规则”明确规定了在印尼划定的群岛海道中过境的船只的权利和义务。[24]根据该规则推断出的一个重要论点是，在没有划定群岛海道的区域，“可以根据1982年的《联合国海洋法公约》在相关群岛水域中行使”群岛海道通过权。这表明，印尼同意允许过境船只按照《联合国海洋法公约》第53条第12款的规定，在没有划定群岛海道（通过选择任何用于正常航行的航线来划定）的群岛水域中航行。然而，印尼政府关于使用群岛海道和行使群岛海道通过权的2002年第37号政府令与《联合国海洋法公约》和“19条规则”互相冲突。事实上，作为沿海国家的印尼的利益与澳大利亚和美国等海运国的利益是不同的，这一点反映在印尼政府法规的不一致性上。

2002年第37号政府令也没有明确说明印尼是否主要选择“部分划定”群岛海道。这项政府令中需要注意的一个重要问题是，“一旦在群岛水域中划定了群岛海道”，[25]印尼就可以在这些水域的任何部分行使群岛海道通过权。这显然与《联合国海洋法公约》不符，因为后者允许过境船只在群岛水域内通过正常航线航行。换言之，《联合国海洋法公约》规定，不论是否划定了群岛海道，所有外国船只都可以通过群岛水域，而沿海国家无权阻止外国船只过境，也无权中止过境权。

在没有划定东西向群岛海道的同时，印尼只部分划定了符合《联合国海洋法公约》规定的群岛海道作为补充。[26]划定整套的群岛海道需要仔细的研究和考量，这样印尼才能平衡自己的国家利益和国际义务。安全部门的内部人士认为，划定东西向群岛海道将使印尼处于弱势地位，因为外国船只能够自由过境印尼的群岛水域。其他部门也同样认为，印尼的国家安全可能会受到威胁。[27]各方关注的原因各不相同：印尼国民军反对在爪哇海设立航道，因为那是印尼的战略核心地带，而且离雅加达太近；有人认为，在爪哇海渔场设立航道，将损害渔民的生计；还有人认为，印尼群岛水域附近有足够的设施，这表明海军有能力监控海上交通；军方支持者认为，要等到海军借此机会把该问题研究透彻之后再设立东西向的群岛海道。海军仍然是这场争论的主要利益相关方，而空军对此没有任何意见。[28]不过，印尼人民代表会议对群岛水域的海洋安全问题高度关注，有议员发表声明，认为印尼应该主导群岛海道的划定，这引发了人们对印尼有无能力监控繁忙的航行活动以及确保群岛海道上船舶的安全的担忧。[29]考虑到印尼缺乏进行全面监测所需的足够设备和设施，这种担忧是合理的。

然而，我们的看法是，随着印尼信心的增强，人们一般会从利益与义务的角度来看待群岛海道问题。如前所述，划定群岛海道通常被视为对承认印尼是群岛国家并对群岛水域拥有主权的补偿。尽管沿海国家不必划定群岛海道，但印尼国家政策和外交政策的战略规划者可能会得出这样的结论：出于以下原因，划定群岛海道利大于弊。第一，在确保使用过境航线的外国船只的安全与保障方面，沿海国家只能专注于几条航线。如果届时没有指定群岛海道，外国船只就会使用正常用于国际航行的各种航线。这种随意的使用增加了海上事故的错综性和可能性，使群岛水域的航行环境更加复杂。第二，划定东西向的群岛海道可以提高印尼的外交地位，因为海运国将此视为印尼方面的互助合作之举，例如，印尼可以据此向海运国提出有利于印尼的潜在合作提议。第三，尽管在制定如何确保东西向群岛海道的划定不会损害印尼的国家利益的战略时，仍会对印尼产生影响，但未来的战略规划者不应将这种情况视为一种挑战，而应视为一种动力，促使印尼增强其确保群岛水域——该海域被视为最重要的水路之一，不仅对该地区各国，而且对全世界都是如此——航行安全的能力。

印尼要划定东西向群岛海道，可以有多种选择：第一，澳大利亚和美国的提案，但需要加以修改和改进；第二，印尼海军工作组提出的关于东西向群岛海道方案的非正式提案。综合这些提案，即澳大利亚主张的“正常用于国际航行的航道”和印尼自己建议的东西向群岛海道，就有可能产生一个相对全面的方案。需要注意的是，这不是唯一的方案，这种选择是采取优先考虑线路最少的方法的结果。这种方法被认为是适合于印尼的一种方案，因为它平衡了利益冲突，一方面让印尼减少了对受到外国威胁的担忧，另一方面维持了外国船只的航行便利以及印尼在划定群岛海道之后所承担的义务。

共享海洋：期待印尼完成海洋边界勘定

由于地理位置特殊，印尼需要与至少十个邻国划定海洋边界。这些邻国包括印度、泰国、马来西亚、新加坡、越南、菲律宾、帕劳、巴布亚新几内亚、澳大利亚和东帝汶。[30]在写作本章之时，印尼已设法与8个邻国划定了部分海洋边界。[31]与帕劳和东帝汶的谈判还在继续，因此海洋边界尚未划定。尽管印尼在推动签订海洋边界协议方面花费了巨大的精力，目前已有大约18个协议到位，但在几个不同的地点仍有近20段海洋边界有待划定。[32]

悬而未决或未划定的海洋边界导致了印尼与邻国之间的紧张局势。突出的案例有苏拉威西海安巴拉特海域的争端（2005年2月和2009年6月4日），[33]印尼与马来西亚的渔民和巡逻艇在新加坡海峡丹戎贝拉基特（Tanjung Berakit）附近水域被扣押的事件（2010年8月18日），[34]以及2011年4月7日在马六甲海峡发生的一起事件。[35]一方面，划界争端通常是由于划界未完成或悬而未决而导致的海洋边界缺失所引发的。另一方面，每一当事方或有关国家都有自己的海洋划界主张或建议，这样会产生双方都宣称拥有主权的重叠海域。一方在重叠区域捕鱼或其海军/海岸警卫队在此巡逻，通常会被另一方视为越界，从而导致邻国之间的紧张局势。这类典型的案例或事件经常发生在印尼与其邻国之间的海洋边界地区，这对于在那些被视为“灰色区域”作业的渔民来说尤为麻烦。[36]例如，为了解决这一问题，印尼和马来西亚签订了《关于马来西亚和印度尼西亚共和国海事执法机构对待渔民的共同准则的谅解备忘录》。[37]在这份谅解备忘录中，印尼和马来西亚同意用共同的规则处理在海洋边界尚未友好划定的海域作业的渔民。

在未划定海洋边界的地区，甚至在已经划定海洋边界的地区，都可能发生海洋争端。在印尼与澳大利亚之间的海域，因非法捕捞而关押渔民的事件很常见。这些事件的发生不是因为海洋边界未划定，而是因为边界管理问题，比如，没有将重要信息告知在边境区域作业的渔民。缺乏关于海洋边界的准确位置以及渔民在该区域可以捕捞何种鱼类的信息，是造成此类边界事件的原因之一。这些信息应当成为边界地区正常管理制度的一部分，从而确保边境成为周边社区的收益来源，而不是一种阻碍。

印尼及其邻国也许在海洋边界谈判方面积极性很高，但受影响的社区不一定能从谈判结果中获益。印尼面临的海洋边界挑战是划定悬而未决的边界以及对已划定的边界进行监管或管理。[38]印尼在15个不同的区域未划定海洋边界，涉及大约20处领海、专属经济区和大陆架。因此，印尼需要更加重视和协同努力，以加快海洋划界进程。另一个需要深思熟虑的问题是，印尼要重新思考与其邻国完成海洋划界的方法。例如，与马来西亚的海洋划界采取的原则是“只有所有事都达成一致后才能批准”。考虑到为所有海域划界并非易事，印尼和马来西亚之间一时也不会达成任何进一步的协议。不过，印尼和马来西亚之间在某些海域的划界问题上已经取得显著进展，但根据当前的原则，这些进展因无法用条约或协议体现而未能公开。例如，两国已就苏拉威西海的临时领海边界达成一致，但只等所有问题都解决，才能最终签订具有约束力的协议。[39]为了促进双边关系和建立信任，印尼和马来西亚应该重新考虑当前采取的方法，并努力找到新的方法，以便在不需要等待整个划界工作完成的情况下，就每个特定区域的海洋边界签订协议。[40]

关于边界管理，印尼必须解决三个主要问题：（1）边界地区及周边的非法活动；（2）地理空间问题和技术问题；（3）信息传达。非法活动方面的挑战是需要提供足够数量的海上巡逻艇以及驾乘人员。已经划定的海洋边界必须由具备足够的知识、技能和设备的军事和文职官员进行监控。要保护如此大面积的海洋边界区域，印尼需要大量资源。就该任务的规模而言，印尼目前的投入还远远不够。[41]除了物资和人员投入，协调也是一项基本挑战，因为有多个部门在保护印尼的海洋边界方面发挥着重要作用，如没有合理地协调这些部门，就会发生利益冲突。因此，海事安全协调委员会（Bakorkamla）[42]的作用至关重要，它可以助力协调现有部门。如果海事安全协调委员会未能发挥其协调作用，它将成为另一个存在冲突的机构，使本已错综的情况复杂化。[43]

至于地理空间问题和技术问题，主要挑战在于为边界管理提供足够的地理空间数据。地理空间信息局（BIG）[44]和印尼海军水文海洋局（Dishidros）[45]面临的挑战是提供包含详细技术参数的图表。尽管没有法律规定描绘基线和海洋边界的图表的更新时间或频率，但要得到保障航行安全的可靠地图，就需要定期更新图表以适应环境变化。[46]这就需要花很多资金进行实地考察和制图，挑战不可谓不大。另一个问题是如何为印尼与其邻国已经缔结的海洋边界条约确定正确的大地基准（geodetic datum）。[47]这将需要进行大量涉及各种参数和假设的地理空间研究。此外，校正基准可能会导致现有的条约发生变化，从而使缔约过程更加复杂。

信息传达的挑战是既要对机密信息作好相应的处理，又要提供足够精确的信息来告知民众和相关方。接下来要克服的挑战是，如何用通达的语言向尽可能多的受众解释有关海洋边界的法律和技术事宜。在这种情况下，政府内的相关方需要意识到，传达信息的方式和信息内容同等重要。

除了上述挑战，边界管理方面也存在机遇。与边界问题有关的争端和事件可以被视为使政府和公众等相关方增进认知的机会。如果认识到边界管理不善会危及安保与安全的后果，相关各方就会知道管理边界和划定边界同样重要。这在一定程度上会促进和改善印尼的海洋边界管理制度。同样，提高民众对边界管理重要性的认识，也会对相关部门产生足够的公众压力，督促其恪尽职守。

设立国家边界管理局（BNPP）就是印尼处理边界管理事务的理想途径。然而，除了理想化的目标，该部门还有很大改进空间，特别是在优化其职能和发挥协调作用方面。在这方面，能力建设仍然是该部门提高执行力的重要手段之一。[48]

海洋安全和国防难题

然而，规划印尼的外向型方向，首先需要对其外交政策和安全利益有一个更明确的定义。2007年8月，政府发布了一系列说明印尼的安全和国防指导思想的文件。[49]其中包括对印尼战略环境的评估、印尼的方针和战略、武装力量的构成以及国防白皮书。然而，这些文件对政府将采用怎样的框架来应对印尼的战略环境及其国防和安全需求，几乎没有提供什么新的思路。

不过，它们对当前的海洋战略思想提供了一些见解。它们所传达的信息是，印尼是在应对战略环境，而不是寻求改变或影响战略环境。印尼积极参与多边倡议，主要是为了弥补其作为一个军事强国的战略影响力的不足。在这些文件中，严重的安全问题仅被归因于边界争端、恐怖主义和分离主义。对于印尼崛起或兴起的战略影响，文件没有进行专门的讨论。这些文件进一步阐述了军队在国内安全方面的作用。虽然文件提到了在领土之外的部署，比如在专属经济区之外的拦截，但是军队在领土内的作用在国防中仍然至关重要。这意味着利用“群岛观”来塑造国家整体观的目标尚未达到。相反，这些文件进一步证实“群岛观”仍然是一个内向型概念。

在提到海洋安全问题时，这些文件仅涉及发生在印尼水域内的事件，试图表明印尼最严重的海洋安全问题是海洋边界争端、海盗和恐怖主义、走私和非法捕捞。关于印尼在边界以外地区的海洋利益和威胁的讨论基本上没有展开。因此，很难评估诸如印尼在印度洋的安全利益之类的问题。

其次，印尼的战略评估并未触及向海外投送兵力的可能性。印尼参加联合国的维和行动是例外而非常规，因为尽管印尼已经参与了至少23次维和行动，但它从20世纪50年代就开始参与此类部署。因此，值得关注的是单方面或通过联合行动来确保印尼利益的武装力量投送。印尼不想向海外投送兵力，可能出于以下假设中的一种或多种。第一，印尼仍然无法为向海外投送兵力调配足够的资源。第二，印尼没有明确界定其海外利益，也没有考虑如何保护这些利益。第三，印尼过于关注国内安全，因此无法理解其外部安全环境。第四，国家的内向型取向在国民心中根深蒂固，因此它无法理解新的外部战略形势，从而限制了其海外兵力投送的选择。

不过，战略环境和政策文件确实为印尼的海军发展计划提供了一些见解。[50]从这些文件中主要可以看出四种明显的趋势。第一，在廖内群岛的丹戎槟榔（Tanjung Pinang）、南苏拉威西的望加锡和西巴布亚的索龙（Sorong）部署了三个海军舰队司令部，这反映了印尼对其群岛水域安全的担忧。在不断增长的国防预算和"最低限度军队"战略蓝图的支持下，重新部署舰队的计划应该硕果累累。[51]舰队的位置也调整到了当前划定的三条南北向的群岛海道上。不过，目前还没有权威报告评估东西向群岛海道的划定将如何改变舰队部署和海军战略。第二，印尼海军认识到，防卫群岛最好的方式不是通过全方位的海上控制，而是通过扼守几条海上通道，即连接印尼的专属经济区和群岛水域的"战略漏斗"。[52]"战略漏斗"指海军力量能够很容易地集结起来迎击敌方舰队的地方。但它们也是潜在的危机爆发点，其中包括纳土纳海和苏拉威西海。印尼濒临邻国且海洋资源丰富，因此印尼海军主要在这些区域附近进行训练。第三，由于护卫舰和驱逐舰等尖端海军装备价格高昂，印尼倾向于依靠"不对称的"海上能力，比如潜艇、陆基海上攻击机、快速攻击艇和水雷；这种战略能够让印尼用有限的财力满足其海上安全的最低要求。相信印尼可以成功地将这种最低成本的海上能力与"海上阻绝"战略相结合，从而抵抗更强大的海上对手。

虽然有限的财力让海上阻绝成为唯一可行的选择，但印尼仍需要一定的海上控制能力来保障其群岛水域的良好秩序。群岛内航行安全所面临的非传统威胁包括海盗和周期性的自然灾害，这要求印尼保持适量的海军水面舰艇，比如小型护卫舰、快速攻击艇和水陆两栖船。第四，岛间运输可能仍然是海军的主要职责，它通过军事海运司令部（Kolinlamil）来执行。群岛的地理环境意味着群岛海道构成了国家的内部交通线。因此，印尼的海军资源一直集中在海上运输的机动性上，以便向群岛各地部署兵力。最近购买的两栖攻击舰和未来计划采购的更多的坦克登陆舰都表明，印尼会延续这一必要的战略。[53]

结语：超越“群岛观”

尽管“群岛观”为雅加达对内部水域施加一定程度的控制和联合整个群岛提供了政治合法性，但这与其边界之外的海洋环境有什么联系呢？尽管“群岛观”备受推崇，但它本质上是一个内向型概念。它的主要目标是，作为一个群岛国家，从多样性中实现国家统一。这反映出一种对离心力的脆弱感和脆弱性，因为离心力可能使离岛脱离雅加达的政治控制。然而，这种观点也忽略了这样一个事实：随着雅加达的利益扩大并延伸到海外，仅仅依靠统一是不足以维护国家和地区利益的。活跃在区域内外的海上强国的崛起，对处在亚洲海上十字路口这一关键位置上的印尼造成了更大的压力，尤其是在海上要冲和群岛海道方面。在这种情况下，“群岛观”对于印尼适应地区海洋战略环境几乎没有什么帮助，更不用说改变或影响地区海洋战略环境了。

我们认为，在未来几十年里，印尼的战略家要通过积极管理其海洋环境来应对异常的地理和政治局势。这主要是因为印尼的海洋环境在未来有如下几个趋势。第一，亚洲海上强国的崛起将影响地区的稳定性。亚洲经济的快速增长意味着该地区国家的战略权重也在增加。亚洲国家在国防开支方面历史上首次超过了欧洲国家。[54]东南亚国家将大部分国防预算用于打造一支能力更强、航程更远的海上部队。[55]这将为地区安全与稳定带来新的机遇和挑战。亚洲国家所面临的机遇是，区域国家可以随时作好维护海上安全和良好的海上秩序的准备，参与加强区域内海上安全合作的活动，并通过海军外交增进彼此的信任。不过，这一过程也会带来挑战。亚洲的经济增长极大地依赖于海上贸易，这种情况会使海上航道和海上要冲在未来变得更加重要。海军通常是为了保障海上交通线（SLOCs）的安全而部署的，但这样容易增加邻国对安全的感知和错觉，而不是有助于各国一起保障海上安全。海上交通线的主要问题是能源安全：亚洲主要经济体——特别是东北亚国家——依赖中东和非洲地区的能源供应，而中东和非洲地区依赖海上安全方面的可靠保障。虽然海运国之间应该寻求合作途径，以确保海上交通的自由顺畅，但在可预见的未来，可能发生的意外事件和零和思维的影响都不太可能消失。

第二，随着民族主义和信任赤字的加剧，由历史积怨和领土争端引发的地区紧张局势也在升温。虽然本地区经济增长迅速，相互依赖加深，但这些趋势并没有改变地区国家看待主权的方式。相反，地区国家现在比以往任何时候都更倾向于将日益增长的军事能力用于捍卫其主权，从而使历史积怨和海洋争端等敏感问题变得更加难以解决和处理。在西太平洋沿岸地区的主权争端中，这种情况最具争议。在东海和南海，各国因钓鱼岛、南沙群岛和西沙群岛而陷入棘手的海洋争端。为了防止此类冲突，已经采取措施将相关国家纳入多边安全框架，比如东盟地区论坛和东亚峰会。然而，如果没有制定更加严格的行为准则，仅凭这些多边安全框架是不够的。尽管印尼在东海和南海争端中没有直接提出任何权利主张，但它并不会坐视其周边爆发冲突。印尼依赖于东北亚和中东地区的海运与能源贸易，因此群岛与这些地区之间海上航线的航行安全对于印尼的国家利益至关重要。此外，如果冲突爆发，印尼在南海的石油和天然气基础设施也会受到连带伤害。[56]

第三，中国的崛起和美国的角色使本地区的稳定平衡变得复杂。中国的崛起在该地区受到了欢迎，因为它带来了新的外交和经济方案，为以前依赖西方的地区国家提供了更多选择。对于印尼而言尤其如此，因为印尼“自由和积极”的外交政策不鼓励与任何大国结盟。不过，地区国家也对中国日益增强的实力和抱负保持关注。与此同时，已经正式宣布中国为“对等竞争者”（peer competitor）的美国给人的印象是，在将其注意力分散于中东冲突几十年后，美国正利用这一形势将其安全重心重新转向亚洲。亚洲海上强国的崛起和不断加剧的地区紧张局势将共同决定美国未来在该地区的角色。

第四，非传统安全挑战的性质一直在变化中，这也会影响印尼未来的海洋环境。虽然大国竞争无疑是当前战略格局的一个典型特征，但新的安全挑战也值得关注。海盗和海上抢劫、恐怖主义、走私和污染的威胁都是该地区越来越严重的问题。为了解决这些问题，多国已经展开合作，但由于这些问题复杂多变，因此必须制定和实施新的措施和方案。对于印尼来说，应对海上非传统安全威胁，经常需要不同于以往的地区参与形式。与邻国的“协同巡逻”丰富了本地区的海军外交计划，也是在本地区海军规模和实力增长的情况下建立信任的一种方法。印尼海军现在也参与域外部署行动，在亚丁湾和地中海打击海盗和海上非法活动。[57]

最后一点与印尼日益增加的海外利益有关。根据麦肯锡公司最近的一份报告，预计到2030年，印尼将成为世界第七大经济体。[58]印尼目前是世界第16大经济体，也是二十国集团成员。它也是自然资源（包括煤炭、棕榈油和天然气）出口大国之一，出口对象包括印度和中国等国家。[59]印尼消耗的能源也比过去多。2004年，印尼成为石油净进口国，其大部分石油从中东进口。这只是印尼经济与海运线路的关系日益密切的许多例子之一。因此，海运贸易的中断会严重损害印尼的经济增长。

这些趋势表明了海洋战略环境的变化给印尼的外向型发展带来的压力。这些情况超出了“群岛观”的范围。尽管这些趋势持续存在，但印尼目前并没有向外投射地区和国际影响力。一位官员建议，有必要采取“群岛外交政策”——这一政策不仅反映了印尼的地理位置，也反映了一种超越内向型“群岛观”的愿望，同时遵守了“自由和积极”的外交政策原则。[60]“群岛外交政策”的作用体现在以下三个方面。第一，它将确定满足该地区发展、气候变化、粮食和能源安全等问题需求的优先事项。第二，它将从海洋角度来确定外交政策工具的选择，改善海洋连通性以支持东南亚地区市场的发展，并积极参与联合国批准的海上和平支援行动。第三，通过明确国家安全政策与外交政策之间的交汇点，它将指出印尼有必要基于其群岛地理环境作出特殊的国防与安全部署。

注　释

* 作者们谨对阿里夫·哈瓦斯·乌格罗塞诺（Arif Havas Oegroseno）大使对本章初稿的评论表示感谢。

1. 印尼共和国是世界第四大人口大国、伊斯兰世界“最大的民主国家”，并且在地缘战略上，它是东南亚地区最重要的国家，这些特质赋予了它“关键国家”（pivotal state）的属性。一项有影响力的研究的作者们指出，“关键国家”是“对美国及其盟友具有地缘战略重要性的国家”，其重要性归因于它不仅能够“决定其地区的成败，而且能够对国际稳定产生重大影响”。参阅罗伯特·蔡斯（Robert Chase）、艾米莉·希尔（Emily Hill）和保罗·肯尼迪（Paul Kennedy）编《关键国家：美国在发展中国家的新政策框架》（*The Pivotal States: A New Framework for U.S. Policy in the Developing World*），纽约：诺顿出版公司，1999，第6、9页。

2. 埃文·拉克斯马纳（Evan Laksmana）：《持久的三位一体战略：解释印尼的地缘政治架构》（The Enduring Strategic Trinity: Explaining Indonesia's Geopolitical Architecture），《印度洋地区杂志》2010年第1卷第1期，第96页。

3. 沙璜和马老奇是位于印尼最西端和最东端的城市，分别在亚齐特区和巴布亚省。

4. 莱昂纳德·C. 塞巴斯蒂安（Leonard C. Sebastian）：《国内安全重点、“利益均衡”和印尼对地区秩序的管理》（Domestic Security Priorities, ‘Balance of Interests’ and Indonesia's Management of Regional Order），载廖振扬（Joseph Chinyong Liow）和拉尔夫·埃默斯（Ralf Emmers）编《东南亚的秩序与安全：纪念迈克尔·莱弗的论文集》（*Order and Security in Southeast Asia: Essays in Memory of Michael Leifer*），伦敦/纽约：劳特利奇出版社，2006，第178页。

5. 约翰·布彻（John Butcher）：《成为群岛国家：1957年的〈朱安达宣言〉与争取国际承认群岛原则的“斗争”》（Becoming an Archipelagic State: The Juanda Declaration of 1957 and the “Struggle” to Gain International Recognition of the Archipelagic Principle），载罗伯特·克里布（Robert Cribb）和米切尔·福特（Michele Ford）编《水边的印尼：群岛国家的管理》（*Indonesia beyond the Water's Edge: Managing an Archipelagic State*），新加坡：东南亚研究所，2009，第30—31页。

6. 同上，第33页。

7. 参阅哈斯吉姆·查拉尔（Hasjim Djalal）：《印尼与海洋法》（*Indonesia and the Law of the Sea*），雅加达：战略与国际研究中心，1995。

8. 参阅迈克尔·莱弗（Michael Leifer）：《印尼的外交政策》（*Indonesia's Foreign Policy*），引自莱昂纳德·C. 塞巴斯蒂安：《国内安全重点、“利益均衡”和印尼对地区秩序的管理》，同前引，第54页。

9. 迈克尔·莱弗：《印尼的外交政策》，第54页。

10. 参阅《联合国海洋法公约》（United Nations Convention on the Law of the Sea, UNCLOS），1982年12月10日，《联合国条约汇编》第1833卷第397号。

11.《联合国海洋法公约》第49条第2款。

12. 佩尼·坎贝尔（Penny Campbell）：《印尼的群岛海道》（Indonesian Archipelagic Sea Lanes），载《第16期澳大利亚海事论文：2005年澳大利亚海洋问题》，堪培拉：澳大利亚联邦，2005，第115页。

13. 克雷斯诺·本托罗（Kresno Buntoro）（由马尔萨蒂奥和哈斯吉姆·查拉尔评论）：《印尼的群岛海道：前景和挑战》[*Alur Laut Kepulauan Indonesia (ALKI): Prospek dan Kendala*]，雅加达：陆军参谋与指挥学院，2012，第149页。

14. 同上，第176—179页。

15. 对哈斯吉姆·查拉尔博士的采访，2013年11月1日。

16.《联合国海洋法公约》第53条第1款规定："群岛国可指定适当的海道和其上的空中航道……"

17.《联合国海洋法公约》第53条第4款。

18.《联合国海洋法公约》第53条第3款。

19.《联合国海洋法公约》第53条第12款。

20. N.P. 艾罗（N.P. Ello）：《依照1982年〈联合国海洋法公约〉的实施，有关印尼群岛海道的国际海事组织会议和国际水道测量组织咨询的结果》（Hasil Sidang IMO dan Konsultasi IHO tentang ALKI dalam rangka implementasi UNCLOS 1982），引自D. 普斯皮塔瓦蒂（D. Puspitawati）：《穿越印尼群岛的东西向群岛海道》（The East/West Archipelagic Sea Lanes Passage through the Indonesian Archipelago），《海洋研究》第140卷，2005年1—2月刊，第3页。

21. 根据《联合国海洋法公约》第53条第9款，国际海事组织被视作划定群岛海道的"称职国际组织"。也有观点质疑国际海事组织成为这方面"称职的国际组织"的合法性。有关该问题的进一步说明，可以参考克里斯·福沃德（Chris Forward）：《印尼的群岛海道：它们在国际法上的合法性》（Archipelagic Sea-Lanes in Indonesia–Their Legality in International Law），《澳大利亚和新西兰海洋法杂志》第23卷第2期，2009年11月，第143—156页。普斯皮塔瓦蒂则认为"国际海事组织可以胜任"。参阅普斯皮塔瓦蒂，2005，同前引，第4页。

22. 普斯皮塔瓦蒂，2005，同前引，第4页。

23. 同上，第6页。

24. 有关"19条规则"的完整文件，参阅普斯皮塔瓦蒂，2005，同前引，第9—10页。

25. 2002年第37号政府令，《关于外国船只和飞机通过已设群岛海道行驶群岛海道通过权时的权利和义务》（以下简称《2002年第37号政府令》），第3条第1款。英译本可访问：http://www.law.unimelb.edu.au/files/dmfile/GovernmentRegulationNo2.pdf。

26. 普斯皮塔瓦蒂，2005，同前引，第4页。

27. 2013年5月15日，在澳大利亚悉尼举行的一次非正式讨论期间，印尼退役空军元帅、前国防部秘书长埃里斯·赫尔扬托（Eris Heryanto）强调，设立东西向的群岛海道有损印尼的国家安全。这次讨论与澳大利亚战略政策研究所（ASPI）举办的“澳大利亚–印尼下一代国防和安全论坛”同时进行。

28. 对哈斯吉姆·查拉尔博士的采访，2013年11月1日。

29. 印尼国会第一委员会主席马赫富兹·西迪克（Mahfudz Siddiq）表示，印尼海军的主要武器防御系统（alutsista）足以捍卫印尼的群岛海道。参阅《海军的防御系统不足，印尼损失40万亿印尼盾》（Alutsista TNI AL minim, negara rugi Rp40 T），《环绕印尼报》2012年12月27日，可访问：http://nasional.sindonews.com/read/2012/12/27/14/701229/alutsista-tni-al-minim-negara-rugi-rp40-t。

30. A.H. 乌格罗塞诺：《印尼的海洋边界》，载罗伯特·克里布和米切尔·福特编《水边的印尼：群岛国家的管理》，第54页。

31. 与菲律宾有关保和海（旧称“棉兰老海”）和苏拉威西海专属经济区边界的最新协定签署于2014年5月23日。参阅《菲律宾和印尼签署专属经济区边界协定》（Philippines and Indonesia Sign Agreement on Exclusive Economic Zone Boundary），可访问：http://www.gov.ph/2014/05/23/philippines-and-indonesia-sign-agreement-on-eez-boundary/。

32. 同上。

33. 有关安巴拉特海域争端的全面讨论，参阅M.A. 阿尔萨纳（M.A. Arsana）：《用海洋划界解决安巴拉特争端：一个地理空间和法律的解决方案》（Penyelesaian Sengketa Ambalat dengan Delimitasi Maritim: Kajian Geospasial dan Yuridis），《社会政治学杂志》2010年第I卷第1期，第46—58页。

34. 有关丹戎贝拉基特事件以及提议通过海洋划界解决争端的详细讨论，可以参考阿尔萨纳：《修理印尼与马来西亚之间的隐形墙——丹戎贝拉基特附近海域划界的案例》（Mending the Imaginary Wall Between Indonesia and Malaysia–The Case of Maritime Delimitation in the Waters off Tanjung Berakit），《瓦卡纳：印尼人文杂志》第13卷第1期，2011年4月，第1—28页。

35. 有关2011年4月7日发生在马六甲海峡的事件的综合讨论，参阅阿尔萨纳：《篱笆筑得牢，邻居处得好：最终划定印尼与马来西亚在马六甲海峡的海洋边界所面临的挑战和机遇》（Good Fences Make Good Neighbours: Challenges and Opportunities in Finalising Maritime Boundary Delimitation in the Malacca Strait between Indonesia and Malaysia），2011年第2届国际法研究中心会议议程：有关东盟在可持续发展中的作用的国际会议，2011年11月21—22日，日惹。

36. 印尼与马来西亚之间未划定的海洋边界对渔民造成的困扰，其深入讨论可以参阅M.A. 阿尔萨纳和F. 约尼阿尔（F. Yuniar）：《渔民在“灰色地带”的故事：对印尼和马来西亚谅解备忘录以及马六甲海峡海洋划界的研究》（Kisah Nelayan di Kawasan Abu-abu: Kajian atas Nota Kesepahaman Indonesia-Malaysia dan Delimitasi Batas Maritim di Selat Malaka），与海洋事务和渔业相关的经济和社会政策研究的全国研讨会，2012年9月19日。

37.《印尼共和国政府与马来西亚政府之间有关两国海洋执法部门处理渔民的共同指导原则的谅解备忘录》，签订于2012年1月27日。该备忘录的副本可访问：treaty.kemlu.go.id/index.php/treaty/download/1273。有关该备忘录的全面解读，参见《印尼共和国和马来西亚同意通过外交解决渔民问题》（RI and Malaysia Agree to Solve the Fishermen Problem through Diplomacy），安塔拉通讯社，2012年1月30日。可访问：http://www.antaranews.com/en/news/79547/ri-and-malaysia-agree-to-solve-the-fishermen-problem-through-diplomacy。

38. S.B. 琼斯（S.B. Jones）:《划界》（*Boundary-Making*），纽约：哥伦比亚大学出版社，1945，第xv、268页。

39. 参阅《马来西亚总理纳吉布和印尼总统苏西洛在第9次年度磋商中发表的联合声明》，2012年12月18日，布城，雪兰莪州。可访问：https://www.kln.gov.my/archive/content.php?t=3&articleId=2588590。

40. 在接受《新海峡时报》采访时，印尼外交部长马蒂·纳塔莱加瓦（Marty Natalegawa）承认这两种方式有差别，并且印尼可能在划界方法上作出改变。采访视频可访问：http://www.youtube.com/watch?v=-zFSw_mKhOg。

41. 国防部长普尔诺莫·尤斯吉安托罗（Purnomo Yusgiantoro）承认印尼军队的装备需要改进。参阅《国防部长要求主要的武器系统实现现代化》（Menhan akan Modernisasi Alutsista），《国家》2011年8月22日。可访问：http://www.jurnas.com/news/37982/Menhan_akan_Modernisasi_Alutsista/1/Nasional/Keamanan。也可参阅《2008年印尼国防白皮书》（Buku Putih Pertahanan Indonesia 2008），雅加达：国防部，2008。

42. 可以在印尼海事安全协调委员会（Bakorkamla）的官方网站上查看该机构的愿景、使命、任务和功能：www.bakorkamla.go.id。

43. 印尼海事安全协调委员会的成员包括外交部长、国防部长、法律与人权事务部长、财政部长、交通部长、海洋事务与渔业部长、印尼共和国总检察长，印尼国民军、印尼全国警察、印尼国家情报局的总司令，以及印尼海军总参谋长。其组织架构，可访问：http://www.bakorkamla.go.id/index.php/organisasi/struktur-organisasi。

44. 参阅印尼地理空间信息局（BIG）官网：www.big.go.id。

45. 参阅印尼水文海洋局（Dishidros）官网：www.dishidros.go.id。

46. C. 斯科菲尔德（C. Schofield）和M.A. 阿尔萨纳：《想象的岛屿？面对沿岸不稳定局势，保留海洋司法权并提供稳定海洋边界的几种选项》（Imaginary Islands? Options to Preserve Maritime Jurisdictional Entitlements and Provide Stable Maritime Limits in the Face of Coastal Instability），海洋法咨询委员会会议，摩纳哥，2010。可访问：http://www.gmat.unsw.edu.au/ablos/ABLOS10Folder/S2P1-P.pdf。

47. 有关海洋边界大地测量基准的技术分析案例，参阅S. 洛基塔（S. Lokita）和A. 里马扬蒂（A. Rimayanti）:《印尼共和国与新加坡共和国之间海洋边界大地测量基准问题的解决方法》（The Solution Method for the Problem of the Geodetic Datum of the Territorial Sea Boundary between the Republic of Indonesia and the Republic of Singapore），国际测量师联合会（FIG）大会，悉尼，2010，可访问：http://www.fig.net/pub/fig2010/papers/ts01i/ts01i_rimayanti_lokita_4544.pdf。

48. M.A. 阿尔萨纳、S. 洛基塔:《印尼边境管理的新方案》（Indonesia's New Approach to Border Management），载M.S. 泽恩（M.S. Zein）和M.A. 阿尔萨纳:《贡献很重要！ 2.0：印尼在澳学生的见解》（*Contribution Matters! 2.0: Insights of Indonesian Students in Australia*），堪培拉：澳大利亚印度尼西亚学生会，2011，第168页。

49. 这些文件是:《国家防卫条令》（Doktrin Pertahanan Negara），雅加达：印尼共和国国防部，2007;《国家防卫战略》（Strategi Pertahanan Negara），雅加达：印尼共和国国防部，2007;《2008年战略环境与威胁预测发展计划》（Perkembangan Lingkungan Strategis dan Prediksi Ancaman Tahun 2008），国防战略总局–战略环境分析总局;《2008年印尼国防白皮书》（Buku Putih Pertahanan Indonesia 2008），雅加达：印尼共和国国防部，2008。

50. 分析参见南洋理工大学拉惹勒南国际研究院印尼项目:《印尼海军发展和海洋合作》（Indonesia's Naval Development and Maritime Cooperation），《拉惹勒南国际研究院政策报告》，2012年7月，http://www.rsis.edu.sg/Indonesia_Prog/resources/Policy%20Brief/Indonesia's%20Naval%20Development%20%20Maritime%20Cooperation_5%20July%202012.pdf。

51.《国家性时刻：海军舰队一分为三》（National Scene: Naval Fleets to Be Made into Three），《雅加达邮报》2012年12月28日，http://www.thejakartapost.com/news/2012/12/28/national-scene-naval-fleets-be-made-three.html。

52. 里斯蒂安·阿特里安迪·苏布里扬托（Ristian Atriandi Supriyanto）:《"无敌舰队XXX/11"海军演习：印尼的海军战略》（Armada Jaya XXX/11 Naval Exercise: Indonesia's Naval Strategy），《拉惹勒南国际研究院评论》2011年第176期，2011年11月29日，http://www.rsis.edu.sg/publications/Perspective/RSIS1762011.pdf。

53. 里斯蒂安·阿特里安迪·苏布里扬托:《印尼的海军现代化：是大改变吗?》（Indonesia's Naval Modernisation: A Sea Change?），《拉惹勒南国际研究院评论》2012年第20期，2012年1月27日，http://www.rsis.edu.sg/publications/Perspective/RSIS0202012.pdf。

54.《报道：亚洲大国增加军费开支》（Report: Asian Powers Beef up Military Spending），美国之音，2012年10月16日，http://www.voanews.com/content/asia-defense-spending/1527336.html。

55. 约翰·奥卡拉汉（John O'Callaghan），《东南亚对国防不惜重金，大部分用于海防》（Southeast Asia Splashes out on Defense, Mostly Maritime），路透社，2012年10月7日，http://www.reuters.com/article/2012/10/07/us-defence-southeastasia-idUSBRE8960JY20121007。

56. 里斯蒂安·阿特里安迪·苏布里扬托,《印尼的南海困境：在中立和私利之间》（Indonesia's South China Sea Dilemma: Between Neutrality and Self-Interest）,《拉惹勒南国际研究院评论》2012年第126期，2012年7月12日，http://www.rsis.edu.sg/publications/Perspective/RSIS1262012.pdf。

57. 印尼海军于2011年4月向亚丁湾派遣了一支海军特遣队，营救被索马里海盗扣为人质的20名印尼水手，而一支永久性海军特遣队则被部署到地中海，支持联合国驻黎巴嫩临时部队海上特遣队在黎巴嫩海洋边界地区的维和行动。参阅《索马里海盗释放印尼船只》（Somali Pirates Release Indonesian Ship），美国之音，2011年5月1日，http://www.voanews.com/content/somali-pirates-release-indonesian-ship-121086654/158016.html；以及普里扬博多·R.H.（Priyambodo R.H.）:《印尼海军"哈山努丁"366号护卫舰在黎巴嫩的维和行动》（KRI Hasanuddin-366 on Peace Mission to Lebanon），安塔拉通讯社，2012年5月16日，http://www.antaranews.com/en/news/82154/kri-hasanuddin-366-on-peace-mission-to-lebanon。

58. 拉乌尔·奥伯曼（Raoul Oberman）、理查德·多布斯（Richard Dobbs）、阿里夫·布迪曼（Arief Budiman）、弗雷泽·汤普森（Fraser Thompson）和莫顿·罗塞（Morten Rossé）:《群岛经济：释放印尼的潜力》（The Archipelago Economy: Unleashing Indonesia's Potential），麦肯锡咨询公司，2012年9月，http://www.mckinsey.com/insights/mgi/research/asia/the_archipelago_economy。

59.《到2020年，印尼将引领煤炭出口增长》（Indonesia to Lead Coal Export Growth Through 2020）,《雅加达环球报》2011年5月31日，http://www.thejakartaglobe.com/bisindonesia/indonesia-to-lead-coal-export-growth-through-2020/444341。

60. 亚扬·穆利亚纳（Yayan Mulyana）:《制定群岛外交政策》（Developing an Archipelagic Foreign Policy）,《雅加达邮报》2012年1月9日。

第十六章　“共识化的”地区主导权、多元团结主义愿景和新兴大国的抱负

［新加坡］莱昂纳德·C. 塞巴斯蒂安　［澳］克里斯托弗·B. 罗伯茨

我们为什么要把印尼看作一个新兴大国？有一系列指标可以说明印尼在国际事务中的地位。20世纪90年代末，有分析人士称印尼是一个“关键国家”。[1]2012年麦肯锡公司关于印尼的报告预测，到2030年，印尼将成为世界第七大经济体。[2]在2008年全球金融危机之后，印尼的表现甚至超过了金砖四国，这吸引了那些寻找新兴投资市场的投资者。波士顿咨询集团2013年3月6日发布的一份报告[3]指出，这个拥有2.42亿人口的群岛国家是一个主要的投资目的地。报告中的一些内容令人印象深刻，它指出:（1）到2020年，印尼的中等收入和富裕阶层将翻一番，从7400万人增加到1.41亿人，超过一半的人口（53%）将成为中产阶级或富裕阶层;（2）印尼人比其他金砖国家的民众在经济上更有安全感（31%的印尼受访者表示感到安全，而相比之下，只有14%的中国人、19%的印度人、15%的俄罗斯人和13%的巴西人感到安全）;（3）印尼的中产阶级将变得更加分散，因此，雅加达以外的新城市将成为财富中心。同时，中等收入者超过100万人的城市总数在7年内大约将翻一番，从12个城市增至22个城市（见本书第三章）。另外，预计印尼在2020—2030年将享受到人口红利，届

时劳动年龄人口（15—64岁）的经济生产力将达到顶峰，而抚养比① 处于最低水平。[4]然而，指标并不仅有这些。除了经济影响力，人们还不完全了解印尼的实力基础。

印尼的体量和国力意味着，如果没有它的参与，区域合作倡议注定会失败。但是，内部动荡频发导致国家稳定经常受到威胁，也从根本上限制了印尼发挥其全部潜力。然而，无论是通过发挥其在东盟中关键的地区作用，还是借助其通过不结盟运动、联合国以及二十国集团中的主要经济体来支持发展中国家联盟的全球作用，印尼在施展地区和全球抱负时从未受到过实力不足的影响。印尼的"最低限度军队"防御态势的目标只是达到足够的军事能力水平，以满足其当前的国防需求（见本书第七章）。这些实质性缺陷并不妨碍印尼通过长期参与联合国维和行动，继续对国际安全作出贡献。在撰写本章时，被称为"加鲁达特遣队"的印尼维和部队参加了联合国的六次行动，并向菲律宾棉兰老岛的一个国际督察队提供了支持。[5]

印尼是"世界第三大民主国家"，也是伊斯兰世界最大的民主国家（见本书第四章，其中强调印尼融合了伊斯兰教、民主和现代性），除此之外，印尼在东盟中的领导力使其处于与大国进行密集安全和经济对话的中心。它积极参与了《联合国气候变化框架公约》和一系列关于核安全的国际协议，这使其强势回到了国际决策舞台的前沿，而加入二十国集团则进一步加强了其全球作用。

随着中国和印度的崛起，美国在亚洲事务中的优势地位受到挑战，印尼等具有新兴市场潜力的国家渴望在地区事务中发挥越来越大的影响力。正如安德鲁·赫雷尔（Andrew Hurrell）所言："国际关系中的权力需要一个目标和计划，这种目标的培养既可以激发国内的支持力和凝聚力，也可以本身就作为一种权力资源。"[6]上述因素是印尼崛起的主要指标，但更重要的是，印尼人民始终坚定地支持政府的举措，以维持其对地区和全球国际秩序的贡献。这种支持在印尼人心中根深蒂固，其源自20世纪50年代

① 即非劳动年龄人口对劳动年龄人口数之比。——译者注

印尼的行动主义外交政策。

印尼人民从20世纪50年代的行动主义外交政策中获得了灵感，当时印尼将自己视为全球反帝国主义联合斗争中先锋力量的领袖。1955年在万隆举行的亚非会议促成了不结盟运动在1961年成立，万隆会议至今仍深深地铭刻在印尼人的记忆中。自苏加诺时代以来，反对帝国主义、殖民主义和新殖民主义、各种形式的外国侵略、统治、干涉、霸权和强权政治的斗争塑造了印尼的民族主义。虽然印尼曾希望亚非会议将有助于改变当时的既定秩序和主导性规范，但体现亚非会议目标的不结盟运动只实现了印尼的最低目标。也许最符合印尼当时需要的，是成为帮助发展中国家应对所面临的问题的代言人——特别是通过促成新的国际经济秩序的建立。关于那个时代的历史记忆是，随着苏加诺批评西方帝国主义并试图将印尼定位为代表新兴力量的重要角色，印尼在某种意义上成了世界格局的挑战者。1965年印尼退出联合国后，苏加诺迫切希望建立一个与联合国抗衡的机构——新兴力量会议（Conference of the New Emerging Forces），以促进亚非“受压迫人民”的利益。然而，经济的恶化加上苏加诺决定让印尼退出国际货币基金组织，意味着西方援助国无法保证印尼的经济稳定，最终导致苏加诺政权倒台。苏加诺时代末期由反共清洗和1965—1966年的大屠杀所引发的灾难性事件，可能给大多数印尼人留下了痛苦的回忆；然而，苏加诺给了他们民族自豪感，更重要的是，印尼在第三世界中的领导地位得到了国际认可。

印尼作为一个世界格局挑战者失败了，但它在苏哈托时代所取得的巨大成功是它作为东盟的规范制定者的角色。事实上，东盟承载了印尼的地区秩序愿景，印尼主要通过东盟建立了体现自身利益和价值观的规范，并尤其注意在东盟的决策中利用爪哇文化和建立共识。此外，印尼建立东盟规范的方式符合赫雷尔的观点，即国际社会的目标是促进“共同的价值观和目标，而不是简单地支持各国共存并将冲突降至最低”。[7]印尼影响区域互动的能力使它不仅能够塑造地区秩序，还能决定东南亚的制度化程度，并维持区域现状。

虽然不结盟运动仍然是联合国大会上一个活跃的游说团体，但其集体行动的范围已经缩小（见本书第二章）。如果说现在不结盟运动的全球作用可能已经过时，那么二十国集团的议程将为印尼提供机会——更重要的是，提供一个引人注目的舞台——来推进全球治理的多元化，同时加强其与二十国集团内一个新的发展中国家联盟（可能包括巴西、印度和南非等志同道合的第二梯队国家）的联系。虽然不结盟运动和联合国框架允许印尼保持其“积极和自由”的外交政策立场，但在大多数情况下，二十国集团为印尼提供的空间更为广阔，使其不仅能从日益增强的多极化中获益，还能从系统性变革所带来的根本性变化中获益。[8]在二十国集团的背景下，印尼的领导地位在地理上是确定的——它被其全球伙伴视为东南亚的“天然领导者”。[9]不过，印尼在二十国集团中的议题尚未具体反映东盟的议题。目前，它的利益集中在发展中国家关注的问题上（见本书第九章），例如它与墨西哥和智利合作制定了一项为穷人提供信贷的金融普惠计划。为了修复陈旧的基础设施，从而实现其经济发展目标，印尼在2011年发布了“加速与扩大全国经济建设蓝图”。但是，在苏西洛总统的第二个任期内，取得的进展十分有限。无论如何，基础设施的匮乏严重影响了印尼的经济增长前景及其降低通胀率、减少经常账户赤字的能力。尽管这项规划被誉为刺激基础设施投资以弥合各省之间的发展差距和降低失业率的一大突破，但它的完成度一直很低。面对这样一个难题，印尼通过二十国集团提出的交涉可谓一举两得。它既提振了二十国集团的基础设施发展融资计划，促进了发展中国家的经济增长，也借机提升了二十国集团的形象——民间社会组织一直批评它们在社会公正方面乏善可陈。这样一来，印尼能够解决影响其自身迫切的基础设施和发展需求的问题，同时推动了对发展中国家经济至关重要的问题的解决。

作为“世界第三大民主国家”，后苏哈托时代的印尼与国际社会接轨，反映了国际社会广泛接受的有关人权和民主的核心原则。[10]这种形象早期的代表性事件之一是哈比比政府决定释放所有被苏哈托政权监禁的政治犯，更重要的是，其在1999年8月30日允许对当时的东帝汶省的独立问题进行公投。尽管印尼统治精英和印尼军方（军方当时在印尼政治中仍然是强大的参与者）强烈反对，但政府仍然决定允许该省进行自决。作为构建东南亚国家共同体的有力倡导者，印尼一直在努力推动东帝汶加入东盟的申请。

推翻威权政府的一个影响是引入了重大的制度改革。这些改革包括军方退出政坛，实行总统直接选举，明确行政机关和立法机关各自的权力，对各省实行广泛的权力下放，以及直接选举地方政府首脑，实施改革措施，加强政府的透明度和问责制，特别是在立法审查和法律制度方面。虽然国家主义–民族主义联盟主导了政府，阻碍了反腐败运动的有效开展，但游说组织、非政府组织运动和认知共同体在改变人们对国家利益的理解方面发挥了关键作用。苏哈托的前女婿普拉博沃·苏比安托在2014年总统竞选中落败，这表明了公民社会在遏制反自由的政治联盟方面的作用。[11]自1998年苏哈托倒台以来，印尼发生了种种变化，它正朝着巩固民主的正确方向前进。支撑印尼民主的体制日趋成熟，但其能力和独立性仍令人怀疑（见本书第六章）。各政党尤其支持任命政治，它使根深蒂固的寡头政治得以维持。如果不采取切实措施解决政党的缺陷、警察改革进程的停滞和司法系统的不可靠性等问题，巩固民主仍然是一项挑战。这些弱点反过来又加剧了印尼棘手的安全断层线问题（见本书第五章）。

如果印尼认识到其软实力的程度和潜力，它可能会在威望方面受益更多。[12]尽管在解决安全断层线方面已经取得了重大进展——无论是印尼原住民与华裔印尼人之间紧张关系的缓和，还是2005年通过和平协议解决了中央政府与亚齐分离主义运动之间长达30年的冲突——印尼在宗教不宽容方面的表现仍然暴露了其软实力的局限。苏西洛倡导的宽容形象是雅加达外交政策形象的一部分，这与印尼的国内形势和日益加剧的宗教不宽容趋势形成鲜明对比，也与其倡导的民主、伊斯兰教和现代化可以共存的主张背道而驰。尽管印尼宪法保障宗教自由和礼拜自由，但包括阿赫迈底亚教派和什叶派穆斯林在内的未被承认的宗教团体，以及基督教等公认的少数派宗教，都遭到了强硬的伊斯兰主义者的迫害。强硬派组织利用印尼的民主环境从事宗教暴力行为。在“优兔”（YouTube）时代，暴力极端分子的行为在互联网上随处可见，印尼培养软实力的理想——作为一个宽容的民主国家，实行积极的外交政策，推行防止暴力和不宽容的规范——可能会遭到严重破坏。

非政府组织在决策中的作用越来越大，这给政府施加了压力，要求其制定实现环境可持续发展的规范。如果没有非政府组织的大力支持，苏西洛政府就不可能在森林保护、碳排放和海岸保护方面取得成就。属于联合国“减少砍伐森林和森林退化导致的温室气体排放项目”的“‘无限的森林’生物多样性保护区项目”（the Rimba Raya Biodiversity Reserve UN-REDD Project）是世界上最大的“减排+”（REDD+）项目。这个林业碳汇项目覆盖了加里曼丹岛上的印尼中加里曼丹省6.4万公顷的森林，预计将在30年内减少1.19亿吨二氧化碳排放。减排将主要依靠避免对该地区碳密度高的泥炭地进行排水疏干，以及避免该片森林被改造为油棕榈种植园。[13]然而，印尼在环境方面的表现仍然好坏参半。自1997年以来，由于加里曼丹岛和廖内省的森林被烧毁，东南亚地区常年发生与火灾有关的空气污染事件。这印证了印尼批评家所说的“修辞和现实之间的差距仍然很大，承诺依然迟迟没有落到实处”。只要印尼经济仍然依赖煤炭和棕榈油，采煤和棕榈油作物的密集种植仍将对环境构成重大威胁。[14]

虽然印尼的外交政策一直带有行动主义的色彩，但自1998年苏哈托政权倒台以来，政治价值观的转变使印尼在外交决策中重视“民主认同”（见本书第八章）。政府接受了积极分子、议员和非政府组织代表的意见，他们希望推进民主价值观和人权，从而树立印尼的民主形象。毫无疑问，印尼的民主转型对该国的做派产生了深远的影响。因此，与政治改革和民主有关的议程显然是印尼外交政策目标的一部分——无论是通过将民主和人权作为东盟“政治安全共同体”的工作重点，还是通过主办巴厘民主论坛——这并不足为奇。民主的推行并不局限于东南亚——印尼帮助缅甸实现民主转型就是众多例子之一——印尼也表示愿意分享其民主转型的经验，特别是分享给受“阿拉伯之春”影响的北非国家。

在印尼实行民主制度的15年中，国际社会的性质发生了巨大的变化。在东亚，"东盟+3"进程不断深化，东亚峰会等新机制的发展有助于印尼促进区域经济和安全秩序的愿望，从而扩大国际规则和规范的维度、广度和接受程度。例如，在2011年的东亚峰会上，印尼提议达成"巴厘原则"（《东亚峰会互利关系原则宣言》），旨在推动中美关系向更具建设性、更少对抗性的方向发展。

印尼作为地区强国的地位可能与合法性和权威性的概念有关。正如赫雷尔所说，被认可为地区强国是一个社会范畴，这需要得到其他国家的承认——主要是你的伙伴国——还需要那些规模较小和实力较弱的国家愿意接受你的领先地位。[15]东盟的创始成员国一直视印尼为"平等各国之首"。因此，印尼在试图建立地区秩序时，一直将"该地区视为一种聚集力量和培育地区联盟的手段，用以支持其对外谈判"。为此，它希望"在区域危机管理中发挥积极作用"，不仅要巩固自己作为地区强国的地位，还要避免被排除在外部行为体（无论是中国、美国还是联合国）可能采取的危机管理形式之外。[16]

此外，印尼顶住了马来西亚等一些国家的压力，通过"东盟+3"框架（另三国是韩国、日本和中国）将东盟以外的机制限制在东亚领土范围内。[17]为此，印尼率先倡导"开放的区域主义"，这确保了其他中等强国和大国的持续参与及其作用；这种制度化的"力量平衡"与纳塔莱加瓦后来提出的"动态平衡"构想相契合。因此，正如本书第十章和第十三章中所指出的，印尼带头建立了东亚峰会，它的参与国不仅包括澳大利亚、新西兰和印度，而且在2011年扩大后，还包括了美国和俄罗斯。印尼和东盟都希望将中等强国和大国纳入覆盖多个领域的多个具有重叠性的机构中，[18]从而最大限度地扩大其在东南亚以外的影响力，同时也限制"印太"大国损害东南亚利益的行为。在行为层面，吴翠琳（Evelyn Goh）同样谈到了一个全方位融合的过程，在这个过程中，东盟处理国际关系时更倾向于采用的规范方式（如"东盟模式"）被输出到更广泛的地区，并逐渐成为"亚洲模式"。[19]然而，印尼当前身份和外交政策的性质意味着，印尼自身的规范构想不再与东盟的传统规范相吻合，因此，印尼未来可能会与澳大利亚、美国、韩国、日本和印度等国家建立新的规范性和基于价值观的联盟。印尼的权力和影响力在很大程度上源于其“在区域内的管理角色或建立秩序的角色”。[20]例如，1968年马来西亚和菲律宾外交关系破裂时，印尼进行了干预；1980年，印尼与马来西亚联合发布了“关丹声明”；在柬埔寨冲突期间，印尼在雅加达举行了领导人“非正式会议”，并代表东盟与越南对话，发挥了调解作用；1991年，印尼主持了巴黎和平会议，促成了柬埔寨冲突的解决；在热带风暴“纳尔吉斯”过后，印尼在说服缅甸接受外国援助方面发挥了作用；此外，它在泰国和柬埔寨关于柏威夏寺的武装冲突中也发挥了调解作用。

作为该地区的“天然领导者”，亚洲力量平衡的变化令印尼极为关切，尤其是当这种变化对东盟的团结构成重大挑战时。最令印尼关注的是南海主权争端，早在20世纪90年代，印尼就召开研讨会，希望在此问题上发挥调解作用。2012年7月东盟部长级会议期间，菲律宾和越南要求将对中国在南海的“强硬态度”的担忧写入联合公报，遭到了东盟轮值主席国柬埔寨的拒绝。随着紧张局势升级，印尼外长马蒂·纳塔莱加瓦在解决东盟这一混乱局面的过程中进行了一轮紧张的穿梭外交，以确保东盟达成“南海问题六项原则”，由此打破了僵局。

关于东盟共同立场的“六项原则”重申，东盟将维护在2002年与中国首次达成的《南海各方行为宣言》中作出的承诺，并承诺将致力于推动早日达成“南海行为准则”。在这种背景下，面对外界对东盟事务的干涉，印尼希望加强其作为该地区“天然领导者”的形象。为了增强信誉，印尼目前努力开展频繁的海洋外交活动，以解决它与邻国的边界争端（见本书第十五章）。作为“非争议方”，印尼可以起到中立调解者的作用，目前这不失为一种非常有效的外交策略。然而，这一战略面临其他挑战，比如最近印尼国防官员发表声明，称中国划定的南海断续线与印尼在纳土纳海域的气田、大陆架和专属经济区存在重叠。[21]

东盟对印尼仍然很重要（见本书第十三章）。然而，2012年7月东盟部长级会议未能发表联合公报这一事件向印尼表明，老挝、柬埔寨以及（在较小程度上）缅甸与中国有着深厚而持久的联系，这将对东盟的对外团结产生一定的影响（见本书第十四章）。印尼试图维护东盟的团结与统一，与此同时，它面临的关键挑战是东盟内部正按照不同的政权类型分裂的现实。柬埔寨和老挝等国家与中国结盟，不仅是因为中国在不附加条件的情况下在援助、投资和贸易方面给这些国家带来了利益，更重要的是，由于政治制度不同，这些国家将越来越难以从西方大国那里获得类似的利益。这一形势显示了政治派别（无论是何种政体）、经济事务和战略联盟之间的关系。

如果美国和中国施加压力，印尼就很难发挥相对自治的地区作用。在这方面，苏西洛"千友零敌"的格言可能需要在更广泛的外交政策关系中加以利用。可以想象，它将被纳入"后东盟"愿景，[22]其中包括与志同道合的中等强国（如澳大利亚、印度、日本、韩国等）建立战略伙伴关系（见本书中关于中等强国的第十一章，以及关于澳大利亚的第十章）。这种伙伴关系将确保新的地区秩序不会由美国或中国所主导，从而使印尼获得更大的独立性和外交活动空间。国家体量增加了印尼的选择权，即拥有获得公认的具有影响力的国际地位的权利，但印尼仍然敏锐地意识到自身的脆弱性。作为一个处于第二梯队的国家，对冲仍将是印尼外交政策行为的一个持久特征，特别是在与中国和美国打交道时。

在印尼总统选举期间，外交政策基本上是一个被忽视的话题。然而，2014年的选举却是个例外，当时两位总统候选人在总统辩论和竞选宣言中都将外交政策作为主题。在竞选总统期间，佐科·维多多曾试图在苏加诺1963年提出的"特利沙克蒂主义"（Trisakti principles）[①]的基础上留下自己的印记，他强调三个基本主张：在国际舞台上主张自决权的自由；经济自

① "特利沙克蒂"这一概念强调政治领域的主权（Berdaulat dibidang politik）、经济领域的独立（Berdiri di atas kaki sendiri）和文化领域的个性（Berkepribadian di bidang kebudayaan）。——译者注

给自足；以及建立强大的民族认同。[23]

佐科·维多多在竞选总统期间采取了强烈的民族主义立场，但这不会阻止这位新总统在亚太地区宣传印尼的行动主义。他确定了若干优先事项，即：解决该地区的边界争端；加强中等强国外交；建立“印太”区域架构；加强外交部的外交基础设施（特别是其研究能力）；加强公共外交，扩大公众对外交事务的参与。佐科·维多多总统还强调了印尼海洋优先事项的重要性。他希望能支持并优先考虑印尼在2015年担任环印度洋联盟（IORA）的轮值主席国，而这符合印尼的战略优先事项。[24]在总统辩论中，佐科·维多多首次提出了他的“全球海洋支点”构想，其旨在优化印尼的海洋国家角色，强调印尼将在国际政治中继续发挥积极作用，并指出未来亚太地区将发生冲突和最激烈的权力竞争。在他担任总统期间，他的工作重点会在以下几个方面：（1）保护海外印尼公民；（2）保护印尼的自然资源；（3）提高印尼的贸易竞争力；（4）关注海洋安全及地区和全球稳定。在总统辩论中，维多多还强调了外交的首要地位，以及与国际组织合作和通过国际组织进行合作的重要性，而国际组织是印尼应对各种国际挑战的主要途径。此外，他希望将印尼的驻外大使们变为国家的“推销员”。这些举措强调了新政府将通过向外国直接投资敞开大门来发展印尼经济的明确意图。为了进一步强调新政府支持以规则为基础的经济秩序的目标，佐科特别指出，他支持印尼的世贸组织成员国身份，并支持印尼在其中发挥作用。因此，他希望提高印尼在贸易方面的竞争力，最大限度地利用印尼的世贸组织成员国身份。在解决地区冲突方面，印尼将采取更积极的姿态。佐科总统强调，他希望在解决南海争端方面采取积极主动的立场。这无疑标志着中国与东南亚的关系将显著改善。

或许认识到了中国在亚洲的重要地位，以及中国有可能成为发展印尼基础设施的重要投资者，佐科在表示愿意解决南海争端的同时也作了补充说明：如果印尼的介入会适得其反，印尼将希望不参与解决争端。不过，佐科在主权问题上划定了界限。南海主权争端导致了一系列国际争端，虽然印尼不是争议区域的当事方，但它必须采取必要措施维护国家的领土完整，甚至不惜诉诸军事手段。

佐科的立场强调了印尼在领导该地区方面所面临的困难，其领导地位的争议性，以及需要地区追随者提供支持——在这种情况下，“东盟模式”是一剂灵丹妙药，因为该地区其他国家不会因为受到限制而偏离印尼提出的路线（见本书第十二章）。

关于印尼的领导力的定义，类似于爪哇人“率先垂范，群策群力，扶持鼓励”（sung tulodo ngarso ing, ing madyo Karso Mangun, tut wuri handayani）的概念，由此看来，印尼领导力的基础是帮助东南亚各国实现共同区域目标的愿望。

东盟仍然以该地区最大的国家印尼为中心。然而，相对于中国这样的大国，印尼的中心地位并不是因为它有能力贯彻自己的意愿或决定该地区的经济前途。相反，印尼一直存在内部的结构性弱点，这从根本上限制了其地区影响力，使其成为一种“共识化的主导权”。这种主导权不仅表现为能够利用“区域制度化和一体化……（作为）聚集权力的工具”，还表现为善于“体现一套对某个地区有吸引力的特定价值观”以及突出自己能够“得到域外国家的积极支持”的区域地位。[25]

注　释

1. 见罗伯特·蔡斯（Robert Chase）、埃米莉·希尔（Emily Hill）和保罗·肯尼迪（Paul Kennedy）编《关键国家：美国对待发展中国家的政策新框架》（*The Pivotal States: A New Framework for U.S. Policy in the Developing World*），纽约：诺顿出版社，1999，第6、9页。

2. 拉乌尔·奥伯曼（Raoul Oberman）等：《群岛经济：释放印尼潜力》（The Archipelago Economy: Unleashing Indonesia's Potential），麦肯锡全球研究所，2012，可访问：http://www.mckinsey.com/insights/asia-pacific/the_archipelago_economy。

3. 参见瓦伊沙利·拉斯托吉（Vaishali Rastogi）等：《印尼崛起的中产阶级和富裕的消费者：亚洲的下一个大机遇》（Indonesia's Rising Middle-Class and Affluent Consumers: Asia's Next Big Opportunity），波士顿咨询公司，2013年3月，https:// www.bcgperspectives.com/content/articles/center_consumer_customer_insight_consumer_products_indonesias_rising_middle_class_affluent_consumers/?chapter=2。

4. 里万托·蒂尔托苏达尔莫（Riwanto Tirtosudarmo）：《“人口红利”政治》（The Politics

of a “Demographic Bonus”),《雅加达邮报》2013年9月24日。

5. 位于印尼和平与安全中心（IPSC）的维和特派团教育和培训基地于2011年在西爪哇省成立。印尼和平与安全中心是东南亚最大的培训联合国维和人员的教育和训练基地。

6. 安德鲁·赫雷尔（Andrew Hurrell):《霸权、自由主义和全球秩序：未来的大国有何空间?》(Hegemony, Liberalism and Global Order: What Space for Would-Be Great Powers?),《国际事务》2006年第82卷第1期，第2页。

7. 同上，第2页。

8. 同上，第3页。

9. 同上，第8页。

10. 人权和民主问题是一个很好的例子，该问题说明了从全球实践中汲取的“团结主义”原则如何在印尼国内成功得到应用。这个例子改写自英国学派学者的观点。见约翰·文森特(John Vincent):《人权与国际关系》(*Human Rights and International Relations*)，剑桥：剑桥大学出版社，1986。

11. 在导致1998年5月暴乱的几个月里，普拉博沃·苏比安托（Prabowo Subianto）指挥下的士兵绑架并折磨了至少9名民主活动家。

12. 赫雷尔，同前引，第5页。

13. 参见：http://www.theguardian.com/environment/2013/may/31/worlds-largest-redd-project-indonesia。

14. 参见迪驰力基金会:《印尼——另一个巨人》(Indonesia–The Other Giant)，http://www.ditchley.co.uk/conferences/past-programme/2010-2019/2013/indonesia。

15. 赫雷尔，同前引，第4页。

16. 同上，第8页。

17. 马来西亚前总理马哈蒂尔（Mahathir）称，“东盟+3”起源于他的东亚经济集团（EAEG）构想，该构想后来被改为东亚经济论坛（EAEC）——被一些地区精英戏称为“东亚不包括白种人”(East Asia Excluding Caucasians）的首字母缩略词。唐纳德·E. 韦瑟比(Donald E. Weatherbee):《东南亚的国际关系：争取自治的斗争》(*International Relations in Southeast Asia: The Struggle for Autonomy*）第二版，普利茅斯：罗曼和利特菲尔德出版社，2009，第209页。

18. 其他机构包括亚太经济合作组织和东盟国防部长会议。当时，在亚太经合组织成立初期，苏哈托总统还提供了关键支持，主办了被马来西亚总理马哈蒂尔·宾·穆罕默德(Mahathir Bin Mohammad）抵制的第二次峰会。

19. 吴翠琳（Evelyn Goh):《东南亚大国和等级秩序：区域安全战略分析》(Great Powers and Hierarchical Order in Southeast Asia: Analyzing Regional Security Strategies),《国际安全》2007/2008年第32卷第3期，第121页。

20. 赫雷尔，同前引，第8页。

21. 穆尔多科（Moeldoko）:《南海争端迫在眉睫，印尼军事力量随之大增》(Indonesia's Military Flexes Muscle as South China Sea Dispute Looms),《雅加达环球报》2014年3月13日。

22. 里扎尔·苏克马（Rizal Sukma）:《后八国集团世界的“后东盟”政策》(A Post-ASEAN Policy for a Post-G8 World),《雅加达邮报》2009年10月5日。

23. 见佐科（Joko）和尤素福·卡拉（Jusuf Kalla）:《2014年总统竞选愿景、使命和行动计划》(Vision, Mission and Action Programmes for the 2014 Presidential Election Campaign),《印尼实现独立、主权和个性的变革之路》(Jalan Perubahan Untuk Indonesia Yang Berdaulat, Mandiri dan Berkepribadian)，2014年5月，第3页。

24. 同上，第13—14页。

25. 安德鲁·赫雷尔:《一个世界？多个世界？区域在国际社会研究中的地位》(One World? Many Worlds? The Place of Regions in the Study of International Society),《国际事务》第83卷第1期，2007年1月，第140—141页。另见琳达·奎尔（Linda Quayle）:《权力与悖论：印尼与“英国学派”的强国概念》(Power and Paradox: Indonesia and the “English School” Concept of Great Powers),《亚太国际关系》2013年第13卷第2期，第301—330页。